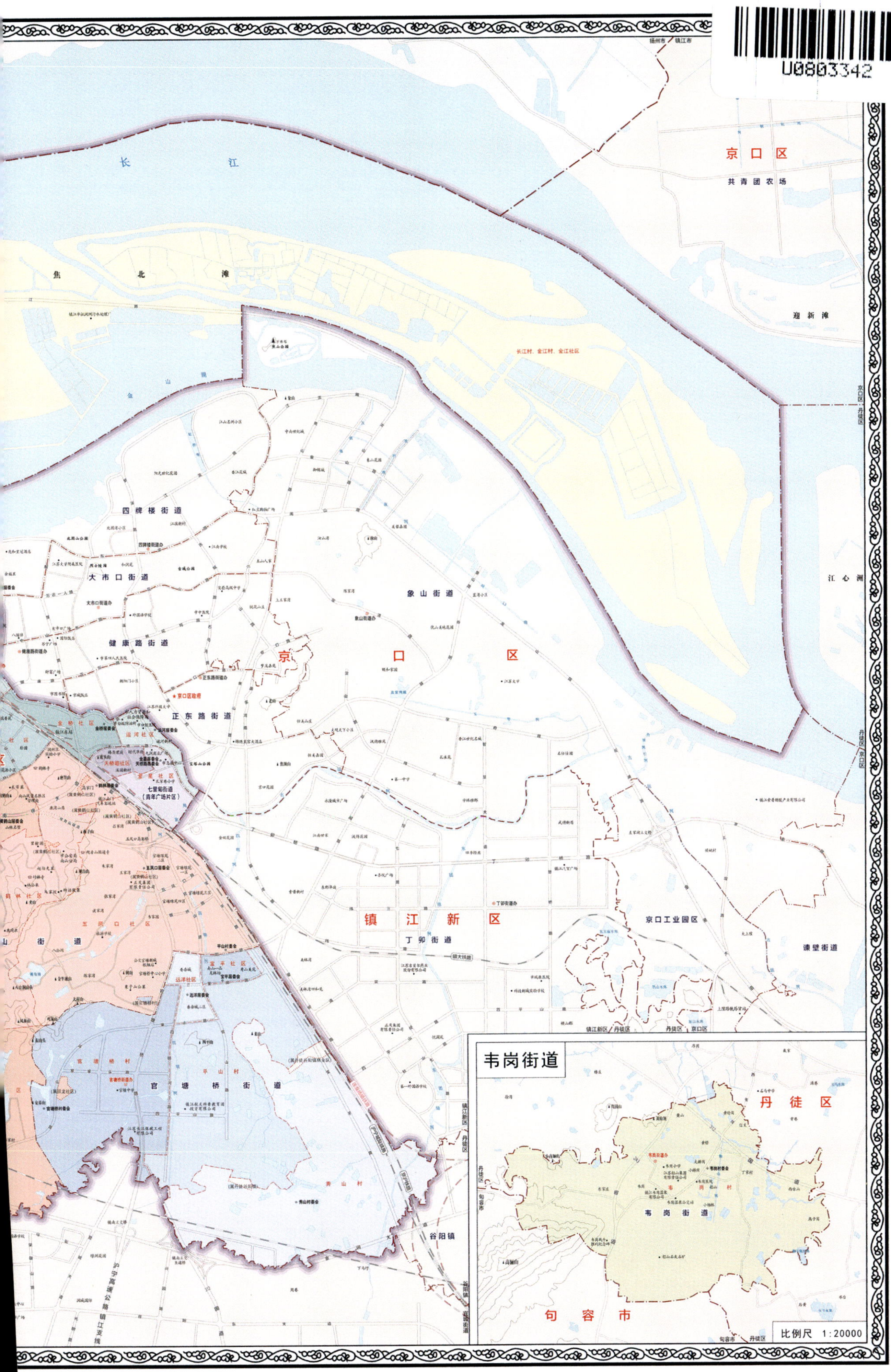

地图审查号:苏镇S（2019）03号

图书在版编目（C I P）数据

润州年鉴. 2021 / 镇江市润州区史志办公室编. —北京:方志出版社，2021. 11
ISBN 978-7-5144-4798-9

Ⅰ. ①润… Ⅱ. ①镇… Ⅲ. ①区（城市）— 镇江—2021—年鉴 Ⅳ. ①Z525.34

中国版本图书馆 CIP 数据核字(2021) 第 250446 号

润州年鉴（2021）

编　　者：	镇江市润州区史志办公室
责任编辑：	李　静
出 版 者：	方志出版社
	地址　北京市朝阳区潘家园东里 9 号(国家方志馆 4 层)
	邮编　100021
	网址　http://www.zgfzcb.cn
发　　行：	方志出版社图书经销中心
	电话（010）67110500
经　　销：	各地新华书店
印　　刷：	南京孚嘉印刷有限公司
开　　本：	889× 1194　　1 / 16
印　　张：	20
字　　数：	709 千字
版　　次：	2021年 11 月第 1版　2021 年 11 月第 1次印刷
印　　数：	0001~1000 册

ISBN 978-7-5144-4798-9　　定价：280. 00 元

润州年鉴

2021

总第19卷

镇江市润州区人民政府主办
镇江市润州区史志办公室编

方志出版社

《润州年鉴》主审

高国成　徐心田

《润州年鉴》编审人员

主　　编　陈秋明

副主编　马　乐　华晨明

编　　辑　孙　伟　蒋厚军　田　岽　薄开鹏

封面题字　王明龙

编辑说明

一、《润州年鉴》以马克思列宁主义、毛泽东思想、邓小平理论、“三个代表”重要思想、科学发展观、习近平新时代中国特色社会主义思想为指导，坚持辩证唯物主义和历史唯物主义的立场、观点和方法，是镇江市润州区人民政府主办，区政府办公室、区史志办公室具体承办的综合性地方年鉴，记载润州区经济、政治、文化、社会、生态文明等建设方面的成就、经验及发展情况，旨在为了解润州、研究润州、发展润州提供信息密集、准确权威的地情资料，也为续修《润州区志》积累史料。

二、《润州年鉴（2021）》为《润州年鉴》总第19卷，记述时限为2020年1月1日至2020年12月31日。为保持年鉴的完整性、实用性，部分资料的时间略有前溯和后延。

三、全书采用条目体，分类编辑。全书约70万字，分类目、分目、条目3个层次，共设26个类目、120个分目、523个条目、47个表格、黑白图照27幅。条目为记述实体，其标题用黑体字加【】表示。

四、本年鉴所用稿件由区各部门、单位专人撰写（部分内容由编辑自撰或收录媒体发表的文章），经各单位负责人审阅后定稿，在条目后署撰稿人姓名或单位名称，一个分目内同一作者的连续几个条目，署在最后一个条目。所有稿件均经过编辑部编辑加工，并经区地方志编委会审定。正文中数据由撰稿单位提供，如数据不一致的以区统计局提供的数据为准。数字和计量单位的使用，执行国家标准。为保持文章原貌，“特载”“重要文件选录”等类目中的工作报告、文件、文章所涉及的数据、计量单位不做改动。

2020 年 3 月 31 日，润州区召开全区城市经济高质量发展大会（一）

2020 年 3 月 31 日，润州区召开全区城市经济高质量发展大会（二）

2020 年 7 月 7 日，润州区举办退捕渔民转产转业专场招聘会（一）

2020 年 7 月 7 日，润州区举办退捕渔民转产转业专场招聘会（二）

2020 年 10 月 28 日，镇江市委、市政府举行镇江市官塘创新社区管理委员会揭牌仪式暨项目集中签约活动（一）

2020 年 10 月 28 日，镇江市委、市政府举行镇江市官塘创新社区管理委员会揭牌仪式暨项目集中签约活动（二）

2020 年 12 月 18 日，镇江市与东南大学 4 大合作平台落户润州官塘创新社区

合 创新发展”合作大会
落户润州签约活动
校友经济产业园(镇江)先导区和双创基地
合作共建协议
甲方:润州区人民政府
乙方:东南大学南京校友会
丙方:东南大学国家大学科技园
丁方:官塘创新社区管委会
润

润州便览 2020

【数字润州】

土地面积113平方公里
户籍总人口为24.2万人
7个街道　3个场圃
4个行政村　48个社区
地区生产总值245.23亿元
一般公共预算收入13.94亿元
全社会固定资产投资93.6亿元
社会消费品零售总额114.65亿元
外贸进出口总额19.10亿元
中小学18所
在校学生17941人
城乡基本社会保险覆盖率98%
城镇登记失业率1.40%
城镇常住居民人均可支配收入53723元
在岗职工平均工资114454元

【辖区内风景名胜】

全国重点文物保护单位：镇江英国领事馆旧址、昭关石塔
全国重点寺庙道观：金山江天禅寺
国家重点风景名胜区：“三山”风景名胜区中的“金山”
国家AAAAA级旅游风景区：金山公园
国家AAAA级旅游风景区：镇江博物馆、南山风景区
国家森林公园：南山国家森林公园
省级风景名胜区：南山风景名胜区、西津渡历史文化街区

【荣誉】

全国科技进步先进区
江苏省社会治安安全区
江苏省工会工作模范区
江苏省依法行政示范点
江苏省土地执法模范区
江苏省素质教育实验区
江苏省社区建设示范区
江苏省社区卫生服务先进区
江苏省卫生应急工作示范区
江苏省科普示范区
党建工作先进区
江苏省科技进步考核先进区
江苏省残疾人社区康复先进区

区政府所在地位于北纬32°11′42″、东经119°24′20″
地址：镇江市润州路5号
邮政编码：212005
政府网站为“中国·润州”（网址「http://www.runzhou.gov.cn」）

总目录

《润州年鉴》主要机构(单位)简称全称对照表

简称	全称	简称	全称
区委	中国共产党镇江市润州区委员会	文体旅局	镇江市润州区文化体育和旅游局
区人大常委会	镇江市润州区人民代表大会常务委员会	民宗局	镇江市润州区民族宗教事务局
区政府	镇江市润州区人民政府	人社局	镇江市润州区人力资源和社会保障局
区政协	中国人民政治协商会议镇江市润州区委员会	应急局	镇江市润州区应急管理局
区纪委监委	中国共产党镇江市润州区纪律检查委员会 镇江市润州区监察委员会	信访局	镇江市润州区信访局
区委办	中国共产党镇江市润州区委办公室	公安分局	镇江市公安局润州分局
人大办	镇江市润州区人民代表大会常务委员会办公室	自规分局	镇江市自然资源和规划局润州分局
政府办	镇江市润州区人民政府办公室	税务局	国家税务总局镇江市润州区税务局
政协办	政协镇江市润州区委员会办公室	生环局	镇江市润州生态环境局
统战部	中国共产党镇江市润州区委统一战线工作部	机关事务服务中心	镇江市润州区政府机关事务服务中心
政法委	中国共产党镇江市润州区委政法委员会	工贸总公司	镇江市润州区工贸总公司
法院	镇江市润州区人民法院	团区委	共青团镇江市润州区委员会
检察院	镇江市润州区人民检察院	妇联	镇江市润州区妇女联合会
机关工委	中国共产党镇江市润州区委区级机关工作委员会	侨联	镇江市润州区归国华侨联合会
编办	镇江市润州区机构编制委员会办公室	工商联	镇江市润州区工商业联合会
史志办	镇江市润州区史志办公室	科协	镇江市润州区科学技术协会
文明委	镇江市润州区精神文明建设指导委员会	残联	镇江市润州区残疾人联合会
关工委	镇江市润州区关心下一代工作委员会	区广播电视台	镇江市润州区广播电视台
经发局	镇江市润州区经济发展局	供销社	镇江市润州区供销合作总社
财政局	镇江市润州区财政局	环卫所	镇江市润州区环境卫生管理所
农业农村局	镇江市润州区农业农村局	作协	镇江市润州区作家协会
商务局	镇江市润州区商务局	书协	镇江市润州区书法家协会
市场监管局	镇江市润州区市场监督管理局	民革润州支部	中国国民党革命委员会 镇江市委员会润州区支部
卫健委	镇江市润州区卫生和健康委员会	民盟润州支部	中国民主同盟镇江市委员会润州区支部
城管局	镇江市润州区城市管理局	农工党润州支部	农工民主党润州区支部委员会
交通运输局	镇江市润州区交通运输局	城管润州执法大队	镇江市城市管理执法支队润州大队
科技局	镇江市润州区科学技术局		

目 录

特 载

专 记

润州概况

大 事 记

中共润州区委员会

润州区人民代表大会

润州区人民政府

政协润州区委员会

中共润州区纪律检查委员会 润州区监察委员会

民主党派·工商联

群众团体

法治·军事

综合管理

农业·水利

工业·服务业

城乡建设·环境保护

商业经济

财 税

教 育

科技·卫生·广电·文体旅

社会生活

街道·场圃

荣誉榜

附 录

彩色画页

润州区市场监督管理局
国家税务总局镇江市润州区税务局
润州区史志办公室
镇江市润州区七里甸街道办事处
镇江市润州区官塘桥街道办事处
镇江市润州区宝塔路街道办事处
镇江市润州区和平路街道办事处
镇江市润州区金山街道办事处
镇江市润州区韦岗街道办事处
镇江市润州区南山街道办事处
润州区黎明社区卫生服务服务中心
镇江市润州区长江村镇银行

润州区宝塔路街道黎明社区
润州区和平路街道新金江社区
润州区南山街道檀山社区
润州区官塘桥街道官塘桥村
润州区官塘桥街道平山村
润州区官塘桥街道秀山村
润州区官塘桥街道远洋社区
润州区官塘桥街道宝平社区
润州区韦岗街道韦岗村
镇江华润燃气有限公司
中国电信
美的置业

后环镇江市五峰茶场

索　引

奋勇争前列再造新润州
全面开启社会主义现代化建设新征程

——在中共镇江市润州区第八届代表大会第五次会议上的报告

高国成

（2020 年 12 月 31 日）

各位代表、同志们：

现在，我代表中共镇江市润州区委向大会作报告，请予审议。

本次大会是在“两个一百年”奋斗目标历史交汇、两个五年规划前后衔接的关键时刻召开的一次重要会议。大会的主要任务是，高举习近平新时代中国特色社会主义思想伟大旗帜，深入学习贯彻习近平总书记视察江苏重要讲话指示精神，全面贯彻党的十九大、十九届二中、三中、四中、五中全会和中央经济工作会议精神，认真落实省委十三届九次全会和市委七届十二次全会总体部署，审议通过《中共镇江市润州区委关于制定润州区国民经济和社会发展第十四个五年规划和二〇三五年远景目标的建议》，总结既往、谋划未来、部署明年，动员全区各级党组织和广大党员干部积极践行“争当表率、争做示范、走在前列”全新使命，全面开启社会主义现代化建设新征程。

一、经受严峻考验，交出合格答卷，决胜高水平全面建成小康社会取得决定性成就

2020年是润州发展历史上极为特殊、极不平凡的一年。世界百年未有之大变局与百年不遇的新冠肺炎疫情交织叠加，给我们完成全年目标任务带来了前所未有的困难和考验。面对极其严峻复杂的发展环境，区委坚决落实中央和省委、市委决策部署，坚持稳中求进工作总基调，科学统筹“两手抓”工作，积极落实“六稳”“六保”任务，疫情防控取得重大战略成果，经济社会发展逆势奋进实现新突破。预计（下同）全年实现地区生产总值244亿元、一般公共预算收入13.94亿元，分别增长3.2%和1%；城镇居民人均可支配收入达5.36万元，增长3.2%。“十三五”规划目标任务即将顺利完成，决胜高水平全面建成小康社会取得决定性成就。

1.坚持发挥集中力量办大事的制度优势，众志成城抵御百年不遇之大疫情、大汛情，群众生命安全得到了有效保障。我们始终把疫情防控作为政治任务和头等大事来抓，第一时间进入“战时状态”，层层压实防控责任，迅速形成统一指挥、全面部署、立体防控的战“疫”布局，在最短时间内有效控制住疫情，最大程度保护了人民生命安全和身体健康。在抗击疫情的

"两个阵地"上,全体党员干部闻令而动、冲锋在前,367名网格长、461名网格员、850名公安干警辅警、1528名志愿者深入社区"与时间赛跑",共同完成55.6万人次的摸底排查,构筑起"大数据+网格化+铁脚板"的严密防线;广大医务工作者连续奋战在生命救护的最前线,一名医护人员逆行出征、驰援湖北,彰显了润州的"硬核"担当,无愧于新时代"最可爱的人"。我们准确把握疫情形势变化,因时因势调整工作着力点,不失时机打响复工复产复学复市"保卫战",多措并举修复完善市场功能,有力保障群众正常生活秩序,城市重新恢复了繁荣与活力。面对超过历史极值的特大汛情,党政军民警同舟共济、守望相助,成功抵御"大风大浪",实现了安全平稳度汛。

2.正确把握"危"与"机"的辩证关系,上下一心克服复杂多变经济环境带来的不利影响,经济发展展现了强大韧性。我们积极应对疫情冲击和经济下行的双重压力,集中精力推动产业强区、发展城市经济,一着不让抢时间、补损失,经济发展呈现"V型"增长。6个市重点产业项目超额完成年度投资任务,新建项目开工率达100%;累计新签约项目131个、同比增长54.1%,总投资约171.2亿元。修订29条产业政策,易沃客创意空间、联想星云镇江创新中心成功获批省级众创空间,新认定8家国家高新技术企业,完成技术合同成交额1.8亿元,同比增长10.58倍。注重工程驱动,加快人才集聚,2020年度省"双创计划"完成率200%,居全市第二;市"金山英才"计划完成率133%,名列全市前茅,均为历史最佳。认真答好市委马明龙书记布置的"命题作文","润州明月夜"活力绽放,西津渡中央休闲区被评为"省级夜间文旅消费集聚区"。我们积极拓展新发展载体,官塘创新社区"破壳"诞生,阿里和润数字产业园、易华录数据湖等一批"明星项目"集中签约,"看好官塘"已经成为镇江人的普遍共识;深度激发现有载体新动能,商务金融服务集聚区成功入选省级生产性服务业集聚示范区,服务业综合改革试点成效走在全省前列。我们精心打造"润州最滋润"营商环境品牌,"随心游、去润州"首届城市旅游经济论坛在人民日报社总部成功举办,30多家主流媒体予以推介报道;精心召开城市经济高质量发展大会和企业家早餐会,深入开展"百企大走访"等系列暖企活动,企业家安心发展、深耕润州市场的信心愈发坚定。

3.坚定践行"人民至上"的发展理念,扎扎实实做好"六稳""六保"工作,民生福祉实现了持续提升。在财政十分紧张的情况下,我们确保民生投入只增不减,持续做好突出民生问题排查梳理,解决了一批困扰群众已久的烦心事。全省首创医疗机构向养老机构延伸服务机制,标准化居家养老服务中心建设获评"2020民生示范工程"。教育现代化建设监测综合得分保持全省领先,基层医疗健康服务保障能力进一步增强。全年新增城镇就业人数6000人。城市人居环境和生态生活环境持续优化,实施老旧小区改造114栋、25.63万平方米;中央及省级环保督察交办信访件、长江经济带生态环境问题全面完成整改销号;优良天数比率、$PM_{2.5}$平均浓度同比分别改善15%和16.1%,列全市第一和第二;地表水国考断面、主要入江支流断面全部达到优Ⅲ标准;长江禁捕退捕高效优质完成。扎实开展"万企联万村共走振兴路"行动,村企联建率全省排名靠前;全市率先全面通过村庄环境整治销号,农村人居环境长效管护行政村占比达到100%。圆满完成文明城市创建各项工作,推动扫黑除恶专项斗争制度化、常态化,对标"一年小灶"目标任务开展城市安全"四风行动",国务院督导组反馈问题隐患100%整改到位,社会和谐稳定局面进一步巩固。

4.自觉提振"加速奔跑"的精神状态,一以贯之推进全面从严治党,干事创业活力得到了有效激发。我们积极"争先创一流、展现新作为","加速奔跑"成为润州全体干部行动标识。创新和优化基层治理格局,圆满完成街道整合审批服务执法力量改革,基层治理体制得到全面重塑;创新实施"大党建·微治理",《润州城市基层"全域党建"引领基层善治》作为全省唯一荣获第五届全国基层党建创新最佳案例,相关做法被《2020年中国基层报告》收录。全面完成村(社区)党组织换届工作。出台深入解决形式主义突出问题"23条措施"和《润州区关爱激励干部担当作为六项举措》,持续减轻基层负担,激励干部勇于担当、主动作为。严格落实中办新修订的意识形态《实施办法》,深入开展十九届四中、五中全会精神和《习近平谈治国理政》第三卷的学习教育,建成城区唯一社会主义核心价值观主题街区。开展两轮政治巡察,圆满完成区委巡察全覆盖目标任务。扎实推进党风廉政建设和反腐败斗争,运用监督执纪"四种形态"处理172人次,挽回经济损失1324.57万元。打造西津渡统战特色街区,新的社会阶层人士统战工作受到省通报表彰。红色档案征集工作取得新突破。

这一年来,全区各地各部门心系大局、步调一致、并肩战斗,为润州逆势而上、激流勇进提供了最坚实的支撑:七里甸街道生产性服务业发展创成省级品牌,官塘桥街道全面投入创新社区建设、重大项目招引按下"快进键",宝塔路街道楼宇经济特色发展活力迸发,和平路街道长江禁捕退捕工作登上央视《新闻联播》,金山街道做实做细做特金山善治、"一张网、九张图"全市有名,韦岗街道走出了一条产业转型、绿色发展的新路径,南山街道村居环境整治、全域长效管护取得显著成效。区人大常委会积极试点街道选民代表会议制度,区政协扎实推动"有事好商量"协商议事取得阶段性成效,人武、双拥工作迈出全新步伐,工青妇等人民团体桥梁纽带作用进一步发挥。

全年的工作为“十三五”画上了圆满的句号，回顾五年拼搏奋斗历程，我们深感创业维艰。面对严峻复杂的外部环境，面对区划调整带来的转型阵痛，面对经济发展进入新常态等一系列深刻变化，我们坚持稳中求进工作总基调，迎难而上，逆势攻坚，开拓进取，各项事业发展取得了令人振奋的成绩：*经济发展深刻转型*。城市经济高质量发展成为“主旋律”，以生产性服务业、高端商贸业、现代旅游业为主的城市经济产业体系初步形成，第三产业增加值占GDP比重超过83%，产城融合发展取得重大突破。*三大攻坚战成果显著*。强势推进“263”“116”专项整治行动，生态环境改善成效创历史之最；金融理财、商品房精装修、政府隐性债务等重点领域风险得到有效管控，“平安润州”“法治润州”建设水平不断提高，公众安全感和法治满意度位居全市前列；居民收入与经济发展实现同步增长。*全面深化改革纵深推进*。农村集体产权股份制改革全面完成，全国残疾预防试验区改革试点即将通过验收，“放管服”改革、教育“集团化”改革、国企改革等一批重要改革任务取得阶段性成效。*民生福祉不断增进*。保持每年75%以上的可用财力投入民生领域，教育、医疗、养老、文化等公共服务质效实现整体提升；南徐片区、官塘片区、北部滨水片区等新城加速崛起，大西路片区等老城不断更新，城市品质改善可观可感，人民生活舒适度持续提高。*政治生态更加清朗*。全面加强党的领导和党的建设，“两学一做”学习教育、“不忘初心、牢记使命”主题教育取得实实在在成效，省委巡视整改常态长效推进，全区党员干部理想信念更加坚定、党性更加坚强，风清气正的政治生态进一步巩固。

“十三五”时期的成就是全方位的、开创性的，变革是深层次的、根本性的。在发展基础急剧变化的条件下，全区广大党员干部以巨大的政治勇气和强烈的责任担当，推动润州发展实现了凤凰涅槃、华丽转型。在此，我代表区委，向全区广大党员干部、各民主党派、工商联和无党派人士、各人民团体，向为疫情防控和经济社会恢复发展无私奉献的医护人员、基层干部、企业家、志愿者，向所有关心和支持润州发展的同志们、朋友们，表示最衷心的感谢！

二、担负时代使命，开启全新征程，绘就“十四五”润州现代化建设宏伟蓝图

“十四五”时期是全面开启现代化新征程、进军第二个百年奋斗目标的第一个五年，具有承上启下、继往开来的里程碑意义。高质量谋划润州“十四五”发展，必须统筹把握时代要求和历史使命：**“在改革创新、推动高质量发展上争当表率，在服务全国构建新发展格局上争做示范，在率先实现社会主义现代化上走在前列”**是习近平总书记对江苏发展提出的最新要求，润州地处苏南，置身长三角、宁镇扬核心区域，更应奋勇争先、创新探索；**再造一个“强富美高”新润州**是二十五万润州人民的殷切期盼，是未来五年全区各级党组织必须为之奋斗的光荣使命。我们要准确把握新形势新机遇，承载新使命新愿景，将总书记的殷殷嘱托和群众的热切期盼转化为强大动力，坚持党的全面领导，坚持以人民为中心，坚持新发展理念，坚持深化改革开放，坚持系统观念，全力打造宜居宜业宜游的现代化一流主城区。

润州“十四五”时期经济社会发展总体目标是：**融入新发展格局取得显著成果，城市经济发展迈上新台阶，现代化一流主城区建设迈出新步伐，谱写出新时代“强富美高”新润州建设的新篇章。**

船到中流浪更急。站在时代峰峦之上，面对“十四五”全面建设现代化的崭新征程，我们深感使命更加光荣、任务更加艰巨、挑战更加严峻。

未来五年，必须科学把握新发展阶段，准确研判润州所处的方位和环境、面临的机遇与挑战，更好遵循客观规律，因势利导、趋利避害，才能在危机中育先机、于变局中开新局。“十四五”时期我国将进入新发展阶段是党中央作出的重大判断，必须深刻认识和把握。**从时间进程看，**历经几代人艰苦卓绝的探索和奋斗，全面建成小康社会、实现第一个百年奋斗目标胜利在望，开启现代化建设新征程的现实基础和物质条件已经具备。按照党的十九大对实现第二个百年奋斗目标作出的“两步走”战略安排，到2035年要基本实现社会主义现代化。扎实做好今后五年的各项工作，对于润州与苏南其他地区同步基本实现现代化具有重要现实意义。**从使命任务看，**党的十九届五中全会擘画了中国发展新蓝图，提出了“十四五”时期经济社会发展主要目标和2035年远景目标；习近平总书记亲临江苏视察并作出“两争一前列”的重要指示，赋予江苏新的重大使命。我们要深切感悟总书记重要指示饱含的肯定和期许，始终把“两争一前列”作为“十四五”工作的最高追求，在对标对表中增强“四个意识”，在落地落实中做到“两个维护”，为探索具有时代特征、江苏特色、镇江特点的现代化形态作出润州贡献。**从发展形势看，**新冠肺炎疫情深刻影响了全球政治经济格局，保护主义抬头、世界经济低迷、地缘政治风险上升，世界进入动荡变革期。外部环境的深刻变化势必会加剧内部的矛盾和问题，未来形势可能会更加严峻复杂，对此要有充分的认知和预判，做好在不稳定不确定环境中谋求发展的思想准备和工作准备。同时也要看到，长江经济带、长三角一体化、宁镇扬一体化等重大战略机遇叠加，给润州发展带来了千载难逢的契机。机遇和挑战都有新的发展变化，只要我们时刻胸怀“两个大局”，科学统筹发展和安全“两件大事”，正确处理危与机、稳与进“两对关系”，下好更多“先手棋”，打好更多“主动仗”，就一定能推动润州改革发展

行稳致远。

未来五年，必须深入践行新发展理念，不断用新发展理念指引方向、校正偏差，推动润州发展实现质量变革、效率变革、动力变革，才能加速越过转型关口、重塑发展优势。全面准确贯彻新发展理念，是新发展阶段的必然要求，也是开创“十四五”新局面的重要保证。**要更加彻底地解放思想。**思想问题始终是最根本的问题。“十三五”时期，润州发展条件和形势经历了一次重大调整，“基础不足论”“要素缺乏论”等“杂音”时有出现，少数干部一度对发展城市经济信心不足。经过三年多的不懈努力，发展城市经济已经成为全区上下的一致共识。进入“十四五”新阶段，所有的“思想包袱”都必须进一步被清理、所有的“思维桎梏”都必须进一步被打破，要真正做到不为指标波动所惊慌、不为短期变化所忧虑、不为困难增多所畏惧、不为外部议论所困扰。要树立正确的历史观、大局观、发展观，从“知其然、知其所以然、知其所以必然”的高度，深刻领会区委发展城市经济的战略意图，彻底抛弃“昨日情节”、重拾创业激情、保持奋进定力，为再造一个“强富美高”新润州凝聚更强思想共识。**要坚定不移推动高质量发展。**总体来看，当前润州城市经济发展取得了一定成效、有了一些亮点，但仍处于产业重构与动能转换的攻坚期，新竞争优势亟待重塑，这也是我们起步“十四五”、开启现代化所面临的最大区情。破解转型之痛、再造争雄之势，就必须坚持发展第一要务，始终把推动高质量发展作为主题主线，坚持走依靠创新驱动的内涵型增长路子，协调推动新型城镇化建设与乡村建设行动，促进经济社会发展全面绿色转型，更加广泛参与对外交流合作，确保全体人民共同富裕取得实质性进展。同时，要遵循“四化同步”的基本规律，坚决守住安全、环保、稳定、廉政“四条底线”，为高质量发展营造安全稳定的环境。**要在更高起点上推进全面深化改革。**坚持把贯彻新发展理念、适应社会主要矛盾转变作为新时期改革的逻辑起点，努力做好制度供给的“加减法”，依靠改革应对变局、开拓新局。坚持把“有利于提高资源配置效率、有利于提高发展质量和效益、有利于调动各方面积极性”作为新时期改革的实践导向，使一切促进社会生产力发展和人民生活品质提高的力量源泉充分涌流。坚持把整体推进、督促落实作为新时期改革的工作重点，进一步强化系统集成，加强资源要素配置、社会民生等关键改革的联动和衔接配套，不断放大改革综合效应。深化区领导联系重点改革任务制度，努力推出更多“从0到1”的改革，形成全面深化改革的润州样板和经验。**要更好满足人民对未来美好生活的需要。**人民是发展的主体，是历史的创造者，是实现现代化的决定性力量。以新发展理念引领新发展阶段，必须坚持发展成果由人民共享，让人民成为发展的最大受益者。横向对比来看，润州发展不平衡不充分的问题依然突出，人民群众对共享发展成果有着强烈期待。对此，要牢固树立“以人民为中心”的发展理念，坚持人民至上、紧紧依靠人民、不断造福人民、牢牢根植人民，让每一个润州人在现代化进程中拥有更多幸福感、获得感。

未来五年，必须积极融入新发展格局，切实找准润州应该干、能够干和必须干好的事，扬长避短、借势发力，努力在“双循环”新格局中发挥独特作用，才能抢占制高点、赢得主动权。构建新发展格局是我国“十四五”时期经济社会发展的重要布局和顶层设计。创造性融入国内国际“双循环”，润州要有自己的担当和作为。重点是办好“三件事”：**要加快提升中心城区首位度。**作为镇江的城市中心与行政中心所在地，当前润州发展面临的最大问题是经济密度不大，最大短板是发展能级不足。奋进“十四五”，在新发展格局下做好润州的事，当务之急是要提高城市首位度。要坚持面向主城区应有地位、面向全市“多片区”格局支撑需要、面向群众对争得城市荣光的期待和对美好生活的向往，大力实施首位度提升战略，进一步强化人口导入，推动实现强核提能级目标。一方面，适时推动产业政策迭代升级，加快发展数字经济，促进先进制造业和现代服务业融合共生，探索发展新型都市工业等高附加值产业，实现城市经济规模扩张与结构优化；另一方面，同步实施“软、硬”实力提升工程，不断完善城市综合功能，积极招引科研院所来我区设立分支机构，增强对高端人才和头部企业的吸引力。**要增强消费对经济发展的基础性作用。**消费是整个社会再生产过程的最终环节，也是构建“双循环”的动力支撑。就现阶段而言，构建新发展格局，短板在内需，侧重点和突破点也在内需。要认识到国内大循环不是省市循环，更不是自我封闭的小区域循环，不能因为自身体量小就“不敢为”“不去为”。相反，在国内大循环体系下，“小城区也能有大市场”，随着内需扩容、消费升级的不断加速，以现代服务业为主导的城市经济必将迎来新的“风口”。润州第三产业发达、配套设施完善、区位优势突出、文旅资源丰富，完全有条件、有能力在“内循环”中发挥更大作用。只要我们实践运用好长板理论，立足镇江全市域、面向长三角更大市场，坚持“老字号”传统特色消费与智能体验等新型消费“两手抓”，持续构建更多消费场景、打造一流消费环境，就能源源不断释放消费红利，激活城市经济发展潜能。**要通过融入区域一体化来服务构建新发展格局。**习近平总书记指出，中心城市和城市群正在成为承载发展要素的主要空间形式。在区域协同发展加速推进的大背景下，市委审时度势作出全面对接宁镇扬一体化、融入南京都市圈建设的重大战略，提出共建G312产业创新走廊的重要决策，对我们而言，既是重大利好，也是艰巨使命。在G312产业创新走廊上，润州拥有官塘、韦岗两个重要节点，是镇江主城链接南京的最前沿端口。抓住这个重大契机，最大程度发挥双节点的承载作用，就能做到跳出润州发展润州。要主动融入国家和省、市现代化产业体系大布局，以高标准建设镇江城市“南大门”、规划韦岗产业形态为抓手，发挥自身比较优势，增强对宁镇扬区域要素资源的配置能力，全力提升润州产业在长三角产业体系中的嵌入度、贡献度和价值链地位，进而在更深层次融入长江经济带“双循环”主动脉，让更多“人流”“物流”“信息流”涌进润州、滋养润州。

三、明确战略举措，再造发展优势，努力实现润州现代化建设良好开局

开局关系全局，起步决定后势。2021年是我区现代化进程中具有特殊重大意义的一年，也是开启“十四五”新征程的“元年”，更是奋勇争前列、再造新润州的关键之年。做好明年的工作，必须**以习近平新时代中国特色社会主义思想为指导，全面贯彻中央和省委、市委各项决策部署，紧扣“强富美高”总目标，着眼“争当表率、争做示范、走在前列”，坚持稳中求进工作总基调，坚持以推动高质量发展为主题、以深化供给侧结构性改革为主线、以改革创新为根本动力、以满足人民日益增长的美好生活需要为根本目的，坚持系统观念，更好统筹发展和安全，扎实做好“六稳”工作、全面落实“六保”任务，确保“十四五”开好局、全面建设社会主义现代化起好步，以优异成绩庆祝建党100周年。**

市委马明龙书记调研润州时提出的“四个新作为”，在目标指向上与“两争一前列”高度契合，在实践路径上与“强富美高”一脉相承，是市委“三高一争”要求在润州的具体延伸。进入新阶段、开启新征程，“四个新作为”被赋予了新内涵，需要与时俱进理解把握、贯彻实践。具体到明年的工作，就是要接续发力、集聚优势，在新的起点上全力展现**“四个新作为”**。

1.在构建现代产业体系上集聚优势，在提升发展能级上展现新作为。构建新发展格局关键在于形成以我为主的现代产业体系。要进一步转变发展方式、优化经济结构、加快动力转换，以打造润州特色现代产业体系支撑城市能级跃升。**一是全力建设官塘创新社区，推进产业基础高级化、产业链现代化。**以官塘创新社区为载体构建现代产业集群，是润州融入新发展格局的主要抓手，也是全区未来五年的重要战略方向。要坚持“有所急有所不急”，在城市设计、产业设计上要“深思熟虑、谋定而动”，精雕细琢、用足用好每一块“风水宝地”；在基础设施建设和签约项目落地上要“紧锣密鼓、紧张快干”，加快推动东南大学校友产业园“一园一站一基地一中心”建设，确保尽快形成实际产出。要针对宁镇扬产业分布特点，在重点产业谋划上做到主动对接、借势发力，借助G312产业创新走廊建设的“东风”，加快承接南京方向的资源要素“外溢”，优先布局大数据和人工智能等现代化产业，让官塘创新社区成为润州产业链最高水平的代名词。要按照市委马明龙书记关于“管理模式创新”的要求，进一步厘清创新社区的体制机制，推动内部运转更加顺畅高效；要争取试点运用“M0、F+EPC”等创新模式，在产业用地、融资建设、人才导入等方面加强探索，让创新社区更加“名副其实”。**二是高质量发展城市经济，不断稳固经济基本盘。**充分发挥项目投资对优化供给结构、牵引市场需求的关键作用，全力推动25个市、区重点产业项目的建设；综合运用代理招商、基金招商、投资顾问招商等方式，招引一批具有支撑性、撬动性的优质“旗舰”项目，力争10亿元以上项目招引实现更大突破。坚定不移壮大生产性服务业，持续巩固省级生产性服务业集聚示范区成果；推动生活性服务业提质培优，高水平打造中央商贸区。风雨过后必见彩虹。要抓住“后疫情时代”全球产业格局调整契机，超前谋划未来产业，加快布局5G、区块链等新基建项目，大力发展夜间经济、数字经济等新经济业态，全面推进数字赋能。持续激发创新势能，深化“政产学研资”合作，加大“润州英才”计划实施力度，鼓励引导企业与院所共建研发机构、工程技术研究中心等创新平台，培育壮大更多高新技术企业。抓住RCEP签署等重大机遇，加快补齐外资外贸短板，更好利用国际国内两个市场、两种资源。**三是全面优化营商环境，充分激发市场主体活力。**富有活力的市场主体是“双循环”新格局中最宝贵的资源。要严格落实《江苏省优化营商环境条例》，把依法平等保护市场主体上升到保护社会生产力的高度，坚决防止地方保护主义，清除不合理市场准入“门槛”，努力营造公正透明的市场环境。要进一步深化行政审批制度改革，提升政务服务效率，降低企业制度性交易成本，让“润州最滋润”成为最响亮的营商品牌。要强化暖企政策的连续性、提高纾困解难的精准性，送出更多“及时雨”“雪中炭”，助力中小微企业和个体工商户渡过难关。要光明磊落与企业家交朋友，更好引导他们以张謇为楷模，发扬新时代企业家精神，坚持实业报国、担当社会责任、带动共同富裕。

2.在推动美丽润州建设上集聚优势，在提升城市品质上展现新作为。推动美丽润州建设，是对标“两争一前列”的具体行动，也是再造“强富美高”新润州的现实需要。**一是聚焦生态美，提升生态环境质量。**把生态环境投入作为基础性战略性投入，加强生态系统治理和保护力度，铺就美丽润州的自然底色。要写好水韵文章，严格落实河湖长制、断面长制，持续抓好长江“十年禁捕”和沿岸生态环境提升工程，全面完成长江入河排污口排查整治，重现“行舟绿水前”的诗意景象。要绘就蓝天画卷,精准施策加强大气污染防治,突出抓好工地扬尘、汽车尾气、餐饮烧烤等各类污染源综合治理,让人民群众享有更多蓝天白云。要展现山林风貌,稳步推进土壤污染防治,开展大规模国土绿化行动,提高城市空间“含绿量”,塑造“山水花园、满眼风光”的生态魅力。**二是聚焦形态美,打造美丽宜居城市**。以实现“精明增长”为方向,把“全生命周期管理”理念贯穿到城市规划、建设、治理全过程各环节,提高国土空间利用效率。充分发挥规划的战略引领和刚性执行作用,推动国土空间分区规划编制与城市形态设计有机结合,科学统筹城乡空间布局。加快补齐南徐、官塘等新片区的功能短板,合理配套商业、体育、文化等公共设施;推进老旧小区改造、危房解危、房屋征收拆迁等工作,有序开展“两违”治理、垃圾分类和厕所革命,优化完善物业管理服务,让城市“烟火气”和“秩序感”并存。扎实开展乡村公共空间治理,全面推进美丽田园乡村建设,持续提升农村人居环境质量,打造家门口的“诗和远方”。**三是聚焦文态美,彰显润州文化底蕴**。注重文脉传承,精雕细琢打磨文化名城标识,抓好大运河文化带保护开发,有机整合文保建筑、历史街区、民俗文化等要素,整体塑造城市的“根”与“气”。推动文旅融合,依托镇江“三怪”、民国风情、“白蛇传奇”等特色文旅资源,加快发展现代文化产业,争创省级全域旅游示范区。弘扬文明新风,全面开启新一轮文明城市创建,推动创建工作常态化;以主城区新时代文明实践阵地建设为载体,进一步发挥社会主义核心价值观“稳定器”作用,深化群众性精神文明创建活动,持续推进“书香润州”品牌建设。

3.在优化公共服务供给上集聚优势,在提升民生福祉上展现新作为。努力创造高品质生活,更好满足群众对美好生活的向往。**一是持续推动增收致富,提升居民获得感**。坚持共同富裕方向,多措并举拓展城乡居民收入增长渠道。对于城市居民,要发挥高质量就业的支撑作用,想方设法稳定就业,扩大公益性岗位安置,创造条件扶持重点群体创业,提高低收入群体可支配收入,发展壮大中等收入群体;对于农村居民,要通过“村企联建”大力发展富民产业,加快培育新型农业经营主体,推动发展新型农村集体经济,扩大工资性收入和财产性收入。**二是完善社会保障制度,提升居民幸福感**。健全多层次社会保障体系,持续推进“全民参保登记计划”,开展社会保险扩面征缴,做好被征地农民和退捕渔民社会保障工作。深入推进社会救助体系建设,开展社会救助审批权下放改革试点,优化慈善救济、社会福利工作机制,进一步增强社会救助力量。扎实做好城乡低保整治后续工作,严格规范低保工作流程,确保低保工作透明化、规范化。完善退役军人服务保障体系。**三是优化基本公共服务供给,提升居民满意度**。坚持过“紧日子”,继续保持财政支出向民生领域和薄弱环节的倾斜力度。围绕建设高质量教育体系,统筹优化全区教育资源配置,进一步深化体教融合、集团化办学、“区管校聘”管理改革,提升基本公共教育服务质量,努力办好人民满意的教育。围绕健康润州建设,加大社区卫生资源整合力度,推动卫生资源向家庭和社区延伸,着力补齐公共卫生体系建设短板,持续提高全民健康水平。围绕积极应对人口老龄化,加快2A级以上标准化居家养老服务中心建设,完善“居家社区机构相协调、医养康养相结合”的养老服务体系。

4.在完善共建共治共享上集聚优势,在提升治理效能上展现新作为。不断推进区域治理现代化,着力构建与高质量发展相匹配的社会治理和安全保障体系。**一是推进依法治区建设**。深入学习习近平法治思想,贯彻落实《法治社会建设实施纲要(2020–2025年)》,坚持依法治区、依法执政、依法行政共同推进,法治润州、法治政府、法治社会一体建设。以街道“三整合”综合改革为契机,加大对行政执法“三项制度”落实情况的督查检查,推动执法重心下移和规范化运行。以深化司法改革为突破,持续完善监察权、审判权、检察权运行和监督机制,坚守公正司法底线。以《宪法》和《民法典》宣传普及为重点,研究制定“八五”普法规划,增强法治宣传教育的针对性和实效性,培育全社会法治信仰。**二是加强和创新社会治理**。发挥党建在基层社会治理中的引领作用,坚持人民群众主体地位,畅通社会组织参与社会治理的新渠道,构建多元共治的基层治理格局。做优做精网格化治理,推动网格建设从“多张网”向“一张网”整合、网格职能从“单一”向“多元”转变,常态长效开展“三官一律”进网格。抓紧落实社区调整和基层“三整合”改革后续工作,严把社区事务准入关口,优化和完善社区服务功能。深入推进社区(村)工作者职业体系和标准化工作体系建设,确保“双全社工”比例达到90%以上。进一步完善升级版技防城建设,推动城市数字化管理,打造“智慧中枢”“城市大脑”。**三是统筹发展和安全**。坚决贯彻总体国家安全观,把防范化解国家安全风险摆在突出位置,全面推进风险防控“四项机制”在重点领域的实践运用,抓好各种存量风险化解和增量风险防范,系统提升本质安全水平。坚决扛起安全生产政治责任,带着“开小灶”的激情投身“三年大灶”工作,深入开展城市安全“三大行动”,大力加强防灾备灾体系和能力建设;高度重视涉众金融矛盾,扎实开展“集中治理重复信访,化解信访积案”专项行动,确保实现重大安全生产事故、群体性事件、社会舆论事件“三个零发生”。坚决打好常态化疫情防控持久战,毫不放松落实“外防输入、内防反弹”要求,突出抓好进口冷链食品安全监管,加强高风险人群疫苗接种等防护工作。

四、强化从严治党,凝聚奋进合力,为开启润州现

代化建设新征程提供坚强保证

奋勇争前列，再造新润州，坚持党的领导是根本，加强党的建设是关键。面对新阶段、新形势、新任务，全区各级党组织和广大党员干部要认真贯彻新时代党的建设总要求和新时代党的组织路线，不断推动全面从严治党向纵深发展。

1.强化政治建设，增强奋发进取、砥砺前行的精神动力。党的政治建设是党的根本性建设，决定党的建设方向和效果。要把政治建设摆在首位，深入学习宣传贯彻党的十九届五中全会和习近平总书记视察江苏重要讲话指示精神，在“学懂弄通做实”上狠下功夫，自觉扛起“两争一前列”的光荣使命。坚持党的全面领导，提高各级党委管大事、议大事能力，发挥把方向、管大局、保落实作用。全面贯彻党的群众路线，完善党员、干部联系群众制度，充分发挥人大、政协优势，健全群团工作机制，完善大统战工作格局，最大限度凝聚共识、凝聚人心、凝聚智慧、凝聚力量。严格落实全面从严治党主体责任，持续加强和改进意识形态工作，抓好建党一百周年主题宣传，开展“六个100”红色传承工程，巩固壮大主流思想阵地。

2.激励担当作为，锻造政治过硬、本领高强的干部队伍。干部是关系事业成败的关键力量。要突出政治标准，探索建立干部政治素质档案，选优配强各级领导班子特别是“一把手”，大力发现培养年轻干部，充分调动各年龄段干部的积极性，增强班子的整体功能。要坚持严管与厚爱结合，持续推行区管领导班子和领导干部专项考核，强化领导干部日常监督管理，健全干部经常性教育机制，更大力度实施激励关爱、容错纠错。面对新起点、新征程，全区各级党员干部要充满激情、富于创造、勇于担当、敢为先锋，不断增强政治意识、机遇意识和风险意识，提高战略把握能力、工作预见能力、政策落实能力，以过人智慧、过硬本领找到难题破解之道，拿出管用之策，取得发展之效。

3.坚持固本强基，筑牢忠诚担当、坚强有力的战斗堡垒。健全基层党建“书记项目”责任体系和高质量考核党建指标体系，认真落实党建工作责任制，强化基层党组织书记抓党建责任，发挥各级党组织的政治功能和组织功能，积极探索符合主城区特点和规律的基层党建新路，统筹推进村（社区）、“两新”组织、机关事业单位等各领域基层党建工作。全面加强基层党组织和基层政权建设，建强带头人队伍，坚持“一稳三好”推进村（居）民委员会换届，大力提升社区（村）工作者专业能力和综合素质。加强党员的培养、教育和管理，从严落实党内组织生活制度，提高基层党组织的凝聚力和战斗力。

4.持续正风肃纪，营造风清气正、海晏河清的政治生态。良好的党风政风，是凝聚人心合力奋进的关键。要严格落实党风廉政建设“两个责任”，加强监督检查。深入开展民生领域专项监督，驰而不息落实中央八项规定精神，持续纠治形式主义、官僚主义问题，切实为基层减负增能。运用好监督执纪“四种形态”，巩固深化政治巡察，加强基层“微权力”监管。保持惩治腐败高压态势，构建一体推进“不敢腐、不能腐、不想腐”的有效机制，实现惩治震慑、制度约束、教育感染的有机统一，营造风清气正的良好政治生态。

同志们！新使命催人奋进，奋斗者才有未来！让我们更加紧密地团结在以习近平同志为核心的党中央周围，坚持以习近平新时代中国特色社会主义思想为指引，牢记嘱托、不负使命，奋勇争前列，再造新润州，全面开启社会主义现代化建设新征程，以优异成绩迎接党的百年华诞！

政府工作报告

——2021年1月12日在镇江市润州区第九届人民代表大会第五次会议上

润州区人民政府区长 徐心田

现在，我代表润州区人民政府，向大会报告工作，请予审议，并请各位政协委员和其他列席人员提出意见。

2020年和“十三五”工作回顾

2020年是高水平全面建成小康社会的决胜之年，也是“十三五”规划的收官之年。一年来，我们坚持以习近平新时代中国特色社会主义思想为指导，全面贯彻党的十九大和十九届二中、三中、四中、五中全会以及习近平总书记视察江苏重要讲话指示精神，深入落实市委、市政府和区委各项决策部署，团结依靠全区人民，坚持稳中求进工作总基调，自觉践行新发展理念，对标高质量发展要求，扎实推进全区各项事业向前发展，较好完成了一系列事关全局、事关长远的重点工作任务。

——*疫情防控取得重大战略成果*。面对新冠肺炎疫情的挑战，坚持人民至上、生命至上，迅速打响疫情防控的人民战争、总体战、阻击战。推行“大数据+网格化+铁脚板”的工作模式，制定疫情防控“作战图”，织牢织密联防联控网络，连续340天保持零感染，有力保障了全区人民身体健康和生命安全。区卫健委被评为“全省抗击新冠肺炎疫情先进集体”。

——*经济社会发展企稳回暖*。全面落实减税降费、暖企稳岗政策举措，全年社保降费近2亿元。率先在全市发放消费券300万元，直接拉动消费近5000万元。210家“四上企业”在3月底全面复工。全年实现地区生产总值244亿元、增长3.2%，服务业应税营业收入增长10%，新增市场主体10780户，同比增长19.96%。

——*转型创新动能持续汇集*。官塘创新社区管委会顺利挂牌，首批签约镇江数据湖产业园、阿里·和润数字产业园等重大产业项目，总投资达132亿元。商务金融服务区入选省级生产性服务业集聚示范区，服务业综合改革试点在全省验收中名列第一方阵。东南大学校友经济产业园、国家大学科技园双创基地等一批校地创新合作平台成功签约落户。

——*生态文明建设持续推进*。久久为功坚决打赢污染防治攻坚战，全年$PM_{2.5}$浓度下降16.1%，降幅全市第二，空气优良天数比例上升15%，增幅全市第一。扎实做好长江禁捕退捕工作，实现捕捞许可证100%收回注销，渔船100%征收，网具100%销毁，失水渔民100%安置四个“100%”目标，受到中央媒体的高度肯定，“十年禁渔”顺利开局。完成长江沿岸绿化造林15.6公顷，长江岸线生态环境显著改善。

——*基本民生保障更加坚实*。将可用财力的75%以上用于民生支出，争取抗疫特别国债及各类上级资金3.36亿元，全部投入民生改善项目。全年新增就业6000人以上，城镇登记失业率控制在2%以内，低于全市平均水平。2020年度民生实事项目全面完成，标准化居家养老服务中心建设获评“2020民生示范工程”。面对超历史极值的特大汛情，全面动员、科学调度，坚决守住主城区最长的长江岸线，实现安全平稳度汛。

在这极不平凡、极不容易的一年里，我们着重抓好了以下六个方面的工作：

一是坚定实施产业强区战略。修订完善了《润州区关于加快产业发展的政策意见》，加大企业信息化建设、外商投资、特色楼宇建设等关键举措的扶持力度，兑现政策奖补资金3000余万元，争取上级政策资金3549万元。项目建设有序推进，6个市重点产业项目全面完成年度建设目标，新建项目开工率达100%。产业转型持续深入，以金融业为代表的生产性服务业纳税占比提升至31%，恒信咨询集团入选生产性服务业领军企业，瑞联贸易入选互联网平台经济“百千万”工程[1]重点企业。城市旅游业实现逆势增长，赴北京举办“随心游去润州”旅游推介会，发布“润州明月夜”夜经济品牌，西津渡历史文化街区被省文旅厅评为“首批夜间文旅消费集聚区”，中秋、国庆黄金周接待游客22.1万人次，实现旅游收入2.59亿元，同比增长38%、37%，位居全市前列。招商引资取得重要突破，全年累计签约项目131个，当年落户95个，总投资超170亿元，实际利用外资2019万美元，增幅居全市第一。

二是持续汇集创新发展动能。深入实施人才强区战略，加快高层次人才集聚，省“双创计划”完成率200%，居全市第二，市“金山英才”计划完成率133%，居全市第一，均为历史最佳。充分发挥金融杠杆推动企业创新，各类金融平台新增实体经济投融资18.13亿元，新增高新技术企业8家，新增科技服务类市场主体242个，技术合同成交额绝对值1.8亿元，同比增长10倍以上，实现创新动能爆发式增长。易沃客创意空间、联想星云镇江创新中心成功创成省级众创空间。开展各类政产学研活动10场，东南大学国家技术转移中心镇江中心正式落地建设，实现合作项目5个，合同金额突破500万元。

三是加快提升城市建管品质。扎实推进国土空间分区规划[2]编制，科学试划“三线三区”[3]。提高土地利用效率，开展农村乱占耕地建房问题专项整治，批而未供土地减少106.67公顷，连续两年获评“省级土地执法模范县（市、区）”。精致化推进城市建设，圆满完成老旧小区改造三年行动计划，年内完成桃园小区、运河路沿线等7个片区、25.63万平方米老旧小区改造任务。项目化推进城市更新，实施征收拆迁12.2万平方米，何家湾、罐头厂等9个地块征收任务全面“清零”。精细化推进城市治理，全面开展主次干道、农贸市场等重难点区域环境综合整治，解决占道经营、车辆乱停等问题3800多个，建成省级生活垃圾分类达标小区20个，全市首部既有住宅加装电梯投入使用，蝉联全国文明城市称号。高标准完成连淮扬镇铁路沿线环境整治任务，全市首家完成村庄环境整治销号，新建改造户厕1536座，农村人居环境长效管护行政村实现全覆盖。创新建立“三长治水”[4]新模式，牵头成立城区跨界河湖联防联治工作联盟。中央及省级环保督察交办信访件、长江经济带生态环境问题整改销号率100%，国、省考断面水质稳定达标，完成原江南化工厂土壤修复工程，建成西津渡滨江体育公园，生态环境质量得到显著提升。

四是扎实推动民生福祉改善。多措并举稳就业，发放各类稳岗就业补贴745.3万元、失业金1299.1万元，发布用工岗位5000个以上。持续完善社区和居家养老服务，新建标准化以上居家养老服务中心38个，基本形成覆盖全区的“15分钟居家养老服务圈”。率先将居家养老上门服务、特殊困难老年人居家适老化改造纳入政府购买范畴，惠及老年家庭4000多户。优化调整社区（村）服务范围，基层服务力量配置更为科学合理。教育事业优质均衡发展，现代化建设监测综合得分继续在全省保持领先，集团化办学[5]实现全覆盖，普惠性教育资源供给更加充分，覆盖率提高11.87%。全面强化基层公共卫生服务体系建设，家庭医生签约普通人群覆盖率达36.11%、重点人群覆盖率达70.03%；建成7所基层中医馆，七里甸、黎明社区卫生服务中心达到全国“优质服务基层行”省级推荐标准。实施“文艺播种计划”，赴基层开展文艺辅导240多场，培训9000多人，全年共开展文化惠民和艺术普及活动1000场以上。

五是健全完善社会治理体系。以基层“三整合”改革[6]为契机，推动执法力量下沉，赋予街道62项权力事项。加强网格基础信息建设，网格员全面“走街入户”摸排掌握信息61.1万条。圆满完成第七次人口普查长、短表登记任务。统筹推进安全生产专项整治“一年小灶”[7]与“三年大灶”[8]，扎实完成国务院、省、市督导组交办51条安全隐患，整改率达100%。开展城市安全隐患排查“飓风行动”，排查生产经营单位4607家次，查出风险点90个，全部完成整改，实施执法处罚26.1万元。推进“升级版技防城”[9]建设，完成“123”高清探头[10]升级改造660个。纵深推进扫黑除恶专项斗争，抓获九类涉恶人员237人，1个黑社会、4个恶势力犯罪集团全部审结，接报各类线索270条全部办结，抓获九类涉恶在逃人员95人，缉捕率100%。强势开展“雷霆”“蓝剑”等系列专项行动，年内各类刑事案件立案同比下降31.9%，抓获各类犯罪嫌疑人数同比上升9.5%，成功侦破一批重案、要案，八类案件破案率达90%以上。建成区级非诉讼服务中心，诉前调解与纠纷分流比例超50%。各级信访件及时受理率99.81%、按期办结率100%、满意率96.41%，被授予全省信访系统“人民满意窗口”称号。

六是全面加强政府自身建设。坚持党对政府工作的全面领导，加强政府系统政治建设和党风廉政建设。切实强化“四个意识”、坚定“四个自信”、做到“两个维护”。坚定不移纠正“四风”，压减“三公”经费202万元，政府发文、会议数量较2018年下降30%以上。深入推进法治政府建设，区政府学法走向常态化、制度化，常务会议专题研究法治工作5次，集体学法5次；坚持依法依规决策，实施政策文件合法性审查12次；坚决落实法律顾问参与决策制度，村（社区）法律顾问全覆盖，顺利通过市级“七五”普法终期评估验收。自觉接受人大依法监督和政协民主监督，办理人大代表建议62条、政协委员提案95条，满意和基本满意率达100%。大力构建亲清政商关系，举办“润州最滋润”企业家早餐会、座谈会，创新建立“企业家诉求绿色直达交办单”机制，解决企业实际问题80多个。推进行政审批制度改革，24个审批事项实现“一枚印章管审批”[11]，104件事项实现“一件事一次办”[12]。

各位代表，2020年经济社会发展目标任务的基本完成，为“十三五”画上了圆满句号。“十三五”期间，我区的发展环境、发展形势发生了重大变化，全区上下以高度的政治意识和全局意识，坚决落实市委、市政府重大决策部署，在区委领导下坚定走出了高质量发展城市经济的道路,推进实施了一系列利当前、惠长远的重大举措,较好完成了“十三五”规划确定的主要目标任务。

五年来,我们坚定推进产业转型,实现了发展方式的关键性转变。科学制定新一轮产业发展战略规划,初步建立了以生产性服务业、高端商贸业、现代旅游业为主要支柱的城市经济产业体系。2020年服务业占地区生产总值比重达83%,较“十二五”末增长近20%,服务业税收较2017年末增长13.8%,服务业固定资产投资增幅高于全社会固定资产投资2.6个百分点,成为拉动经济增长的主要动能。主城区金融、创新功能日益凸显,慧灵科技、树实科技、虹湾威鹏等企业相继落户,填补了智能制造研发领域空白。新增工程技术研究中心等省级以上研发机构2家,新认定高新技术企业13家。金融、类金融机构高度集聚,总数达159家,13家银行机构在润州设立市级分行。

五年来,我们坚持生态宜居理念,加快了城市建管的精细化进程。建成数字城管云平台,用数据化、信息化手段全面提升城市管理效能,2020年平台派遣案件达1.7万余条,平均整改率90%以上。城区110条道路417万平方米保洁实现市场化运作,街巷生活垃圾实现机械化清运。206个居民小区生活垃圾分类基础设施设置实现全覆盖;顺利通过国家卫生城市复审、全国文明城市荣誉称号复查确认和海绵城市建设国家级验收考核。持续擦亮城市生态底色,圆满完成西南片区环境综合整治,关闭污染企业41家,空气环境质量连年提升,$PM_{2.5}$浓度较2015年下降39%,空气优良天数比例上升17%;城区黑臭水体整治完成率100%。

五年来,我们突出民生优先原则,取得了全面小康的决定性成就。城镇居民人均可支配收入年均增长7%,高于经济发展水平;社保覆盖率达98%以上;征地农民保障人数4913人,保障率100%;全面完成农村集体经营性资产股份制改革,2020年末村均集体经营性经济收入达320万元,为全市最高。全市首创迎江路医养融合日间照料中心模式,被确定为省现代民政示范区,创成第一批全省现代社区治理创新试验区。新建九年一贯制学校2所、小学1所,新增义务教育阶段学位8000个,新建和改扩建幼儿园12所,高分通过全国义务教育发展基本均衡区评估,被省政府表彰为促进义务教育均衡发展先进集体。基层公共卫生服务水平稳步提升,顺利通过江苏省慢性病防控示范区、卫生应急示范区复评审,省级健康促进区首创成功;创成国家级社区卫生服务示范中心2家,首创联合病房模式在全市推广。

五年来,我们强化基层网格建设,夯实了治理体系的现代化基础。科学划分262个综合网格、31个专属网格,配备专职网格员262人;全面推进社区(村)工作者职业体系和标准化工作体系建设,“双全”社工[13]占比达86%,城乡和谐社区达标率92%以上。安全生产事故起数和死亡人数持续维持在较低水平;“法治润州”“平安润州”建设程度不断提高,扫黑除恶专项斗争成效明显,公众安全感与法治满意度达97%以上,区内信访存量积案攻坚过半,信访基层基础进一步夯实,考核成绩排名逐年提高。

各位代表,过去五年,我们在应对挑战中砥砺前行,在抢抓机遇中开拓创新,在高质量发展中主动作为,取得了来之不易的成绩。这是市委、市政府和区委坚强领导的成果,是区人大、区政协监督支持的成果,是全区干部群众齐心协力、务实奋斗的成果。在此,我代表区人民政府,向给予政府工作关心支持的人大代表和政协委员,向公安、税务、生态环境、自然资源和规划、广播电视、消防和人民武装等相关单位的同志们,向各民主党派、工商联、无党派人士,向各人民团体和社会各界人士,向所有关心和支持润州发展的朋友们,向在各个岗位上奉献智慧和力量的润州人民,致以崇高的敬意和衷心的感谢!

在看到成绩的同时,我们也清醒地认识到,润州发展还面临许多困难挑战。比如:中心城区能级和首位度仍需进一步提升,主导产业发展层次仍待提高,新旧动能转换还要加快步伐;城市有机更新任务依然艰巨,社会治理和城市精细化、智慧化管理水平仍需提升;群众对民生改善还有不少新期待;政府服务效能还需进一步提升,服务品牌创建还需持续加强。需要向各位代表特别报告的是,由于新冠肺炎疫情的影响,今年地区生产总值和社会消费品零售总额与区九届人大四次会议确定的目标存在一定差距,体现出我区经济结构较为单一、抗风险能力较弱的问题,但这两个指标均达到了全市平均水平,润州经济长期发展态势依然趋稳向好。区政府将在“十四五”的开局之年,进一步放大区域特色优势,尽快消除疫情影响,推动经济社会各项事业发展向着更高质量迈进。也恳请各位代表、委员继续对我们的工作进行监督,提出宝贵意见建议。

“十四五”发展目标任务

根据区八届五次党代会审议通过的《中共镇江市润州区委关于制定润州区国民经济和社会发展第十四个五年规划和二〇三五年远景目标的建议》,区政府编制了《镇江市润州区国民经济和社会发展第十四个五年规划纲要和二〇三五年远景目标(草案)》,即将提请大会审议。

“十四五”时期是全面开启现代化新征程,向着第二个百年奋斗目标奋勇前进的第一个五年,也是高标准融入全市“一体两翼三带多片区”[14]战略布局,推动城市经济实现高质量发展目标的决胜时期。我们将全面遵循“产业强市、创新驱动、融合发展”的理念，牢牢把握区域经济社会的发展规律，加快推进建设宜居宜业宜游的现代化一流主城区。

“十四五”润州经济社会发展的主要目标任务是：

健全城市经济产业体系，发展能级显著提升。保持经济运行在合理区间基础上，进一步加快主导产业转型升级，推动新兴产业发展壮大，城市经济规模提升，产业结构持续优化。到2025年，生产性服务业增加值占地区生产总值比重达到60%，研发经费投入增长30%。全面融入长三角、宁镇扬区域一体化发展格局，建成服务全市、辐射周边的技术创新、金融服务区域中心，官塘创新社区产城融合示范作用充分彰显，城市核心商圈建设品质进一步提升，社会消费品零售总额增长率保持在6%左右，消费对经济增长的拉动作用进一步凸显。

提升公共服务供给水平，人民生活持续改善。居民收入增长与经济增长保持同步，社会保障体系更加完善，基本公共服务标准化、均等化水平明显提高，高品质、个性化公共服务供给更加丰富便利，多层次社会保障体系更加健全，卫生健康体系更加完善，教育事业发展和人力资源开发主要指标达到全省先进水平。到2025年，城镇登记失业率控制在3%以内，城乡基本养老保险覆盖率达到98%，人均期望寿命（健康预期寿命）接近80岁，居民获得感、幸福感、安全感明显增强。

打造绿色宜居城市环境，生态优势日益突出。城市生态与城市建设协调推进，大气、水、土壤等生态环境质量稳定向好，生态空间规模与品质得到新提升，美丽润州建设实现新跃升，真山真水的自然风韵得到充分展现，城区环境更加宜居，绿色低碳的生产生活方式更加深入人心。持续打好污染防治攻坚战，主要污染物排放总量持续减少。到2025年，单位GDP能耗、单位GDP二氧化碳排放量确保完成市确定目标，沿江生态环境修复整治成果进一步巩固，生态优势转化为发展动能的渠道更加畅通。

彰显城市文化内涵气质，文明程度不断提高。社会主义核心价值观深入人心，文明城市的常态化管理机制健全完善，人民精神文化生活迈上新台阶。文化体育设施布局更加完备，公共文化服务体系更加完善。现代文化创意产业蓬勃发展，城市文化品牌具有广泛的辨识度和知名度。城市文化创造力、传播力、影响力显著增强。到2025年，文化产业增加值占GDP比重达到5%，社会文明程度测评指数达到90以上，市民文明素质和城市文明程度全面提升。

打造现代城市治理体系，城市运转安全高效。重大突发公共事件应急能力和防灾减灾抗灾能力明显增强，防范化解重大风险和安全发展体制机制不断完善，城市本质安全水平全面提升。法治润州建设取得新进展，平安润州建设达到新水平，社会法治意识不断增强，到2025年，网格化社会治理机制更加完善，基层网格联系群众、处理问题的能力显著增强，人民群众参与基层治理渠道更加畅通，社区治理活力进一步激发，公众安全感指数达到96%以上，法治和诚信社会建设取得新成果，法治建设满意度高于90%。区域社会治理体系的精细化、法治化、智能化水平显著提高。

2021年重点工作

2021年是中国共产党成立100周年，也是开启“十四五”和现代化建设新征程的元年，做好今年的各项工作至关重要。按照区八届五次党代会部署，今年政府工作的指导思想是：坚持以习近平新时代中国特色社会主义思想为指引，全面贯彻习近平总书记视察江苏重要讲话指示精神，认真落实党中央、国务院和省委、省政府，市委、市政府，区委的决策部署要求，坚持稳中求进工作总基调，坚持高质量发展主题，自觉践行新发展理念，紧紧围绕“两争一前列”和“三高一争”奋斗目标，加快提升城市经济主导产业发展水平，扎实做好“六稳”工作，全面落实“六保”任务，奋勇争前列，再造新润州，全面开启社会主义现代化建设新征程，以优异成绩迎接中国共产党成立100周年！

今年经济社会发展的主要预期目标是：地区生产总值增长6.5%；一般公共预算收入增长3%，服务业应税营业收入增长8%，固定资产投资增长8%，社会消费品零售总额增长7%；城镇常住居民人均可支配收入增长与经济增长同步；杜绝重特大安全生产事故，严控较大安全生产事故，安全生产事故起数和死亡人数实现双下降；全面完成市下达的节能降耗、污染物减排、生态环境约束性指标。

在“两争一前列”“三高一争”奋斗目标的引领下，我们将更加聚焦“宜居宜业宜游现代化一流主城区”定位，在“十四五”开局之年重点做好以下五个方面工作。

一、聚焦新格局、新机遇，加快建设特色鲜明的中心主城区

抢抓国际国内“双循环”新发展格局下的新机遇，全面融入“一体两翼三带多片区”[14]发展战略布局，切实提升中心城区发展首位度。

加快产城融合发展。全面提升官塘创新社区的建设运营质效，加快推进区域现金中心等重点产业项目开工建设。紧扣“总部经济集聚区”“产城融合示范区”“山水花园名城样板区”定位，以“互联网+”“区块链+”“智能+”为重点，加快引进大数据、云计算等数字经济产业项目，全力打造产城融合发展的数字经济新高地，全年力争引进总部经济企业4家，新增高新技术企

业7家。完善韦岗片区基础设施建设，加快融入G312产业创新走廊，用好镇江高校园区创新人才资源，践行绿色发展理念，加快工矿企业改造，打造产值规模超百亿绿色产业，树立生态转型发展的新标杆。

*突出主城商贸功能。*以建设区域消费中心为目标，加快打造布局合理、特色鲜明的城市中央商务商贸中心，持续推动生活性服务业向高品质和多样化升级。通过“线上+线下”相结合模式，丰富消费业态、优化消费体验，增加时尚消费和夜间商业占比，加快打造“智慧商店”“智慧商圈”“智慧街区”，形成数字化、个性化和全渠道的创新发展模式，增强城际商圈品牌吸引力。加快社区商贸服务布局，在商业楼宇、产业园区周边布局建设以24小时便利店、超市、餐饮店为主要形式的微商业综合体，形成层次分明、功能互补的城市商贸服务体系。

*打造窗口城区形象。*用好国家级“城市中央休闲区”的金字招牌，打造“三条夜游新动线”[15]和“六大夜消费体验圈”[16]，以夜游、夜购、夜读等夜经济消费形式，丰富城市旅游的体验感。加快建设大运河文化带和大西路、伯先路等历史文化街区，让深厚的城市文脉可见可感。推进城市旅游全域建设，文商旅深度融合发展，在金山湖片区和北部滨水片区加快旅游业与体育、健康、科技等行业深度融合。健全南山景区旅游服务功能配套，打造兼具生态、文化、经济效应的城市中央开放景区。

二、聚焦融合点、创新点，加快建设集聚高效的产业主城区

坚持把创新作为城市经济提质增效的主动能，围绕重点产业、把握关键环节，推动产业链、创新链无缝衔接、融合发展。

*将创新要素集聚放在首位。*持续加大高层次人才、行业紧缺型人才引进培育力度，力争省“双创计划”、市“金山英才”高层次人才引进完成数继续保持在全市前列。深化与东南大学、西安理工大学、南京航空航天大学等高等院校、研究院所的合作交流，建好用好东南大学国家大学科技园双创基地、东南大学国家技术转移中心、西安理工大学智造园等产学研合作基地。坚持强化企业创新主体作用，实施产学研合作项目10项以上，加快推进建华全球研究院建设，引导企业增加研发投入，建设一批企业主导的生产研发机构，积极争取上级重大科技专项和研发项目资金支持。进一步健全知识产权保护和交易机制，积极支持培育有条件的企业在科创板上市。

*全力推动产业链现代化提升。*聚焦产业强市“一号战略”，紧紧围绕全市四大重点产业集群[17]和八大产业链[18]布局，以技术研发、大数据管理、法律服务、品牌推广等领域为重点，加强生产性服务业企业的引进培育，推进新一代信息技术、智能制造等领域技术联合攻关，为重点产业、龙头企业提供成熟的技术解决方案，为中小微企业配套集成式的创新研发服务。全年招引产业项目130个以上，完成投资50亿元以上，其中主导产业项目占比不低于60%。提升金融中心服务功能，通过优化信贷结构、加大普惠力度、增加直接融资比重等方式，持续增强金融对实体经济的支撑度。

*精细化打造各类平台载体。*继续推进创新创业平台孵化器升级，全力争创国家级科技企业孵化器。深度融入产业区域布局，结合楼宇资源特点，着重培育一批以商务商贸、文化创意、电子信息、科技研发等为主力业态的特色产业楼宇。积极推广运营、招商、管理一体化的楼宇运行模式，优化商务楼宇物业管理水平，提升楼宇资源使用效率。以阿里·和润数字产业园和镇江数据湖产业园为先导，加快城市创新园区建设，形成一个核心服务平台、多个主导发展方向、一批总部企业构成的区域性创新集群，为入园企业提供人才、技术、资本、市场等多要素集成服务，逐步形成较为成熟的创新园区运营发展模式。

三、聚焦人性化、智慧化，加快建设品质突出的美丽主城区

秉持共建共治共享理念，实施更有形态、更有韵味、更有温度、更有质感的城市建设管理。

*构建以人为本的城市空间。*高质量完成国土空间分区规划编制，优先保障民生事业、基础设施改善用地和重点片区发展用地需求，推动生产、生活、生态均衡发展。精品化推进城市更新，实施桃园小区、万家庄200号等4个片区、7万平方米老旧小区改造工程，改造升级金星市场等一批民生基础设施，切实改善城市居民生活环境。优化区域交通网络，完成新马路、和平路等城市道路改造提升工程，加快岗子下、官塘等片区路网建设，进一步畅通城市道路内循环。

*实施精细智慧的城市管理。*扎实推进市域治理指挥平台[19]建设，全面启动“智慧城市”建设，提升城市公共服务、交通物流、安全生产等智能化水平。推进智慧城管等应用体系建设，逐步实现一网统筹、一平台管理，并在部分社区率先进行试点。加快推进新型基础设施建设，进一步提升5G网络覆盖质量，新建新能源汽车充电桩86个。完善信息城管领域政府购买服务模式，扩大“小步外勤”[20]功能运用范围，运用数字化管理手段推动占道经营、违章搭建、违规户外广告等日常监管整治走向常态长效。持续推广城乡生活垃圾分类，建成30个省级生活垃圾分类达标小区。推进环卫基础设施提档升级，改造江南新村、朝阳楼等8座公厕，实施中华支路垃圾中转站提升工程。

*营造绿色协调的城市生态。*全力保护“城市中的自然”，积极打造“自然中的城市”，努力实现生态效益和经济效益协调提升。强化水环境治理，开展城镇污

水处理提质增效“333”行动[21]，以住宅小区雨污混接整治为重点，实施污水管网全覆盖工程，按计划完成达标区建设。压实河长巡河、治河、护河责任，确保重要水体稳定保持在Ⅲ类以上。实施长江堤防防洪能力提升工程，达到百年一遇标准。持续推进长江“十年禁渔”工作，完善常态化巡查检查机制，提升渔政执法能力水平，建好“护渔员”协管队伍，切实强化日常监管力度。深入推进大气污染防治，新建3个空气质量监测站点，建立健全“点位长”工作机制，加强对工地扬尘、机动车尾气、餐饮油烟等重点领域的污染源头治理，保证$PM_{2.5}$浓度和空气优良天数双达标。

四、聚焦均衡化、优质化，加快建设服务完善的幸福主城区

聚焦人民群众美好生活需要，持续加大普惠性、基础性民生保障力度，更好推动各类民生事业发展。

提升就业保障质量。加大精准就业援助力度，以高校毕业生、就业困难群体、退役军人等为重点，提供就业岗位7000个以上，新增各类就业6000人。坚持创业带动就业，强化创业载体和培训平台建设，扶持创业1100人以上。持续推进“全民参保登记计划”，开展社会保险扩面征缴，做好低保整治后续工作。健全劳动关系、人事争议调解仲裁机制，加强企业劳动用工管理，实现规模以上企业劳动合同签订率98%、工会集体合同签订率99%以上。

打造优质教育品牌。巩固深化集团化办学成效，通过开发集团共享教育项目，发挥优质教育资源辐射带动作用。合理调整义务教育学校布局，启动宝塔路小学李家大山校区改扩建工程。增加学前教育资源供给，新开幼儿园2所，争创省优质幼儿园2所，普惠性幼儿园覆盖率进一步提升。积极推进镇江信息中专职业教育综合改革工作，科学配置、综合用好职业教育资源。全面推进“县管校聘”[22]管理改革，优化教师资源配置，力争省教育现代化建设监测继续位列全省第一方阵，教育教学质量保持全市领先。

健全卫生健康体系。全面加强基层公共卫生体系建设，完成疾控中心实验室标准化建设和七里甸社区卫生服务中心血透中心升级改造项目，新建区卫生应急指挥中心。培养引进公共卫生专业人才6人以上，开展各层各类培训15场以上，提升基层医疗队伍专业素质，增强突发公共卫生事件应急能力。进一步推广医养融合日间照料中心模式，推动居家养老服务中心再升级，4家AA级养老服务中心提档AAA级，新建AA级、AAA级养老服务中心各1家，健全完善多样性、持续性、实效性的养老服务体系。建成区残疾人综合服务中心，整体提升面向残疾人的服务能力。

坚决贯彻落实“外防输入、内防反弹”的要求，完善疫情联防联控工作机制，持续做好各类重点人员核查预警，规范落实入境人员闭环管理，严防疫情输入扩散。强化“人物同防”，做好重点场所、重点物品、重点环境的检测消毒。有序推进疫苗接种工作，提升核酸检测能力，按标准备足各类应急处置物资，坚决筑牢疫情防线。

五、聚焦法治化、多元化，加快建设高效治理的活力主城区

坚持以法治建设为引领，凝聚多元共治力量，保障人民安居乐业、社会安定有序，全面提升社会治理整体效能。

深化法治社会建设。整合人民调解资源，形成人民调解“三级四统”[23]新模式。全面推进“集中治理重复信访、化解信访积案”专项行动，推进信访老案、积案化解。制定“八五”普法规划，进一步提升“基层法律援助”“一社区一法律顾问”质效。培育法治文化精品，新建1家法治文化特色小镇。加强社会治安防控体系建设，加快推进“升级版技防城”和“雪亮工程”[24]建设，全面提升驾驭新形势下社会治安局势的水平，力争“八类”案件破案率达95%以上。

提升社会共治水平。深入推进社区工作者职业体系和社工标准化工作体系建设，“双全”社工比例提升至90%以上。以公益、慈善、服务类社会组织为重点，鼓励扶持专业化社会组织参与养老、医疗、慈善、就业援助等民生服务，全年力争引入专业社会组织10家以上、孵化培育20家以上。大力推行“参与式治理”，通过议事会议、圆桌会商、网络互动等方式，引导群众有序参与到老旧小区改造、既有住宅加装电梯等民生实事的推进过程，增强对民生实事的认可度和获得感。

严守城市安全底线。推进城市本质安全大整治、大规范、大提升“三大行动”，突出校园、高层建筑、商业综合体等重点场所和交通运输、寄递物流、建筑工地、特种设备等行业领域的排查治理，实现问题隐患整改率、网格管理覆盖率双“100%”。围绕全区“1+2+6”方案体系[25]，压茬推进安全生产专项整治“三年大灶”，推动建立常态化安全隐患排查机制，严格加强对重点企业、重点行业安全工作的日常监管，保障全区安全生产整体形势长期稳定。严把食品药品安全关口，加强追溯体系建设，推动平台对接和数据共享，确保抽检结果公示率、不合格食品核查处置率均达100%，坚决守住食品药品安全底线。

提高政府治理能力
做精做优营商环境品牌

加强党的建设，突出政治引领。围绕中国共产党成立100周年这一重大时间节点，进一步加强政府系统政治建设，学懂弄通做实习近平新时代中国特色社会主义思想，深入学习贯彻习近平总书记视察江苏重要讲话指示精神，树牢“四个意识”，坚定“四个自信”，

坚决做到“两个维护”。坚持党对政府工作的全面领导,严格遵守政治纪律和政治规矩,确保将中央大政方针,省委省政府、市委市政府和区委各项决策部署不折不扣落到实处。把开展学习教育与完成重点工作任务相结合,坚持问题导向、目标导向、结果导向,不断提高政府治理能力。

锤炼工作作风,提升政府效能。坚决扛起全面从严治党责任,深入贯彻落实中央“八项规定”,驰而不息整治“四风”,持之以恒正风肃纪。依法接受党内监督、人大法律和工作监督、政协民主监督以及国家监察、司法监督,自觉接受社会舆论监督,加强审计监督。坚持政府过“紧日子”,从严控制一般性行政经费支出,集中财力促发展保民生。切实强化担当作为精神,健全完善重点指标、重点项目、重点工作常态化调度讲评工作机制,保证落实执行力度,以优良务实的工作作风,展现新时代润州政府的良好形象。

规范市场环境,优化服务质量。持续优化行政审批服务水平,确保政务服务事项不见面率达99%以上,打通各业务部门之间的数据壁垒,为企业和群众办事提供线上“一网”线下“一窗”的一站式服务。强化市场监督,提升监管质效,有效降低制度性交易成本,不断激发市场活力。持续健全企业诉求解决机制,常态化了解企业发展诉求,按照“先人一步、马上就办”的要求,提高政府决策效率,避免议而不决、定而不办,以“不叫不到、随叫随到、服务周到”的“店小二”精神,持续做精做优“润州最滋润”营商环境品牌。

各位代表,使命呼唤担当,实干铸就辉煌,面对即将开启的“十四五”现代化建设新征程,我们坚信润州必将迎来高质量发展更加美好的明天。让我们在市委、市政府和区委的坚强领导下,奋勇争前列,再造新润州,努力打造“宜居宜业宜游现代化一流主城区”,为推动高质量发展走在前列作出新的更大贡献!

【名词解释】

1. 互联网平台经济“百千万”工程:“十三五”期间全省着力培育壮大100家互联网重点平台企业,实现千亿元利税收入水平,形成万亿元级产业发展规模。

2. 国土空间分区规划:细化落实镇江市国土空间总体规划目标任务,以城乡规划和土地利用规划“两规合一”为基础,统筹生产、生活、生态等各类资源配置、各类专项规划要求,形成区级层面在规划期内城乡发展建设、自然资源保护利用等各项工作的统筹安排。此轮规划年限为2021年至2035年。

3. “三线三区”:“三线”指对应城镇开发边界、永久基本农田、生态保护红线三条控制线;“三区”指城镇集中建设区、城镇弹性发展区、特别用途区。

4. “三长治水”:河长、警长、检察长共同管理的河长制管理体系。

5. 集团化办学:一所名校和若干所学校组成学校共同体,在教育理念、学校管理、教育科研等方面统一管理,实现优质教育资源共享的办学模式。

6. “三整合”改革:整合审批、服务、执法力量向基层下沉,推广“加强党的全面领导、审批服务一窗口、综合执法一队伍、基层治理一网格、指挥调度一中心”的“1+4”模式。

7. “一年小灶”:根据党中央、国务院决策部署,国务院江苏安全生产专项整治督导工作组于2019年11月26日,进驻江苏省开展为期一年的专项整治督导工作。

8. “三年大灶”:全国安全生产专项整治三年行动。

9. “升级版技防城”:按照“全域覆盖、全网共享、全时可用、全程可控”的工作要求,实现技防网络全面升级、实战应用全面深化、工作机制全面优化,提升社会治安防控体系的建设层次、综合效能和工作质态。

10. “123”高清探头:在主城区、非主城区、城郊接合部道路,全面实现行人分别每步行10分钟、20分钟、30分钟被拍录一次以上的“123”监控要求。

11. “一枚印章管审批”:已划转的行政许可事项由区行政审批局依法履行审批职责。

12. “一件事一次办”:“一件事”是指企业、群众需办理的一个事项,经过梳理整合、流程再造后,变成企业、群众眼中或窗口统一办理的“一件事”;“一次办”是指一次告知、一次表单、一次联办、一次办好,线上一次登录、一网通办,线下只进一扇门、最多跑一次。

13. “双全”社工:“全科+全能”社工简称,全面掌握各项社区(村)工作职业技能,具有一人多岗、一专多能优势的社区(村)工作者。

14. “一体两翼三带多片区”:“一体两翼”指按主体功能划分的“中部城市协同发展区”“东翼产业协同发展区”“西翼创新协同发展区”三大协同发展区;“三带”指打造沿东西走向的三条发展带;“多片区”指围绕“一体、两翼、三带”功能定位,依据现有发展基础,打造若干重点发展载体。

15. “三条夜游新动线”:即“夜色西津”光彩新动

线、“文博西津”文化新动线、“烟火西津”商业新动线。

16. “六大夜消费体验圈”:即“西津有味”特色美食圈、“西津有礼”时尚购物圈、“西津有戏”文娱体验圈、“西津有梦”住宿体验圈、“西津有型”健身康养圈、“西津有潮”时尚活力圈。

17. 四大重点产业集群:高端装备制造、生命健康、数字经济、新材料四大产业集群。

18. 八大产业链:新型电力(新能源)装备、汽车及零部件(新能源汽车)、高性能材料、医疗器械和生物医药、新一代信息技术、航空航天、海工装备、智能农机设备等八条产业链。

19. 市域治理指挥平台:集市域社会治理分析研判平台、网格化社会治理联动指挥平台、网格化社会治理一体化工作平台和市域社会治理大数据中心为一体的智能化平台。

20. “小步外勤”:一款基于手机应用的管理软件,以解决对外勤人员的有效管理的问题。

21. “333”行动:以“三消除”“三整治”“三提升”为主要内容的城镇污水处理提质增效精准攻坚行动。

22. “县管校聘”:全体公办义务教育学校教师和校长全部实行县级政府统一管理,定期强制流动到县域内的义务教育学校。

23. “三级四统”:“区、街、社区”三级网络、“民事、商事、家事、行政”四大类别的人民调解模式。

24. “雪亮工程”:以县、乡、村三级综治中心为指挥平台、以综治信息化为支撑、以网格化管理为基础、以公共安全视频监控联网应用为重点的群众性治安防控工程。

25. “1+2+6”方案体系:由1个安全生产专项整治三年行动工作方案、2个专题实施方案、6个专项实施方案构成的《安全生产专项整治三年行动方案》框架体系。

侨爱行动 (田 冰 摄)

“十三五”期间润州发展概况

“十三五”期间，润州区坚定推进产业转型，初步建立以生产性服务业、高端商贸业、现代旅游业为主要支柱的城市经济产业体系。2020年，服务业占地区生产总值比重83%，较“十二五”末增长近20%，成为拉动经济增长的主要动能。坚持生态宜居理念，城区110条道路417万平方米保洁实现市场化运作，街巷生活垃圾实现机械化清运。206个居民小区生活垃圾分类基础设施设置实现全覆盖；通过国家卫生城市复审、全国文明城市荣誉称号复查确认和海绵城市建设国家级验收考核。完成西南片区环境综合整治，关闭污染企业41家，空气环境质量连年提升，$PM_{2.5}$浓度较2015年下降39%，空气优良天数比例上升17%；城区黑臭水体整治完成率100%。突出民生优先原则，取得全面小康决定性成就。城镇居民人均可支配收入年均增长7%，高于经济发展水平；社保覆盖率98%以上；征地农民保障人数4913人，保障率100%。完成农村集体经营性资产股份制改革，2020年年末，村均集体经营性经济收入320万元，为全市最高水平。强化基层网格建设，科学划分262个综合网格。安全生产事故起数和死亡人数持续维持在较低水平。

官塘创新社区管理委员会成立

官塘创新社区总面积14.57平方千米，是中共镇江市委、市政府重点打造的发展载体，也是G312产业创新走廊的重要节点。官塘创新社区依托自身优势，打造总部经济集聚区、产城融合示范区、山水花园名城样板区。总投资24亿元的镇江数据湖产业园、总投资15亿元的联东U谷产业园、阿里和润数字产业园以及启迪协信产研园、国网镇江现代服务基地，和社区配套的区域现金中心、档案中心，创新社区基础设施项目、邻里中心等9个项目率先签约落户。

润州区实施“十年禁渔”

2020年，润州区做好长江禁捕退捕工作，实现捕捞许可证100%收回注销、渔船100%征收、网具100%销毁、失水渔民100%安置四个“100%”目标。始终保持对长江非法捕捞和违法垂钓的高压态势，开展拉网式大排查，肃清长江镇江段非法捕捞残留物，确保长江镇江段禁捕工作落到实处。开展退捕渔民建档立卡“回头看”，对已退捕100户持证渔民家庭346人进行全面核查、建档立卡，做到每船必核、每户必验、每人必查，确保“船网证”处置到位、就业社保落实到位、补偿资金发放到位。禁捕退捕工作交叉检查中得到国务院督查组及省、市督查组的肯定。

（区史志办）

西津集市 （田 冰 摄）

润州概况

栏目编校:孙 伟

区情概要

【位置、面积、区划】 润州区是镇江市市辖区,位于长江下游南岸古运河以西,地处镇江市区西南部。东以古运河为界,与镇江市京口区毗邻;东南部分地段与镇江新区(江苏省镇江经济开发区)连接;北濒长江,与扬州市邗江区隔江相望;西南与镇江市丹徒区接壤。

2020年年末,润州区土地总面积113平方千米,其中,耕地面积1489公顷,茶园面积98公顷,果园面积5.2公顷,另有淡水养殖面积53.3公顷。辖七里甸街道、官塘桥街道、宝塔路街道、和平路街道、金山街道、韦岗街道、南山街道7个街道,镇江市黄山园艺良种场、镇江市水产养殖试验场、润州茶场3个场圃,共4个行政村、48个社区。境内七里甸街道7.805平方千米,官塘桥街道12.641平方千米,宝塔路街道5.078平方千米,和平路街道57.186平方千米,金山街道2.996平方千米,韦岗街道10.481平方千米,南山街道16.811平方千米。其中,七里甸街道辖1个行政村,11个社区;官塘桥街道辖3个行政村,2个社区;宝塔路街道辖11个社区;和平路街道辖3个行政村,12个社区;金山街道辖10个社区;韦岗街道辖1个行政村;南山街道辖6个社区;区政府所在地位于北纬32°11′42″、东经119°24′20″,地址为镇江市润州路5号,邮政编码为212005,政府网站中文域名为“中国·润州”(网址http://www.runzhou.gov.cn)。

【环境、交通】 润州区境内有金山、南山国家森林公园、伯先公园、西津渡、彭公山石晶洞等旅游名胜。境内长江、运河交汇构成水路运输网;沪宁铁路、312国道、243省道、222省道、沪宁高速公路和润扬长江公路大桥等交通要道纵横交织,陆运非常发达。官塘桥路、南徐大道、润州路、朱方路、中山西路、黄山路、电力路、大西路、长江路、跑马山路、檀山路、团山路等贯通境内城区,农村实现村村通公路。

【地貌、资源】 润州区位于长江运河交汇处,属宁、镇、扬丘陵地区和长江冲积平原区,地势西高东低,南高北低。境内丘陵平地此起彼伏,有金山、宝盖山、跑马山、五州山、嶂山、南山、长山等,征润州、牌湾、小码头一带滨江沙洲由长江淤泥沉积而成,地形平坦宽阔。土壤类型分为水稻土、潮土、黄壤土和石灰岩土。土壤分布低,山以黄棕壤为主,岗地以黄土为主,平原以潜育型水稻土为主。

全区北有长江,东有古运河,西有运粮河,南有周家河、四明河等,开掘成大、中、小沟渠45条共75.98千米,有小型水库6座,水闸、滚水坝15座,排灌站31座共55台(套),总装机容量2328.5千瓦。区域内自然资源比较丰富,全区矿产资源以非金属矿产为主,有分布于韦岗一带的优质熔剂灰岩、铁矿,分布于五州山至彭公山一带的石灰石,及分布于赣山北麓、五州山等地的石英砂岩等,区内砖瓦黏土、水泥配料等分布广泛。生物资源也很丰富。植物主要有常绿树种如雪松、侧柏、广玉兰、女贞等;落叶树种有蜡梅、白杨、银杏、水杉、槐等,药用植物有枸杞、黄芪、何首乌、龙胆草、车前草等,经济作物有茶树、果树、桑树、竹等。森林覆盖率32.31%。动物有哺乳类犬、猫、狐、鼠等,鸟类有麻雀、喜鹊、乌鸦等100多种,家禽类有鸡、鸭、鹅、鹌鹑、家鸽等，爬行类有水蛇、蜥蜴、壁虎、龟、鳖等，昆虫类有蟋蟀、金龟子、天牛、蝉等，境内长江鱼类有13目25科90多种，其中刀、鲥、鳗、河豚等属名贵鱼类，另外近郊养殖户养殖的青鱼、草鱼、鲫鱼、鲤鱼等。（史志办）

【气候】 镇江市属北亚热带季风气候，年平均气温15.6℃。2020年，全市年平均气温16.9℃，年平均降水量1209.9毫米，年日照时数1740.4小时。2020年，全市年平均气温16.9℃，较常年偏高1.2℃，异常值为1.75℃，属显著偏高年份。3月7日进入春季，比常年平均(3月19日)早12天。春季77天，较常年平均65天多14天。5月16日入夏，较常年平均(5月23日)早7天。夏季140天，较常年平均124天多16天。10月3日入秋，比常年平均(9月24日)晚9天。秋季50天，比常年平均60天少10天。2019–2020年冬季103天，比常年平均116天少13天。11月22日进入冬季，比常年平均(11月23日)早1天。11月30日出现初霜，比常年平均初霜日(11月13日)晚17天。2020年，全市年平均降水量1209.9毫米，比常年平均多11.5%，属正常年份。比常年多6.7%–22.1%。2020年，各月降水量水平：1月显著偏多，2月偏少，3月、4月正常，5月显著偏少，6月显著偏多，7月、8月、9月、10月正常，11月偏多，12月偏少。全年降水量未出现月度极值情况。

【重要气候事件】 1.暴雨(大暴雨)。2020年，暴雨日镇江市区2天，其中6月14日，镇江市区出现暴雨，雨量55.4毫米。短时强降水。全年短时强降水有1次。8月25日19时，受台风外围和西风槽共同影响，镇江市区出现中尺度对流天气，18:00—19:00降水量31.2毫米。

2.高温。2020年，全市高温天气主要集中在8月。5月有高温日1天，3日，镇江市区出现35.1℃、6月，有高温日1天，4日，镇江市区出现35.5℃、35.2℃和35.4℃的高温。8月高温天气，镇江市区12天。

3.大雾和霾。2020年全年霾天数镇江42天，2020年大风天气4次，具体为：2月6日、4月12日、6月12日、12月29日。

4.低温冰冻。2020年，日最低气温小于等于0℃的日数，镇江市区16天。

5.2020年台风过境没有对镇江市造成影响。（市气象局）

【风景名胜】 润州区具有“城市森林”和“真山真水”的独特风貌，以“天下第一江山”闻名于世。“寺裹山”的金山以绮丽著称。市区的昭关石塔、西津渡古街、镇江英国领事馆旧址等古、近代建筑和近郊的金山寺、招隐寺、竹林寺、鹤林寺等寺庙体现润州历史名胜深厚的内涵；城南有南山国家森林公园，公园青山连绵，古木幽深，昭明太子读书台、文苑、增华阁等点缀其中。长江路和金桥大道把春江潮广场、金山江天禅寺、润扬长江公路大桥连为一体，成为润州版图一道亮丽的风景线。

【民族、方言】 全区有回、蒙古、满、维吾尔、苗、壮、布依等少数民族21个，4300余人，其中，回族约3900人。

润州话属北方方言的次江淮方言，城区及近郊(七里甸街道)以镇江话为主要方言，而远郊韦岗一带有部分移民操河南罗山话，征润州部分居民带有明显泰兴话。与普通话相比，镇江话没有全浊声母和舌尖后音声母，鼻化元音介于前鼻音韵母与元音韵母之间，in、ing不分，en、eng不分，n、l不分；有入声调。词汇中保留着丰富的吴方言词。（史志办）

【人口】 2020年年末，润州区实有人口户数103796户、户籍人口241520人(男性120480人、女性120940人)。2020年，润州区死亡人口1724人、出生人口1637人。（公安润州分局）

经济和社会发展

【疫情防控】 面对新冠肺炎疫情的挑战，坚持人民至上、生命至上，迅速打响疫情防控的人民战争、总体战、阻击战。推行“大数据+网格化+铁脚板”的工作模式，制订疫情防控“作战图”，织牢织密联防联控网络，连续340天保持零感染，有力保障了全区人民的身体健康和生命安全。区卫健委被评为“全省抗击新冠肺炎疫情先进集体”。

【经济社会发展】 全面落实减税降费、暖企稳岗政策举措，全年社保降费近2亿元。率先在全市发放消费券300万元，直接拉动消费近5000万元。210家“四上企业”在3月底全面复工。全年，实现地区生产总值244亿元、增长3.2%，服务业应税营业收入增长10%，新增市场主体10780户，同比增长19.96%。官塘创新社区管委会顺利挂牌，首批签约镇江数据湖产业园、阿里和润数字产业园等重大产业项目，总投资达132亿元。商务金融服务区入选省级生产性服务业集聚示范区，服务业综合改革试点在全省验收中名列第一方阵。东南大学校友经济产业园、国家大学科技园双创基地等一批校地创新合作平台成功签约落户。

【生态文明建设】 久久为功，坚决打赢污染防治攻坚战，全年$PM_{2.5}$浓度下降16.1%，降幅全市第二，空气优良天数比例上升

15%,增幅全市第一。扎实做好长江禁捕退捕工作,实现捕捞许可证100%收回注销,渔船100%征收,网具100%销毁,失水渔民100%安置四个“100%”目标,受到中央媒体的高度肯定,“十年禁渔”顺利开局。完成长江沿岸绿化造林15.6公顷,长江岸线生态环境显著改善。

【基本民生保障】 全年,将可用财力的75%以上用于民生支出,争取抗疫特别国债及各类上级资金3.36亿元,全部投入民生改善项目。全年,新增就业6000人以上,城镇登记失业率控制在2%以内,低于全市平均水平。2020年度民生实事项目全面完成,标准化居家养老服务中心建设获评“2020民生示范工程”。面对超历史极值的特大汛情,全面动员、科学调度,坚决守住主城区最长的长江岸线,实现安全平稳度汛。

(孙 伟)

润州区组织机构及领导名录

中共镇江市润州区委员会

书　　记　高国成
副 书 记　徐心田
　　　　　徐　燕(女)
常　　委　蒋　勇
　　　　　杨　坚
　　　　　张庆松
　　　　　胡如明
　　　　　张　成
　　　　　邵学军
　　　　　梁　亮(2020.11~　)

区委办公室

主　　任　朱　明(　~2020.09)
　　　　　曹　阳(2020.09~　)
副 主 任　曹　阳(　~2020.09)
　　　　　吴从芜(　~2020.12)
　　　　　于彬彬
　　　　　霍晓剑
　　　　　陈　辉(2020.12~　)

区委研究室

主　　任　曹　阳(　~2020.09)
　　　　　吴从芜(2020.09~　)
副 主 任　陈　辉(　~2020.12)
　　　　　金　蕾
　　　　　(女,2020.12~　)

组织部

部　　长　徐　燕
　　　　　(女,　~2020.11)
　　　　　梁　亮(2020.11~　)
常务副部长　徐文军
副 部 长　江其兵
　　　　　杜婷婷(女)
　　　　　张　斌(2020.06~　)

区级机关工委

书　　记　江　琳(女)
副 书 记　张　晋(女)

区委老干部局

局　　长　江其兵
副 局 长　吴国良(　~2020.07)
　　　　　王晓滢
　　　　　(女,2020.09~　)

公务员局

局　　长　江其兵
副 局 长　戴　敏

区委非公企业和社会组织工委

书　　记　杜婷婷(女)
副 书 记　范玲玲(女)

区委党建办

主　　任　李　远

区委党员电教中心

主　　任　李　志(　~2020.04)
　　　　　石天琦(2020.07~　)

宣传部

部　　长　邵学军
常务副部长　张　镇
副 部 长　蒋天舒(女)
　　　　　陈赞群(　~2020.04)
　　　　　祁明星
　　　　　(女,2020.04~　)

文明办

主　　任　蒋天舒(女)
副 主 任　张　悦
　　　　　(女,　~2020.02)
　　　　　杨　娴
　　　　　(女,2020.04~　)

文联

主　　席　蒋天舒(女)
副 主 席　杨　镇

区委网信办

主　　任　陈赞群(　~2020.04)
　　　　　祁明星
　　　　　(女,2020.04~　)
副 主 任　束志祥(　~2020.07)
　　　　　任　洁
　　　　　(女,2020.09~　)

广播电视台

台　　长　陈赞群(　~2020.04)
　　　　　祁明星
　　　　　(女,2020.04~　)
副 台 长　孔旺财
　　　　　汤力克

统战部

部　　长　胡如明
常务副部长　姜银土
副 部 长　田　冰(2020.04~　)
　　　　　潘大林(　~2020.04)
　　　　　李　志(2020.04~　)

民族宗教局

局　　长　姜银土
副 局 长　周　红
　　　　　(女,　~2020.04)
　　　　　卜　平(2020.08~　)

政法委

书　　记　张庆松
常务副书记　高　飞
副 书 记　顾忠卫

编办

主　　任　张　斌
副 主 任　徐海萍（女）
　　　　　蒋天一

信访局

局　　长　赵　翼
副 局 长　胡中良
　　　　　苏德志

史志办公室

主　　任　华晨明
副 主 任　孙　伟
　　　　　马雪松（　~2020.07）
　　　　　蒋厚军（2020.07~　）

档案馆

馆　　长　华晨明

区委党校

校　　长　徐　燕
　　　　　（女，　~2020.12）
　　　　　梁　亮（2020.12~　）
常务副校长　卢春生
副 校 长　朱恒赏（　~2020.04）
　　　　　张　静（女）

润州区人大常委会

主　　任　范永放
副 主 任　刘凯成
　　　　　易丽娟（女）
　　　　　周向群（2020.01~　）
党组书记　范永放
党组副书记　刘凯成

办公室

主　　任　祝昌镜

人事代表联络委员会

主　　任　魏春平
副 主 任　刘银辉

内务司法委员会

主　　任　孙　渊
副 主 任　姜克才

财政经济委员会

主　　任　杨　飚
副 主 任　吴俊彪

社会事业委员会

主　　任　黄成龙
副 主 任　王娟
　　　　　（女，2020.07~　）

环境资源城乡建设委员会

主　　任　徐厚华
副 主 任　刘　璇（女）

润州区人民政府

区　　长　徐心田
副 区 长　蒋　勇
　　　　　祝中昊
　　　　　刘国明（　~2020.07）
　　　　　赖忠民（2020.07~　）
　　　　　王家振
　　　　　江朝民
　　　　　景建国

政府办公室

主　　任　马　乐
副 主 任　丁笑笑
　　　　　周恒祥（　~2020.04）
　　　　　吴润宇
　　　　　杜　炜
　　　　　刘　亮
　　　　　金威威（2020.09~　）
　　　　　赵　翼
　　　　　孙　蒙（女）

外事办公室

主　　任　吴润宇

机关事务服务中心

主　　任　李其兵
副 主 任　王　毅
　　　　　姚　缤（女）
　　　　　王玉坤

区e办事服务中心

主　　任　奚　铭

经济发展局

局　　长　吴斌斌
副 局 长　陈伟林
　　　　　杨海莲（女）
　　　　　陈欣国（2020.09~　）
　　　　　向　绯
　　　　　（女，2020.04~2020.09）
党组书记　吴斌斌

教育局

局　　长　庄炳锁（　~2020.04）
　　　　　陈赞群（2020.04~　）
副 局 长　樊安成
　　　　　鄂　萍（女）
　　　　　谢雪岭（2020.07~　）
党委委员　束乾春
　　　　　夏建平
　　　　　李祥荣

区政府教育督导室

主　　任　樊安成（2020.09~　）

文体旅局

局　　长　刘向华
党组书记　李　伟（　~2020.04）
　　　　　康　云（2020.07~　）
副 局 长　向　绯
　　　　　（女，　~2020.04）
　　　　　吴　瑛
　　　　　（女，2020.04~　）

润州中等专业学校

党总支书记　杜闽生
党总支副书记　李祥荣
副 校 长　臧　翔
　　　　　祝　峰（　~2020.09）
　　　　　高新斤

镇江实验学校

校　　长　夏建平
副 校 长　文执良（　~2020.04）
　　　　　谢雪岭（　~2020.07）
　　　　　祝　峰（2020.09~　）
　　　　　夏　莉（女）
党总支书记　夏建平

党总支副书记　束乾春

润州区实验小学

校　　长　靳钟琦(女)
党总支书记　罗雪梅(女)

科学技术局

局　　长　江金保
副 局 长　孙　伯
　　　　　郭海燕(女)
　　　　　孙　山
党组书记　江金保

民政局

局　　长　夏兴政(　~2020.12)
　　　　　袁其中(2020.12~　)
副 局 长　徐怀联
　　　　　张海东
　　　　　沙开红
　　　　　(女，　~2020.12)
　　　　　仇耀峰
　　　　　陶文琦
　　　　　(女，2020.12~　)
党组书记　夏兴政(　~2020.12)
　　　　　袁其中(2020.12~　)

司法局

局　　长　张志荣(　~2020.04)
　　　　　徐子强(2020.04~　)
副 局 长　解宏亮
　　　　　张　健
　　　　　陈稳宇
党组书记　张志荣(　~2020.04)
　　　　　徐子强(2020.04~　)
党组副书记　陈稳宇

财政局

局　　长　匡淑平
副 局 长　殷荣栋
　　　　　吴建春(　~2020.04)
　　　　　钱玲凤
　　　　　(女，2020.04~　)
　　　　　戴洪祥(2020.04~　)
党委书记　匡淑平
党委成员　易仁东

区国资办、金融办

主　　任　匡淑平
　　　　　张　杰
党组书记　孙学斌(　~2020.12)
　　　　　夏兴政(2020.12~　)

人力资源和社会保障局

局　　长　孙祥波
副 局 长　胡志中
　　　　　沈　军
　　　　　张国荣
党委书记　孙祥波
党委副书记　胡志中

住房和城乡建设局

局　　长　戴克祥(2020.04~　)
副 局 长　高　峰
　　　　　许　谦
　　　　　卢　军
　　　　　康　伟(2020.09~　)
党委书记　戴克祥(2020.04~　)
党委副书记　高　峰

城管局

局　　长　沈明安(　~2020.09)
　　　　　常耀中(2020.09~　)
副 局 长　李　俊
　　　　　夏　兵(　~2020.09)
　　　　　刘　俊
　　　　　刘洪建
　　　　　龚祝锋
党委书记　沈明安(　~2020.09)
　　　　　常耀中(2020.09~　)
党委副书记　李　俊

交通运输局

局　　长　王重阳
副 局 长　孙建军
　　　　　朱　辉
　　　　　蔡　军

农业农村局

局　　长　黄　昕
副 局 长　张云凯
　　　　　陈　鑫
党委书记　祁明星
　　　　　(女，　~2020.04)
　　　　　李　伟(2020.04~　)

水利局

局　　长　孙学斌(　~2020.12)
　　　　　夏兴政(2020.12~　)
副 局 长　欧阳国良

商务局

局　　长　范海进
副 局 长　李　雍(2020.12~　)
　　　　　熊　文
　　　　　王晓滢
　　　　　(女，　~2020.09)
党组书记　范海进
党组副书记　熊　文

招商中心

主　　任　范海进(　~2020.12)
　　　　　李　雍(2020.12~　)
副 主 任　邓　燕(女)
　　　　　梅　俊
　　　　　殷婷婷
　　　　　(女，2020.09~　)

卫生和健康委员会

主　　任　贺永欣(女)
副 书 记　李　忠
副 主 任　赵立军
　　　　　袁其中(　~2020.12)
　　　　　江蓓芬(女)
党委委员　夏　峰
　　　　　满　明(2020.09~　)
　　　　　沙开红
　　　　　(女，2020.12~　)

审计局

局　　长　史润忠
副 局 长　季吉祥
　　　　　殷叶飞
党组书记　史润忠

应急管理局

局　　长　杨庆荣
副 局 长　杨宗庆(　~2020.04)
　　　　　顾万银
　　　　　钱勇建
　　　　　张建明
　　　　　汤世鹏
　　　　　束志祥(2020.07~　)
党组书记　杨庆荣
党组副书记　张建明

统计局
局　　长　石光亚（　~2020.02）
　　　　　陆庆宏（2020.04~　）
副 局 长　张涵宇
　　　　　刘美中

生环局
局　　长　唐明乐
副 局 长　康　忠
　　　　　曹　阳
　　　　　曾远忠
　　　　　张　希
党组书记　唐明乐

市场监督管理局
局　　长　孙　晶（女）
副 局 长　蔡　勇
　　　　　刘　健
　　　　　赵　敏（女）
　　　　　胡　骏（　~2020.04）
　　　　　肖　骁
　　　　　吴华昆
　　　　　司智玲
　　　　　（女，2020.04~　）

行政审批局
局　　长　陆承宝
副 局 长　卢惠平（　~2020.07）
　　　　　蔡　雷（2020.07~　）
　　　　　何　峥（女）

退役军人事务局
局　　长　张群林
副 局 长　王志华
　　　　　王美吉
党组书记　张群林

供销合作总社
主　　任　姚　继
副 主 任　谭福良
　　　　　李火云
　　　　　缪　迪
　　　　　袁尤其
　　　　　曹　阳
纪委书记　李火云

区工贸总公司
总 经 理　蔡　飞
副总经理　周望梢（女）
　　　　　葛月鹏
　　　　　吴　丽（女）
党委书记　刘志敏

区属平台公司
董 事 长　徐建春
总 经 理　杨　勇
副总经理　陈志强
　　　　　田伟忠
　　　　　丁　军
　　　　　窦阿林
　　　　　朱一国
　　　　　壮　伟

政协润州区委员会

主　　席　蔡文龙
副 主 席　蔡　飞
　　　　　季　莉（女）
　　　　　倪南成
　　　　　张春平
党组书记　蔡文龙（　~2020.12）
　　　　　胡如明（2020.12~　）
党组副书记
　　　　　倪南成（　~2020.12）
　　　　　邵学军（2020.12~　）

政协办公室
主　　任　蒋阿喜
副 主 任　张月琴
　　　　　（女，　~2020.7）

提案委员会
主　　任　宦玉兔
副 主 任　杨贤锋（2020.7~　）

学习和文史委员会
主　　任　肖尚平
副 主 任　吕　芹（女）

经济科技委员会
主　　任　范丰年

社会事业委员会
主　　任　陆庆宏（　~2020.04）
　　　　　沈明安 2020.09~　）
副 主 任　张月琴
　　　　　（女，2020.07~　）

润州区纪律检查委员会（监察委员会）

书　　记　杨　坚
副 书 记　周向群（　~2020.01）
　　　　　陆振兴（2020.04~　）
　　　　　孙建民
常　　委　马少俊
　　　　　李志鹰
　　　　　（女，　~2020.04）
　　　　　吴　莹
　　　　　（女，2020.10~　）
监委委员　许传亮
办公室主任　潘　涛
信访室主任
　　　　　郑文杰（2020.04~　）
案件审理室主任　陈　飞
党风政风监督室主任　雷文辉
案件监督管理室　薛容其
纪检监察干部管理监督室
　　　　　马　佳（女）
第一纪检监察室主任
　　　　　徐　华（2020.09~　）
第二纪检监察室主任
　　　　　顾　宁
第三纪检监察室主任
　　　　　杨维民（2020.09~　）
第四纪检监察室主任
　　　　　彭　明（　~2020.04）
第五纪检监察室主任
　　　　　朱兆明

区委巡察工作办公室
主　　任　周向群（　~2020.02）
　　　　　陆振兴（2020.02~　）
副 主 任　曾晓亚
　　　　　许育根
巡察组组长
　　　　　周志红（女）
　　　　　徐子强（　~2020.04）
　　　　　耿长旭（2020.04~　）

巡察组副组长
高　奇
刘祝迁(　~2020.04)
赵　莹
(女,2020.07~　)
派驻区委办公室纪检组组长
沈小梅(女)
派驻区政府办公室纪检组组长
吴国武
派驻区人民法院纪检组组长
杨留永(　~2020.04)
朱恒赏(2020.04~　)
派驻区检察院纪检组组长
江再连
派驻区财政局纪检组组长
易仁东
区属国有公司(场圃)综合
纪检组组长　易仁东

润州区人民法院

院　　长　张传军
副 院 长　马　力
徐根法
王　翔
余　波(2020.04~　)
党组书记　张传军
党组副书记　马　力
政治处主任　王　琳

执行局

局　　长　王　翔(　~2020.04)
赵向阳(2020.04~　)

润州区人民检察院

检 察 长　王　飞(　~2020.12)
张东生(2020.12~　)
副检察长　张耀林
曹学卫
田云山
杨海峰
党组书记　王　飞(　~2020.12)
张东生(2020.12~　)
党组副书记　曹学卫
党组成员　张耀林
杨　可
蒋文明
成建民
政治处主任　蒋文明

群众团体

总工会

主　　席　夏祝平
副 主 席　谢竞美(女)
张梅平

团区委

书　　记　丁一舟(女)
副 书 记　金　恺(　~2020.09)

区妇联

主　　席　张媛媛
(女,　~2020.02)
李志鹰
(女,2020.04~　)
副 主 席　李　丹(女)

科协

主　　席　刘　旭
副 主 席　尹　忠

残疾人联合会

理 事 长　杜长春(　~2020.04)
杨留永(2020.04~　)

工商业联合会

主　　席　季　莉(女)
副 主 席　王镇俐(女)
党组书记　李　志(2020.04~　)

台办

主　　任　潘大林(　~2020.04)
田　冰(2020.04~　)

侨联

主　　席　田　冰(　~2020.04)
周　红
(女,2020.04~　)

街道、场圃

七里甸街道

书　　记　周　藜
(女,　~2020.05)
朱　明(2020.05~　)
副 书 记　凌　鑫
郑奇斌(2020.02~　)
陈欣国(　~2020.09)
方　翔
周景润(2020.09~　)
纪工委书记
吴　瑛
(女,　~2020.04)
彭　明(2020.04~　)
组织统战委员
刘　欢(女)
宣传委员　王　凯
主　　任　凌　鑫(　~2020.02)
郑奇斌(2020.02~　)
副 主 任　周景润(　~2020.09)
瞿惠林
房　永
人大工委主任　陈小坤

官塘桥街道

书　　记　刘春光
副 书 记　张　轶(　~2020.09)
范海进(2020.09~　)
蒋伟林
耿长旭(　~2020.04)
向　绯
(女,2020.09~　)
纪工委书记
袁小鲁(　~2020.02)
张一玄(2020.04~　)
组织统战委员　陈　晔
宣传委员　颜　玲(女)
主　　任　张　轶(　~2020.09)
范海进(2020.09~　)
副 主 任　朱　怡
颜　玲(女)
王卫领
王国文(　~2020.09)
金　恺(2020.09~　)
袁小鲁(2020.02~　)
人大工委主任　张　浩

宝塔路街道

书　　记　韩绪超(　~2020.09)
纪宁军(2020.09~　)
副 书 记　张　娟(女)
康　云(　~2020.07)

石荣贺（ ~2020.04）
周恒祥（2020.04~ ）
纪工委书记 黎 骏
宣传统战委员
谈 凯（2020.09~ ）
组织委员 徐 春
主 任 张 娟（女）
副 主 任 俞进东
康 伟（ ~2020.09）
王国文（2020.09~ ）
李建国
倪若南（女）
人大工委主任 钱 进

和平路街道

书 记 戴克祥（ ~2020.04）
汤小东（2020.04~ ）
副 书 记 陆振兴（ ~2020.02）
石光亚（2020.02~ ）
常耀中（ ~2020.09）
夏 兵（2020.09~ ）
纪工委书记
郑永明
组织统战委员
张 烁（2020.04~ ）
宣传委员 陈 璐
（女，2020.12~ ）
人武部部长 张 宇
主 任 陆振兴（ ~2020.02）
石光亚（2020.02~ ）
副 主 任 张 宇
胡笑宇
陈 璐
（女，2020.12~ ）
人大工委主任 邵建栋

金山街道

书 记 纪宁军（ ~2020.09）
黄华良（2020.09~ ）
副 书 记 汤小东（ ~2020.04）
石荣贺（2020.04~ ）
戴永能
杨 凡（2020.04~ ）
纪工委书记
臧荣辉（ ~2020.04）
王 妮
（女，2020.04~ ）
组织统战委员 尤 毅
宣传委员 阮庆红
（女，2020.12~ ）
人武部部长 高春峰
主 任 汤小东（ ~2020.04）
石荣贺（2020.04~ ）
副 主 任 王 慧（女）
吕云柱
高春峰
阮庆红
（女，2020.12~ ）
人大工委主任 卢庆荣

韦岗街道

书 记 田 伟
副 书 记 蒋 蒙（女）
程相会
耿长旭（ ~2019.02）
甘文茂
纪工委书记
王 妮
（女， ~2020.04）
张志团（2020.04~ ）
组织宣传统战委员
刘 玥
（女， ~2020.12）
孔 珊
（女，2020.12~ ）
人武部部长 金国民
主 任 蒋 蒙（女）
副 主 任 孟国曦
金国民
人大工委主任 张 伟

南山街道

书 记 黄华良（ ~2020.09）
张 轶（2020.09~ ）
副 书 记 郑奇斌（ ~2020.02）
张媛媛
（女，2020.02~ ）
费荣海
袁 颖（女）
纪工委书记 曾 拟（女）
组织宣传统战委员
吴 莹
（女， ~2020.12）
钟 静
（女，2020.12~ ）
主 任 郑奇斌（ ~2020.02）
张媛媛
（女，2020.02~ ）
副 主 任 王振铭
刘 玥
（女，2020.12~ ）
人大工委主任
李 雍（ ~2020.12）
费荣海（2020.12~ ）

南山联合社区

副 主 任 杨 斌
姜光明
赵 鸣

黄山园艺良种场

副 场 长 朱邦政
郑红青
糜有俊
纪委书记 郑红青

水产养殖试验场

副 场 长 谢泉林
张红军

润州茶叶良种场

副 场 长 窦宏进
倪南强
周 斌
洪 敏（女）

大事记

栏目编校：薄开鹏

1 月

2—4日 中国人民政治协商会议镇江市润州区第六届委员会第四次全体会议召开。

3—5日 润州区第九届人民代表大会第四次会议召开。

6日 区委常委会召开专题会议，听取各街道党工委和部分直属党委书记2019年度抓全面从严治党述职，并进行现场评议。

是日 区委常委会会议召开，听取区人大常委会党组、区政府党组、区政协党组、区法院党组、区检察院党组2019年度工作情况汇报。

是日 区委书记高国成率区委办、区应急管理局、区市场监管局、区消防救援大队等相关部门单位主要负责人，到辖区内长申超市、协信星光时代广场开展节前安全生产大检查。

7日 区委书记高国成，区委副书记、区长徐心田，区委副书记、组织部部长徐燕一行到镇江军分区开展走访和慰问，向人民子弟兵送上节日慰问和祝福。

是日 润州区召开全区安全生产专项整治工作推进会，区委常委、常务副区长蒋勇出席会议并讲话。

20日 区委副书记、区长徐心田现场推进润州区渔民退捕安置工作和长江(润州段)沿岸造林绿化工程。

21日 润州区召开全区“两征两退”改革暨2020年征兵工作会议。

23日 区委副书记、区长徐心田带领区应急管理局、区消防救援大队等单位负责人，到南山北入口、西津渡景区、七里甸社区卫生服务中心等重点区域开展节前检查。

26日 润州区召开新型冠状病毒感染的肺炎疫情防控指挥部紧急会议，贯彻落实全市新型冠状病毒感染的肺炎疫情防控指挥部紧急会议精神，推进全区疫情防控工作。

27日 市政协副主席、区委书记高国成带队到七里甸卫生服务中心、润州花园社区、喜来登酒店、万达广场、永辉超市等地，现场检查新型冠状病毒感染的肺炎疫情防控工作。

是日 区委副书记、区长徐心田到辖区内部分人员密集场所和医疗机构现场，督查推进疫情防控工作开展情况。

28日 区委副书记、区长徐心田带队到韦岗街道韦岗村、南山街道回龙社区，检查推进农村疫情防控工作开展情况。

29日 新型冠状病毒感染的肺炎疫情防控工作推进会议召开，专题研究加强疫情防控相关工作。

是日 区委副书记、区长徐心田带队到七里甸街道、宝塔路街道、金山街道，现场检查推进城市社区疫情防控工作。

30日 区委常委会召开会议，专题研究疫情防控工作。

31日 市政协副主席、区委书记高国成带队到镇江农批市场、金星市场、宝塔路社区卫生服务中心及万科沁园等地，现场检查疫情防控期间市场保供、基层医疗机构疫情防控及民生保障等工作。

28日　市政协副主席、区委书记高国成，区委副书记、区长徐心田，区人大常委会主任范永放，区政协主席蔡文龙带头捐款支持新冠肺炎疫情防控工作。

29日　区委常委会会议召开，听取新冠肺炎疫情防控和企业复工复产相关情况的汇报，研究部署下一阶段工作。

2　月

4日　市政协副主席、区委书记高国成到镇江实验学校、朱方路冷冻批发市场、和平路派出所、鹤林社区高家门组等地督查疫情防控工作，并看望慰问疫情防控一线工作人员。

5日　区委常委会暨区委应对疫情工作领导小组会议召开，进一步研究推进全区疫情防控工作。

6日　区委副书记、区长徐心田到区新型冠状病毒感染的肺炎密切接触者集中隔离医学观察点进行检查，实地查看观察点各项工作落实完成情况。

7日　市政协副主席、区委书记高国成以“四不两直”方式，到社区和居民小区实地检查一线防控工作。

8日　区新型冠状病毒感染的肺炎疫情防控指挥部召开企业复工防控工作推进会，专题研究企业复工防控工作。

11日　区委副书记、区长徐心田率队到韦岗街道督查农村及企业复工防控工作。

12日　市政协副主席、区委书记高国成以“四不两直”的方式到七里甸街道、宝塔路街道、官塘桥街道等地，督导检查村、社区防疫工作。

13日　区委副书记、区长徐心田到七里甸街道、宝塔路街道、和平路街道、金山街道，督查开放式小区疫情防控工作。

14日　区委常委会召开会议，研究部署推进全区疫情防控工作和安全生产专项整治工作。

是日　区委副书记、区长徐心田到辖区内七里甸街道、宝塔路街道、金山街道、南山街道，督查辖区内物业管理小区疫情防控工作。

18日　润州区召开研究推进企业复工复产工作会议。

19日　镇江浙江商会润州片区工作委员会在区疫情防控指挥部向润州区捐赠疫情防控物资。

20日　区委副书记、区长徐心田到辖区内宝塔路街道、和平路街道部分重点企业，走访推进企业复工复产工作。

26日　市委书记马明龙到润州区调研，强调要坚持以人民为中心，做到保障改善民生和做强城市经济“两手抓两手硬”，奋力夺取疫情防控和经济社会发展“双胜利”。

27日　区委副书记、组织部部长徐燕和区政府副区长江朝民走访慰问援鄂医务人员家属和曾在集中隔离点一线工作的医护、警务人员。

3　月

2日　市委副书记、市长张叶飞带队到润州，现场查看集中隔离点，并实地调研推进商贸服务企业疫情防控和复工复业工作。

3日　市安全生产第四督导（巡查）组督导润州暨全区安全生产督导（巡查）工作动员部署会召开。

4—5日　市政协副主席、区委书记高国成走访辖区内江苏瑞祥科技集团公司、江苏冬云云计算股份有限公司、云台居项目工地和中南银城樾府项目工地现场，调研推进疫情防控和复工复产情况。

10日　区委审计委员会第二次会议召开。

是日　市政协副主席、区委书记高国成到辖区内佬土火锅、全聚德等餐饮业企业调研复工情况，指导企业抓好疫情防控和复工营业相关工作。

11日　区委副书记、区长徐心田专题推进辖区内老旧小区改造和连镇铁路沿线整治项目工作。

16日　区委农村工作领导小组（扩大）会议暨乡村振兴重点任务对标攻坚会召开，市政协副主席、区委书记高国成出席会议并讲话。

是日　镇江市润州区明润农村小额贷款有限公司向区红十字会捐款20万元，定向用于润州区新冠肺炎疫情防控工作。

17—18日　市政协副主席、区委书记高国成一行到镇江市苏州外国语学校、镇江华建劳务工程有限公司、镇江建工建设集团、镇江协信房地产开发有限公司开展走访活动。

18日　润州区召开全区经济形势分析会，分析研究经济运行情况，动员全区明确目标、加压奋进，全力夺取疫情防控和经济发展的“双胜利”。

19日　区委副书记、区长徐心田到月星九润国际家居广场、常发广场以及西津渡景区走访调研商贸、餐饮企业。

23—24日　省委常委、组织部部长郭文奇一行到润州区金山水城社区调研城市基层党建工作。

24日　市政协副主席、区委书记高国成一行到镇江实验学校魅力之城分校、润州区机关幼儿园、镇江金山实验学校现场督查疫情防控和复学保障工作。

25日　省安全生产第十一督导组组长刘广忠带队到润州区督导安全生产工作。

26日　区委党的建设工作领导小组会议及区委统战工作领导小组会议召开。

27日　区委全面深化改革委员会会议召开。

29日　区委副书记、区长徐心田带队到辖区部分学校督查复学准备工作。

30日　润州区召开全区党建工作会议暨三级基层党建"书记项目"启动部署会。

31日　润州区召开全区城市经济高质量发展大会，全面总结和部署城市经济工作。

是日　区委副书记、区长徐心田带队到和平路街道征润州社区西口门地块，现场督查长江沿岸造林绿化工程进度。

4　月

1日　全区扫黑除恶专项斗争工作会议召开。

2日　市政协副主席、区委书记高国成到区卫健委调研全区卫生健康工作。

是日　润州区召开全区居家和社区养老服务改革试点工作会议。

3日　全区农村人居环境整治工作推进会召开。

是日　润州区召开全区民兵整组工作部署会议，部署民兵整组工作。

7日　区委副书记、区长徐心田到辖区内运粮河、四明河等地开展巡河工作，现场会办解决相关问题。

9日　市委书记马明龙到润州区调研推进工作，要求润州区坚决扛起主城使命，勇于进取、敢争一流，用一流的环境、一流的作风、一流的业绩，让老城区焕发新面貌，为全市发展大局做出更大贡献。

13日　区政协召开"协助企业复工复产，推进全区高质量发展"座谈会。

15日　润州区委召开政协工作会议。

16日　润州区召开全区安全生产暨消防工作会议。

17日　市政协副主席、区委书记高国成率队到市交产集团，推进官塘新城产业项目。

是日　市政协润州活动小组召开"垃圾分类从我做起——政协委员在行动"主题活动动员会。

是日　润州区召开全区文化产业高质量发展工作座谈会。

20日　润州区开展"'美丽润州·清洁村庄'先锋行动"主题党日活动，全区39个机关部门、300多名党员志愿者到农村人居环境整治一线开展清洁村庄志愿服务。

21日　中共镇江市润州区第八届纪律检查委员会第五次全体会议召开。

是日　润州区召开全区文明委全体成员（扩大）会议。

23日　润州区召开全区文化体育旅游发展大会。

是日　市政协副主席、区委书记高国成到自规局润州分局和区档案馆调研，区委副书记、组织部部长徐燕，副区长刘国明参加调研。

24日　区委副书记、区长徐心田率队走访中国农业发展银行镇江分行并进行座谈。

28日　润州区召开全区政法暨信访工作会议。

29日　润州区召开八届区委第九轮巡察工作动员部署会。

30日　润州区召开"争先创一流、展现新作为"推动高质量发展动员大会。

是日　润州区在全市率先发放2万张餐饮消费券，共计200万元。

5　月

6日　区委副书记、区长徐心田召开专题会议调度政府专项债券项目梳理情况。

是日　润州区召开防汛工作部署会，分析全区防汛重点和短板，部署推进防汛备汛工作。

7日　区委网络安全和信息化委员会会议召开。区委全面依法治区委员会会议召开。

9日　市委党校第51期县处级干部进修班第二组学员赴润州区，就"自治、法治、德治'三治'结合，提高社区治理能力"课题进行调研。

11日　区委副书记、区长徐心田率队现场调研推进老旧小区改造和连镇铁路沿线环境整治工作，并召开专题推进会。

12日　省水利厅厅长陈杰一行到润州区调研指导，实地检查重点水利工程推进情况，指导防汛防旱工作。

13日　市政协副主席、区委书记高国成到官塘桥街道、宝塔路街道开展"争先创一流、展现新作为"调研指导。

15日　镇江军分区司令员杜新率市人大解放军代表团赴润州区视察退役军人服务保障体系建设工作。

20日　润州区召开深化全国文明城市创建工作推进会。

21日 市政协副主席、区委书记高国成到金山街道、南山街道开展“争先创一流、展现新作为”调研指导。

22日 市政协副主席、区委书记高国成到韦岗街道开展“争先创一流、展现新作为”调研指导。

是日 市级重点产业项目建设推进会召开。

26日 经济部门“争先创一流、展现新作为”工作座谈会召开。

27日 润州区召开《润州区发展夜间经济工作方案》讨论会，听取多方意见、建议，就如何点亮“夜”润州进行探讨。

28日 城市建设与治理部门“争先创一流、展现新作为”工作座谈会召开。

是日 省发展改革委服务业处到润州区开展省级服务业综合改革试点评估工作，实地考察辖区内服务业重点项目魔幻海洋世界、创新加速器联想·星云镇江创新中心、商务服务代表企业江苏恒信咨询集团。

30日 市委、市政府召开全市乡村振兴现场观摩推进会，市委常委、镇江高新区党工委书记詹立风，市政协副主席、区委书记高国成率市乡村振兴现场观摩（润州组）到润州区推进乡村振兴工作。

6 月

1日 市委书记马明龙，市委副书记、代市长徐曙海分别走访润州部分学校，向少年儿童致以节日的问候和美好的祝愿。

是日 润州区在协信星光时代广场举行“润州请您来读书”活动启动仪式，面向全区17952名小学生、初中生发放90万元的读书消费券。

3日 润州区举办档案展示馆开馆暨红色档案捐赠仪式，红色档案保管人胡春喜向区档案馆捐赠胡年喜烈士的一等功勋章等实物档案。

4—5日 区政协主席蔡文龙带队到南通崇川区、如皋市，学习考察“有事好商量”协商议事室建设经验和做法，并召开协商议事室建设工作推进小组成员会议。

8日 市政协副主席、区委书记高国成一行到宝塔路街道推进鸿鑫商业广场项目，现场看进度、听汇报、解问题。

10日 市政协副主席、区委书记高国成率队到镇江建科集团，深入企业走访调研，了解企业发展愿景，听取企业意见建议。

是日 润州区诗词楹联协会第二届会员代表大会在碧榆园召开，刘向华当选为新一届区诗词楹联协会会长。

11日 润州区举行2020年“爱在润州　慈善一日捐”启动仪式暨集中捐赠活动。

12日 省政府副秘书长、省信访局局长姜金兵一行到金山街道西津古渡社区，调研基层网格建设及矛盾调解工作。

17日 区委副书记、区长徐心田到南京开展招商对接活动，现场考察百子亭天地项目，参观南京阿里中心。

18日 润州区在粤海会议中心举行项目集中签约仪式暨5G应用专题讲座，阿里区块链、直播基地项目等20个项目集中签约。

19日 市政协副主席、区委书记高国成一行到镇江移动公司走访，听取企业发展运营情况介绍以及需要政府帮助协调解决的问题，助力企业打造“精品公司”。

是日 润州区在黎明社区卫生服务中心举行迈瑞医疗设备捐赠暨迈瑞规范化实验室揭牌仪式。

22日 润州区委召开基层党建“书记项目”推进会，听取相关工作情况，推进书记项目的落地落实，把“大党建”合力转化为“微治理”的成效。

28日 润州区召开全区实施乡村振兴战略工作推进会，专题分析乡村振兴战略实绩考核指标，研究部署农村人居环境整治长效化工作。

7 月

1日 润州区举行庆祝中国共产党成立99周年大会暨首批发展一线行动支部揭牌仪式。会议现场，为产城融合发展行动支部、“点亮夜经济”行动支部以及“双招双引”行动支部三个首批发展一线行动支部举行揭牌仪式。

2日 市政协副主席、区委书记高国成率队走访调研中国联通镇江分公司。市政协副主席、区委书记高国成一行到南山街道回龙水库、宝塔路街道西柴院、金山街道宝盖山现场视察推进防汛工作。

3日 润州区召开全区推进长江流域禁捕退捕工作会议。

6—7日 区委常委、常务副区长蒋勇率队到南通崇川区、南京玄武区，专题就深耕总部经济发展考察学习。

7日 市委副书记、组织部部长李健到润州区七里甸街道调研推进文明城市创建工作。

是日 润州区召开推进基层整合审批服务执法力量改革工作会议。

13日 市政协副主席、区委书记高国成率队到中国电信镇江分公司走访调研，了解企业发展情况，听取企业意见建议。

14日 市政协副主席、区委书记高国成到韦岗街道江苏船山集团开展润州区"百团进百万企业"安全生产专题宣讲。

15—17日 市政协副主席、区委书记高国成带队到广东开展招商活动，先后拜访深圳合创资本、江苏银行深圳分行、深圳青松基金、广东索菱电子科技等13家金融、创新型企业。

19日 市政协副主席、区委书记高国成，区委副书记、区长徐心田，区委常委、人武部部长张成到征润州长江堤防检查防汛工作，副区长王家振参加检查。

20日 区委副书记、区长徐心田主持召开专题会议，研究推进润州区国土空间规划编制工作。

是日 润州区召开全区"万企联万村、共走振兴路"行动工作推进会。

21日 市政协副主席、区委书记高国成到区防汛防旱指挥部调度全区防汛工作。

是日 区委副书记、区长徐心田到征润洲长江堤防检查指导防汛抢险工作，副区长王家振参加检查。

22日 副市长潘早云到润州区检查指导防汛工作，实地查看长江堤防征润洲段和城建苗圃基地，听取有关情况汇报，并对一线巡查值守人员进行慰问。

是日 区委副书记、区长徐心田到区人民检察院调研推进扫黑除恶专项斗争工作。

23日 市政协副主席、区委书记高国成，区委副书记、区长徐心田，区委副书记、组织部部长徐燕一行到镇江军分区，看望慰问部队官兵。

24日 江苏"时代楷模"糜林同志先进事迹巡回报告会走进润州。

25日 润州区夜间经济发展启动仪式暨"润州明月夜"品牌发布会在西津渡音乐厅广场举行。"夜购""夜娱""夜读""夜跑"四个类别共15个夜经济项目，在发布会上与市民见面。

28日 省涉外联防联控指挥部口岸工作组到润州督查港口口岸涉外疫情防控工作。

31日 润州区组织文艺团队走进武警镇江支队，共同举办"军民共建 鱼水情深"文艺进军营联欢活动。

8 月

1日 中共镇江市润州区第八届委员会第九次全体会议在粤海会议中心举行。

7日 润州区举行国际创新创业基地和蚂蚁科技区块链创新中心(筹建)启动仪式。阿里巴巴集团阿里云数字政府事业部、阿里巴巴集团钉钉事业部、浩鲸云计算科技股份有限公司、扬子晚报云教育科技有限公司、FCG世界棋牌类游戏联盟与一键未来(镇江)信息科技有限公司与润州区签署合作协议，打造国际创新创业基地和蚂蚁科技区块链创新中心。

是日 润州区政府召开全区见义勇为先进个人表彰大会。

8日 润州区召开综合考核半年评估推进部署会。

13日 区委常委、常务副区长蒋勇带队到官塘创新社区和南山张家湾周边地块进行实地调研。

14日 润州区召开全区产业工人队伍建设改革试点工作部署推进会。

19日 润州区举行2020优化营商环境"润州最滋润"品牌发布暨企业家早餐会，诚邀请区内20位企业家代表政企交心，谈感受、讲问题、提建议。

20日 润州区召开第七次全国人口普查动员会议。

21日 润州区召开全区深化全国文明城市创建重点工作推进会。

24日 镇江市润州生态环境综合行政执法局挂牌成立。

是日 润州区"深耕城市经济·加速产业强区"双招双引专题研讨班开班仪式在区政府一楼会议厅举行。

27日 润州区政协专题视察棚户区、"城中村"、老旧小区改造工作并召开座谈会。

28日 润州区举行公安润州分局驻区河长办警务室、区检察院驻区河长办工作站成立大会。

9 月

3日 润州区"精美镇江"建设长效治理动员部署会召开，部署推进城市管理重点网格综合治理试点工作，推动城市管理走向常态长效。

是日 润州区"锤炼强党性·磨砺壮筋骨"中青年干部培训班在市委党校开班。

5日 2020年江苏省老年人气排球俱乐部联赛(镇江赛区)比赛开幕式在润州区职工之家气排球训练基地举行。

9日 润州区召开普速铁路沿线外部环境隐患整治工作推进会。

11日 双循环后疫情时代经济运行和投资选择报告交流会暨镇江长江金融产业园南京推介会在南

京市金鱼嘴基金大厦举办，镇江鲲鹏二号投资基金、国元证券股份有限公司、国元股权投资有限公司等6家企业现场签约入园。

12日 “江苏银行”杯首届“润州最滋润”足球友谊赛在润州区职工活动基地举行。

15日 润州区召开全区医务工作者代表座谈会，听取医务工作者代表对做好新时代润州卫生健康工作的意见建议。

是日 润州区、镇江高新区联合举行“万企联万村 共走振兴路”村企对接会暨“青春四进 建功乡村”镇江共青团助农丰收直播节活动。

16日 市政协副主席、区委书记高国成率队走访国网镇江供电公司，了解企业经营情况，聆听企业发展心声，与企业共谋创新发展良策。

是日 区委副书记、区长徐心田率队到和平路街道西口门体育公园项目施工现场，实地调研项目建设情况，协调解决项目建设过程中有关问题。

是日 由区委宣传部指导，区委网信办、区教育局、区司法局、公安润州分局主办的2020年润州区网络安全宣传周启动仪式暨网络安全应急演练活动在七里甸街道举行。

17日 润州区召开污染防治攻坚战暨大气国控站点微环境整治工作推进会议。

18日 区委副书记、区长徐心田到宝塔路街道参加“有事好商量民生专题协商议事月”活动。

19日 农工党润州支部“农工之家”在润州区文化馆举行揭牌仪式，全国政协委员、农工党江苏省委副主委吴智深出席活动。

29日 2020年润州区高骊山旅游文化节暨登山活动启动仪式在润州区韦岗街道初心主题园开幕，10支代表队80名登山爱好者参赛。

30日 全区村（社区）“两委”换届工作会议召开。

10 月

5日 区委副书记、区长徐心田到重点区域现场调度大气污染防治工作。

8日 润州区疫情防控指挥部召开工作会议，研究部署秋冬季疫情防控工作。

10日 市政协副主席、区委书记高国成率队到镇江国际经济技术合作有限公司开展走访活动。

12—14日 市政协副主席、区委书记高国成带队到北京开展招商活动，先后拜访中国航天科技集团、中国电信总部、北京易华录、快手科技总部等在京企业。

13日 市委书记马明龙到润州区星光时代广场、伯先路历史文化街区，调研润州商业街区和历史文化街区发展情况。

14日 区委副书记、区长徐心田主持召开专题会议，研究推进重点片区国土空间规划编制工作。

16日 华泰证券股份有限公司镇江分公司在位于润州区黄山南路的新办公地址，举行乔迁仪式。

是日 润州区召开全区政治督察工作部署会，区委常委、政法委书记、政治督察工作领导小组组长张庆松出席会议并作讲话。

17日 由人民日报社新闻信息中心指导，润州区委、区政府、人民日报社《民生周刊》新媒体部联合主办的首届城市旅游经济发展论坛暨“随心游 去润州”旅游推介会在人民日报社举办。

20日 润州区政府履行教育职责情况介绍会召开，以省教育厅副厅长曹玉梅为组长的省政府教育督导委员会考评专家组出席会议。

21日 西安理工大学党委书记刘德安一行到润州开展考察交流活动。

是日 润州区召开全区安全生产一年专项整治回头看、见成效、建机制工作攻坚推进会。

22日 市政协副主席、区委书记高国成，区委副书记、区长徐心田会见东方今典集团董事局主席张泽保一行，双方围绕项目合作和投资建设进行交流洽谈。

是日 润州区“城市经济发展·我能我行我来”工作讲坛暨中青班学习成果汇报会召开。

28日 市委、市政府举行镇江市官塘创新社区管理委员会揭牌仪式暨项目集中签约活动。市政府与阿里巴巴集团签署全面合作框架协议，镇江数据湖产业园、阿里和润数字产业园等9个项目成功签约，标志着以生态为底色、产业为支撑、创新为主线、总部为品牌的官塘创新社区正式扬帆起航。

11 月

2日 市政协副主席、区委书记高国成到位于韦岗街道的镇江长山环境有限公司，现场座谈推进韦岗片区国土空间规划编制相关事宜。

3日 润州区召开深化全国文明城市创建重点工作部署会，市政协副主席、区委书记高国成出席会议并讲话。

4日 市委书记马明龙到润州区韦岗片区调研，实地考察尾矿库和宕口治理。

7日 润州区举办村(社区)“两委”换届培训班。

12日 区政府召开民生实事项目座谈会,现场视察部分民生实事项目,听取人大代表对民生工作和民生项目的意见建议。

13日 镇江市开展“五级人大代表统一接待选民日”活动,润州区181位各级人大代表深入19个选民接待点,面对面听取意见和建议。

是日 官塘创新社区管理委员会第一次全体会议召开。市政协副主席、润州区委书记高国成,市交通集团党委书记、董事长余国根出席会议并作讲话。

是日 区委副书记、区长徐心田会见林同棪国际工程咨询(中国)有限公司副总裁、东南大学重庆校友会会长黄聪博士一行,并就双方合作进行座谈交流。

16日 润州区“强化政治素养·提升治理能力”专题研讨班在中国浦东干部学院开班。

17日 润州区召开学习贯彻中共十九届五中全会精神宣讲动员会,落实中央和省委、市委、区委关于中共十九届五中全会精神学习宣传宣讲工作部署要求。

18—19日 区委副书记、区长徐心田带队到江苏树实科技有限公司、恒润商业广场项目、中国光大银行镇江分行、镇江红豆置业有限公司等重点企业开展走访调研。

20日 区委副书记、区长徐心田以“四不两直”的方式现场督查推进文明城市创建工作。

是日 区政协视察魔幻海洋世界项目建设情况并召开座谈会。

21日 市委副书记、市长徐曙海实地调研镇江农批市场选址和官塘创新社区建设工作。

24日 区委副书记、区长徐心田率队到七里甸街道走访调研,听取街道2020年重点工作完成情况以及“十四五”期间街道发展的谋划思考。

25日 润州区召开2021年度重点民生、城建项目座谈会,区委副书记、区长徐心田主持会议并讲话。

是日 润州区政协召开“有事好商量”协商议事活动成果转化现场推进会,推动政协协商与基层协商有效衔接在润州落地落实。

26日 区委副书记、区长徐心田率队到宝塔路街道走访调研,听取街道2020年重点工作完成情况和“十四五”期间各项工作谋划。

27日 市政协副主席、区委书记高国成到和平路街道宣讲中共十九届五中全会精神。

12 月

2日 市委宣讲团赴润州区宣讲中共十九届五中全会精神。市委宣讲团成员、市政府副秘书长薛国荣在宣讲报告会上作辅导报告。

3日 区委副书记、区长徐心田到金山街道宣讲中共十九届五中全会精神。

4日 润州区“十四五”规划编制工作领导小组扩大会议召开,市政协副主席、区委书记高国成主持会议并作讲话。

5日 润州区召开综合考核调度会,分析研判当前形势,确保全年各项目标任务收官。

15日 区委副书记、区政府区长徐心田会见人民银行镇江市中心支行行长张先忧,及工商银行、农业银行、中国银行、建设银行、交通银行、邮储银行镇江分行等市重点金融机构主要负责人。

17日 区委副书记、区长徐心田率队到和平路街道走访调研,听取街道2020年重点工作完成情况和“十四五”期间各项工作谋划。

18日 市政府、东南大学举行镇江市—东南大学“校地融合、创新发展”合作大会暨校友经济产业园落户润州签约活动。东南大学党委书记左惟、市委书记马明龙出席会议并讲话,市委副书记、市长徐曙海,东南大学党委常委、副校长黄大卫共同为“东南大学校友经济产业园(镇江)先导区、东南大学国家大学科技园双创基地(镇江)、东南大学国家技术转移镇江中心、东南大学镇江人才工作站”揭牌,中国科学院院士崔铁军作嘉宾演讲。润州区政府、官塘创新社区管委会与东南大学南京校友会、东南大学国家大学科技园四方签订东南大学校友经济产业园(镇江)先导区和双创基地合作共建协议,首批5家拟入驻东南大学校友经济产业园(镇江)先导区项目集中签约。

19日 润州区委召开领导干部务虚会,学习贯彻中共十九届五中全会精神和习近平总书记视察江苏重要讲话指示精神,分析研判形势,系统谋划“十四五”发展和明年重点工作。

是日 2020年度“润州英才”领军人才引进计划综合评审暨面试答辩开评举行。

22日 在第八届中国民生发展论坛暨第十四届中国国际公益慈善论坛暨2020中国大健康论坛上,润州区政府实施的《镇江润州区标准化居家养老服务中心建设》项目获评“2020民生示范工程”。

26日 润州区政府召开新闻发布会，发布2020年润州区民生实事项目完成情况，10件2020年度政府民生实事已经全部完成。

28日 润州区召开2020年度综合考核动员部署会。

29日 区委副书记、区长徐心田率队到金山街道走访调研，听取街道2020年重点工作完成情况和"十四五"期间各项工作谋划。

31日 中共镇江市润州区第八届代表大会第五次会议召开。

是月 由润州区人民政府主办、润州区史志办公室编纂的《润州年鉴（2020）》出版发行。（区史志办）

留镇过大年 （田 冰 摄）

中共润州区委员会

栏目编校：薄开鹏

区委常委领导分工

高国成：主持区委全面工作，联系区人大常委会、区政协工作。

徐心田：主持区政府全面工作。

徐　燕：主持区委党校工作，分管农业农村、扶贫、场圃、双拥工作，协管党建工作、城市经济工作，分管区委办公室（机要局、保密局、密码管理局、档案局）、区委研究室（改革办）、区史志办；主持区委组织部工作，负责组织、干部、人才、公务员管理、党建办、考核办工作，分管区委编办、区委老干部局、工会、共青团、妇联、区级机关工委、关工委工作。

蒋　勇：负责区政府常务工作。

杨　坚：主持区纪委、区监委工作，负责纪检、监察、巡察工作。

张庆松：主持区委政法委工作，分管政法、信访稳定、城建城管工作。

胡如明：主持区委统战部工作，负责统战、对台、侨务、民族宗教、大项目建设工作，联系民主党派、民营经济工作。

张　成：负责区人武部工作，联系驻区部队。

邵学军：主持区委宣传部工作，负责意识形态、精神文明建设、新闻宣传、网络安全和信息化工作，分管文化体育和旅游、卫生健康工作，分管区委教育工委、文联、科协、红十字会、区广播电视台。

区委常委、委员、候补委员名单

区委常委

高国成　徐心田　徐　燕　蒋　勇　杨　坚　张庆松　胡如明　张　成　邵学军　梁　亮

区委委员

高国成　徐心田　范永放　蔡文龙　徐　燕　蒋　勇　杨　坚　张庆松　胡如明　张　成
邵学军　梁　亮　江朝民　匡淑平　徐文军　祁明星　王重阳　孙　晶　沈明安　庄炳锁

综 述

【概况】 2020年,润州区落实中央和省委、市委决策部署,坚持稳中求进工作总基调,统筹"两手抓"工作,落实"六稳""六保"任务,全年实现地区生产总值244亿元、一般公共预算收入13.94亿元,分别增长3.2%和1%;城镇居民人均可支配收入达5.36万元,增长3.2%。

众志成城抵御百年不遇之大疫情、大汛情,群众生命安全得到有效保障。层层压实防控责任,迅速形成统一指挥、全面部署、立体防控的战"疫"布局,367名网格长、461名网格员、850名公安干警辅警、1528名志愿者深入社区防控,构筑起"大数据+网格化+铁脚板"的严密防线;广大医务工作者连续奋战在生命救护的最前线,一名医护人员逆行出征、驰援湖北。准确把握疫情形势变化,因时因势调整工作着力点,多措并举修复完善市场功能,有力保障群众正常生活秩序,城市重新恢复繁荣与活力。面对超过历史极值的特大汛情,党政军民警同舟共济、守望相助,实现安全平稳度汛。

克服复杂多变经济环境带来的不利影响,经济发展展现强大韧性。应对疫情冲击和经济下行的双重压力,推动产业强区、发展城市经济,经济发展呈现"V形"增长。6个市重点产业项目超额完成年度投资任务,新建项目开工率达100%;累计新签约项目131个、同比增长54.1%,总投资171.2亿元。修订29条产业政策,易沃客创意空间、联想星云镇江创新中心成功获批省级众创空间,新认定8家国家高新技术企业,完成技术合同成交额1.8亿元,同比增长10.58倍。注重工程驱动,加快人才集聚,2020年度省"双创计划"完成率200%,居全市第二;市"金山英才"计划完成率133%,名列全市前茅,均为历史最佳。答好市委书记马明龙布置的"命题作文","润州明月夜"活力绽放,西津渡中央休闲区被评为"省级夜间文旅消费集聚区"。拓展新发展载体,官塘创新社区"破壳"诞生,阿里和润数字产业园、易华录数据湖等一批"明星项目"集中签约,商务金融服务集聚区成功入选省级生产性服务业集聚示范区,服务业综合改革试点成效走在全省前列。精心打造"润州最滋润"营商环境品牌,"随心游、去润州"首届城市旅游经济论坛在人民日报社总部成功举办,30多家主流媒体予以推介报道;精心召开城市经济高质量发展大会和企业家早餐会,深入开展"百企大走访"等系列暖企活动。

做好"六稳""六保"工作,民生福祉实现持续提升。在财政十分紧张的情况下,润州区确保民生投入只增不减,持续做好突出民生问题排查梳理,解决一批困扰群众已久的烦心事。全省首创医疗机构向养老机构延伸服务机制,标准化居家养老服务中心建设获评"2020民生示范工程"。教育现代化建设监测综合得分保持全省领先,基层医疗健康服务保障能力进一步增强。全年新增城镇就业人数6000人。城市人居环境和生态生活环境持续优化,实施老旧小区改造114栋、25.63万平方米;中央及省级环保督察交办信访件、长江经济带生态环境问题全面完成整改销号;优良天数比率、$PM_{2.5}$平均浓度同比分别改善15%和16.1%,列全市第一和第二;地表水国考断面、主要入江支流断面全部达到优Ⅲ标准;长江禁捕退捕高效优质完成。扎实开展"万企联万村 共走振兴路"行动,村企联建率全省排名靠前;全市率先全面通过村庄环境整治销号,农村人居环境长效管护行政村占比达到100%。圆满完成文明城市创建各项工作,推动扫黑除恶专项斗争制度化、常态化,对标"一年小灶"目标任务开展城市安全"四风行动",国务院督导组反馈问题隐患100%整改到位,社会和谐稳定局面进一步巩固。

推进全面从严治党,干事创业活力得到有效激发。创新和优化基层治理格局,完成街道整合审批服务执法力量改革,基层治理体制得到全面重塑;创新实施"大党建·微治理",《润州城市基层"全域党建"引领基层善治》作为全省唯一荣获第五届全国基层党建创新最佳案例,相关做法被《2020年中国基层报告》收录。全面完成村(社区)党组织换届工作。出台深入解决形式主义突出问题"23条措施"和《润州区关爱激励干部担当作为六项举措》,持续减轻基层负担,激励干部勇于担当、主动作为。深入开展中共十九届四中、五中全会精神和《习近平谈治国理政》第三卷的学习教育,建成城区唯一社会主义核心价值观主题街区。开展两轮政治巡察,完成区委巡察全覆盖目标任务。推进党风廉政建设和反腐败斗争,运用监督执纪"四种形态"处理172人次,挽回经济损失1324.57万元。打造西津渡统战特色街区,新的社会阶层人士统战工作受到全省通报表彰。红色档案征集工作取得新突破。

2020年,全区各地各部门为润州经济社会发展提供坚实支撑:七里甸街道生产性服务业发展创成省级品牌,官塘桥街道全面投入创新社区建设、重大项目招引按下"快进键",宝塔路街道楼宇经济特色发展活力迸发,和平路街道长江禁捕退捕工作登上央视《新闻联播》,金山街道做实做细做特金山善治、"一张网、九张图"全市有名,韦岗街道走出一条产业转型、绿色发展的新路径,南山街道村居环境整治、全域长效管护取得成效。区人大常委会试点街道选民代表会议制度，区政协推动“有事好商量”协商议事取得阶段性成效，人武、双拥工作迈出新步伐，工青妇等人民团体桥梁纽带作用进一步发挥。

【区委办公室工作】 2020年，区委办公室在区委领导下，坚守运转中枢职责定位，融入中心服务大局，牵头抓好解决形式主义突出问题、为基层减负等重要工作，完成全年各项工作任务。规范开展党内政治生活，制定《中共镇江市润州区委办公室2020年度落实全面从严治党主体责任清单》，全年专题研究党风廉政建设工作4次。定期开展机关意识形态领域风险点排查工作，及时研究意识形态领域的新情况新问题，定期向区委专题汇报意识形态工作，全年未在意识形态方面出现问题。协助“三结三定”结对共建社区开展实地上门入户登记、小区巡逻、卡口管理、防疫宣传等工作，并创新设计居民群众健康登记小程序，收集有效居民信息160条。牵头开展新一轮企业集中大走访活动，组织全区干部深入一线走访企业100家，帮助企业解决生产经营中遇到的各类问题100件，有力推动复工复产。做好精文简会等工作，出台《关于做好区委文件审核工作的意见》《区级机关部门发文负面清单》等文件，每季度跟踪问效、督促落实，全区印发文件同比减少31.7%、召开会议同比减少12%，相关工作在省委督查室“四不两直”调研中获得肯定并作推广。针对市委书记马明龙同志调研润州作出的指示要求，迅速抓好贯彻落实，牵头制定《润州区“争先创一流·展现新作为”推动高质量发展行动方案》，明确15项任务、3项保障措施，为全区上下积极投身高质量发展提供“行动指南”，获马明龙批示肯定。高质量完成重要文稿撰写工作，全年草拟汇报、总结和讲话等综合性材料200余篇，撰写并汇总《全区创新网格化社会治理工作调查报告》等调查研究报告40余篇，其中两篇在市委《创新》杂志予以刊登。编撰《润州信息》45期，全年组织承办、服务保障区委八届九次全会、区八届五次党代会、官塘创新社区揭牌仪式等重大会务、活动60余次，形成区委常委会会议、书记专题会议等会议纪要20余份。审核印发各类文件、通知416份，处理上级来文555份，上报党内规范性文件22件，下备15件，做到有件必备、及时报备和规范报备。编制《2020年全区督查检查工作计划》，建立领导批件督办台账，开展督查事项12件，形成《督查专报》12期，在助推全面建成小康社会、全面深化改革、持续为基层松绑减负等方面发挥重要作用。参加区委组织的“一把手专题研讨班”等培训，1人被授予“城市经济发展促进奖(先进个人)”。重视青年干部成长发展，创新建立“导师培养机制”和“年轻干部AB岗培养机制”，全方位提升年轻干部文字、业务等综合能力水平。

【机要保密工作】 2020年，润州区加强国安体系建设，执行保密制度，把好环节流程管控，落实24小时应急值班要求，保障万无一失。把控各方面风险点，突出抓好通信和计算机信息系统及重点要害部门的保密工作，对重点单位、保密要害部位开展保密专项检查工作，确保保密工作落到实处。

(钱雨舟)

重要会议

【中共镇江市润州区第八届委员会第九次全体会议】 2020年8月1日，中共镇江市润州区第八届委员会第九次全体会议在粤海会议中心举行。全会以习近平新时代中国特色社会主义思想为指引，深入学习贯彻中共十九大，十九届二中、三中、四中全会和省委十三届八次全会、市委七届十一次全会精神，动员全区上下进一步统一思想、凝聚共识，提振信心加速跑，保持定力加油干，全力夺取疫情防控和经济社会发展“双胜利”，高水平全面建成小康社会，开启现代化建设新征程，奋力迈出“强富美高”新润州建设更大步伐。

全会由区委常委会主持，市政协副主席、润州区委书记高国成代表区委常委会作题为《提振信心加速跑 保持定力加油干 奋力迈出“强富美高”新润州建设更大步伐》的报告。区委副书记、区长徐心田作会议小结。在报告中，高国成从“统筹应对大战大考，发展成果值得肯定”“准确把握全局大势，充分坚定信心定力”“加快建设‘强富美高’，奋力实现新的跨越”“深化全面从严治党，提供坚强政治保证”四个方面，总结上半年工作，分析当前形势的发展变化，为做好下半年各项工作，推进高水平全面建成小康社会，探索基本实现现代化新征程明确方向、提出要求。

全会认为，2020年以来，区委认真贯彻习近平总书记系列重要讲话和指示精神，坚决落实中央、省委和市委决策部署，积极应对疫情防控、复工复产的双重考验，奋力迈出产业强区、特色发展的坚实步伐，坚定践行人民至上、民生优先的价值理念，聚力营造争先创一流、展现新作为的浓厚氛围，经济社会发展交出合格答卷。

全会指出，当前面临的困难和挑战仍然突出，必须要用全面的眼光分析“时”与“势”，以更强信心解难题、渡难关；用辩证的眼光把握“危”与“机”，以更大的定力抢新机、开新局；用长远的眼光谋划“变”与“新”，以更坚实的举措打基础、利将来。要保持信心、增强定力，集中精力办好自己的事，在抓好常态化疫情防控、树牢高质量发展导向和加快“比学赶超、争先进位”上强信心、增定力，确保顺利完成全年各项目标任务。

全会强调，做好2020年下半年及今后一个时期的工作，要坚持以习近平新时代中国特色社会主义思想为指引，坚持稳中求进工作总基调，坚持新发展理念，全力落实“六稳”“六保”任务，统筹推动高质量发展，确保高水平全面建成小康社会和“十三五”规划圆满收官，开启现代化建设新征程，奋力迈出“强富美高”新润州建设更大步伐。

全会要求，要抢抓战略机遇，坚持高起点定位、高标准谋划、高效率推进，在探索产城融合上实现更大突破；要做强城市经济，更大力度攻坚重点项目、推动产业升级、激活创新势能、优化营商环境，在推动产业强区上实现更大突破；要瞄准小康短板，着力补齐基本公共服务短板、人居环境短板、精神文化短板，在增进民生福祉上实现更大突破；要完善制度体系，健全重大风险防范化解机制、创新网格化社会治理机制、完善公共安全防控体系，在优化区域治理上实现更大突破。

全会强调，要按照新时代党的建设总要求，持之以恒强化全面从严治党，以初心使命为引领、增强奋发进取的精神动力，以大抓基层为导向、构筑坚强有力的战斗堡垒，以严管厚爱为抓手、打造担当有为的干部队伍，以政治监督为保障、涵养风清气正的政治生态，为加快建设“强富美高”新润州提供坚强政治保证。

全会号召，全区各级党组织和广大党员干部要在习近平新时代中国特色社会主义思想的指引下，只争朝夕、接续奋斗，提振信心加速跑，保持定力加油干，奋力迈出“强富美高”新润州建设更大步伐。

【中共镇江市润州区第八届代表大会第五次会议】 2020年12月31日，中共镇江市润州区第八届代表大会第五次会议在粤海国际会议中心召开。

会上，市政协副主席、区委书记高国成代表中共镇江市润州区第八届委员会作题为《奋勇争前列 再造新润州 全面开启社会主义现代化建设新征程》的工作报告，并就《中共镇江市润州区委关于制定润州区国民经济和社会发展第十四个五年规划和二〇三五年远景目标的建议（讨论稿）》作情况说明，区委副书记、区长徐心田主持大会开幕式。

会议主要任务是高举习近平新时代中国特色社会主义思想伟大旗帜，深入学习贯彻习近平总书记视察江苏重要讲话指示精神，全面贯彻中共十九大、十九届二中、三中、四中、五中全会和中央经济工作会议精神，认真落实省委十三届九次全会和市委七届十二次全会总体部署，审议通过《中共镇江市润州区委关于制定润州区国民经济和社会发展第十四个五年规划和二〇三五年远景目标的建议》，动员全区各级党组织和广大党员干部积极践行“争当表率、争做示范、走在前列”全新使命，全面开启社会主义现代化建设新征程。

会议指出，2020年是润州发展历史上极为特殊、极不平凡的一年。面对严峻复杂的宏观环境，区委坚持发挥集中力量办大事的制度优势，众志成城抵御百年不遇之大疫情、大汛情，群众生命安全得到有效保障；正确把握“危”与“机”的辩证关系，上下一心克服复杂多变经济环境带来的不利影响，经济发展展现强大韧性；坚定践行“人民至上”的发展理念，扎扎实实做好“六稳”“六保”工作，民生福祉实现持续提升；自觉提振“加速奔跑”的精神状态，一以贯之推进全面从严治党，干事创业活力得到有效激发。经过全区上下的共同努力，疫情防控取得重大战略成果，经济社会发展逆势奋进实现新突破。

会议认为，“十三五”时期的成就是全方位的、开创性的、变革是深层次的、根本性的。五年来，全区经济发展深刻转型，三大攻坚战成果显著，全面深化改革纵深推进，民生福祉不断增进，政治生态更加清朗。“十三五”规划主要目标任务全面完成，高水平全面建成小康社会胜利在望。

会议强调，未来五年，必须科学把握新发展阶段，准确研判润州所处的方位和环境、面临的机遇和挑战，更好遵循客观规律，因势利导、趋利避害，才能在危机中育先机、于变局中开新局；必须深入践行新发展理念，不断用新发展理念指引方向、校正偏差，推动润州发展实现质量变革、效率变革、动力变革，才能加速越过转型关口、重塑发展优势；必须积极融入新发展格局，切实找准润州应该干、能够干和必须干好的事，扬长避短、借势发力，努力在“双循环”新格局中发挥独特作用，才能抢占制高点、赢得主动权。

会议明确，2021年要在新的起点上全力展现“四个新作为”。一是在构建现代产业体系上集聚优势，在提升发展能级上展现新作为；二是在推动美丽润州建设上集聚优势，在提升城市品质上展现新作为；三是在优化公共服务供给上集聚优势，在提升民生福祉上展现新作为；四是在完善共建共治共享上集聚优势，在提升治理效能上展现新作为。

会议强调，要不断推动全面从严治党向纵深发展，强化政治建设，增强奋发进取、砥砺前行的精神动力；激励担当作为，锻造政治过硬、本领高强的干部队伍；坚持固本强基，筑牢忠诚担当、坚强有力的战斗堡垒；持续正风肃纪，营造风清气正、海晏河清的政治生态。

会议号召，全区各级党组织和广大党员干部要更加紧密地团结在以习近平同志为核心的党中央周围，坚持以习近平新时代中国特色社会主义思想为指引，牢记嘱托、不负使命，奋勇争前列，再造新润州，全面开启社会主义现代化建设新征程，以优异成绩迎接党的百年华诞。

会议审议并通过《中共镇江市润州区委关于制定润州区国民经济和社会发展第十四个五年规划和二〇三五年远景目标的建议》《中共镇江市润州区第八届代表大会第五次会议关于区委工作报告的决议》《中共镇江市润州区第八届代表大会第五次会议关于区纪委工作报告的决议》《中共镇江市润州区第八届代表大会第五次会议关于代表提案审查情况的报告》。

徐心田在作大会小结时强调，全区上下要切实把思想和行动统一到党代会精神上，坚定信心，以昂扬的面貌奋进新时代；高点定位，以争先的作为创造新业绩；抢抓开局，以实干的姿态开启新征程。要迅速贯彻落实区委对“十四五”开局的各项部署，抓好考核指标、项目建设以及招商引资工作，在新征程的起跑阶段牢牢掌握发展主动权。此外，各地各部门要慎终如始抓好疫情常态防控工作，保证应急处置机制有效运行，确保社会大局和谐稳定。

会上，区委副书记、官塘创新社区管委会主任徐燕宣读《关于确定2020年度全区基层党建“双十佳”的决定》。现场举行十佳基层党建“书记项目”、十佳网格党组织命名仪式。 （钱雨舟）

组织工作

【概况】 2020年，润州区组织工作以习近平新时代中国特色社会主义思想为指导，落实全国、全省、全市组织部长会议精神和省委、市委、区委部署要求，把握“深化提升”主基调，紧盯“双胜利”，用心抓落实，为润州“跑起来”注入组工“加速度”。

基层党建工作创新创优。实施“大党建·微治理”。将“‘大党建·微治理’的润州实践”确定为区委书记“书记项目”，全区293个网格实现党组织全覆盖，累计解决问题700余个。举办“大党建·微治理”观摩研讨会暨首期书记沙龙。同步抓实三级基层党建“书记项目”80个，紧贴发展大局，发展一线建支部，通过“红色帮办”等先后为创业商户办理贷款超300万元，以支部“来回跑”推动发展“加速跑”。推进“万企联万村”，促成联建项目8个，计划总投资近亿元。聚焦楼宇党建，搭建“政银直通车”，帮助5家企业打通资金链。“两新”党组织应建尽建率和单独组建率均为100%。实施“两新”组织党务工作者专业化建设，成功认定各级党务工作者14名。新创成五星级党支部2个、四星级党支部23个。围绕“一稳三好”总目标，52个村（社区）完成“两委”换届，共选出“两委”354人，一次性选举成功率、足额当选率均达100%，村党组织书记一肩挑比例100%、社区党组织“一肩挑”比例87.5%。其中，“两委”平均年龄下降8.7岁；大专以上学历占比提升19.2%，本科以上学历占比提升18.6%，队伍专业素质和整体功能提升。

干部队伍建设提能提质。聚焦干部政治能力、专业能力、治理能力建设，组织“一把手”“双招双引干部”“党务干部”等，赴中浦院、复旦大学等院校开展学习研修4期，全年组织“周末课堂”18讲，累计培训千余人次；围绕城市经济发展，常态开设“我能我行我来”干部工作讲坛。坚持“关爱为鼓、担当落点”，集成制定《润州区关爱激励干部担当作为六项举措》，分级设立关爱资金，明确5种重奖情形，推行5类培育举措，落实5项奖励办法，推行尽职免责、诬告澄清等机制，干部干事创业激情显著提升。将“察人”与“督事”有机结合，“四不两直”深入一线“观听查辨”，及时出台《关于引导党员干部疫情防控一线显担当的“五项关爱”“五重激励”细则》，结合研判识别情况，分3批通报表扬33名个人、5个基层党组织，其中14名表现突出干部得到提拔重用或职级晋升。优化综合考核实施办法，形成“1+2+1”综合考核文件体系，明确区级层面“223”、街道层面“139”争先进位奋斗目标。实行指标申报制，严控指标数量，减轻基层负担，落实“四个一”推进机制，压紧压实工作责任。强化评先评优、提拔重用正向激励和约谈提醒、组织调整责任约束等结果运用，进一步发挥综合考核“指挥棒”作用。

【“大党建·微治理”书记项目】 2020年，润州区提升“全域党建”，对标高质量、突出精准性，将“城市基层‘大党建·微治理’的润州实践”确定为区委“书记项目”，通过“组织创强提效、网格创优提质、队伍创活提能”，把“全域党建”“大党建”的合力转化为“微治理”的成效。全区52个村（社区）293个网格实现党组织全覆盖，503家驻区、跨区单位党组织加盟网格红色战队，累计解决基层治理类问题700余个。举办“大党建·微治理”观摩推进会暨首期书记沙龙，以成果展示促学习提升。区党代会表彰十佳“书记项目”和十佳“网格党组织”。《以城市基层“全域党建”引领基层善治》作为江苏省唯一获评第五届全国基层党建创新案例“三十佳”，相关案例第三次走进中国浦东干部学院讲堂，相关做法被《2020年中国城市基层党建报告》收录，省委组织部部长、镇江市委书记在润州调研中给予充分肯定，“学习强国”、《新华日报》头版、江苏卫视、市委《快报》、《镇江日报》头版头条等推介60余次。“两级领办”“定期督导”压实党建责任，高质量完成三级“书记项目”80个，区委书记“书记项目”连续四年获评市级优质“书记项目”，和平路街道党工委“书记项目”获评2020年度全市十佳“书记项目”。

【“全域党建”深化提升】 2020年，润州区开展“党建领航·产业强区”专项行动，对重点项目和重点企业开展全程跟踪、帮办服务，让“红色店小二”成为润州城市经济发展的“金字招牌”。成立产城融合发展、“点亮夜经济”“双招双引”等发展一线行动支部，相关街道、部门“一把手”担任支部书记，为创业商户办理贷款超300万元，以支部“来回跑”帮助项目“加速跑”。三级党组织联动，广泛开展“党员啄木鸟行动”，同步建立长效管护机制，率先完成乡村环境整治销号任务。在“万企联万村”中，推动村企组织联建、项目联推、实事联办，组建4支党建惠企行动支部和9支党员先锋队，促成村（涉农社区）企联建项目8个，计划总投资近亿元。持续推进“两新”党组织扩量提质，打造“集约型”党建阵地3个，增派57名党建指导员进驻200余家“两新”组织，党组织应建尽建率和单独组建率均为100%。积极探索“两新”组织党务工作者专业化建设，认定高级党务工作者2名、中级党务工作者9名、初级党务工作者3名。抓强商圈楼宇党建，打造“1+4+6+X”党建共同体，为企业解决难题17件。培树党建标杆，江苏瑞祥科技集团党建案例入选江苏省互联网行业党建“十佳案例”，荣获2020年度江苏省非公企业党建带工建“三创争两提升”示范单位，万科魅力之城小区入选江苏省百个“红色物业”示范点；金山街道银山门社区红旗党支部、区市场监管局三分局党支部创成五星级党支部，新增四星党支部23个。

【村（社区）“两委”换届工作】 2020年，润州区52个村（社区）圆满完成“两委”换届，共选出“两委”354人，一次性选举成功率、足额当选率均达100%。村党组织书记一肩挑比例达100%、社区党组织“一肩挑”比例达87.5%。年龄层面，“两委”平均年龄38.2岁，下降8.7岁，村“两委”平均40.4岁、社区“两委”平均38岁，分别下降6.5岁、8.9岁；村（社区）党组织书记平均41.6岁，下降4.6岁，其中村党组织书记平均47.3岁、社区党组织书记平均41.1岁，分别下降1.2岁、4.9岁；45岁以下占比63.5%，35岁以下占比23.1%，分别提升18.9%、12.4%，换届后每个村（社区）班子中均至少有1名35岁以下成员。大专以上学历345人，占比89.1%，提升19.2%，本科以上学历187人，占比48.3%，提升18.6%；共有女性211名，所有村（社区）均满足“两委”成员中至少各有1名女性成员，完成“三升一降两深化”既定目标。

2020年3月23日，省委常委、组织部部长郭文奇（前左三）考察润州区和平路街道金山水城社区“幸福小院”党建阵地　（区委组织部　摄）

【关爱激励干部六项举措】 2020年，润州区坚持“关爱为鼓，担当落点”，集成制定出台《关爱激励干部担当作为六项举措》，从识别担当、提升担当、温暖担当、兑现担当、激励担当、保障担当6个方面，细化32条“硬核”措施，引导广大干部在“比学赶超、争先进位”中全面“跑起来”。“考察四问”识别担当，坚持把“承担了什么风险、破解了什么难题、干成了什么实事、创造了什么经验”，作为考察干部担当作为重要标准，综合运用日常调研、一线考察、专项考核、月度讲评等方法，识别发现“有激情”的猛将、“敢担责”的闯将、“有创新”的干将。“联培联训”提升担当，推行5类培育举措，围绕“双周有学习、每月有培训、季度有展示、全年不断线”目标，构建“主体研修+专题培训+政治轮训+周末课堂”联培体系，着力提升干部担当水平。“关心关爱”温暖担当，分级设立关爱资金，用于专项慰问，落实健康体检、休假休养、鼓励“退而有为”等举措，从思想、工作、生活上加强对干部的关心。“能上能下”兑现担当，明确5种“重奖情形”，落实5个“坚决不用”、实施8个“坚决调整”、做好“下后再上”。“评先评优”激励担当。落实深化“五创”评选、设立评优“直通车”、加大及时奖励力度、强化“一线”推优、开展党内表彰等5种奖励办法，营造靠实干进步、凭实绩立身的良好氛围。“组织担当”保障担当，落实尽职免责、审慎谈话函询、组织处理前“交叉倒查”、完善诬告澄清机制等保障措施，切实以组织担当推动干部担当。

【综合考核工作】 2020年，润州区承接省对区、市对区考核指标，系统出台“1+2+1”综合考核文件体系，将省、市考核指标全面细化分解到街道、区级机关部门，明确牵头单位、协办单位，同时根据街道之间、区级机关部门之间差异性，设置重点指标、重点工作等差异化考核内容，基本做到指标应分尽分，形成“千斤重担大家挑，人人肩上有指标”的工作格局。落实“四个一”(一本通讯录、一体化调度、一张图亮相、一把手推进)推进机制，抓实季度监测和半年评估，强势推进指标争先进位。2020年，区综合考核位列全市第二等次，金山街道、韦岗街道获评全市高质量发展争先进位表现突出镇(街道)。

【同心战“疫”行动】 2020年，润州区党组织依托“三结三定”，240余支战“疫”先锋队、130多个行动支部一线奋战，万余名党员践行“我是党员我带头”，坚决打赢疫情防控阻击战。组织部门立足疫情防控实际，制定出台《关于引导党员干部疫情防控一线显担当的“五项关爱”“五重激励”细则》，结合一线研判识别情况，分3批通报表扬33名个人、5个基层党组织，其中，14名表现突出干部得到提拔重用或职级晋升，真正让制度红利“看得见、摸得着、信得过”，此项工作在省委组织部《组工研究》交流。

【重点人才工程】 2020年，润州区以省、市、区重点人才工程实施为抓手，不断吸引高层次人才来润州创新创业，省、市人才计划连年实现新突破，2020年省“双创计划”完成率200%，居全市第二，市“金山英才”计划入选完成率133%，名列全市前茅，均为历史最佳。“润州英才”计划重点支持智能制造、现代服务业创业人才和全职创新人才，靶向引才特色鲜明，扶持资金可与省、市计划扶持资金同步享受、多重叠加，实施3年来，吸引119名海内外人才申报，省外人才占比达到85%，引进项目33个，超过半数入选人才获评市“金山英才”计划。

(蒲　宁)

2020年润州区党的基层组织数量情况和换届情况表

表1　　　　单位：个

项目		总数	党委	总支部	支部
党的基层组织数		629	63	44	522
任届期满		143	3	7	133
本年换届		143	3	7	133
城市街道		367	44	21	302
乡镇		—	—	—	—
企业	国有经济控制	18	3	—	15
	集体经济控制	8		1	7
	非公有经济控制	82	4	2	76
事业单位		55	2	2	51
机关	合计	137	15	10	112
	中央一级	—	—	—	—
	省(区、市)一级	—	—	—	—
	市(地、州、盟)一级	—	—	—	—
	县(市、区、旗)一级	137	15	10	112
社会组织		6	—	1	5
其他		323	39	28	256

2020年润州区党员基本情况表

表2　　单位:人

项目		年龄													
		总数	预备党员	女	少数民族	30岁及以下	31—35岁	36—40岁	41—45岁	46—50岁	51—55岁	56—60岁	61—65岁	66—70岁	71岁及以上
总计		12761	111	4084	193	941	1011	798	792	931	1063	1198	1493	1522	3012
一、在岗职工		4600	89	1764	81	620	737	613	639	737	704	550	—	—	—
公有制单位	合计	2809	62	1169	53	293	399	401	464	530	426	296	—	—	—
	党政机关工作人员	1037	20	258	24	97	124	122	153	194	194	153	—	—	—
	事业单位管理人员	362	3	142	5	23	46	47	78	60	52	56	—	—	—
	事业单位专业技术人员	907	20	567	21	90	122	160	172	205	121	37	—	—	—
	企业管理人员	195	8	67	2	21	32	22	23	41	33	23	—	—	—
	企业专业技术人员	61	—	24	—	12	23	8	8	4	3	3	—	—	—
	工勤技能人员	247	11	111	1	50	52	42	30	26	23	24	—	—	—
	农民工	—	—	—	—	—	—	—	—	—	—	—	—	—	
非公企业	合计	1786	26	593	28	326	336	211	175	207	277	254	—	—	—
	管理人员	374	18	120	11	40	61	38	46	48	70	71	—	—	—
	专业技术人员	356	2	101	7	38	61	51	32	52	73	49	—	—	—
	工勤技能人员	1056	6	372	10	248	214	122	97	107	134	134	—	—	—
	农民工	—	—	—	—	—	—	—	—	—	—	—	—	—	—
社会组织	合计	5	1	2	—	1	2	1	—	—	1	—	—	—	—
	管理人员	1	1	1	—	—	—	1	—	—	—	—	—	—	—
	专业技术人员	—	—	—	—	—	—	—	—	—	—	—	—	—	—
	工勤技能人员	4		1	—	1	2	—	—	—	1	—	—	—	—
	农民工	—	—	—	—	—	—	—	—	—	—	—	—	—	—
二、农牧渔业		161	2	47	—	—	12	6	7	17	24	24	15	16	9
外出务工经商人员		—	—	—	—	—	—	—	—	—	—	—	—	—	—
三、军人、武警		—	—	—	—	—	—	—	—	—	—	—	—	—	—
四、学生		—	—	—	—	—	—	—	—	—	—	—	—	—	—
五、离退休人员		6449	—	1733	86	—	—	—	—	19	153	422	1387	1480	2988
六、其他		1551	20	540	26	290	262	179	146	158	182	202	91	26	15

2020年润州区党员学历构成情况表

表3 单位:人

项目		总数	研究生	大学本科	大学专科	中专	高中、中技	初中及以下
总计		12761	285	3186	3330	1235	2150	2575
一、在岗职工		4600	227	2326	1394	217	414	22
公有制单位	合计	2809	169	1730	748	59	96	7
	党政机关工作人员	1037	106	690	226	5	10	—
	事业单位管理人员	362	18	199	118	10	17	—
	事业单位专业技术人员	907	34	644	193	20	16	—
	企业管理人员	195	4	72	99	9	11	—
	企业专业技术人员	61	2	27	25	4	3	—
	工勤技能人员	247	5	98	87	11	39	7
	农民工	—	—	—	—	—	—	—
非公有制单位	合计	1786	58	592	645	158	318	15
	管理人员	374	15	101	155	60	43	—
	专业技术人员	356	12	104	147	32	61	—
	工勤技能人员	1056	31	387	343	66	214	15
	农民工	—	—	—	—	—	—	—
社会组织	合计	5	—	4	1	—	—	—
	管理人员	1	—	—	1	—	—	—
	专业技术人员	—	—	—	—	—	—	—
	工勤技能人员	4	—	4	—	—	—	—
	农民工	—	—	—	—	—	—	—
二、农牧渔业		161	—	28	54	4	59	16
外出务工经商人员		—	—	—	—	—	—	—
三、军人、武警		—	—	—	—	—	—	—
四、学生		—	—	—	—	—	—	—
五、离退休人员		6449	9	342	1386	932	1356	2424
六、其他		1551	49	490	496	82	321	113

(区委组织部)

宣传工作

【概况】 2020年，润州区以集中学习、座谈研讨、理论考试等为主要形式，举行区委中心组学习会13场，开展巡学旁听20余场，宣讲团成员到基层宣讲30场，推动全区各级干部深学笃用党的创新思想。实施“理论+N”领航项目，举办“理论+文艺”微宣讲骨干集训营，培养真心爱、擅长讲的宣讲骨干16人，开展宣讲活动120场。推进“学习强国”学习平台应用学习，常态化通报“学习强国”覆盖率、活跃度和用稿数，适龄党员学员参与度超过市委95%的考核要求，用稿158篇，超额完成目标任务。

2020年，区委宣传部门定期召开意识形态领域分析研判联席会议，开展《中国共产党宣传工作条例》贯彻执行情况自查，落实省委巡视发现意识形态领域问题整改落实情况督查工作，对全区22家单位进行落实意识形态工作责任制专项检查。召开区委网信委会议，加强对全区网信工作的总体布局和统筹协调。建立完善网络安全技术管理制度建设，开展网络意识形态专题培训，举办网络安全宣传周活动，对全区重点部门网站、重点行业开展“飞行检查”和专项检查，对排查、监测到的安全隐患按照工作闭环整改到位。组织实施“护苗2020”专项行动，西津渡社区参评第四批全国“扫黄打非”示范标兵，电力路社区参评全省“扫黄打非”基层示范点，基层站点“双标”建设覆盖率为100%。放映农村电影公共服务40场次，开展文艺界普及版权知识座谈会，落实印刷出版企业“双随机抽查”和电影院、流动放映场所的安全生产属地管理责任。

2020年，区委宣传部门在报纸、网站和各新媒体开设润州专栏，发布防疫动态、基层举措、科普知识稿件600余篇。“润州发布”微信、微博累计发稿2700条，《镇江日报》“润州天地”专版共刊发50期，近800篇、30万字的新闻稿件。区委宣传部门与各级各类区外媒体加强联络沟通，做好北京旅游论坛的媒体联络和宣传报道，配合“SHOW JIANGSU”摄影采风和《新苏南》大型纪录片拍摄活动，配合中央电视台运河系列拍摄，借力借势推荐润州、唱响润州。省级以上媒体刊发稿件近400篇，其中，《人民日报》7篇，《光明日报》4篇，《新华日报》14篇，新华社通稿3篇。举办全区新闻发布会12场，着力展示重点领域工作的进展情况，积极回应市民关切。区委宣传部门组织策划2场“网络媒体润州行”活动，邀请省内外网络媒体走进润州水利民生工程现场和新建学校，展示润州在社会民生领域建设成果。举办“网眼看镇江 见‘镇’跑起来”走进润州活动，邀请国家级、省级主流网媒走进润州，见证润州产业发展和民生保障成果，重大主题宣传稿件全网推送3篇，全省推送3篇，位列全市前列。

【文明城市创建】 2020年是全国文明城市大考之年，围绕市委、市政府部署要求，润州区加强组织领导、形成强大合力，切实发挥区创建领导小组牵头抓总作用，每月召开一次创建工作会议；严格落实领导挂钩、协调调度、常态巡查等工作机制；健全各责任单位“一把手”总体抓、分管领导专项抓、负责人具体抓的三级责任网络，切实加大投入和保障力度。坚持问题导向，开展五大提升行动，清理毁绿种菜230处、清运垃圾3000多吨，清除小广告墙面6000多平方米，划设非机动车停放点长约10000米，新增公益广告牌3500多块，自创公益广告100余种，丰富道旗、路标、沿街LED屏等宣传形式。区创建办加大日常督查和统筹协调力度，督查组坚持每天巡查、通报，做到简单问题及时改，复杂问题限时改，疑难问题专项改，形成“督查—整改—提升”工作闭环。出台《润州区文明城市创建长效管理考核办法（试行）》，将创建成果与部门单位的“面子”“里子”相联系，充分调动创建工作主动性。创新“一表四清单”工作法，清晰展现全区创建工作的点位信息，合理分工形成任务清单，三级督查下达问题清单，“会诊”难点、堵点形成弱项清单，交流创建经验发布成果清单。

【精神文明建设】 2020年，润州区志愿江苏平台注册志愿者达63189人，志愿者们积极投身疫情防控工作、文明城市创建、人口普查等工作，贡献爱在润州的志愿力量。全区新建文明楼道50个，新建标准化善行义举榜10组。2020年，润州共评选出区级润州好人30人，其中，15名疫情防控的润州好人，同时推荐参与“镇江好人”“微美人物”“中国好人”等评比，其中，1人获得“中国好人”称号，2人获得“江苏好人”称号，4人获得“镇江好人”，5人获得“微美人物”称号，杨恒奎获得江苏省疫情防控优秀志愿者，西津古渡社区参与全国学雷锋志愿服务“四个100”先进典型评比，西津古渡社区爱心驿站志愿服务项目在第五届江苏省志交会上进行展示；积极组织开展“新时代好少年”的评比活动，其中，张奕瑄等44人获得润州区“新时代好少年”称号，阚梓溪等10人获得镇江市“新时代好少年”称号。区文明办结合春节、清明节、端午节、中秋节等传统节日，指导各地在做好疫情防控的前提下因地制宜开展“我们的节日”主题活动，致力于培育和践行社会主义核心价值观，弘扬中华优秀传统文化和美德。加强和改进学校思想政治教育，建立健全全员、全程、全方位育人体制机制，推进大中小学思政课一体化建设。落实青少年理想信念教育齐抓共管机制，深化“扣好人生第一粒扣子”主题教育实践，深化拓展“八礼四仪”养成教育，“小橘灯”志愿者服务工作，落实星级评价考核体系。创新开展“童”字系列美育活动，组织开展“红领巾寻访小康之路”等活动。

【文化产业项目发展】 2020年，润州区五个市重点文化产业项目共完成投资1.7亿元，占年度计划130%。新增规模以上文化企业1家（江苏科茂信息技术有限公司），组织110件作品参加镇江市第六届金山文化创意大赛，超额完成全年任务。润州区运用联动招商机制，赴上海等地推进项目签约落地，梳理相关产业优惠政策，帮助西津渡二楼南书房成功申报市级文化产业引导资金，邀请7家文创企业加入镇江市文创联盟，核实27家潜在企业，抓住企业申报四季度全年数据和新增规上文化企业窗口期等重要节点，督促街道、企业做到应统尽统。出台《润州区重点文艺创作项目扶持管理办法》，疫情防控期间，全区文艺界举办“网上吟诗会”“勠力同心共抗疫情”诗词书画网络展，创作歌曲、诗歌、“云合唱”等各类作品。润州区菊吟京剧社、张晓波、于彪、孙秋霞、陈立军分别荣获江苏省第二批群众文化“百千万”工程优秀群文团队和优秀群文骨干称号。组织参加金山文化艺术节开幕式和闭幕式，举办各类文艺活动20余场。落实“乡村文艺播种计划”，市、区两级15名文艺志愿者，赴基层开展文艺辅导242场，培训学员近5000人次。

【文明实践创新】 2020年，润州区综合统筹城市功能布局、人口分布、行政区划等多方面因素，有布局、有侧重地建设文明实践示范站，整合现有党群服务中心、道德讲堂、农家书屋等资源，推动“五大平台”错位发展，建成“金泉少儿科学院”“幸福小院”“回龙文化大礼堂”等实践点23个和融入五大使命的标准型善行义举榜56处。坚持志愿团队特色化发展，在“一街一特”模式下推行“7×3×N”的志愿组织格局，即7个街道分别组建“红黄蓝”党员、青少年、社团三类N支志愿服务队，运用报备制、菜单式、激励制等志愿服务机制，不断深化“大爱镇江 爱在润州”志愿服务品牌。三级“好人发布厅”，常态化选树、发布润州好人154位，凝聚向善向上道德力量。“大爱护航 同心战‘疫’”为“逆行天使”筑起坚强后盾；“文明进万家”与8.07万户居民面对面收集问题，点对点化解矛盾；协助“七人普”确保普查工作摸得实、查得准。“平安哨”义务巡逻队、“凤来仪”书画社、爱心共建联席会等一批群团组织在实践站组织动员下，对接解决社区安防、陈规旧俗、助老助残等方面的困难和不足，发动居民群众参与制定各类公约、守则，为基层治理体系现代化做出“文明”探索，塑造润州“样板”。

【文旅产业提质融合新路径】

2020年，润州区对接人民日报社，探索“地方特色+权威媒体”的合作新路径，多次赴北京、上海等地组织招商推介，举办“随心游去润州”等主题旅游推介会，组织“网络大V看润州”等一系列网宣活动，全方位多角度宣传推介润州文化旅游资源。将文化旅游业作为支柱产业重点培育，针对疫情影响，专门制定文化旅游产业发展奖励办法，为企业提供申请各类补助资金、定制政策套餐等服务。发放消费券300万元，开展“润州请你来吃饭”“润州请你来读书”等活动，做好产业健康高效发展的“硬支撑”。

【西津古渡文明新“津”彩】 2020年，润州区以西津古渡社区为试点，以AAAA级景点西津渡历史文化街区为核心，积极推动志愿服务与景区发展、社区治理互融互促的“三维”一体化服务理念，打造立体化、综合化、个性化的志愿服务体系，彰显“大爱镇江”的文明与温度。爱心“零距离”，以“爱心驿站”为中心，在游客相对集中的区域设立5个便民志愿服务点，为游客提供免费茶水和急需品。组建5支志愿者服务队，全年无休、轮流值班，常态化开展文明引导、双语讲解、环境保护、文艺会演、应急救护等服务。引进“依旧爱”“爱心家园”“旗袍沙龙”等13个全市知名志愿组织，设立义务调解室、茶艺课堂、非遗传承点等，精准对接游客居民需求，开展个性化、特色化服务。

【润州抗疫宣传战】 2020年，区委宣传部门做好宣传引导、信息发布等各项工作统筹，全面打好润州抗疫宣传战。官方微信开设润州“温暖”“行动”“复工”等专栏，通过“你编我唱”“童声防疫”等形式录制通俗易懂的宣传口号，联动全区，做好官方发声，及时科普防疫知识，形成强大声势，组建社区、机关防疫宣传队伍，扩充基层宣传力量，打通疫情防控宣传“最后一公里”，做到无死角、全覆盖。积极回应市民关切，发布官方权威信息。开展“大爱护航同心战‘疫’”主题活动，积极鼓励创作防疫主题作品，举办诗词书画网络展，通过各类媒体平台传播抗疫优秀文艺作品，提升抗疫的温度和热度，体现对抗疫工作者的关爱。

（尹 媛）

统战工作

【概况】 2020年，润州区统战工作在区委的领导下，贯彻落实中央、省、市统战工作决策部署，围绕中心，服务大局，发挥统一战线重要法宝作用，广泛凝聚共识，汇聚力量，推动统战各领域工作取得新的进展。

健全体制机制，强化统战工作领导。健全“专全结合”会议机制，召开全体会议1次，专题会议4次；加强理论实践创新，上报统战实践工作创新成果两项；健全中共党外代表人士数据库，完善入库信息887条，考察推荐6名中共党外干部担任区政协委员，11个应配中共党外干部的部门全部配备到位；加强统战信息宣传，全年，在各类宣传平台上稿174篇，上报信息25篇。

凝聚思想共识，打牢共同奋斗基础。坚持以新思想定向领航，召开各类情况通报会、座谈会6次，宣讲习近平总书记重要讲话精神，通报省委、市委、区委全会精神；在统一战线开展“不忘合作初心、继续携手前进”“坚定信心跟党走、凝心聚力跑起来”“凝聚新力量、筑梦新时代”等主题教育活动；同心抗击新冠肺炎疫情，全区统战系统响应区委号召，积极请战，奋战抗“疫”一线，踊跃捐款捐资。

【城市经济发展助力工作】 2020年，区委统战部围绕发展中心，为城市经济高质量发展贡献力量。建立区民营经济统战工作协调机制，开展民营企业服务月活动，筹建“润企通”微信小程序，着力构建“亲”“清”政商关系，助力打造“润州最滋润”营商环境；积极推荐嘉宾协调企业参加华创会活动2次，发动全区积极摸排乡贤资源，建立了21人的润州乡贤数据库；推动“海峡两岸青年创业就业基地”实质化运转，与3家台资企业签订了合作协议；拜访东南大学校务委员会副主任、润州区经济高质量发展高级顾问吴智深教授，签订“成立东南大学技术转移中心镇江分中心”的协议。

2020年8月，区委统战部召开各民主党派重点调研课题中期汇报会

（区委统战部 摄）

【多党合作效能提升工作】 2020年，区委统战部发挥政党优势，提升多党合作效能，推进润州区民主党派和无党派代表人士队伍建设。在落实区委常委联系党外代表人士的基础上，建立健全民主党派重点调研课题选题通报、协作调研、中期汇报和成果转换等四项制度，召开民主党派重点调研课题汇报会，组织各民主党派结合自身实际积极建言献策，向区人大和政协会议提交提案68件，上报调研报告8篇。协助致公党成立润州基层委员会，协助九三学社润州委员会完成了换届工作。

【新的社会阶层凝聚工作】 2020年，区委统战部广泛凝聚新的社会阶层人士，拓展聚人聚力功能。召开新的社会阶层人士统战工作推进会，确定年度工作重点；按照“津彩汇聚、津彩同行、津彩绽放”的理念，依托新联会自由职业者分会“新津荟”积极打造西津渡统战特色街区；创办“新新讲堂”，围绕“新理念、新发展”，每月开展主题讲座，助力企业复工复产，坚定发展信心；结合传统节日，开展“一家亲”系列活动，组织新阶层、党派成员、侨属、海内外同胞共聚一堂、共叙情谊、共谋发展。润州区新联会作为辖市区唯一，被表彰为全省新的社会阶层工作先进集体。

【民族宗教管理】 2020年，区委统战部紧扣民族团结、宗教和睦两大主题，维护民宗领域安全稳定。开展民族团结进步宣传月活动，大力开展民族理论、民族政策、民族法律法规和民族基本常识的宣传教育，做好少数民族信息统计工作，依法开展少数民族居民民族成分变更审核、清真饮食补贴发放和清真食品标志审批发放工作。加强宗教团体建设,发挥其桥梁纽带作用,突出宗教行善本源,积极开展慈善活动,力所能及地帮扶困难对象。深入开展民间信仰点规范化管理和宗教活动场所安全生产专项整治,共排查隐患63处,并全部整改到位。

【港澳台及侨胞工作】 2020年区委统战部以"服务大局、深化合作、精准交流、做好服务"为主线,加强沟通联络,支持投资创业,营造良好环境。与台湾新北市瑞芳区九份老街商圈,开展"'津'夜无眠,'九'久回想"网上视频交流活动,共同探讨后疫情时代古街夜经济发展。促成港企谁羽争峰体育发展(镇江)有限公司企业挂牌镇江市青少年羽毛球训练基地和港澳台交流基地。联合市委统战部等涉侨5部门走进万科社区举办"法治江苏 你我同行"侨法进社区活动,组织万科社区参加全省基层侨务示范点评优活动。(潘圣博)

史志档案工作

【概况】 2020年,区史志档案部门在区委、区政府的领导下,学习贯彻习近平新时代中国特色社会主义思想,在抓好疫情防控的同时,统筹推进档案展示馆建设、红色档案征集、年鉴编纂、档案接收、档案数字化等各项重点工作,史志档案工作取得新进展。

档案接收进馆工作。2020年,区档案部门制定年度工作方案和具体措施,对部分街道、场圃和机关部门的到期档案,明确接收范围、整理要求、进度安排,开展集中接收工作。全年,共接收12个单位档案1907卷、14148件,接收的档案数量是建馆以来最多的一年。

为民服务工作。面对疫情防控各阶段的不同形势,区档案馆相继采取临时闭馆、电话预约、人流限制等措施,做好疫情防控期间档案查阅利用服务工作。2020年,区档案馆共接待查阅档案2000余人次,其中,婚姻档案1500余人次、企业改制档案200余人次、文书档案300余人次,整理退休职工档案200余份,有效服务政府机关、居民群众、社会各界对档案利用的需求。

档案指导工作。区档案馆与区卫健委共同制定润州区出生医学证明档案管理实施方案,对出生医学证明档案的归档范围、归档流程、移交要求、工作进度作出明确规定,及时跟进指导解决出生医学证明文件材料归档过程中存在的问题,使出生医学证明档案得以及时进馆。

档案馆安全风险评估和排查工作。区档案馆对照《档案馆安全风险评估指标体系》,开展档案馆风险隐患排查梳理,对馆库安全、实体安全、信息安全、安全保障机制等方面进行细致排查梳理,建立档案应急管理组织,完善应急管理预案,开展档案应急演练,严守档案安全这条生命线和底线。

【《润州年鉴(2020)》出版发行】 2020年12月,由区政府主办、区史志办编纂的《润州年鉴(2020)》由方志出版社正式出版发行。全书共52.8万余字,设28个类目、124个分目、600个条目,另配48个表格、33幅黑白图照。《润州年鉴(2020)》客观、全面、真实、系统记录润州区2019年政治、经济、文化、社会、生态文明等方面的建设成就和各行各业取得的新进展、新成绩。书前编有总目录,书末编有索引,方便读者查阅。

【润州档案展示馆建成开放】 2020年,区史志办克服疫情影响,抢抓工作进度,建成面积达200平方米的润州档案展示馆。展示内容分为习近平讲话、美丽润州、古润千年、历史跨越、润州文化、润州人物、史志年鉴、润州活档案等8个版块,以大量历史文献和图片资料,充分展现在党的领导下,润州人民不断砥砺奋进、攻坚克难,实现第一个百年奋斗目标的辉煌成就和历史意义,展现润州3000年来深厚的文化底蕴和光辉历程,展现润州史志档案工作取得的新成果。4月23日,市政协副主席、区委书记高国成到区史志办调研指导工作时参观展示馆,给予较高评价。6月3日,展示馆开馆仪式举行,市委副秘书长张伟清、区委副书记徐燕等领导出席仪式并讲话。

【胡年喜烈士红色档案征集入馆】 2020年6月3日,润州区举办档案展示馆开馆暨红色档案捐赠仪式,红色档案保管人胡春喜向区档案馆捐赠胡年喜烈士的一等功勋章等实物档案。区档案馆共接收胡春喜烈士物品30余件,包括一级战斗英雄纪念奖章、赴滇作战纪念勋章、自卫还击作战胜利纪念章3枚;立功受奖证书、优秀学员证书等各类证书资料3本;烈士生前在部队训练照片等各类照片16幅;1985年6月13日报道烈士事迹的《镇江日报》1份;烈士身前穿着过的军服、帽徽等各类物品12件等,资料非常丰富,直观反映胡年喜烈士在部队战斗情况以及牺牲后社会各界悼念情况,具有强烈的感染力。

【疫情防控档案工作】 2020年,区档案局、区档案馆、区疫情防控指挥部办公室联合下发档案资料收集归档工作的通知,明确疫情防控工作文件材料归档范围和档案保管期限,确保润州在社区管控、病患收治、物资调度、人员调配、前线支援、先进事迹、新闻报道等过程中形成的文件材料及时收集、整理和归档。区档案馆与区档案局组成联合工作组赴卫健委等重点单位进行对接,实地了解疫情防控材料收集进展情况，现场解答在材料收集范围、档案分类规范要求、整理标准等方面疑难问题，确保各种门类和载体材料应收尽收、齐全完整。区档案馆为疫情防控档案设立单独卷宗，制定统一的文书、照片、音像、实物等各门类档案的具体整理措施，确保疫情防控工作的记录得以完整保存，为资政查考、经验借鉴提供重要依据。（薄开鹏）

机关党建工作

【概况】 2020年，区委区级机关工委在区委领导下，贯彻落实习近平新时代中国特色社会主义思想和习近平总书记关于机关党的建设重要论述精神，坚持围绕中心、建设队伍、服务群众核心任务，组织谋划推动，强化措施方法，不断提高机关党建质量。

制定标准，提升组织力。4月份召开区级机关党建工作会议，下发《2020年区级机关党建工作要点》，列出四大类14条具体事项，明确区级机关党建具体任务，促进2020年区级机关党建工作有序开展。深入推进机关党支部标准化、规范化建设，配套制定《区级机关部门单位党组落实机关党建领导责任清单》和《区级机关部门党组织书记党建工作重点任务清单》"双十条清单"，明确机关党组和党组织书记"干什么"，党建工作由"软任务"转为"硬指标"。2020年初专题听取各基层党组织上年度抓基层党建、落实意识形态工作责任制和全面从严治党主体责任情况述职。完善"智慧党建"信息平台，依托镇江市党建平台和微信小程序，加强对区级机关党组织的日常纪实管理，每月通过信息平台发起任务提醒，并适时进行督查通报。

结合重点，提升引领力。指导各党组织用好"学习强国"平台，对党员干部使用情况实行周通报制度。举办《习近平谈治国理政》（第三卷）、《民法典》专题辅导报告，推动全区机关广大党员加强理论成果转化。推行研讨式、案例式、体验式教学等方法，开设"三会一课""组织生活会""主题党日"等示范课程，进一步增强实践指导的针对性和实效性。与"三结三定"社区开展"打赢疫情防控阻击战，我们一直在行动"线上主题党日活动。组织开展区级机关"党旗飘扬·抗疫有我——值守点上的初心故事"主题党日，以榜样的力量带动更多的党员参与到志愿活动中去。与西津渡社区共同举办"抗'疫'一线党旗红——战'疫'先锋故事分享会"活动，通过云直播的方式和机关广大党员共上一堂"特殊的党课"。"七一"前夕，举行"回望来时路、争先创一流"庆祝中国共产党成立99周年主题党日活动，实现市、区、社区三级联动，集党课、文艺演出、警示教育、成果展示为一体。分片区召开5次党建工作督查推进会，座谈交流工作经验，共同探讨现状问题，合力谋划研究对策，并着重对党建薄弱单位加强督促指导。编制下发《区级机关部门党组织换届选举指导手册》等材料，全流程指导监督27家党组织换届选举工作，同时以集中换届为契机，进一步优化机关基层党组织设置，新增工商联党支部，政府办党支部升格为党总支。

【机关党建"三融合"创新实践】 2020年，区委区级机关工委突出党建引领，服务中心工作，提升机关基层党组织的融合度。创新形式，促进机关党建和业务工作"深融合"。通过与"润州发布"合作开辟"机关先锋故事汇"有声栏目，给机关党员提供学习交流的平台，让党员讲述红色故事、分享身边先进党员事迹，展现党建工作和业务工作的成效，丰富机关党建宣教形式。全年，共推送21期，年底组织评比，引导激励机关党员更好地立足岗位、担当作为，践行初心和使命。激发潜能，促进机关部门和结对社区"善融合"。以"全域党建"为抓手，围绕中心工作，开展全方位、有深度、有外延的结对共建。面对突如其来的疫情，号召机关党组织和结对社区"携手"相扶，冲锋一线，让共驻共建的氛围更加浓厚，让夺取"双胜利"的信心更加坚定；发挥机关党组织和党员在打好农村人居环境整治"攻坚战"中的先锋作用，双方党组织强化工作衔接，凝聚共建美好家园的强大合力；结合业务职能，聚焦党员群众关注点、基层党建困难点、综合工作交会点，双向用力，双向行动，机关党组织与社区党组织从相互独立走向相融共生。关爱激励，促进党组织和党员"真融合"。评选2019年度区级机关"两优一先"人选，并在区级机关党建工作会议上进行表彰。组织对奋战一线的机关党员干部、指挥部党员代表以及新闻宣传工作者开展慰问。

【作风效能建设】 2020年，区效能办围绕服务区委、区政府中心工作，作风效能建设不断加强。以考核制度压实责任。协助区考核办做好2020年度高质量考核的修订工作，优化机关部门、街道日常考核分值权重设置，考重点、考难点、考存在问题。推动实施首问负责制、牵头负责制，破解消极应对、推诿扯皮难题。以"五抓五促"强化保障。牵头起草"五抓五促"实施方案，紧紧围绕五方面专项行动主题，紧扣润州全年中心任务，从目标任务、重点措施、考核评价、组织领导四方面，提出22项措施，明确31个牵头部门和责任部门。以整改落实提升作风。下发《2020年全区机关作风效能建设工作要点》，调整优化市级作风效

2020年4月16日，区委区级机关工委组织召开区级机关党建工作会议，会上对区级机关“两优一先”进行表彰

（区机关工委　摄）

能评议人员库，上报评议人员3800名，进行社会评议机关工作。将“五抓五促”落实情况以及区委提出的“争先创一流、展现新作为”作为明察暗访重点，督查通报，限期整改，实行闭环管理。加强与市效能办沟通汇报，及时处理市效能办转交的涉及润州作风效能问题，综合研判进行整改。

（朱大维）

老干部工作

【概况】 2020年，润州区老干部工作在区委、区政府的领导下，在市委老干部局的指导下，学习贯彻习近平新时代中国特色社会主义思想，推进离退休干部党建工作，注重发挥老干部优势和作用，加强离退休干部服务精细化管理，为全区高质量发展作出贡献。

区委老干部局学习贯彻上级相关指示精神，按照“六有一提升”工程达标创优相关要求，坚持“三抓三强化”，在“强基础、补短板，抓落实、提质效”上下功夫，稳步推进抓落实，先后下发《关于进一步加强和改进离退休干部工作的实施意见》《关于做好2020年全区离退休干部党支部“六有一提升”工作全面达标的通知》等文件，把“六有一提升”工程开展情况作为老干部工作绩效考核的重要依据，织密制度机制、压实工作责任。全区24个离退休干部党支部实现达标全覆盖，交出合格成绩单。广泛搭建离退休党员作用发挥平台，组建“润农银发先锋”“银发树人”等志愿服务队，广泛开展“点亮微心愿 架起连心桥”“健康养生公益行”等志愿服务活动，在助力城市发展、社区治理、扶贫帮困等方面发挥独特作用。

2020年疫情严格防控期间，区委老干部局及时把上级组织的要求通过不同形式传递给每位老干部，要求不出门，不聚集，不传谣，不信谣，并将防护口罩等物品服务到位。全区广大老干部在疫情防控中表现突出，主动请缨参与联防联控，自愿捐款支持防疫。做好老干部慰问工作，在国庆、中秋、重阳、春节及抗美援朝70周年重要节日，对老干部和相关人员进行慰问，对生活困难，身体不好的老干部均上门或上医院看望慰问，在高温和严寒季节要求各地各单位做好慰问工作；对异地安置的两位离休干部分别走访慰问，帮助他们解决实际问题。

【离退休干部关怀政策落实】 2020年，区委老干部局全面做好离休干部看病就医“三有一落实”工作，会同区卫健委对辖区内的离休干部家庭医生签约服务做到应签尽签，并按规范做好服务，使这一政策惠及每一位离休干部。全面落实老干部政治和生活待遇，组织老干部们学习中共十九届四中、五中全会精神，学习习近平总书记关于治国理政的重要论述，聆听省、市、区委组织的各种时政讲座。落实好老干部阅读文件，情况通报，参加重要会议，参观考察等各项待遇。区委老干部局为每位离休干部和县处级退休干部征订《时政》《银潮》以及《镇江日报》等学习刊物和资料；组织县处级离退休干部参加区重要会议和活动，为区委、区政府高质量发展献计献策；落实好老干部每年健康体检工作，并根据需求逐年增加体检项目。7月和11月，组织老干部赴世业洲重走总书记视察路线和参观镇江醋文化博物馆、润州渔文化展览馆，就近就地参观学习活动。

【离退休干部“文化养老”】 2020年，区委老干部局针对大部分老干部的物质生活有较好保障，从原来的“待遇养老”向“文化养老”的需求，注重老干部们的人文关怀和精神慰藉。加强老干部活动中心阵地建设，在做好活动中心正常管理和服务的基础上，增资近万元打造老干部生活馆，解决部分离退休干部党组织没有固定场所活动的问题。同时，加强与区有关涉老组织联系和合作，动员全区老干部积极参加涉老组织并发挥正能量作用，在2020年全市“庆国庆、迎重阳”老干部乒乓球比赛中，润州区取得第三名成绩；多幅老干部们的书画、摄影作品参加省、市展览并得到好评；区老干部诗社（红枫诗社）受到诗词文化爱好老干部们的欢迎，成为润州文化养老的特色品牌。

（区委老干部局）

【润州区老年人体育协会】 自2018年争创并获得江苏省“老年气排球之乡”荣誉称号后，润州区进一步加强各项软硬件建设，强化气排球队伍的素质培养和战术技术水平的提高，同时注重在全区基层的普及。2020年11月27日，经中国老年人体育协会批准，润州区获得“全国老年气排球之乡”荣誉称号。

2020年，区老体协结合润州区实际，进一步强化队伍建设，在原有80多人气排球队伍的基础上，加强其他专项队伍的建设。4月23日，区门球队吸收18人加入，保证队伍的新老交替。在年内参加的多次门球比赛中，队伍得到了锻炼，提高了整体战术技术水平。区太极拳队、区柔力球队，也都适时进行人员优化调整，人员更加充实、年龄分布更加合理，参加多次表演或交流比赛取得不错的成绩。区老体协利用现有的室外空间，加以改造，在城市海绵公园和体育会展中心，开辟两片室外训练场地，既保证防疫的需要，又满足气排球训练的要求。

7月15日，区老体协就推进气排球运动的开展，探索气排球运动的与时俱进和长远发展、气排球运动的管理方式方法向协会和俱乐部方向过渡等课题，组织有关人员到江阴老体协学习取经，与江阴老体协和无锡市气排球协会的有关人员进行交流座谈。7月24日至26日，区老体协派出10人，参加在江西婺源举行第七届“最美乡村杯全国气排球邀请赛”，分别与来访的山东潍坊气排球队、淮安盱眙和扬州宝应气排球队等多支队伍，进行交流展示和友谊比赛。9月5日至6日，“江苏省老年人气排球俱乐部联赛（镇江赛区）比赛”，在润州区老体协气排球训练基地举行。11月13日至16日，“2020年全省老年人气排球俱乐部联赛总决赛”在淮安举行。镇江市派出的以润州区男子气排球队为主的男子代表队取得总决赛亚军的好成绩。

2020年，区老体协参加全国气排球基层教练员线上培训44人，占江苏省总参训人数的十分之一，参加省一线社会体育指导员再培训4人。区老体协自办各类健身健康讲座和专项技术战术培训6场次，直接参与活动的人数达100人次以上。通过培训，各类项目骨干技能素养得到较大提高，带动更多老年人参加健身队伍。

12月18日上午，润州区老年人体育协会第四次会员大会和四届一次理事会在润州区政府1号楼会议室举行。78名代表出席大会会议听取和审议协会工作报告，修改并通过协会章程，选举产生新一届协会领导机构。会议选举蒋卫东为四届理事会会长，杨国平为常务副会长兼秘书长；吴瑛、谢竞美、张国荣、夏峰为副会长。

（杨国平）

【润州区诗词楹联协会】 6月10日，区诗协二届会员代表大会召开，市、区有关领导为荣膺“中华诗教先进单位”称号的10家单位（区委老干部局、区委区级机关工作委员会、镇江实验学校、润州区实验小学、穆源民族学校、南徐小学、孔家巷小学、七里甸街道五里社区、宝塔路街道文化站、中石化华东石油工程有限公司六普钻井公司）授牌。

2020年初，区诗协组织抗疫诗词征文，收录诗词200余首，举办网上微信群“战疫”诗词吟诵会。组织清明缅怀抗疫英雄对联征文，共有19联被江苏省楹联研究会公众号“清明缅怀抗疫英雄对联作品选（二）”发表，其中邢灿华撰写的“是何人，雪里抱薪，鹦鹉洲头乘鹤去；经此疫，樱前抛泪，珞珈山上望云飞”楹联，由著名书法家书写并置于首页。

6月10日，润州区诗词楹联协会第二届会员代表大会在碧榆园召开。大会讨论并通过了润州区诗词楹联协会第一届理事会工作报告和协会新的章程；会议聘请蔡文龙担任区诗词楹联协会名誉会长；会议选举产生新一届区诗词楹联协会领导班子，刘向华当选为新一届区诗词楹联协会会长；张耀林为常务副会长兼秘书长。会议还表彰了2019年度诗词创作先进个人、中华诗教先进单位。

8月6日，《中华诗词》2020诗社作品联展第四期展示润州区张涵宇、孙中等21人22首诗词作品。7至9月，区诗协组织诗词研讨活动。陈宏嘉、李克俭、孙中、王忠东等13位诗词研究员形成研讨文稿，并进行交流。

11月5日，法苑诗社和朱方诗社组织会员进行诗词采风活动。先后到栖霞山领略湖光山色美景，到十月公社旧址瞻仰毛主席塑像园。采风期间，区诗协常务副会长张耀林主持诗词知识竞猜活动；法苑诗社和朱方诗社联合举办金秋吟诗会；刘朝宽、李克俭应邀讲授“如何写好诗”和“怎样创作一首好诗”课题。

（区诗词楹联协会）

党校工作

【概况】 2020年，区委党校围绕区委中心工作，把握学习贯彻《中国共产党党校（行政学院）工作条例》主线，突出政治建设，全力抓好教育培训主业，各项工作取得成效。以学深悟透做实习近平新时代中国特色社会主义思想为主题主线主业主课，全面贯彻落实习近平总书记对新形势下做好党校工作新要求，抓好理论武装、强化党性教育、坚持思想引领、推动理论创新，把旗帜鲜明讲政治融入党校工作全过程和各方面，遵守党的政治纪律和政治规矩。

【干部培训工作】 2020年，区委党校常态化搭建“研讨班+进修班+培训班+周末课堂”联动教育体系，采取“集中学习+岗位调研+专题研讨+成果交流”联动培训方式，实现调训和轮训相结合，专题培训和常态培训相结合，联合办学和委托办班相结合。共举办各类主班次4期，开展“周末课堂”18讲，参训人员达1618人次。

【理论宣传和决策咨询工作】 2020年，区委党校借助主班次和“周末课堂”讲学平台，邀请20余名省、市领导和知名高校、科研院所的专家学者深入党员干部群众开展党章党史、党纪党规宣传教育，党的方针政策宣传教育和中央、省市区委重要会议精神宣传教育，其中，单位主要负责人授课讲稿获评江苏省优秀理论宣讲报告。同时，区委党校参与润州基层治理重点领域的专题调研，注重解决社区网格化治理等实际问题的应用型研究，充分发挥党校智库作用，为全区高质量发展提供智力支持。区委党校当年首次独立完成市委党校课题1个，获评全市党校系统年度课题二等奖。

2020年11月，润州区“强化政治素养·提升治理能力”专题研讨班在中国浦东干部学院开班。 （区委党校 摄）

【党校服务工作】 2020年，区委党校在抗疫期间，及时与结对社区联系，送上防疫专项经费和物资，派出3名党员志愿者加入社区疫情防控工作中，先后协助新城社区电话登记随访500多户，同时积极配合开展居民宣传、小区消毒，值守测量体温等工作。发挥场地优势，服务相关部门，利用党校现有3间会议室，为全区各部门提供会场服务110次，接待3000余人次。 （张桂蕊）

2020年润州区干部教育培训主班次情况表

表4

时　间	名　称	地　点
2020年7月2日—7月31日	“大党建·微治理”党务干部进修班	镇江市委党校
2020年8月24日—8月29日	“深耕城市经济·加速产业强区”双招双引专题研讨班	复旦大学
2020年9月3日—9月30日	“锤炼强党性·磨砺壮筋骨”中青年干部培训班	镇江市委党校
2020年11月15日—11月20日	“强化政治素养·提升治理能力”一把手专题研讨班	中国浦东干部学院

2020 年润州区“周末课堂”实施情况一览表

表 5

时间	主要授课内容	授课人	授课人单位及职务
2020 年 1 月 19 日	涉邪教犯罪司法解释及涉邪典型案例剖析	赵　梅	润州区法院刑事审判庭副庭长
2020 年 4 月 11 日	深学笃行习近平生态文明思想，推动管水治水迈上新台阶	孙学斌	镇江市润州区水利局党组书记、局长、四级调研员
2020 年 4 月 23 日	国家公共文化服务体系示范区创建专题培训	张宇华	镇江市文广旅局公共服务处处长
2020 年 5 月 16 日	加快推进居家和社区养老服务高质量发展	陈正革	镇江市民政局养老服务处处长
2020 年 5 月 23 日	政务诚信与社会信用体系建设	朱永新	镇江市信用办副主任、市发改委信用建设处处长
2020 年 5 月 30 日	审判视角下的扫黑除恶	孙海燕	镇江市中级人民法院刑一庭副庭长、审判员，润州区人民法院副院长
2020 年 6 月 20 日	恪守岗位职责、严肃财经纪律	李文江	镇江市财会干部学校校长
2020 年 7 月 11 日	唤醒责任意识、激发担当精神、精准规范稳慎问责	赵小堂	镇江市纪委监委党风政风监督室主任
2020 年 7 月 25 日	服务外包政策解读	孙亚斌	镇江市商务局服务外包处处长
2020 年 8 月 15 日	解读市 2020 年度综合考核文件	薛　松	镇江市委组织部综合考核处处长
	解读市 2020 年度综合考核绩效评价考核指标	呼兴庄	镇江市统计局综合处处长
2020 年 8 月 29 日	解读 2020 年辖(市)区综合考核党建指标体系	王泉超	镇江市委组织部组织处处长
2020 年 9 月 5 日	保密工作基本知识	李新峰	镇江市委办保密处处长
	“四个得以”都离不开档案	马雪松	润州区史志办三级主任科员
2020 年 9 月 19 日	中美战略博弈——挑战与应对	薛志亮	南京陆军指挥学院教授
2020 年 9 月 26 日	安全生产执法检查	孟晓洁	镇江市应急管理局原工矿处处长
2020 年 10 月 17 日	中国特色社会主义新型政党制度	徐建锋	中共镇江市委统战部常务副部长
2020 年 11 月 7 日	相信行走的力量	徐　明	镇江市教师发展中心主任
2020 年 11 月 21 日	《民法典》物权篇、合同篇解读	孙　宁	镇江市物业协会秘书长
2020 年 12 月 5 日	退役军人服务中心(站)工作规范专题辅导	南　方	江苏省退役军人服务中心副主任

（区委党校）

区人大常委会主任、副主任分工

范永放：主持区人大常委会全面工作，分管办公室工作
刘凯成：分管区人大常委会监察和司法、信访工作
易丽娟：分管区人大常委会社会事业工作
倪南成：分管区人大常委会环境资源与城乡建设工作
周向群：分管区人大常委会人事代表联络、财政经济工作

区人大常委会组成人员名单

范永放	刘凯成	易丽娟	倪南成	周向群	艾学平	卢庆荣	华庆富	钱 进
张 伟	陈小坤	费荣海	徐建春	孙 渊	刘银辉	杨 飚	沙玉庆	张 浩
张永宁	陈 晖	邵建栋	林伟庆	祝昌镜	贾代武	夏祝平	徐文军	徐厚华
常 修	黄成龙	丁一舟	李志鹰	杨留永	魏春平			

综 述

【概况】 2020年是“十三五”的收官之年，也是全区上下坚定信心，众志成城，奋力夺取疫情防控和经济社会发展双胜利的不平凡的一年。区人大常委会在区委的坚强领导下，以习近平新时代中国特色社会主义思想为指导，深入贯彻中共十九大和十九届二中、三中、四中、五中全会精神，团结依靠全体人大代表和全区人民，充分发挥地方国家权力机关作用，恪尽职守，依法履职，主动作为，全力保障中央、省委、市委和区委重大决策部署的贯彻落实，惠及民生、狠抓自身建设，为促进全区经济社会高质量发展，推动民主法治建设作做了积极的贡献。

【服务中心大局能力建设】 坚持政治引领。区人大常委会牢固树立“四个意识”、坚定“四个自信”、做到“两个维护”，自觉在思想上、政治上行动上同以习近平同志为核心的党中央保持高度一致。坚持党的领导、人民当家做主、依法治国有机统一，围绕中心、服务大局、精准发力，在学习中淬炼思想、焕发激情、增强干劲，在工作中坚守使命、履职尽责、担当作为。

坚持党的领导。始终坚持在党的领导下开展人大工作，围绕贯彻区委决策部署，统筹安排监督、决定、任免、代表等工作；坚持重大问题和重要事项向区委请示报告制度，保证人大工作始终与区委方向一致、目标一致，同频共振。注重发挥区人大常委会党组把方向、管大局、保落实的重要作用，确保区人大及其常委会在党的领导下依法有效履职。

坚持服务大局。面对突如其来的新冠肺炎疫情，区人大常委会迅速贯彻中央和省委、市委、区委的决策部署，1月30日，发出倡议书，全面动员各级人大代表全力以赴投身防控工作。广大代表和全体人大干部职工冲锋一线，战疫情、献爱心、谋良策，助推疫情防控和复工复产。组织市、区人大代表围绕“抗疫情、谋发展”“助力助推产业强市”建言献策，共有24条代表建议被市人大《代表之声》刊登。区人大常委会专题听取审议区人民政府关于突发公共卫生事件应急处置工作情况报告，努力推动科学防控、依法防控，为坚决打赢疫情防控人民战争贡献人大力量。积极开展“我为‘十四五’规划献良策”活动，21名市、区人大代表围绕编制省、市、区“十四五”规划纲要提出意见建议26条。

【人大监督实效提升建设】 护航经济社会发展。全程跟踪“十四五”规划编制，听取“十三五”规划纲要实施及“十四五”规划和二〇三五年远景目标纲要编制的报告，围绕纲要的总体要求、战略重点和具体举措提出建设性意见。加强预算和计划监督，听取审议财政预算编制、执行和审计情况报告以及上半年国民经济和社会发展计划执行情况的报告，批准本级财政预算调整方案。加强对国有资产管理情况的监督，促进国有资产保值增值。圆满完成预算联网监督平台建设任务，实现报表查询、数据分析、智能预警等监督功能，让人大代表在“家门口”监督政府“钱袋子”，让“钱袋子”更加阳光透明。加强对安全生产工作的监督，建议区政府严格落实责任，强化监管措施，排除安全隐患，防止事故发生。跟踪监督校外培训机构规范化情况，听取审议意见落实情况的报告。关注中医药事业发展和《中华人民共和国中医药法》执行情况，视察中医阁建设。

保障法律贯彻实施情况。区人大常委会围绕维护和谐稳定大局，听取审议诉讼服务工作情况的报告，建议区人民法院提升服务意识，整合服务资源，强化服务保障，优化服务环境，创新服务模式，深入推进智慧法院建设，不断提高诉讼服务能力水平。对区人民检察院扫黑除恶专项斗争情况进行专题审议，建议检察机关进一步畅通举报监督渠道，充分发动人民群众，加强与其他部门的沟通协作，不断夺取扫黑除恶专项斗争新胜利。主任会议听取润州公安分局关于社会治安防控体系建设情况的报告，深入推进“平安润州”建设。为切实保障少数民族群众的合法权益，主任会议专题听取《江苏省少数民族权益保障条例》贯彻落实情况的报告。配合省、市人大开展对《中华人民共和国土壤污染防治法》《镇江市长江岸线资源保护条例》等法律法规的执法检查。组织19批次120多名区人大代表旁听法院庭审、监督强制执行、参加公诉评议、新闻发布会等，督促“两院”践行司法为民理念，提高办案质量，提升司法公信力，为推动高质量发展提供良好的司法保障。注重运用法治思维和法治方式，做好人大信访工作，一年来，共受理群众来信16件，接待群众来访12人次，有效维护了群众合法权益。

民生实事项目助推工作。区人大常委会把民生实事项目的实施工作列入年度监督工作计划，建立民生实事项目办理工作跟踪监督机制，制定下发了《关于做好区人大代表联系监督2020年区政府民生实事票决项目的通知》，明确了区人大常委会领导领衔指导、各工委牵头联系、代表小组全程参与的监督机制，充分发挥人大代表参与、助推和督办民生实事项目的作用。2020年7月，主任会议专题听取了区政府关于2020年度政府民生实事项目推进情况的报告，并先后听取了长江沿岸生态提升工程、标准化居家养老服务中心建设、公共卫生设施提升工程、公共文化体育服务体系提升工程、棚户区和老旧小区改造、社会保险扶贫项目等工作情况的报告。多次组织专项视察，实地察看燕子窝水库除险加固、智慧校园、老旧小区改造和连淮扬镇铁路沿线环境整体整治、周家河整治等工程现场。区人大常委会听取2020年政府民生实事项目完成情况和2021年民生实事候选项目的报告，会议认为，区政府围绕高标准建设民生实事项目，组织有力，目标清晰，责任明确，举措扎实，克服新冠肺炎疫情等不利因素，民生实事项目进展顺利。组织代表广泛参与民生实事项目的征集、筛选、审议、票决、监督和测评，充分尊重民意、突出民生、集中民智，实现了由“为民做主”到“由民做主”的重大转变。

守护生态环境安全。区人大常委会认真贯彻习近平生态文明思想，切实增强推动绿色发展的行动自觉。加强对中央、省、市生态环保督察反馈意见整改情况的监督，环境突出问题得到有效治理。对照《2018—2020年润州区突出环境问题清单》，持续监督，逐一销号，确保所有问题全面整改到位。专题审议2019年度环境状况和环境保护目标完成情况的报告，聚焦大气、水环境、土壤污染等重点领域，强化监督问效，支持区政府实行最严格的生态环境保护制度，压紧压实责任，加强联防联控，强化清单管理，依法科学治理，全力打赢污染防治攻坚战，推动生态环境持续改善，共建“美丽镇江”“美丽润州”。

【拓宽履职渠道，发挥代表作用】 优化代表履职服务。在全市率先召开全区人大代表工作会议，市政协副主席、区委书记高国成就加强人大代表工作作出批示。区人大常委会党组制定出台《关于加强和改进人大代表工作的实施意见》,为提高代表工作的规范化、制度化水平提供了依据。建立健全代表履职档案制度,做到"一人一册""一年一册",详细记录代表履职行权情况,并将履职档案作为代表评优、推荐连任的依据,激发代表履职积极性。

畅通代表履职渠道。认真落实"双联系"制度,积极组织开展统一接待选民活动,全区181名省、市、区人大代表接待选民722人,收集意见建议617件,人民网、光明网等媒体进行了宣传。扎实开展代表向选民述职活动,43名区人大代表向选民述职,恪守"对人民负责、受人民监督"的承诺。丰富代表履职内涵,组织各级代表深入一线摸实情、献良策、解难题,彰显代表时代风采。宝塔路街道人大工委建立了三级人大代表轮流接待选民制度,到工作室去,到工作站去,到广场去,畅通代表联系选民渠道,受到市委主要领导的肯定。金山街道人大工委拓宽参政议政的"宽度",增加联系选民的"密度",提升扶贫帮困的"温度",焕发代表履职活力,在全市人大代表工作会议上交流经验。和平路街道人大工委关注长江禁捕退捕工作,加强对渔民安置情况的监督,推进失水渔民技能提升和转产就业。韦岗街道人大工委关注汛期安全,督促船山河中闸、下闸改建以及河堤加固。南山街道人大工委组织代表开展精准扶贫,帮扶困难群众。蒋乔街道人大工委开展"行走蒋乔"活动,代表们上联下访,深度参与,真情为民。

代表建议办理。区人大常委会采用重点督办、领衔督办、联合督办和代表参与督办等方式,加强代表议案建议的办理。2020年,经审查共交办议案建议62件,区教育局、住建局、城管局、民政局、卫健委、交通运输局先后召开议案建议办理答复会,参加代表34人次,答复建议31件。通过提、办双方的沟通协调,进一步推动建议办理由"答复满意"向"结果满意"转变。全年,共办结38件,占交办建议的61.2%,承办单位与代表的见面率100%,代表满意、基本满意率100%。为推进"强化现代服务业在润州城市经济高质量发展中引领作用"重要建议的办理,区人大常委会分管领导牵头,区人大财经工委负责督办,主任会议专题听取该建议办理情况的报告。

【自身建设和良好形象树立】 提升能力素质。深入系统学习习近平总书记关于坚持和完善人民代表大会制度的重要思想,深刻领会重大意义、丰富内涵、精神实质和实践要求,进一步坚定人民代表大会制度自信,自觉把"两个机关"的要求贯穿于人大工作始终。根据依法履职和实际工作需要,通过集中学习、讨论交流、业余自学等形式,分批次、分专题开展民法典等法律法规的学习,进一步增强在大局下谋划推进人大工作的意识,增强运用法治思维和法治方式解决问题的能力。

重视巡察整改。全力支持区委第二巡察组对区人大常委会机关的巡察工作,针对巡察中反馈的问题,以更高的政治站位、更严的履职标准、更实的工作作风落实整改工作,有序、有力、有效推进。在完成整改的基础上,认真总结、深刻分析,严守政治纪律和政治规矩,切实履行党建、意识形态、廉政建设主体责任,建立长效机制,推动人大工作再上新台阶。

持续探索创新。全面推进同级财政预算监督和专项工作评议,通过人大代表全程参与,有力促进街道各项工作不断优化。在七里甸街道和官塘桥街道试点选民代表会议制度,打通基层民主"最后一公里",实现群众意愿和街道决策的同频共振。2020年6月11日,两个试点单位在全市率先召开街道第一届选民代表大会第一次会议,通过不断完善会议和闭会期间各项工作制度,组织选民代表开展学习、视察和民生实事督察等活动,有力促进街道各项事业的发展,形成可复制、可推广的经验。 (区人大办)

重要会议

【区人大常委会会议】 2020年,区人大常委会先后举行了7次常委会,审议了"一府一委两院"9项工作报告,提出了32项审议意见,作出了10项决议决定。表彰了2019年度效能建设优秀单位;审议并通过《润州区九届人大常委会2020年度工作要点》;审议并通过2020年度区九届人大常委会、主任会议历次会议议题安排;听取2019年监察工作情况的报告;审议、通过有关人事任免事项;审议有关恢复代表职务事项;接受有关辞职请求;组织对3名市人大代表述职评议;组织对区农业农村局负责人开展述职评议;审议、通过有关人事任免事项;听取并审议区政府关于2019年度环境状况和环境保护目标完成情况以及《2018—2020年润州区突出环境问题清单》完成情况的报告;听取并审议区政府关于突发公共卫生事件应急处理工作情况的报告;听取并审议区政府关于2019年财政决算情况和同级审计情况的报告,并作相关决定;组织对卫健委、交通运输局负责人开展述职评议;审议、通过有关人事任免事项;接受有关辞职请求;听取区人民政府政情通报;听取并审议区人民政府关于2020年上半年国民经济和社会发展计划及财政预算执行情况的报告;听取区人民政府关于规范校外培训机构工作审议意见落实情况的报告；听取并审议法院关于“一站式诉讼服务中心”建设情况的报告；组织对7名市人大代表述职评议；接受有关辞职请求；审议、通过有关人事任免事项；听取并审议区政府关于区九届人大四次会议代表批评、建议和意见办理情况的报告；听取并审议检察院关于扫黑除恶专项斗争情况的报告；听取并审议区人民政府关于安全生产工作情况的报告；听取区政府关于国有资产管理情况的报告；审议并表决《镇江市润州区人大常委会关于区人大代表履职档案管理办法(草案)》；作关于召开区九届人大五次会议的决定；接受有关辞职请求；审议、通过有关人事任免事项；审议并表决镇江市润州区第九届人民代表大会代表资格审查委员会名单(草案)；接受有关辞职请求；审议、通过有关人事任免事项；补选市人大代表；审议、通过有关人事任免事项；听取并审查区政府关于调整润州区2020年财政预算的报告，并作相关决定；审议并表决润州区人大常委会关于开展建立街道议政会制度工作的意见(修订草案)；审议并表决关于区人大代表活动先进小组、优秀区人大代表、优秀议案和建议的评选结果；讨论并通过区人大常委会工作报告(草案)；审议并表决区九届人大五次会议的有关事项；听取区政府关于2020年政府民生实事项目完成情况和2021年政府民生实事候选项目情况的报告；听取区政府关于“十三五”规划纲要实施和“十四五”规划纲要编制情况的报告；区人大常委会组成人员对区政府组成部门、垂直管理部门和“两院”效能建设开展测评。

【区人大主任会议】 2020年，区人大常委会召开了23次主任会议，听取了“一府一委两院”11项工作报告。主要议题是研究《区九届人大常委会2020年度工作要点》；研究2020年度区九届人大常委会、主任会议历次会议议题安排；听取关于“强化现代服务业在润州城市经济的质量发展中引领作用”重要建议的处理意见；听取区政府关于贯彻落实《江苏省少数民族权益保障条例》情况的报告；组织对区人大常委会任命的法院干部述职评议；听取区政府关于长江沿岸生态提升工程工作情况的报告，并组织视察；听取区政府关于标准化居家养老服务中心建设情况的报告；组织对区人大常委会任命的检察院干部述职评议；听取区人民政府关于2020年度政府民生实事项目推进情况的报告；听取区政府关于公共卫生设施提升工程情况的报告；听取区政府关于公共文化体育服务体系提升工程建设情况的报告；听取区政府关于棚户区改造和老旧小区改造情况的报告；听取公安分局关于社会防控体系建设情况的报告；视察区政府中医阁建设情况；听取区政府关于社会保险扶贫项目情况的报告；听取并审查区人民政府关于2020年预算执行情况和2021年预算(草案)的报告；听取区政府关于“强化现代服务业在润州城市经济高质量发展中的引领作用”重要建议办理情况的报告。

【重要视察活动】 为进一步增强区人大常委会的监督实效，充分发挥人大代表作用，2020年，区人大常委会及主任会议先后视察了长江沿岸生态提升工程工作情况，视察了中医阁建设情况。

区人大2020年常委会会议情况一览表

表6

时　间	名　称	议　题
3月17日	区九届人大常委会第二十六次会议	表彰了2019年度效能建设优秀单位；审议、通过《区九届人大常委会2020年度工作要点》；审议、通过2020年度区九届人大常委会、主任会议历次会议议题安排；听取2019年监察工作情况的报告；审议通过有关人事任免事项；审议有关恢复代表职务事项；接受有关辞职请求
4月27日	区九届人大常委会第二十七次会议	组织对3名市人大代表述职评议；组织对农业农村局负责人开展述职评议；审议、通过有关人事任免事项；听取并审议区政府关于2019年度环境状况和环境保护目标完成情况以及《2018—2020年润州区突出环境问题清单》完成情况的报告
7月7日	区九届人大常委会第二十八次会议	听取并审议区政府关于突发公共卫生事件应急处理工作情况的报告；听取并审议区政府关于2019年财政决算情况和同级审计情况的报告，并作相关决定；组织对卫健委、交通运输局负责人开展述职评议；审议通过有关人事任免事项；接受有关辞职请求

区人大常委会2020年主任会议情况一览表

表7

时间	名称	议题
1月9日	区九届人大常委会第八十二次主任会议	讨论区人大常委会2020年工作要点；研究基层人大考核方案;研究主任会议成员分工
1月20日	区九届人大常委会第八十三次主任会议	研究《区九届人大常委会2020年度工作要点》;研究2020年度历次会议议题安排
3月4日	区九届人大常委会第八十四次主任会议	传达区委会议精神;研究工作要点和议题安排;研究区九届人大常委会有关事项;各委办交流当前工作;研究人大考核相关工作
3月25日	区九届人大常委会第八十五次主任会议	听取关于“强化现代服务业在润州城市经济的质量发展中引领作用”重要建议的处理意见;听取区政府关于贯彻落实《江苏省少数民族权益保障条例》情况的报告
4月8日	区九届人大常委会第八十六次主任会议	传达区委办公会精神;研究九届人大常委会有关事项;研究主任会议有关事项;交流当前工作
4月24日	区九届人大常委会第八十七次主任会议	组织对区人大常委会任命的法院干部述职评议
5月6日	区九届人大常委会第八十八次主任会议	传达区委办公会主要精神;研究主任会议有关事项
5月25日	区九届人大常委会第八十九次主任会议	听取区人民政府关于长江沿岸生态提升工程工作情况的报告,并组织视察
6月8日	区九届人大常委会第九十次主任会议	研究区九届人大常委会有关事项；研究主任会议有关事项；研究人事任免有关事项;各委办交流当前工作
6月23日	区九届人大常委会第九十一次主任会议	听取区政府关于标准化居家养老服务中心建设情况的报告；组织对区人大常委会任命的检察院干部述职评议
7月6日	区九届人大常委会第九十二次主任会议	传达区委常委会主要精神;研究区九届人大常委会、主任会议有关事项;研究推荐市人民奖章有关人选事项
7月28日	区九届人大常委会第九十三次主任会议	听取区政府关于2020年度政府民生实事项目推进情况的报告
8月4日	区九届人大常委会第九十四次主任会议	传达区委办公会精神;研究区九届人大常委会、主任会议有关事项;交流当前工作
8月26日	区九届人大常委会第九十五次主任会议	听取区政府关于公共卫生设施提升工程情况的报告
9月7日	区九届人大常委会第九十六次主任会议	传达区委办公会主要精神;研究主任会议有关事项;各委办交流当前工作
9月28日	区九届人大常委会第九十七次主任会议	听取区政府关于公共文化体育服务体系提升工程建设情况的报告;听取区人民政府关于棚户区改造和老旧小区改造情况的报告

续表 7

时　　间	名　　称	议　　题
10 月 9 日	区九届人大常委会第九十八次主任会议	传达区委办公会主要精神；研究九届人大常委会、主任会议有关事项；各委办交流当前工作
10 月 26 日	区九届人大常委会第九十九次主任会议	听取公安润州分局关于社会防控体系建设情况的报告
11 月 5 日	区九届人大常委会第一百次主任会议	传达区委办公会精神；交流当前工作；研究主任会议有关事项；研究五级人大接待日有关事项
11 月 25 日	区九届人大常委会第一百〇一次主任会议	视察区政府中医阁建设情况；听取区政府关于社会保险扶贫项目情况的报告；听取并审查区政府关于 2020 年预算执行情况和 2021 年预算(草案)的报告
12 月 8 日	区九届人大常委会第一百〇二次主任会议	传达区委办公会精神；研究主任会议有关事项；研究九届人大常委会第三十一次、三十二次会议有关事项；研究九届人大五次会议有关事项
12 月 15 日	区九届人大常委会第一百〇三次主任会议	研究提请张东生职务任命的议案
12 月 22 日	区九届人大常委会第一百〇四次主任会议	听取区政府关于“强化现代服务业在润州城市经济高质量发展中的引领作用”重要建议办理情况的报告

（区人大办）

民俗文化教育　　（田　冰　摄）

区长、副区长工作分工(2020年)

徐心田:主持区政府全面工作,分管区审计局。

蒋　勇:负责区政府常务工作。负责应急管理、国资监管、国企改革、政务服务管理、行政审批、政务公开、财政、税务、金融、机关事务管理等方面工作。

分管区政府办公室、财政局(国有资产监督管理办公室、区政府金融工作办公室)、应急管理局、行政审批局(政务服务管理办公室)、机关事务服务中心、土地房屋开发有限公司、房地产开发有限公司、城市建设投资有限公司。联系镇江市润州区税务局、消防救援大队、区史志办。

祝中昊:负责发展和改革、重大项目建设、人力资源、社会保障、生态环境、服务业经济、商务、统计、文化、体育、旅游、外事、港澳事务、对台事务等方面工作。

分管区经济发展局、人力资源和社会保障局、商务局、文化体育和旅游局、统计局。联系润州生态环境局、区工商联、侨联。

赖忠民:负责科技、工业、信息化、民营经济、民政、残疾人事业、社区建设、供电、能源、水利、农业农村、粮食、供销、扶贫、退役军人事务等方面工作,分管人民武装方面工作,协助分管应急管理方面工作。

分管区科学技术局、区民政局、水利局、农业农村局(区政府扶贫工作办公室)、退役军人事务局、供销合作总社、工贸总公司。联系区总工会、残联、区科协、黄山园艺场、水产养殖场、润州茶场、民族宗教事务局、慈善总会、驻区部队。

王家振:负责住房和城乡建设、自然资源、城乡规划、城管等方面工作。

分管区住房和城乡建设局、城市管理局(城市管理综合行政执法局)。联系自然资源和规划润州分局。

江朝民:负责教育、卫生健康、人口计划生育、医药卫生体制改革、老龄事业、市场监督管理、药品监督管理、知识产权、广播电视、妇女儿童等方面工作。

分管区教育局、卫生健康委员会、市场监督管理局(知识产权局)。联系团区委、妇联、文联、红十字会、驻区学校、广播电视台。

景建国:负责司法、公安、信访等方面工作。主持公安润州分局全面工作。

分管区司法局、信访局。

次旺多杰(挂职):负责交通运输工作。分管区交通运输局。

蒋丰祥(挂职):协助分管科技、人才、司法等方面工作。

重要会议

【城市经济高质量发展大会】 3月31日，润州区召开全区城市经济高质量发展大会，全面总结和部署城市经济工作，进一步动员全区广大党员干部紧紧围绕城市经济发展担当实干、奋发作为，激励全区各类企业和企业家坚定信心、扎根润州，为润州高质量发展提供强有力的支撑。

市政协副主席、区委书记高国成出席会议并讲话。他指出，一年一度的城市经济高质量发展大会，是党委、政府对辖区企业作出的庄严承诺，言出必行、有诺必践。他向前来参会的各行各业150多位企业家表示感谢，感谢他们为润州高质量发展提供有力支撑，为打赢疫情防控阻击战发挥重要作用，为恢复经济社会秩序做出努力。

当前，疫情影响叠加经济下行的压力，给企业带来困难和冲击，高国成在会上分享对夺取疫情防控和经济社会发展“双胜利”乐观的预期和坚定的信心。他表示，信心来自党中央的坚强领导，来自政策红利的持续释放，来自润州发展的广阔前景，企业家们能够坚定信心、保持定力、沉着应对，把精神进一步振奋起来、把力量进一步凝聚起来，共同一致朝前看、向前走。

高国成表示，疫情冲击、经济下行压力是普遍存在的，他希望广大企业攻坚克难加快复产达产，积极创造条件、努力克服困难，尽快走上正轨、全力抢抓开局；希望广大企业强筋健骨提升抗压能力，加强研判、做好分析，健全现代企业管理体制，稳定资金链、稳定供应链、稳定市场客源，提高综合应对能力；希望广大企业危中抢机把握转型机遇，实现资源更合理配置；希望广大企业胸怀大局坚守社会责任，秉承与员工共成长的理念，与党委政府一起做好稳就业工作。

高国成强调，辖区企业无论位于什么规模、处于哪个产业、属于哪种所有制，无论是深耕润州还是刚刚落户，都将一视同仁对待、用心用情服务，有求必应、无事不扰、“清”上加“亲”，做企业家最坚强的后盾、最有力的支撑、最信赖的“店小二”，助推辖区企业做大做强、促进城市经济提质提效。

区委副书记、区长徐心田主持会议。市政协副主席、区委书记高国成为获得城市经济发展贡献奖的优秀企业家颁奖。区委副书记、区长徐心田为获得城市经济发展贡献奖的优秀企业家颁奖。区人大常委会主任范永放为获得城市经济发展贡献奖的优秀企业颁奖。区政协主席蔡文龙为获得城市经济发展贡献奖的优秀企业颁奖。区委副书记、组织部长徐燕宣读《关于颁发“润州区城市经济发展贡献奖”和“润州区城市经济发展促进奖”的决定》。区委常委、常务副区长蒋勇通报2019年度产业发展政策兑现情况。区经济发展局主要负责人发布润州区产业发展政策修订版，介绍润州区产业发展扶持政策修订情况。

会上，明豪地产开发项目、瑞祥科技产业园项目、安恩贝母婴国际会所项目、天龙集团总部项目、西津渡龙之城微缩景观主题馆项目、韦岗温泉改造提升项目、名品设计创业园项目、启创信息技术项目等八个项目进行集中签约，区领导高国成、徐心田、范永放、蔡文龙共同上台见签。中信银行股份有限公司镇江分行党委书记许良大，江苏镇江建筑科学研究院集团股份有限公司董事长、党委书记、院长伊立，镇江长申商贸有限公司总经理杨准，江苏冬云云计算股份有限公司董事长管凯进行交流发言。

会前，还开展惠企政策超市活动，来自区经发局、区人社局、区财政局、区科技局、区税务局等相关部门以及辖区多家金融机构，现场接受企业咨询，从政策、法规、融资等方面答疑解惑。

区四套班子领导、区法院院长、区检察院检察长出席会议。各街道党政主要负责人、分管负责人、经服中心主任；各部委办局、各人民团体、各直属单位主要负责人参加会议。

【区政府组成人员全体（扩大）会议】 8月8日下午，润州区召开区政府组成人员全体（扩大）会议，区委副书记、区长徐心田出席会议并作报告，强调要以习近平新时代中国特色社会主义思想为指导，深入贯彻落实省委十三届八次全会、市委七届十一次全会和区委八届九次全会部署，聚焦聚力“三高一争”发展目标，抢抓新机遇、汇聚新动能，奋力开创“强富美高”新润州建设新局面。区委常委、常务副区长蒋勇主持会议并作小结。区领导祝中昊、赖忠民、王家振、江朝民、景建国、蔡飞、刘向华，区政府党组成员、区政府办主任马乐出席会议。

徐心田指出，面对新形势，要认清发展机遇，牢牢掌握新一轮发展主动权。要在新一轮发展站位中取得主动、占得先机，对润州面临的中长期新机遇、新挑战做出兼顾短期落实、中期谋划、长期布局的战略性判断。要清醒地认识到转型方式变革是危机后的最大机遇，区域融合加速是变局中的最强动力，发展热度提升是竞争中的最佳氛围。

徐心田强调，迎接新机遇，要坚定信心，奋力跑出润州发展“加速度”。2020年上半年，全区各项工作取得了一系列亮眼成绩：疫情联防联控扎实有效，展现了润州敢打必胜的优秀作风；复工复产工作成效显著，展现了润州精准高效的服务水平；经济发展趋势企稳回升，展现了润州均衡优质的发展质效；社会民生事业有序推进，展现了润州为民惠民的发展宗旨。要展现更大作为，跑出润州发展“加速度”，拿出积极主动姿态和扎实有效举措抢抓新机遇，增强“争”的意识、铆足“抢”的劲头、强化“闯”的担当、保持“咬”的韧劲。

徐心田强调，抢抓新机遇，要突出重点，加快汇聚创新发展新动能。要在重点项目、重点片区、重点领域上率先取得突破，形成推动城市经济更高质量发展的强劲新动力。全力推进产城融合发展，强健产业体系的“实体筋骨”；切实增强生产性服务业集聚区功能，畅通经济体系“血液循环”；做精做优夜经济品牌，刺激消费需求“内生动力”；提升孵化平台产出效益，释放创新要素“乘数效应”。

徐心田要求，把握新机遇，要统筹兼顾，不断夯实稳中求进总基调。以做好“六稳”工作、落实“六保”任务为前提，为完成全年目标任务、抢抓全新机遇打好坚实基础。要处理好发展与稳定的关系，千方百计稳企业、保就业；要处理好发展与改革的关系，不断激发市场主体活力；要处理好发展与民生的关系，牢牢兜住民生底线；要处理好发展与治理的关系，切实向基层网格放权赋能。

蒋勇作会议小结，并从“主动拼抢，激发抢抓新机遇的不竭动力；主动作为，夯实汇聚新动能的务实举措；主动担责，凝聚发展新局面的强大合力”三个方面对做好下半年工作进行具体部署。

区文体旅局围绕“文化旅游和夜经济”、区经发局围绕“产业发展”、官塘桥街道围绕“产城融合发展”、宝塔路街道围绕“城市经济发展”作表态发言。

区政府全体组成人员，区政府直属单位和部门管理机构主要负责人，各街道、各场圃以及市垂直管理部门行政主要负责人参加会议。区各部委办局，区人大、政协办公室，各专门委员会主要负责人，区法院、检察院有关负责人，各人民团体负责人列席会议。

【优化营商环境“润州最滋润”品牌发布暨企业家早餐会】 8月19日上午，润州区举行2020优化营商环境“润州最滋润”品牌发布暨企业家早餐会，诚邀区内20位企业家代表共品早餐好滋味，共谋发展好前景，以政企交心，谈感受、讲问题、提建议，以优化营商环境“润州最滋润”品牌发布为企业鼓劲加油，与企业携手同行，一同实现跑出高质量发展加速度的愿景。

市政协副主席、润州区委书记高国成出席会议并讲话。区委副书记、区长徐心田通报润州区2020年上半年经济和社会发展情况。区委常委、常务副区长蒋勇主持会议。

在轻松愉悦的氛围中，受邀的企业家代表们各抒所见，或介绍企业的发展情况，或提出在企业融资、资金政策、项目建设等方面的痛点、难点问题，对于企业家们提出的问题和建议，润州区“照单全收”，表示将认真研究，确保每个问题都有回应、每件事情都有着落。

高国成在讲话中从“怎样看待当前的经济形势、怎样弘扬企业家精神、怎样打造‘最滋润’的营商环境”三个方面与企业家一起进行交流探讨。

高国成指出，当前的宏观经济形势体现为指标数据稳定向好、宏观政策释放利好、发展前景持续看好，希望企业家们要按照习近平总书记的要求，坚持用全面、辩证、长远的眼光看待当前的问题，准确识变、科学应变、主动求变，就一定能找准方向、抓住机遇、走向成功。

高国成强调，习近平总书记在企业家座谈会上的讲话极大拓展了企业家精神的时代内涵，为企业家在困境和挑战中奋勇前进指明了方向。希望企业家们要增强发展信心，对标新内涵，弘扬企业家精神，要增强爱国情怀、坚持诚信守法、勇担社会责任。

围绕做优做实“润州最滋润”营商环境品牌，高国成表示，下一步，润州区将在持续深化行政审批制度改革、营造亲清政商关系新生态、力戒形式主义三个方面下功夫，要把服务企业和优化营商环境作为不懈追求，把企业家当成“自家人”，用心用情用力去解决他们的实际困难，进一步提升服务质效，确保帮扶到企业的难点痛处，惠企政策落到“最后一米”。

徐心田指出，半年来，润州区实施科学精准防控，稳住了发展基础；坚持企业主体地位，兑现了发展承诺；推动经济企稳回暖，提升了发展热度；守牢民生福祉底线，优化了发展环境。下半年，润州区将以官塘创新社区和G312产业创新带建设为主抓手，聚焦主导产业升级和新兴产业培育，加快汇聚城市经济高质量发展新动能，打造更加高效的市场化、法治化营商环境，全力建设宜居宜业宜游的现代化一流主城区。真诚期待各位企业家继续关心、支持润州发展，在新一轮的高质量发展浪潮中取得更加辉煌的业绩！

蒋勇在主持小结中以“经济的兴盛靠你们”“发展的环境看我们”“润州的未来一定行”三句话作了分享。

早餐会上，区经济发展局主要负责人进行优化营商环境“润州最滋润”品牌发布。

此外，企业家们还受邀填写了《润州请您来建言》卡片。据了解，对于企业家们提出的问题和建议，相关部门、相关街道会认真研究，及时拿出解决方案。

各街道、区相关部门主要负责人参加会议。

【首届城市旅游经济发展论坛暨“随心游　去润州”旅游推介会】

10月17日，首届城市旅游经济发展论坛暨“随心游 去润州”旅游推介会在人民日报社成功举办，旨在更好地推介润州区的旅游资源，助力润州旅游经济“跑起来”的目标，奋力开创润州区“高质量发展、高品质生活、高效能治理，争得城市荣光”的新局面。此次活动是由人民日报社新闻信息中心指导，中共江苏省镇江市润州区委员会、江苏省镇江市润州区人民政府、人民日报社《民生周刊》新媒体部联合主办。现场活动由中央广播电视总台节目主持人王驿主持。

在润州旅游宣传片播放后，润州区委副书记、区长徐心田致辞。他介绍，来到润州，就要看一看这里真山真水的自然风貌，来到润州，也要深入感受这里南北交融的文化特质，来到润州，更要亲身体验这里张弛有度的生活节奏；他指出，今天的润州是历史现代完美融合的精美城区，也是快速发展中的开放城区，2020年以来，润州积极应对新冠肺炎疫情影响，以高效的治理能力和优越的营商环境赢得了众多客商、人才的青睐；他还在现场发出邀请：热切欢迎各位学者嘉宾到润州考察交流、旅游度假、投资兴业；热切期盼与在座的优秀企业形成合作，共同推动润州文化旅游产业的更高质量发展；热切希望各位媒体朋友更多的宣传润州、推荐润州、做响润州。

人民日报社《民生周刊》杂志社总编辑全世杰在致辞中对大家的到来表示欢迎，高度概括了此次举办论坛活动的意义，并介绍了人民日报社《民生周刊》杂志社运营的相关情况。

中国旅游报社前总编辑、社长，原国家旅游局政策法规司、综合协调司副司长，中国社会科学院旅游研究中心特约研究员高舜礼在致辞中客观评价了润州旅游资源发展面临的挑战、机遇和前景，并从“做大做强拳头产品、加快旅游产品的转型、塑造宜居宜游的环境、利用周边的旅游发展、加强营销上的区域协作”五个方面对润州如何进一步发挥好旅游资源提出了可行性意见。

在润州全域旅游、润州文体旅融合、润州夜经济短视频的播放中，文化和旅游部专家委员会主任，国家文化和旅游发展研究基地主任，中国传媒大学文化产业管理学院院长兼文化发展研究院院长范周；北京师范大学艺术与传媒学院院长助理、博士生导师，国家文化和旅游公共服务专家委员会秘书长，国家公共文化发展研究中心执行主任杨乘虎；中国科学院研究员，中国科学院地理所旅游与规划设计中心副主任，中国管理科学学会旅游管理专业委员会主任王英杰分别围绕《从资源到品牌，构建地方全域旅游大格局》《文旅融合，城市高质量发展新动能》《创建中国特色旅游管理体系的思考》进行主旨演讲。

润州区政协副主席、区文化体育和旅游局局长刘向华在活动现场从“润州现有旅游资源、待开发旅游资源、旅游奖励政策”三个方面向大家介绍润州旅游资源。“创新创业福地 山水花园名城”，是镇江市新的城市定位。润州区作为镇江市的主城区，有着三千多年的历史，有山有水有故事，地处长江、京杭大运河交汇处，地处中国经济最活跃的长三角核心区域，润州，是“山水镇江”“生态镇江”“人文镇江”的缩影。

活动现场，润州区委副书记、区长徐心田向文化和旅游部数据中心（中国旅游研究院）副研究员黄璜；北京第二外国语学院旅游新业态研究中心主任吴丽云；文化和旅游部培训专家，景域驴妈妈集团副总裁，长春大学旅游学院客座教授任国才；中国旅游研究院研究员胡咏君四位专家颁发了旅游咨询顾问聘书。

《家在润州》宣传片播放后，活动还专门设置了圆桌论坛环节，方便润州区领导与专家面对面交流，论坛环节由黄璜主持。润州区政府负责同志与吴丽云、任国才、庄品三位专家现场围绕话题“润州区如何利用现有资源推动旅游业发展，如何实现旅游业异军突起，在新一轮发展规划编制中如何突出和服务旅游业发展，如何吸引高层次专业人才助力旅游业发展”进行对话交流。

活动正式开始前，与会领导和嘉宾一起参观了“润州风物”“诗画镇江、美丽润州”主题展览，近距离了解感受润州的特色产品和美丽风光。首届城市旅游经济发展论坛暨“随心游 去润州”旅游推介会通过人民日报社媒体矩阵，发挥互联网时代全新媒体的传播力和影响力，充分展示润州区在做强城市夜经济、旅游、文化经济方面采取的举措；充分展示润州区的旅游资源、创新创业优势；充分展示润州区的高质量发展、高品质生活、高效能治理的成果。全方位、多平台、多角度推介润州，擦亮润州旅游品牌，吸引更多消费人群，做活润州旅游经济，让润州成为更多人心中向往的“诗和远方”。活动在《我在镇江等你》的音乐声中落下帷幕。

2020年润州区政府重要会议一览表

表8

时　间	名　称	议　题
1月16日	第31次常务会议	听取安全生产专项巡察工作情况,听取全区安全生产暨专项整治工作情况等汇报
2月24日	第32次常务会议	传达学习省安委会全体成员会议和省安全生产第十一督导组督导镇江市工作动员部署会议精神,研究疫情防控和经济工作
3月20日	第33次常务会议	传达学习习近平总书记在十九届中央政治局第十九次集体学习时的重要讲话精神,听取一季度信访工作情况汇报,研究区政府2020年度百项任务目标责任分解表
4月16日	第34次常务会议	听取一季度安全生产工作情况汇报,审议《2020年全区安全生产工作要点》《润州区城市安全综合治理实施意见》《润州区鼓励支持旅游业发展的若干政策(修订稿)》,研究居家和社区养老服务改革试点、润州区消费券发放等事宜
5月25日	第35次常务会议	听取法治政府建设专题讲座, 听取全区防汛工作情况汇报,研究贯彻落实全市集中开展违法违规"小化工"百日专项整治行动会议精神等事宜
6月19日	第36次常务会议	听取上半年食品安全工作情况汇报,研究《润州区人民政府常务会议学法制度》《2020年区政府常务会议学法计划安排》,润州区2020年法治政府建设工作等事宜
7月17日	第37次常务会议	听取长江(润州段)禁捕退捕工作情况、全区安全生产工作情况、二季度全区信访工作情况等汇报,研究优化调整社区服务范围相关事宜,学习江苏省重大行政决策程序实施办法
8月3日	第38次常务会议	审议《镇江市润州区长江禁捕退捕工作实施方案》,研究区政府组成人员全体(扩大)会议相关事宜
8月8日	区政府组成人员全体(扩大)会议	部署六稳工作,确保六保任务完成
8月31日	第39次常务会议	学习《中华人民共和国基本医疗卫生与健康促进法》,审议《润州区安全生产专项整治三年行动工作方案》《润州区城镇污水处理提质增效精准攻坚"333"行动实施方案》《润州区中小学(幼儿园)教师"县管校聘"管理改革实施意见》
9月30日	第40次常务会议	学习《优化营商环境条例》,传达全国关于加强安全防范工作视频会议精神,听取关于赋予街道行政审批服务执法权限事项情况、全区乱占耕地建房问题专项整治工作情况等汇报
11月2日	第41次常务会议	听取全区安全生产工作情况、全区2021年市重点产业项目投资计划、镇江数据湖产业园项目情况汇报

续表 8

时间	名称	议题
12 月 8 日	第 42 次常务会议	学习《农民工工资支付条例》,听取 2021 年城建类政府投资项目计划、全面推行中小学集团化办学指导意见、2021 年部门预算工作情况等汇报
12 月 24 日	第 43 次常务会议	研究 2021 年全区主要指标计划安排,听取全区 2020 年全区食品安全工作情况、信访工作情况、2021 年润州区民生实事项目情况等汇报,审议《润州区危险化学品使用安全专项治理行动工作方案》《润州区突发事件总体应急预案》,研究 2021 年《政府工作报告》

(赵艺玮)

综合服务和协调工作

【区政府办公室工作】 2020年,在区委、区政府的坚强领导下,区政府办公室贯彻区政府各项决策部署,以优化服务为核心、创新工作为动力、改进作风为抓手、完善制度为保证,积极服务政务,精心管理事务,强化综合协调,狠抓督促落实,提升服务效能,较好完成了年度工作目标和领导交办的各项任务,为全区经济和社会发展做出应有的贡献。

【参谋辅政能力建设】 围绕推动城市经济高质量发展,主动投身城市经济建设主战场,协同有关部门积极做好疫情防控、安全生产专项整治、招商引资、征收拆迁等重大工作的综合协调,完成润州区城市经济高质量发展大会、“润州最滋润”品牌发布暨企业家早餐会等重大活动的筹备工作。全力协助区委、区政府高效研究布置疫情防控,引导各地各部门认真落实分区分级精准管控要求,推动疫情防控更加科学有效。牵头推进区十件民生实事建设,定期进行督查推进,明确时间节点和工作要求,努力做好信访接待。对来访群众热情周到,耐心听、认真记、主动问、尽心答,积极协助领导办理信访事项,对能够解决的及时给予办理,不能及时解决的做好解释工作,力争把问题消除在萌芽状态、解决在初发阶段。对一些敏感性的群体上访案件和突发事件,主动配合信访部门,联系有关部门和单位做好协调工作,及时化解矛盾,确保政府工作秩序正常。大力开展调查研究。一方面,围绕区委、区政府的中心工作、领导关心的重点问题、社会关注的热点问题、制约发展的关键问题,深入调查研究,提出对策建议,充分发挥参谋助手作用,形成了一批具有较高水准的调研报告,为领导决策提供参考,其中,被国务院办公厅录用15篇,被省政府办公厅录用30篇。另一方面,始终坚持把信息作为服务领导的重要渠道抓紧、抓好。加强信息体系建设,拓宽信息渠道,强化信息整理,及时反馈工作动态和社情民意。强化督查督办实效。对区政府在九届四次人代会上向全区人民所作的2020年工作承诺进行分解,进一步明确了2020年全区百项重点工作,定期进行专项督查催办,有力推动了各项工作的落实。对于人大代表建议和政协委员提案,坚持严格程序、严格时限、保证质量、精心办理。在办理过程中,主动邀请人大、政协领导和代表、委员实地视察办理情况,及时督查办理质量,研究解决问题的办法,取得了较好的成效。全年,办理市人大代表建议、政协委员提案27件,代表、委员的满意率和基本满意率100%,解决率100%。办理区人大代表建议62件、区政协委员提案95件,代表、委员满意率和基本满意率100%,办复率100%,一大批群众反映强烈、代表高度关注的难点、热点问题得到有效落实。畅通群众诉求渠道,加强考核督查,形成“书记、市长信箱”、镇江论坛的良性服务机制,不断提升办理速度和质量。全年,办理“市长信箱”117件,办结率100%。

【综合服务能力建设】 着力提高文稿质量。全办人员牢固树立公文精品意识,认真做到了解上情,把握下情,找准实际工作的“切入点”,努力使公文办理工作达到政策性、操作性和实效性的统一。全年,共撰写会议、汇报材料800多篇。牵头起草一系列制度文件,为全区各项中心工作、重点工作推进提供坚实保障。严格规范办理程序。按照特件特办、急件急办、一般文电抓紧办的原则，及时、准确做好各类文件、电报的收发、办理工作。按照规范要求，对以区政府和区政府办公室名义上报、下发的各类公文，在内容、文字、格式、时限等方面认真审核把关，全年实现发文零差错。准确发布政府信息。根据《政府信息公开条例》的要求，对有关政府信息进行全面梳理，认真进行保密审查，上网公布，为公民及时快捷地了解相关政府信息提供便捷渠道。精心组织各类会议。在组织政府常务会、区长办公会等会议时，广泛收集议题，充分准备材料，与有关部门事前会商到位。在组织工作部署类会议时，充分准备领导讲话、发言材料、传达提纲等，明确提出具有可操作性的贯彻意见，做好会议精神的贯彻落实和情况反馈，切实保障会议取得良好效果。在会务组织中，牢固树立“细节决定成败”的理念，从会议通知、材料准备、会场布置、会议记录等诸多环节，严格要求，确保万无一失。切实加强应急管理。进一步完善突发事件预警体系和快速反应机制，严格抓好应急物资储备、应急预案管理、值守应急、突发事件处置、信息报送等制度落实，推进应急管理工作规范化、标准化。严格落实24小时值班应急制度，确保值班人员在岗、在位，时刻保持通信畅通，遇到紧急重大事件，坚持做到及时报告，果断处置。

【机关自身建设】 班子成员充分发挥表率作用，带头讲党性、讲修养、讲原则，带头遵守各项党纪政规，带头执行办公室各项规章制度，将管人与管事、抓业务与抓队伍、抓勤政与抓廉政结合起来，切实担当起带好队伍的责任。班子成员在平时的工作中各司其职、各负其责，认真做好区政府领导的跟班服务工作，遇有区委、区政府重要会议、重大招商活动时，能做到团结协作、相互配合，集中全部力量，实行统一指挥。坚持定期召开主任办公会议，对涉及人事调整、评先荐优等重要事项，充分发挥民主，实行班子成员集体研究、民主决策。持续提升干部队伍素质。针对办公室文稿多、材料多的特点，不定期召开文字沙龙活动，重点选择各科室在工作中形成的文字材料以及市政府办公室优秀文稿进行剖析，努力提高各位秘书文稿撰写及深度思考能力。着力抓好干部队伍建设，坚持凭能力、凭实绩选人用人，鼓励干部坚持自学和边干边学，不定期组织干部参加各种集中培训。认真贯彻落实党风廉政建设责任制，严格执行党员干部廉洁自律的各项规定，进一步引导和教育党员干部增强党性修养，牢固树立正确的世界观、人生观、价值观，筑牢拒腐防变的思想防线。始终将政治建设摆在首位，落实全面从严治党主体责任、“一岗双责”责任制。贯彻党组工作条例、民主集中制、“三重一大”、党员干部报告等制度，组织好“三会一课”、民主生活会等各项活动。开展党员教育，召开作风建设会议，抓好党员发展质量。遵守干部选拔任用规定任免干部。持之以恒贯彻执行中央八项规定和各级廉政规定，织密扎紧制度“笼子”，严格遵循工作制度和工作程序。力戒形式主义、官僚主义、贪污腐败等突出问题，营造风清气正的政治生态。本年度未发生违法违纪行为。扎实开展巡视整改工作。全面规范和保障权力运行，深入研究和落实区委巡察组巡察反馈意见，坚持问题导向、压实责任链条，针对本次巡察中发现和反馈的问题，坚决进行自我纠正、自我完善，做到即知即改、立行立改，推动政府办公室各项工作更高质量发展。 （赵艺玮）

信　访

【概况】 2020年，润州区信访系统深入贯彻中央、省、市关于信访工作决策部署，坚持围绕中心、服务大局的理念，牢抓“一战两整治”主线，充分利用“百日攻坚”专项行动契机，着力强基层、打基础、建机制、压责任，推动信访问题及时就地解决，全区信访形势整体趋稳。

【疫情防控】 新冠肺炎疫情发生后，全区信访条口坚持疫情防控和本职工作“两手抓、两不误”。组织调度有序。密切掌握信访人员动向，针对生活困难、身患疾病的人员，给予帮扶；有序做好来访接待暂停和恢复，引导群众通过网上信访、手机信访、来电和书信等方式反映诉求，对网上信访事项及时分流、跟踪、答复，共处理信访事项36件，实现“零接访”。服务保障有力。落实责任AB岗，保证日常运转正常、秩序良好、人员安全。防控防护有效。充分发挥“四星级”党支部战斗堡垒作用，号召全体信访干部坚守岗位、各司其职，选派精干力量主动下沉社区，全力投入社区抗疫一线，全面参与鹤林社区防控工作，帮助筹集医用口罩和额温仪器，配合做好疫情防治宣传工作，在南山景区执勤蹲点，及时劝返前往南山景区的市民。国家、省、市媒体多次对润州区信访干部在疫情防控期间，敢于作为、奋力作为的工作事迹进行报道。

【信访基础业务建设】 全区信访系统把基层基础建设摆上重要位置，在规范信访业务、创建满意窗口、推动问题解决方面作了大量的工作。严格执行国家信访局“涉法涉诉、重复信访事项”等八项业务规则，省信访局“群众来信办理、来访接待”等六项业务规范，对办信、接访、网上信访事项、复查复核等工作快速受理、按章办事、准确处置，做到程序“零瑕疵”。全区各级信访件的及时受理率为99.81%、按期办结率为100%、参评率99.44%、满意率96.41%，网上信访占比54.87%，手机(微信)信访占比73.19%。信访“四率”位于全市前列。区“人民满意窗口”创建工作以来，改建工作场所300平方米，添置配备安检门、存物柜、显示屏、便民服务箱等设备，按照优化环境、优良机制、优秀队伍、优质服务的“四优”标准，改善接待环境，提高服务水平，窗口面貌焕然一新，已经通过省信访局验收并得到表彰，并积极推动街道创建“人民满意窗口”。基层信访全面融入网格化社会治理，实现网格内联防、网格间联动；开展“三到基层服务一线”活动，每名机关干部挂钩街道，累计走访7个街道、22个社区，收集建议19件；积极整理申报工作突出、经验丰富的信访干部事迹，发挥榜样带头示范作用，一名信访干部被省信访局评为2020年一季度“岗位之星”。

【“一战两整治”工作】 区信访条线把“一战两整治”作为全年重点工作，补齐积案化解难、进京访总量高、城乡建设领域问题多的短板。区委、区政府主要领导召开专题会议，听取“一战两整治”情况汇报，实行区领导和街道党政主要领导“双包案”制度，区包案领导分别以专题会议、会办研究、带案下访、接访约访等形式全力以赴推动积案化解，各街道把工作重心放在化解上，摸清信访诉求，找准问题症结，制订解决方案，“四大重点”攻坚标识件7件，已全部化解；市交办重点信访问题3件，已化解2件；市交办32名重点信访人员，已化解9人；区信访积案59件，已化解8件，正在推进5件。“两项治理”稳步推进。成立了区委、区政府分管领导任组长的工作小组，制定工作方案，明确分工、细化措施；全面系统梳理分析矛盾问题的类别、成因等要素，制定化解方案，科学分解控减指标，利用区信访联席会议统筹协调作用，积极会商会办，做到“案结事了”。督导考核有序开展。对“一战两整治”工作进行量化分解，并纳入全年高质量发展综合考核。成立督查组，实施常态督查、专项督查、联合督查，对工作推进不力的进行督导、督办，区信访联席办以专报形式，每月通报督查情况并呈报区委、区政府主要领导和分管领导，层层传导压力，压紧压实责任。

（区信访局）

应急管理

【概况】 2020年，区应急管理局认真贯彻习近平新时代中国特色社会主义思想，认真落实党中央国务院和省委、省政府，市委、市政府有关安全生产的决策部署，紧扣高质量发展总目标，紧盯城市安全基本盘，有序推进安全生产专项整治，有力促进安全秩序稳定向好。全年，全区共发生安全生产事故1起，死亡1人，同比分别下降75%；未发生较大以上事故，安全生产形势平稳可控。

【机构改革】 润州区应急管理局位于金润大道镇江高速南出口旁，2019年3月，由区安全生产监督管理局转隶为区应急管理局，内设机构3个(办公室挂应急救援中心牌子、安全生产监督管理科挂综合减灾救灾牌子、安委办协调督查科)，下辖1个参公事业单位(安全生产监察执法大队)。主要任务为：负责应急管理工作；指导乡镇(街道)各部门应对安全生产类、自然灾害类等突发事件和综合防灾减灾救灾工作；负责安全生产综合监督管理和工矿商贸行业安全生产监督管理工作；指导应急预案体系建设；牵头建立统一的应急管理信息系统；组织指导协调安全生产类、自然灾害类等突发事件应急救援；统筹应急救援力量建设；负责地震管理工作；组织协调灾害救助工作；依法行使安全生产综合监督管理职权；依法组织指导生产安全事故调查处理，监督事故查处和责任追究落实情况；负责应急管理、安全生产、防震减灾宣传教育和培训工作。

【党建品牌】 一是红色先锋“铸忠魂”。区应急管理局始终将政治清明、作风清廉作为谋事创业的主着力点，全体党员坚决落实中心组理论学习，以红色思想指引方向、用红色理论滋润心灵，不断提升政治敏锐性和是非鉴别力；成立“党员突击队”，主动亮身份、当模范、作表率，将“百团进百万企业宣讲”“五进”活动作为主阵地，党组成员踊跃进企业宣讲主体责任落实，普通党员和群众积极投身社区、广场宣传，把安全知识传达到每一个角落，以实际行动推进企业主体责任落实和城市安全水平提升；把对党衷心、为民初心作为干事成业的主攻方向，以红色忠魂引领实践，主动结对社区冲向防疫抗疫一线，将对党忠诚刻入心间、为民服务付诸行动，立足铁心向党、铁肩担当，做到关键时刻靠得住、是非面前站得稳，时时彰显忠诚底色。二是黄色应急“显真情”。区应急管理局始终恪守“应急为民，为民应急”职责，紧前谋划应急预案、分级组织应急演练、全面提升应急能力，把应民所求、急民所需、帮民所难作为工作的出发点和落脚点。日常加强排查预防、排险迅即冲向一线、灾后做好安抚重建，始终坚持“以人民之心为己心”，时刻保持冲锋的姿态、奋进的状态，立足全域应急、全时值守，做到应急关头冲得上、困难面前有担当，处处凸显英雄本色。三是绿色安全“保民安”。区应急管理局始终把保障人民群众生命财产安全作为首要任务，以安全生产专项整治“一年小灶”为契机，深入融合专项整治“三年大灶”，将城市安全主责宣讲“春风行动”、隐患排查“飓风行动”、问题整改“秋风行动”、长效管理“清风行动”作为有力举措，全面推进城市安全基础夯实、制度落实、成效殷实，保障“民生工程”落地生根、“城市发展”安全伴行，立足为国治安、为民护安，做到重要节点把得住，风险面前控得了，事事突显发展成色。

【安全防控】 严密组织节日期间安全检查。根据行业领域安全生产工作的特点和重点，采取“生产经营单位自查、行业主管部门检查、区领导带队督查”相结合的方式，全面开展元旦、春节、全国人大和政协会议、“五一”、中秋节、国庆期间安全生产大检查工作。区委常委、区政府副区长亲自带队，各街道、各行业主管部门积极响应，纷纷对辖区内重点单位、重点企业、重点部位开展检查督查。全区，共派出检查组1219个，检查人员6919人，发现隐患问题2376个，已整改2336个，整改率98.3%。严密组织疫情期间安全防范。新冠肺炎疫情发生后，区各层各级高度重视安全防范工作，根据疫情特点，制定应急预案，落实防疫措施；区各机关部门按照“三结三定”方案，纷纷下沉社区一线，指导和配合社区积极做好疫情防控工作，有效保证了疫情期间的公共安全。严密组织复工复产安全指导。严把疫情后期复工复产关，加强对复工复产企业的把关审核，督促指导企业做到疫情防控与安全生产两手抓、两促进，做到“四个一律”，即：对未建立和执行疫情防控措施的一律不予复工；对未彻底整治安全生产隐患的一律不予复工；对未制定和未落实复工复产方案的一律暂停复工；对未充分做好生产准备、未达到复工必要条件的一律暂停复工。

【责任落实】 一是细化责任清单。区委常委、政府副区长结合各自分管领域，认真梳理制定安全生产责任清单；区安委会联合区编办结合机构改革“三定”方案，逐单位明确安全职责，细化责任清单，确保安全生产任务明晰、责任清晰。二是量化目标考核。区安委办根据高质量发展考核要求，提请区委办和区政府办印发《各街道党工委、办事处和区安委会成员单位履行安全生产工作责任考核评价指标》，从制度上量化履职标准，对各街道和相关部门实行安全生产目标管理考核，年底对照考核细则严格量化打分，确保考核的科学性、针对性、有效性。强化责任落实。严格按照“党政同责、一岗双责、齐抓共管、失职追责”要求，督促各层各级落实领导责任；始终坚持“管行业必须管安全、管业务必须管安全、管生产经营必须管安全”的原则，推动部门落实监管责任；制定印发企业主体责任20项清单，常态保持“精准执法、专项执法、高压执法”的态势，倒逼企业落实主体责任。

【专项整治】 一是整治推进到位。研究制定《润州区安全生产专项整治行动工作方案》，形成“1+22+1”安全生产专项整治方案体系（1个总方案、22个行业领域整治方案和1个危化品综合治理方案），为专治行动立起了靶子、提供了遵循；各牵头区领导、行业主管部门按照方案要求，着力抓好安全生产专项整治工作，实现了“一年小灶”有序推进、有效落实；创建“六联”（责任联建、部门联管、隐患联查、问题联改、执法联动、安全联防）工作机制，确保“一年小灶”整治有效、整出成效；开展企业落实主体责任“春风行动”和“百团进百万企业”宣讲活动，全面提升企业主责意识和责任担当，为抓好安全生产打好基础。结合区情实际制定区安全生产专项整治《“1+2+6”三年行动方案》，“1”即安全生产专项整治三年行动工作方案，“2”即2个专题实施方案（学习宣传贯彻习近平总书记关于安全生产重要论述专题、落实企业安全生产主体责任三年行动专题），“6”即6个专项实施方案（危险化学品、非煤矿山、消防安全、道路运输和交通运输、城市建设、危险废物），全面推开专项整治“三年行动”各项工作。二是督导巡查到位。按照督导（巡查）方案要求，区4个督导（巡查）组与省、市督导组同步开展对区各牵头部门和各基层街道的督导（巡查）工作，采取座谈了解、查阅台账、问卷测试、现场查看等方式，切实掌握第一手资料，确保督得准、导得实、巡得细、查得清。上半年，区4个督导组在省、市督导的基础上，对全区7个街道、18个部门、22个行业领域进行了专项督导巡查，帮助街道和部门查找隐患、制定对策，督促其加强整改、形成闭环，共交办问题隐患80条，已全部完成整改，整改率达100%。排查整改到位。创新开展城市安全隐患排查“飓风行动”，对辖区内所有安全隐患实施拉网式、地毯式大排查、大起底，全区共排查生产经营单位4607家次，查出风险点90个，切实做到“三个一”（问题隐患“一册全”、安全防控“一网管”、风险节点“一图清”）。省、市开展违法违规“小化工”百日专项整治行动后，全区各级各部门闻令而动、顺势而为，共派出“小化工”等“低散乱”企业检查组121个、检查人员733人，排查企业2017家，查出空场地3处；顺势铺开城市安全问题整改“秋风行动”，对城市安全隐患整改落实情况大核查、大清理、大回炉，市级以上督导组共交办的问题隐患95条，已全部整改完成；其中，国务院督导组第七工作组查出并交办的1个重大隐患和15个一般隐患，已全部整改销号，整改率100%；有效保证了安全风险排查率、隐患问题整改率、网格治理覆盖率三个“百分之百。安全生产问题处置平台30个用户已全部正常运转，共接入监管平台有效数据信息475条，办结436条，办结率91.8%。接续展开城市安全长效管理“清风行动”，采取对“一年小灶”专治工作组织一次“回头看”、对城市安全领域制度机制进行一轮“格式刷”、对“三年大灶”有效开展掀起一场“新热潮”的“三个一”方式，确保城市安全长治久安。

【行政执法】 一是部门联动执法。2020年，针对部分经营企业涉及多部门监管的特点，区应急管理局配合区市场监管局、区生态环境局、南山街道等部门对南山违法熔喷布加工厂进行了联合执法，勒令企业即刻关停；配合韦岗街道对韦岗5家非法加工石子厂、1家石灰拌料场进行了突击联合执法，取缔了非法经营企业，有效规范了经营秩序并震慑了其他企业。二是突出重点执法。针对上一年建筑工地事故多发频发的特点，2020年，继续将建筑施工等领域作为执法重点，并结合疫情、企业复工复产、夏秋季各建筑工地满负荷运作等实际，严密组织专项执法检查近20次，做到执法一次、规范一项、警醒一片。三是注重实效执法。大力加强执法装备现代化、执法管理信息化、执法队伍专业化建设，严格执行行政执法公示制度、执法全过程记录制度和重大执法决定法制审核制度，确保执法严格规范、精准高效。全年，工矿商贸方面共派出检查组97个，检查人员479人次，检查企业113家，查出隐患415个，已全部完成整改，整改率100%；事前立案处罚15起，罚款16.8万元。

【防灾减灾】 一是当好防灾减灾“宣传员”。在“5·12”全国防灾减灾日前后，区应急管理局广泛动员相关部门、街道和村（社区）积极投身“防灾减灾”宣传，全面提升基层和群众灾害应对能力。组织开展“5·12”全国防灾减灾日广场宣传活动，编制发放家庭应急手册，面向社会公众大力普及各类灾害事故知识和防范应对基本技能，提高宣传教育实际效果，筑牢防灾减灾的人民防线；组织社区相关负责人参观学习综合减灾示范建成社区建设经验，助力全区综合减灾示范社区创建；主动参与清明节期间森林防火工作检查，实地宣传“禁火令”；提前一年完成全区基层应急能力标准化达标建设，夯实街道“六有”（有班子、有机制、有预案、有队伍、有物资、有培训演练）、社区“三有”（有场地设施、有装备物资、有工作制度），全面提高抗大灾、抢大险应急水平。二是当好灾情信息“报送员”。及时更新本年度辖区街道社区灾害信息员名单，确保“灾害预警、应急响应、灾情收集、应急救助”明确到专人；组织开展街道灾害信息员培训，提高基层灾情报送及应对处置水平；做好雨季、台风等恶劣天气气象预警、发布，灾情信息按时按要求收集、核对、上报；按要求开展冬春救助统计、核实、报送和救灾资金发放，保障基本民生；开展内部应急指挥综合业务系统培训，督促值班员做好突发事件和重大节假日信息上报；全力备勤，做到24小时、365天在岗在位应急值班值守。三是当好应急救灾“指战员”。在建立救灾实物物资储备的基础上，区应急管理局与大润发签订物资代储协议，完善救灾物资储备体系；对全区25776户老旧小区、危房、城中村、农房等易受灾房屋完成自然灾害保险投保、续保，及时指导社区、受灾户完成受灾房屋报案，确保赔保到位，减轻居民损失；在汛期来临前，提前通知各街道务必确保综合应急救援队伍、应急救援物资、应急预案“全到位”；针对2020年汛期险情，按照需要第一时间拨发救灾帐篷等物资，实时协调消防救援队伍参加江堤防汛抢险，确保了安全度汛；紧前谋划、牵头编制“1+4”项应急预案（即1个全区突发事件总体应急预案和自然灾害救助预案、非煤矿山事故应急救援预案、危险化学品事故应急预案、生产安全事故综合应急预案4个专项预案），部署和督促全区应急预案编制修订工作，5项应急预案已完成编制，已备案全区自然灾害类、事故灾难类预案13份。（区应急管理局）

机关事务服务中心工作

【概况】 2020年，润州区机关事务工作以习近平新时代中国特色社会主义思想为指导，紧紧围绕区委、区政府的工作重点，服务大局，优化作风。坚持管理科学化、服务社会化、保障法制化方向，坚持廉洁、服务、节俭原则，认真对照落实《机关事务管理条例》有关要求，不断优化管理方式、创新服务模式、提升保障能力，较好完成了全年的各项目标任务。

【后勤队伍建设】 及时传达学习习近平总书记关于意识形态工作的重要讲话、重要指示精神和党的十九届五中全会精神；及时传达中央、省、市和区的重要决策部署及指示精神。坚持正确的舆论导向，营造良好的舆论环境和社会氛围。新冠肺炎疫情期间，该中心第一时间召开会议，要求机关全体人员高度重视疫情期间意识形态工作，严守意识形态工作纪律，切实守好意识形态建设的主阵地。推动班子成员落实“一岗双责”形成常态,听取班子成员履责情况报告,专题研究党风廉政建设重点工作,亲自部署专项整改、作风建设督查,真正把党风廉政建设责任落到实处。积极运用履责纪实平台,认真做好了全面从严治党“两个责任”全程纪实工作。积极与社区结对共建,组织全体党员定期到社区开展支援服务;丰富教育形式,组织党员赴黄花塘新四军纪念馆接受爱国主义教育;夯实党建工作基础,圆满完成中心支部换届工作。

【机关后勤保障】 投入90万元左右,对年久失修的区政府大门门楼进行出新改造及亮化,提升区政府形象,保障机关干部职工通行安全。投入近100万元,购置3台食品净化设备,让机关大院干部职工吃得更加安全和放心。完成区委巡察办、区经发局等5家单位办公用房调整搬迁工作。同时,根据市机关事务局相关要求,对电视电话会议系统进行高清升级改造,为机关单位高效运转提供有力保障,得到了区机关大院干部职工一致好评。排查整治安全隐患,投入7万元,对区政府大院灭火器、老旧消防设施等进行及时更换,同时,加大夜间巡查力度,严禁电动车夜间充电,抓好风险防控。在区政府大院门口安装了防撞装置、减速带,为安保人员配备了对讲机,筑牢大院安全第一道防线。实现了全年无刑事案件、无治安案件、无盗窃案件、无火灾事故、无责任事故的目标。抓好厉行节约、制止餐饮浪费行为。坚持“少炒、勤炒”的原则,前厅后厨无缝对接,以便厨师实时掌握动态,及时调整菜品分量,提供大、中、小分量不同的米饭及各种粗粮。同时,在每张餐桌上摆放“厉行节约、制止浪费”桌牌,友情提醒就餐人员少量多次取餐。抓好机关疫情防控工作。1月27日,接到区防疫指挥部通知后,高度重视、迅速行动,先后多次召开疫情防控会议,制定区政府大院疫情防控措施,细化工作任务。通过润州区七里甸社区卫生服务中心,直接与防疫物资供应商取得联系,争取到医用口罩5300只、消毒液和洗手液等物资;建立24小时待命机制,调度员、驾驶员全员全天候待命。

【内控事务管理】 办公用房、公务用车管理工作平稳有序。主动联合区纪委监委、区财政局分别对办公用房、公务用车等管理工作进行专项巡检。聘请专业测绘公司实地测量,掌握办公用房面积、实际使用情况等一手资料,对各单位报送数据逐一进行核查,完成全区办公用房基础信息汇总。规范落实公车“一车一档”制度,及时整理填报,高质量完成全区公务用车信息统计报告工作,优化全省“一张网”平台管理。公共机构节能管理扎实有力。完成省公共机构水效领跑者、市节约型机关申报工作,指导镇江市穆源民族学校申报创建省级节能示范单位。积极组织参加全市公共机构节能知识竞赛,在8支参赛队伍中获得第一名的好成绩。利用节能宣传周开展垃圾分类专题宣传,向机关干部普及有关知识。同时,指导全区公共机构完成生活垃圾分类系统填报工作。规范资产管理。定期清查中心固定资产,确保台账清楚、流程规范、账实相符。积极做好“资产云”系统数据的校验、完善等工作,确保成功上线运行。 (黎一娜)

政协润州区委员会

栏目编校：蒋厚军

政协润州区第六届委员会主席、副主席、秘书长分工

胡如明：主持区政协全面工作，分管办公室工作

蔡飞副：协助分管经科委、社事委工作

季　莉：分管经科委工作（经济科技、农业和农村工作）

张春平：分管提案委、学习和文史委、理论研究会工作，负责民主监督和社情民意工作；联系各民主党派、工商联和各界人士

刘向华：分管社事委工作（教育、卫生、文化、体育、社会保障、港澳台侨、民族宗教、外事、城乡建设、人口资源环境、政法、安全生产、工会、共青团、妇联等）

匡淑平：暂未分工，以区财政局工作为主

蒋阿喜：负责区政协日常工作的协调安排，协助主席分管办公室工作

政协润州区第六届委员会常务委员会名单

主　席：胡如明

副主席：蔡　飞　季　莉　张春平　刘向华　匡淑平

常务委员（按姓氏笔画排序）：

王兴堂　邓　燕　朱　莉　朱顺云　仲　庆　刘　旭　杜本军　沈明安　步建坤

肖尚平　吴爱平　邹　明　张　蕾　陆庆宏　陈　星　范　衡　范丰年　宦玉兔

唐顺明　曹　琳　蒋阿喜

综　述

【概况】 六届四次会议以来，区政协在区委员会的坚强领导下，深入学习贯彻习近平总书记重要讲话精神，坚决落实中央、省、市、区委决策部署，积极应对疫情影响，紧扣全区发展大局，牢牢把握团结、民主两大主题，坚持在助推发展中履职尽责，在服务民生中彰显优势，在推进协商民主建设中发挥重要渠道和专门协商机构作用，建管用之言，献务实之策，聚奋进之力，为全力打造一流主城区，夺取疫情防控和经济社会发展“双胜利”，高水平全面建成小康社会做出积极贡献。

【把握正确方向，牢固思想政治基础】 始终把学习作为各级政协组织和广大政协委员的首要任务。坚持和完善区政协党组、政协委员、机关干部学习制度,综合运用专题会议、座谈交流、委员培训、在线学习等多种方式,深入领会中共十九届四中、五中全会精神,习近平总书记重要讲话精神以及中央,省委、市委、区委、政协工作会议精神,进一步增强深学笃行新思想的高度自觉。围绕《习近平谈治国理政》第三卷开展学习研讨,将其与学习习近平总书记关于加强和改进人民政协工作的重要思想紧密结合,以“跟着学”强化“跟着走”。围绕“充分发挥人民政协专门协商机构作用”开展理论研讨,共征集论文48篇,择优向省、市政协报送15篇,并在全市政协系统理论研讨会上作经验交流。突出党建引领,始终把落实新时代党的建设总要求作为政协工作的基石。切实加强党的阵地建设和意识形态领域工作,组织开展“党旗飘扬·抗疫有我”主题党日活动,到市委党校党风廉政教育基地参观学习,前往中国海军诞生纪念馆、新四军黄桥战役纪念馆开展党性教育,引导机关党员干部加强党性修养,提高政治能力,进一步打牢增强“四个意识”、坚定“四个自信”,做到“两个维护”的思想根基。严格落实“三会一课”、谈心谈话等组织生活制度,高标准召开组织生活会、民主生活会,扎实做好党费收缴、支部管理等工作,确保党内生活规范化、制度化、经常化。坚持区委领导。始终把区委重要决策部署作为政协履职的主线。坚决贯彻区委对区政协工作的各项要求,坚定不移地在区委领导下谋划和推进工作,做到政协常委会工作意见、年度重要活动安排、协商议事室建设等报请区委批准后实施,确保党的全面领导在政协不折不扣落到实处。第一时间传达学习区委政协工作会议精神,全面贯彻落实区委对区政协工作的新部署新要求,锚定使命任务,细化履职目标,深入联系实际,不断推动政协工作提质增效。支持配合区委第二巡察组开展巡察工作,直面问题,查摆剖析,切实担负整改主体责任,从严从实从快整改到位。

区委书记高国成参加协商议事活动

(区电台　摄)

蔡文龙赴南通学习考察“有事好商量”协商议事室建设经验和做法

(区电台　摄)

【服务区域发展,优化协商民主机制】 围绕编制“十四五”规划开展专题协商,深入学习习近平总书记对“十四五”规划编制工作的重要指示精神,积极贯彻落实全区“争先创一流、展现新作为”推动高质量发展动员大会决策部署。组织委员及政协各组成单位开展“十四五”规划编制协商建言主题活动。立足新时期润州所处的历史方位、面临的形势任务、拥有的机遇优势以及“后疫情”时代存在的重大变量,以推动“三高一争”

蔡文龙赴苏州考察夜经济发展情况

（区电台　摄）

为主题，在深入调研、深度思考、反复沟通、广泛协商的基础上，从“推进产业强区、深化改革开放、建设生态文明、实施创新驱动、提升社会治理、增进民生福祉”六大方面提出意见建议52件，甄选汇编后供区规划编制部门参考，多条建议被借鉴采纳。围绕夺取“双胜利”开展重点协商。把服务高质量发展、打赢疫情防控阻击战作为政协履职的重要使命。区政协领导班子根据区委、区政府2020年“百企大走访”活动安排，分组走访了慧灵科技、长申超市、中瑞标准件厂等30余家辖区企业及委员企业，详细了解疫情防控和复工复产情况，为推进企业稳产稳岗、满产扩能献计献策。召开“协助企业复工复产，推进全区高质量发展”座谈会，邀请经发局、财政局、科技局、商务局等职能部门负责人对企业关心的问题进行现场解答，帮助企业纾困解难、提振信心。参加市政协“发挥政协协商议政优势，助力夺取疫情防控和经济社会发展双胜利”首次网络议政会，就“如何建强战斗堡垒、用好‘三项机制’，营造夺取‘双胜利’的良好氛围”进行会议发言。围绕推进“有事好商量”开展对口协商。贯彻落实市政协副主席、区委书记高国成“根据省、市政协部署，结合润州实际，完善方案，加大推进力度，切实抓好”的批示要求，扎实推进“有事好商量”协商议事工作。以“不另起炉灶，不增加负担”为原则，依托原有“政协委员之家”，采取“1+1+N”模式，实现8个街道（含蒋乔街道）、52个村（社区）协商议事室全覆盖。坚持无调研不协商，组织委员下沉一线，找准基层治理中的难点弱点，围绕居民安全出行、停车难、农批市场管理等民生关切制订协商议题。充分发挥七里甸街道基层联络委、南山街道基层联络委协商议事室建设试点先行作用，带动提升全区协商议事工作整体水平，全年，累计开展协商议事活动18场次，收集意见建议46条，协调解决各类问题33项，做出了以“协商之治”助推“基层之治”的有益尝试。

【坚定使命担当，丰富参政议政成果】 紧扣中心履职，为城市经济助攻。提振夜间经济、繁荣夜间消费是特殊背景下促进城市经济发展的新增长极。为答好市委书记马明龙调研润州提出的考题，进一步激活润州夜经济，区政协主动领题，聚焦问题、集合众智，提出了“专注自身优势，集聚资源要素，凸显核心功能，重点开发符合城区定位和气质的夜间旅游知名品牌、拳头产品”等建设性意见，为擦亮“润州明月夜”城市发展新名片贡献政协智慧。围绕加快推进全区生产性服务业集聚区建设，深入开展调研，形成建议案，并得到区政府主要领导批示肯定。围绕民宿经济发展、重点旅游项目推进等展开专题视察，提出了一系列务实管用的建议。此外，区政协还主动服从服务于全区工作大局，积极完成区委、区政府交办任务，在国有企业改制、拆迁扫尾推进、全域旅游打造等全区重点工作中发挥积极作用，展现了政协人实干兴区的新形象。紧贴民情问政，为民生实事助力。高度重视城市精细化管理、棚户区城中村老旧小区项目改造、优质教育资源供给、社区公共卫生体系建设等社会热点，在实地走访中查实情、找短板、寻对策，努力探索解决问题的思路办法，为润州区做好“六稳”工作，落实“六保”任务增智添力。关心支持养老事业发展，组织骨干力量，深入分析当前全区居家和社区养老现状，认真撰写“关于大力提升居家和社区养老服务水平的建议案”，有关建议已被吸纳转化为推动实际工作的举措。持续关注生态环境保护，主席会议实地视察了征润州砂石码头绿化造林、周家河水环境治理等工程现场，分别就做好全区城市生态环境提升和长江沿岸绿化工作提出建议，积极为共建共享山水花园名城出谋划策。紧盯难点监督，为社会发展助跑。强化提案督办工作，先后召开6场现场答复会，对区委、区政府领导领衔督办的13件重点提案开展带案视察，一批涉及百姓生活的教育医疗、社会保障、城建城管等问题得到有效解决。2020年，共收到委员提案142件，审查立案95件，所有立案提案均按期办复，委员满意率和基本满意率达100%。按照"飓风行动""两个不放松"安全生产专项整治工作要求，蹲点被巡察单位，对"三位一体"安全责任落实、隐患整改等安全生产重难点问题进行融入式监督。组织委员参加部门工作考评、民主评议座谈，参与检察院"检察开放日"，旁听法院公开庭审，就推进部门工作、促进司法公正、维护社会稳定充分表达各界意愿。积极配合市政协开展"垃圾分类从我做起"主题活动，率先当好环保事业发展的倡导者、践行者。

【加强团结协作，凝聚社会各方力量】 深化与各民主党派、工商联、无党派人士的联系，主动征求他们对政协年度工作安排和机关建设的意见建议，邀请他们参加调研视察、座谈协商、"润州请客"系列活动，积极营造合作共事的良好氛围。加强对界别活动组、基层联络委的工作指导，搭建平台载体，健全工作机制，着力推动政协工作活起来、实起来、强起来。做好上级政协到润州考察调研安排，密切与兄弟市区政协的交流，全年，先后接待省内外政协考察组9批次，组织赴南通市、苏州市等地学习考察4批次，在相互交流中联络了感情、开拓了思路、推进了工作。深挖内涵繁荣润州文化。专题视察润州区渔文化、水文化保护传承工作，依托做优做特新金江渔文化展示馆和区节水教育基地，促进全社会形成节约水资源、保护水生态的思想意识和行动自觉。关心支持大西路、伯先路等历史文化街区建设，呼吁市政协向市委、市政府提出整治改造宝盖路、京畿路以南片区的建议。推进落实茶文化、古琴文化进校园活动，促成穆源民族学校因日寇轰炸遗失多年的"建校三十周年纪念碑"重返校园。加强诗教组织建设，完成区诗词楹联协会换届工作，选优配强新一届领导班子，为提升润州文化软实力注入新动力。服务社会弘扬正向能量。常委会在服务民生改善的同时，积极引导委员、政协组成单位参与公益事业，履行社会责任。2020年2月，在防疫物资紧缺的情况下，区政协民营经济、侨台群团民族宗教等界别活动组的委员们动用一切力量，自发采购，向抗疫一线的社区工作人员捐赠医用防护口罩、一次性手套和84消毒液等急需物资。民进润州综合支部走进社区，开展"车辆上路，人人佩戴安全头盔"宣传活动，引导社区居民学习并遵守《江苏省电动自行车管理条例》。民建润州基层委四支部与金山实验学校结对共建，开展助学活动，力所能及地帮助困难学生群体，产生了良好的社会影响。

区政协检查推进城市生态环境提升和长江沿岸绿化工作

（区电台　摄）

【夯实履职基础，扎实自身建设举措】 加强委员日常管理，建立健全履职档案，优化完善履职系统，将委员参加调研视察、提交提案、报送社情民意信息等情况，作为评先评优的重要依据。举办委员培训班，邀请市委党校教授作中共十九届四中全会精神专题辅导，邀请法律专业人士解读《民法典》，为委员依法依规高效履职打下坚实基础。切实保障委员知情权、参与权，定期邀请区政府有关部门到区政协通报工作，在各类履职活动中，注重发挥委员主体作用，让委员当好主力、唱好主角。着力提升专委会工作水平，加强专委会工作力量配备，在区委的高度重视下，完成了专委会编制优化工作，结束了区政协"一人委"历史，实现了专委会建设的突破。健全专委会对口联系政府部门和服务各界别委员工作机制，注重沟通交流，增进互信配合，形成工作合力。按照"八个必须坚持"指导原则，推动专委会工作创新发展，通过调研报告、建议案等综合反映调研成果，建言的"靶向性"和资政的"含金量"得到进一步提高。着力提升机关服务效能。严格执行中央"八项规定"精神和区委要求，完善政协机关内部管理各项制度，规范办文、办会、办事程序。倡导“爱岗敬业、忠诚服务”的机关工作理念，优化作风建设，增强服务本领，不断激发机关干部干事创业的精气神。加快智慧政协建设，加强与省、市政协工作对接，全力打造与时俱进的委员履职“云平台”。拓宽宣传渠道，开设宣传专栏，在《镇江日报》、“学习强国”、省市政协微信公众号等市级以上媒体平台刊发新闻报道20余篇，大大提升了润州政协的影响力。（区政协办）

重要建议

【关于大力提升居家和社区养老服务水平的建议】 建立广泛覆盖的居家和社区养老服务网络是与时代发展和治理能力现代化建设的趋势相适应的。为推动高标准高质量完成居家和社区养老服务改革试点工作，不断提升居家和社区养老服务水平，现提出5个方面的建议：1. 精准对接，完善居家和社区养老服务体系。把居家和社区养老服务体系建设纳入“十四五”规划编制纲要，着力构建以家庭为核心，以社区为依托，以信息化为手段，以专业化服务为支撑，以志愿互助服务为补充的服务体系。2. 多措并举，推动养老服务设施优化。一是分区分级规划设置养老服务设施，民政部门参与规划、验收、移交和管理，推动建设标准化（AA级）及以上社区养老服务中心。二是按照“小型、就近、适用”原则，有效整合利用社区各类闲置资源。三是实施社区和老年人家庭适老化改造工程，打造老年人居家安全生活环境。四是积极探索智慧居家养老模式，加快智慧医疗建设步伐，加强与医疗机构的对接。3. 拓宽渠道，实现社区居家养老服务多元供给。政府加大资源投入力度的同时要增强政策优惠导向，通过市场化机制使养老资源得到合理配置和有效利用。4. 医养融合，加强从业人员队伍建设。一是强化社区医疗机构与养老服务联动。二是加快专业人才培养。三是建立社会组织参与居家和社区养老服务的激励机制。5. 加强监管，保障居家和社区养老服务长效发展。改革试点领导小组要加强对全区居家和社区养老服务改革试点工作的组织领导和统筹协调，定期分析试点工作推进情况和出现的问题，及时制定相关政策措施，确保各项试点工作任务有序推进和顺利完成。

【关于加快推进生产性服务业集聚区建设的建议】 生产性服务业是现代经济发展的关键引擎，近年来，“推动生产性服务业向专业化和高端化延伸”已成为全区产业发展战略的重要支点之一。2020年6月，润州区商务金融服务集聚区入选省级生产性服务业集聚区。为促使集聚区内优势资源集中，促进主导产业质效提升，区政协重点就生产性服务业集聚区建设开展专题调研，提出5项建议：1. 合理规划布局，规范产业政策导向。建议以官塘创新社区为核心，发展集5G、大数据、人工智能等产业为主导的总部经济集聚区，全力打造镇江“多片区”发展体系中的崭新增长极。2. 健全平台建设，完善公共服务体系。一是建设信息服务平台。通过定期举办各种论坛、联谊会、午餐会等活动，加强集聚区内企业合作、沟通。二是建设主导产业服务平台。在联想·星云镇江创新中心、建设工程质量检测中心等平台基础上，通过鼓励集聚区企业自建和重点引进的方式，建设人才培训、公共研发、知识产权保护运营等服务机构。三是建设政务公共服务平台。通过在现有政务服务平台开辟子平台或独立建设的方式，为集聚区企业提供“一站式”“全程代办式”服务。3. 鼓励融合发展，优化创新创业环境。一是加快建设各类创新机构。以科技创新功能区为重点，引导规上企业与高校、科研院所共建研发中心、技术中心、实验室等研发机构，提升企业研发层次和水平。二是建设众创空间及孵化器。按照“扩大规模、提升功能、促进产业化”的思路，积极推进科技企业孵化器、加速器及众创空间建设。三是完善创新创业环境。建议出台集聚区鼓励创新创业的指导意见，在场地、网络、资金、人才等方面加强扶持，切实解决创业者面临的资金需求、市场信息、技术支撑、公共服务等瓶颈问题。4. 加大招商力度，增强经济发展后劲。一是强化招商引资的针对性。按照产业链的发展需要，特别在基金证券、银行保险、创投经济、特色楼宇等领域扎实做好项目招商的前期工作。二是提高招引层次和标准。充分利用长三角一体化发展带来的区域发展机遇，抓住上海、南京等地区的产业转移和合作机遇，积极引进行业内知名服务企业来集聚区投资。三是提高产业准入门槛。促进集聚区集聚集约发展，开展企业项目亩均效益评估。建立产业负面清单。5. 强化招引培训，建设高质量人才队伍。一是建立重点人才引进机制。借助市、区两级人才招引平台和各项招引活动，着力引进企业需要的具有国际化视野、在业内有一定影响力的金融、商务、科技信息等方面的领军人才。二是鼓励企业加大培训力度。鼓励企业与科研院所合作，鼓励重点企业建立企业大学等内部培训机制。三是建立人才交流培训机制。建立公共人才培训机构，提供专业技能、管理提升、专题研究等方面的技能培训。

【关于润州民营经济中小企业融资的建议】 在纪念改革开放40周年之际，习近平总书记组织召开民营经济企业家座谈会并发表重要讲话，高度肯定了民营经济的重要地位和作用，提出支持民营经济发展壮大的六个方面的政策举措。民营经济的发展基础仍然薄弱，发展质量还不高。落实上级惠企的政策上，民营经济的获得感还不强，融资难等问题依旧是其经济发展的瓶颈。有效的解决中小企业融资难、促进中小企业发展，已经成为社会的热点问题。缓解中小企业融资难是一项涉及面广，系统性强的工程，需要政府、银行、企业和社会 各方相互配合，建立完善的体系制度。现提出2点建议：1. 充分发挥政府的引导和促进作用，扩大民营中小企业贷款的渠道。中小企业资金需求一般时间紧、金额小、频率高，而银行放贷手续繁杂、时间长，一定程度上限制了民营中小企业向银行贷款的需求。现在银行贷款仍是中小企业融资的主要途径，政府可以设立依托政府平台的金融机构，为符合条件、符合征信的中小企业进行快速放贷。2. 民营中小企业不同程度的存在资信情况不透明等情况，财务制度不健全，财务状况不透明，财务报表不真实，无法向融资方提供有效的信息。政府可以引导民营中小企业建立健全的管理制度和财务制度，规范财务运行质量。政府要完善社会征信体系，扩大信息采集，保持民营企业信息的时效性、真实性、透明性，可以有效地降低民营中小企业贷款难度。　（区政协办）

2020年区政协常委会议议题一览表

表9

届 次	月份	议 题	承 办 人	
			政协部门	党政部门
六届十三次	3	1. 听取区纪委、监委2019年工作情况通报 2. 审议通过《润州区政协2020年工作意见》及2020年重点工作安排	办公室	
六届十四次	6	讨论并通过《关于大力提升社区居家养老服务的建议案》	社事委	区民政局 区卫健委
六届十五次	9	讨论并通过《关于加快推进我区生产性服务业集聚区建设的建议案》	经科委	区经济发展局
六届十六次	12	研究召开区政协六届五次会议有关事项： 1. 审议区政协常委会工作报告和提案工作情况报告 2. 审议召开会议的其他有关事项	办公室 提案委	

（区政协办）

2020年区政协主席会议议题一览表

表10

届 次	月份	议 题	承办人	
			政协部门	党政部门
六届三十四次	2	1. 讨论《润州区政协2020年工作意见》及2020年重点工作安排 2. 讨论六届四次会议提案立案及确定重点提案工作	办公室 提案委	
六届三十五次	3	视察“渔文化”建设情况	学文委	和平路街道
六届三十六次	4	视察区民宿旅游经济发展情况	经科委	区文体 旅游局
六届三十七次	5	视察本土经济发展情况	经科委	区经发局 区科技局
六届三十八次	6	视察推进城市生态环境提升和长江沿岸（润州段）绿化工作	社事委 经科委	区生态环境局 区住建局 区水利局 区农业农村局
六届三十九次	7	听取区政府上半年经济运行情况的通报	经科委	区政府办
六届四十次	8	视察优质教育供给实施情况	社事委	区教育局
六届四十一次	9	视察水文化体验馆建设情况	学文委	区水利局
六届四十二次	10	听取并评议区政府提案办理情况通报	提案委	区政府办
六届四十三次	11	视察社区公共卫生建设情况	社事委	区卫健委
六届四十四次	12	讨论召开区政协六届五次会议有关事项	办公室	

2020年区政协重要活动一览表(一)

表11

时间	活动内容	承办部门	参加对象
一月	党的十九届四中全会精神学习辅导	办公室	全体委员
	做好节前慰问工作	办公室	区政协领导
三月	召开提案交办工作会议	提案委	提案承办单位
	召开各界别组、基层联络委负责人会议	办公室	界别组组长 街道政协联络委负责人
	理论研究会论文征集	学文委 办公室	各界别组、联络委、专委会(全体政协委员)
四月	企业家委员座谈会	办公室 经科委	企业家委员等
五月	开展提案督办活动	提案委	提案承办大户
	组织赴外地学习协商议事室经验做法	经科委	各联络委等
六月	开展提案督办活动	提案委	提案承办大户
	学习考察先进地区水系保护的做法	学文委 社事委	部分政协委员 (相关领导、专委会、区水利局相关人员)
七月	提案办理协商现场会	提案委	提案承办单位
	视察城市精细管理工作	社事委	区城管局
八月	提案办理协商现场会	提案委	提案承办单位
	开展“提案督办,协商办理”活动		
	视察棚户区、城中村改造以及老旧小区改造情况	社事委	区住建局
九月	提案办理协商现场会	提案委	提案承办单位
	开展“提案督办,协商办理”活动		
	理论研究论文交流会	学文委 办公室	区政协相关领导 论文作者

续表 11

时间	活动内容	承办部门	参加对象
十月	开展"我为'十四五'规划建言"活动	经科委牵头 相关委办配合	全体区政协委员
	组织提案委员开展"民主监督专项评议"活动，评议有关提案，特别是重点提案落实情况。	提案委	区市场监督管理局 区城管局
十一月	组织提案委员开展"民主监督专项评议"活动，评议有关提案，特别是重点提案落实情况。	提案委	区文体旅局
	视察魔幻海洋世界项目建设情况	经科委	区经济发展局
十二月	筹备召开区政协六届五次会议	各委办	大会筹备处
全年	按照市政协部署推进"有事好商量"协商议事室建设	经科委	各基层联络委等

（区政协办）

公园一角 （田 冰 摄）

中共润州区纪律检查委员会 润州区监察委员会

栏目编校：蒋厚军

润州区纪委常委、委员名单
润州区监委委员名单

纪委常委：

杨　坚　　陆振兴　　孙建民　　马少俊　　吴　莹(女)

纪委委员：

杨　坚　　陆振兴　　孙建民　　马少俊　　吴　莹(女)　　周向群
倪南成　　李志鹰(女)　　孙建军　　马　力　　史润忠　　石光亚
易仁东　　夏　兵　　赵　莹(女)　　金威威

监委委员：

杨　坚　　陆振兴　　孙建民　　马少俊　　许传亮

综　述

【概况】 2020年，在市纪委监委和区委的坚强领导下，区纪委监委坚持稳中求进、实事求是、依规依纪依法，补短板、强弱项、提质效，努力推动全区政治生态持续净化、不断向好，党风廉政建设和反腐败工作取得新进展新成效。

“两个维护”自觉践行。坚持把学习贯彻习近平新时代中国特色社会主义思想作为首要政治任务，区纪委常委会区监委会议开展专题学习12次，深入学习中共十九届五中全会精神、习近平总书记视察江苏重要讲话，跟进学习习近平总书记关于全面从严治党新论述新要求，自觉以新思想引领新实践。着力强化政治监督，坚持党中央重大决策部署到哪里，监督检查就跟进到哪里。系统推进常态化疫情防控、落实“六稳”“六保”、打好三大攻坚战、安全生产专项整治等9项专项监督，保障各项决策部署落地落实。协助区委制定“两个责任”清单，督促各级党组织落实全面从严治党主体责任。协助区委制定《〈2019年度各市(区)政治生态监测评估报告〉反馈润州问题的整改实施方案》，督促整改按期完成。

作风建设锲而不舍推动。深入贯彻落实中央八项规定及其实施细则精神，深挖细查顶风违纪、隐形变异问题，开展厉行节约反对餐饮浪费专项督查、违规吃喝专项检查和“公车私用”“私车公养”等问题专项整治，全年，查处违反中央八项规定精神问题15起21人，给予党纪政务处分17人，通报7批12起11人。紧盯“关键少数”，上下贯通整治形式主义、官僚主义，全年查处形式主义、官僚主义问题6件，处理12人，党纪政务处分9人，通报曝光3批5起14人。协助区委制定精简发文措施，定期监测发文情况，相关材料被省纪委监委党风室专刊采用，经省纪委监委主要领导同意作为经验做法在全省纪检系统推广。健全完善纠正“四风”工作统筹协调机制、查处问责机制、通报曝光机制，推动治理“四风”工作更加规范高效。实行查处违反中央八项规定精神问题会商会审机制，提升查处质效。

不敢腐不能腐不想腐一体推进。坚持重遏制、强高压、长震慑，一着不让将反腐败斗争引向深入。全年，共接受群众信访举报70件次，同比下降50%，处置问题线索163件，立案69件，同比上升16.9%，给予党纪政务处分54人，移送检察机关6人，挽回经济损失1324.57万元。结合日常监督中发现的突出问题，深入研究规律，查找制度漏洞，找准责任主体。坚持一案一总结，着力构建研究问题、推进整改、成效评价、监督问责的工作闭环，全年，制发监察建议书6份，切实做好查办案件“后半篇文章”。协助区委召开全区领导干部警示教育大会，拍摄警示教育专题片《贪欲之殇》，以案明纪、警钟长鸣。深入开展廉洁文化宣传教育，在省、市主流新闻媒体刊发报道170篇，组织举办“润廉清风、你我同行”廉洁文化广场演出，营造风清气正的社会氛围。

【彰显监督第一职责】 2020年，区纪委监委强化监督基本职责、第一职责，坚守“监督的再监督”定位，做细做实日常监督、长期监督。一体推进“四个监督”协调衔接、同向发力，建强“三个层面六支队伍”力量，推动监督工作制度化规范化，不断织密织牢监督网络。优化监督方式方法，强化信息共享，用好监管平台，以信息化手段提升监督质效。延伸监督触角，深入推进派出监察员办公室工作，调优人员力量，规范工作流程，通过交叉监督、专项督查等方式，实现监察“闭环”。突出监督重点，找准监督切入口，深入开展城市居民生活安全突出问题集中整治、残疾人帮扶政策落实情况专项监督，督促职能部门责任落实。注重抓早抓小、防微杜渐，全年，运用“四种形态”处理172人次，其中，第一、二种形态占比为90.1%。

【发挥巡察利剑作用】 坚守政治巡察定位，精准发现问题、纠正偏差，部署开展第九、第十两轮巡察，对15个部门开展常规巡察，7个部门开展巡察回头看，发现问题224个、问题线索4条。完成八届区委任期巡察全覆盖，巡察“回头看”比例达11%。深化“办组合署”运行模式，健全与组织、审计、信访等部门协作配合机制，加强巡前的情况通报和巡中的沟通协调，构建更加科学、严密、有效的巡察监督网络。建立“两审两签”机制，巡察组、巡察办对被巡察单位巡察整改方案、“双报告”审核签字，层层把关巡察单位整改方案质量。规范开展巡察整改专项督查，对区委巡察反馈整改时间满一年的6个单位、3个街道和10个村（社区）开展监督检查，进一步推动整改常态化、高质量。

【解决群众反映强烈问题】 2020年，区纪委监委深化民生领域损害群众利益问题集中整治，开展城乡低保、农村乱占耕地等专项监督，确保惠民政策落实到位。建立脱贫攻坚动态监测机制，持续巩固提升脱贫成果。紧盯农村集体“三资”管理、征地拆迁等领域，从严查处虚报冒领、截留挪用等行为，让群众切实感受到正风肃纪新成效。连续四年实施“三治理一挂牌”专项行动，聚焦脱贫攻坚、涉农改革、基层治理三大重点，查处群众身边不正之风和腐败问题15起21人，其中，给予党纪、政务处分11人，通报曝光3批3起8人，有效解决一批群众反映强烈的突出问题。坚持把扫黑除恶同反腐败斗争和基层“拍蝇”相结合，深入推进扫黑除恶“打伞破网”工作，查处涉黑涉恶腐败案件1件，查处推进扫黑除恶专项斗争工作不力问题6个，处理6人。

【加强“润廉铁军”建设】 2020年，区纪委监委连续第三年开展“打铁必须自身硬”专项行动，印发《2020年度“打铁必须自身硬”专项行动工作方案》，按照“三强化四提升”目标任务，提出4个方面14条重点举措。开展“学恩来精神，守初心使命”专题教育，引导纪检监察干部自觉涵养初心使命。以提升综合业务能力为重点，围绕问责工作、日常监督等专题，组织开展“润廉讲堂”9期，参训420余人次，走读式谈话安全培训等线上线下专题培训5期、党性教育现场教学2期，参训人数150余人次。全区纪检监察干部签订《作风建设承诺书》，并向纪检监察干部家属发放《作风建设倡议书》，共同督促纪检监察干部加强“八小时以外”作风建设。制定《润州区纪委监委公务员平时考核实施办法（试行）》，分层分级开展廉政家访和谈心谈话，动态掌握干部思想动态，不断强化纪检监察干部监督管理。 （吴　超）

2020 年查办案件统计表

表 12

项目 年份	立案数(件)	上年遗留案件数(件)	本年遗留案件数(件)	错误性质(件)							立案人数(人)	处分结果(件)												处分人数(人)	刑事处理人数(人)	结案数(件)	挽回济损失(万元)
												党纪处分					政纪处分						其他				
				违反政治纪律	违反组织纪律	违反廉洁纪律	违反群众纪律	违反工作纪律	违反生活纪律	违反国家法律法规规定		警告	严重警告	撤销党内职务	留党察看	开除党籍	警告	记过	记大过	降级	撤职	开除	免于党纪处分				
2020	69	25	2	3	1	15	0	16	1	39	69	23	10	1	3	6	4	2	0	3	1	7	0	54	8	80	1324.57

（区纪委监委）

太平 太平　　（田　冰　摄）

民革润州支部

【概况】 民革润州支部成立于2004年11月，截至2020年年末，支部共有党员31人。其中，担任市人大代表1人，市政协委员1人，区政协委员6人。民革党员主要由润州区所辖地域内的政府机关、教育系统、市企业等行业人员组成，年龄最大的76岁，最小的34岁。支部主委王文君，支委4人。2020年，民革润州支部被市民革评为市级“民革优秀支部”。

【思想组织建设】 2020年，民革润州支部继续加强支部建设，提高民革党员思想认识和政治站位。巩固“思想政治建设年”和“不忘合作初心，继续携手前进”主题教育活动各项成果，总结思想政治建设经验，引导支部民革党员坚定中国共产党领导的信念，凝聚政治共识，做到政治认同、思想认同、理论认同、情感认同，巩固多党合作的思想政治基础。民革润州支部在疫情期间，通过网络形式，深入学习贯彻习近平新时代中国特色社会主义思想和民革十三大精神。疫情后，通过党员大会，集中学习中共十九届五中全会精神和民革中央十三届三中全会精神，把学习贯彻习近平新时代中国特色社会主义思想引向深入。11月，与科技支部、财经支部联合赴西安，学习习近平总书记讲话精神，参观张学良公馆等，深化和推进“不忘合作初心，继续携手前进”主题教育活动。

【参政议政和社会服务】 2020年，民革润州支部完成《建立完善医养结合模式，提供优质满意养老服务》调研报告。支部党员邱坚撰写的《关于合理利用区块链技术的建议》被全国政协通报采用，另撰写《关于加强电动自行车及其衍生车辆的管理的建议》《关于加强我市臭氧污染治理的建议》。程远金撰写的《国家企业信用信息公示系统中“注销公告”栏目亟待完善》被省政协通报采用，《各级应急值班电话应以手机优先、固话辅助的建议》《江苏省“十四五”规划解决好本地建筑石料资源保障不充分的建议》被民革省委采用，另撰写了《关于企业复工的一些建议》《做好各类自然灾害应急工作预案防止与新冠病毒疫情形成叠加效应》《莫让军人优先变成军人靠边》。沈琪萍撰写《香港国安立法有关突出动向及风险研判》。张月琴撰写《关于促进全民健身和全民健康深度融合的建议》。鲁仲俊撰写《关于加强对我市外卖骑手管理的建议》。5月，与综合支部、丹徒一支、丹徒二支以“爱家乡，健身行”为主题，举行登圌山联合活动。7月，与综合支部联合赴中国人民银行镇江分行进行调研，了解镇江市金融行业在促进地区经济健康稳定发展所做的工作。9月，全体党员走进镇江沐家护理院，了解“医养结合”养老模式在护理院的推行情况，并为老人们送去月饼和苹果，对全体老人进行慰问。10月，与新区支部联合赴姚桥镇儒里村调研，感受“家风正、民风淳，国风清”的新农村精神文明建设创新成果。疫情期间，民革润州支部积极响应中共润州区委统战部的号召，支部党员共捐款1000元。另外，沈琪萍个人捐赠150个口罩。积极响应民革中央关于开展“我为扶贫下一单”的消费扶贫活动号召，民革润州支部共消费744元。（王文君）

民盟润州支部

【概况】 民盟润州支部成立于2007年3月，截至2020年年末，支部有盟员40人，主要由润州区所辖地域内的政府机关、教育卫生系统、市企业等行业人员组成，其中，镇江市大代表1人、政协委员4人。正高级职称1人，中高级职称33人，教育工作者35名，医务工作者2人，其他职业3人。支部主委朱莉。2020年，民盟润州支部被盟市委评为特色基层组织、宣传工作先进集体、组织工作先进集体、社会服务工作先进集体。

【思想组织建设】 2020年，民盟润州支部带领全区盟员，以思想建设为主线，以能力建设为核心，推进坚持和发展中国特色社会主义学习实践活动。组织盟员走进沙家浜、市委党校警示教育基地参观学习，通过红色教育让盟员时刻不忘初心。组织盟员认真学习《民法典》，提高盟员应用《民法典》的能力和水平。联合多方力量，走上街头，进行市民骑行佩戴头盔宣传活动。在盟员中广泛开展“节俭养德”活动，号召盟员从我做起，带动身边人，倡导节约美德。积极参加盟市委组织的各项活动，盟员孟庆媛参加镇江民盟艺术团讲述全民抗“役”中的暖心故事；盟员庄隽、窦金秋、毛芝兰、徐鑫、胡秀红精心编排《祖国礼赞》参加盟市委《同心奔小康 共圆中国梦》文艺演出。

【参政议政和社会服务】 8月份，盟员朱莉参加和平路街道“有事好商量，政协来帮忙——破解回迁安置小区生活需求难题”活动。9月份，盟员王平原参加“有事好商量，政协解难题——关于官塘桥农贸市场周边环境整治”调研。同时，参加考察连镇铁路沿线治理情况(润州段)的调研。2020年，民盟润州支部借助《群言》《润州政协》、民盟市委微信公众平台、《镇江统战》累计报送新闻报道25条，宣传各种重大活动、优秀人物、先进事迹，支部向社区服务中心捐赠防疫物资的报道被《团结网》录用。疫情防控中，盟员田金芳自大年三十起坚守岗位，全身心护理病区重症患者，为挽救患者夺取生机。盟员朱莉、庄隽、仇文燕坚持录播网课，做到听课不停学。民盟润州支部筹措资金9000余元，购买一批防护物资，捐赠社区卫生服务中心。支部组织盟员开展送教、送文化社会服务活动。5月份，民盟润州支部和新疆建设兵团四师70团幼儿园结成共建单位；11月份，盟员走进市残联启明星幼儿园，开展专题讲座，并筹集善款3700余元为孩子购置御寒物资。 （朱　莉）

民建润州基层委员会

【概况】 2020年，民建润州基层委员会在民建市委和润州区委统战部的领导下，以加强自身建设为基础，以增强履职成效为关键，以创新工作理念为根本，发挥作用，担当新使命，彰显新作为。民建润州基层委员会被民建中央授予“全国先进集体”，步建坤被省民建评为“参政议政先进个人”、其社情民意受到省政协年度表彰，戴忠胜被省民建评为“抗疫先进个人”。

【思想组织建设】 2020年，民建润州基层委创建“润州民建会员之家”，组织撰写“不忘合作初心，继续携手前进”理论征文以及政协理论研讨文章等，引导会员坚持中国共产党领导的多党合作和政治协商制度，要求每一名会员牢固树立政党意识，同心同向。在抗击新冠病毒工作中，民建会员参与各项防控工作之中，支持会员投身一线抗疫，在城市大门高速公路口执勤检测，讲好抗击疫情的民建故事，弘扬正能量；带头参与社区防控，走街串户，宣传防疫知识；协调组织医疗物资支援疫区，支持七里甸社区卫生服务中心、润州区韦岗社区卫生服务站、润州区疾控中心等部门；全部会员慷慨解囊资助抗击疫情，力所能及捐资、捐物，奉献爱心，指导并参与复工复产，帮助企业渡过难关。

【参政议政和社会服务】 2020年润州区人大和政协会议期间，民建润州基层委员会及民建会员政协委员先后提出发展城市经济、文化旅游、加强城市管理等集体提案和个人提案，得到相关部门认真吸纳、办理和落实，有的被作为政协重点提案交办，有的被评为优秀提案。4月15日，民建润州基层委员会代表各民主党派，在区委召开的政协工作会上，做“担当新使命，彰显新作为”的发言；主动围绕区委统战部确定的调研课题，开展专题调研，提出关于进一步加快润州“创新载体”工作的建议案；10月，在产业强市“双月座谈会”上，为民建市委提供“产业强市选培重点产业链，强链补链提升产业集群度”的调研文章；在市委召开专项民主监督协商会上，提供《当好“店小二”，服务“全天候”》的调研稿件。全年，民建润州基层委员会共活动3次，各支部自行组织3~4次。2月11日，会员戴忠胜带领镇江浙江商会润州片区工作委员会向润州区捐赠防控医疗物资，捐赠七里甸社区卫生服务中心口罩2000个、酒精30桶，韦岗街道口罩2000个、酒精10桶；11月28日，基层委骨干会员集中参加宝塔路小学100周年校庆典礼，捐赠书法、书画作品；四支部走进金山实验学校活动，结对共建聚合力，优势互补促发展；三支部开展专题学习活动，了解参政党的建设在加强中国特色社会主义政治建设的重要性；二支部开展参观镇江方志馆活动。

（步建坤）

民进润州综合支部

【概况】 民进润州综合支部成立于2008年9月，截至2020年年末，共有会员20人（退休会员3人），主委陈星，支委5人，其中，民进市委委员2名，市政协委员1名，区政协委员4名，1人担任区政协常委，担任市纪委特约监察员1人，食品药品监督员1人。主要由润州属地辖区的机关、企业、教育系统人员组成。

【思想组织建设】 2020年，综合支部发展1名会员，民进润州着手选址筹备打造“民进会员之家”。陈星作为纪检特约监察员参加市政府组织的“政风热线 市长上线”大型全媒体直播镇江专场活动及2020年全市各民主党派骨干培训班，支部支委参加民进市委会2020年镇江民进骨干会员培训班。支部会员、莫仕天安财务总监席玉蓉主动向“北京韩红慈善基金会”捐款；支部捐款2000余元给“镇江红十字会”用于润州区疫情防控；支部会员将2020年会费1300元由市委会统一捐款给湖北省黄石市，用于支援一线的抗疫女性医务者。支部支委、林业茶果指导站副站长黄冰放弃春节假期休息，坚守岗位，对润州区范围内的菜场，花鸟市场等有可能发生野生动物交易的场所，组织开展野生动物交易检查、开展野生动物疫源疫病监测，野外巡护等。

【参政议政和社会服务】 2020年，民进润州综合支部4位政协委员在政协大会期间共提交提案17件，其中，陈星在市政协大会期间“重内涵、显特色、建设精美镇江”的联组会上做《垃圾分类我们做的更多》发言；《加快发展我市数字经济助推城市产业转型升级》作为人大和政协会议聚焦“加快发展特色新兴产业增添产业强市新动能”刊登在《镇江日报》，并提交给市委统战部相关调研建议。陈星提出的《关于做好生活垃圾的分类建议》作为润州区政协重点提案，《关于润州区发展数字经济的建议》列入润州区“十四五”发展规划。张振翔提交的《倾力打造千亿级区块链技术产业集群助力润州城市经济高质量发展》获润州区政协工作理论研究会一等奖并交流发言；《抢抓机遇倾力打造千亿级区块链技术产业集群》列入镇江“十四五”产业经济发展规划；《对宝盖山景区进行保护性开发和抢救性维护》 列入镇江“十四五”历史文化名城保护规划；《关于对我市农产品市场进行智能化升级改造》列入镇江“十四五”为民办实事工程规划；《关于出台基层社会治理实施办法细则》列入镇江“十四五”经济社会发展战略规划。陈星提出的《关于加强文化服务体系建设的建议》《关于根治资本、金融市场经济乱象的建议》，叶国勤提出的《关于对居民生活小区周边加油站进行安全生产大检查的建议》，张振翔《关于加快实施我区民办养老机构（养老院）消防安全达标提升工程的建议》获2019—2020年度润州区优秀提案。民进润州综合支部组织开展关于润州区“十四五” 发展规划建言献策调研活动，针对润州区的城市经济发展提交给区委统战部和区政协两篇调研报告。陈星参加市政协组织的“提升产业招商质效、推进项目招引落地”调研，向市政协八届四十五次主席会议提出建议；积极参与市政协组织的征集建言献策活动，提交《关于以夜间经济的发展促进“江河交汇山水名城” 的打造的建议》。

疫情期间，针对企业复工交通、物资保障、监管等提出《重视企业复工后带来的问题》以及对人传人，如何实现网格化排查，民进润州综合支部提出《建议充分共享并深入挖掘大数据，利用城市运营指挥平台进行可视化调度指挥，推动建设完善新冠疫情防控指挥平台，联动公安、交通、工商等各相关部门资源信息共享， 实现网格化排查、管控、应急处置精准、及时、有效》，提交市政协和民进市委会。1月10日，民进润州综合支部和中共润州区委统战部、润州区侨联”联合主办“侨心温暖、共度新春”新年慰问联欢会，到市九九老年康复中心送书法送 “福”；春节前，综合支部联合会员单位镇江邮政新区分公司，走进高桥、平昌、谏壁等6家网点，共同举办“民进（庚子）2020“春联万家”送福到邮政活动”。6月11日，民进润州综合支部到和平路街道琴园社区，开展“车辆上路·人人佩戴安全头盔”学习宣传活动。

（陈　星）

农工党润州支部

【概况】 2020年，农工党润州支部在农工党镇江市委和中共润州区委的领导下，在中共润州区委统战部的关心支持下，围绕“不忘合作初心，继续携手前进”主题教育要求，提高政治站位，抓好疫情防控、思想建设、组织建设、参政议政、社会服务等方面工作，认真履职尽责。

【思想组织建设】 2020年，农工党润州支部组织党员学习中共十九届五中全会精神，把思想和行动统一到全会精神上来；组织全体党员参加庆祝农工党成立九十周年党史宣讲活动；开展庆祝建党90周年党史教育“红色姑苏行”活动，组织支部党员前往苏州黎里古镇，参观中国农工民主党江苏地方组织革命活动史料陈列馆——毛啸岑故居；联合农工党丹徒基层委员会、农工扬中支部，到丹徒区世业洲开展美丽乡村建设调研活动，重走习近平总书记视察路线。2020年，农工党润州支部新发展党员2人，党员总数18人，均为本科以上学历，中级职称以上15人，以中青年高中级知识分子为主。9月19日，农工党润州支部“农工之家”在润州区文化馆建成揭牌，成为凝聚支部党员的活动站。

【参政议政和社会服务】 2020年，支部组织新党员参加社情民意及宣传工作培训班，提高新党员参政议政和履职尽责的能力。新党员结合各自工作实际，撰写社情民意信息并上报。农工党润州支部选择调研课题《加强基层公共卫生服务能力建设》开展调研，撰写调研报告，社情民意信息《经费、人才短缺导致基层公共卫生服务能力下降应引起重视》被农工党省委采用。刘向华、方秋玲、杨俊等3人担任区政协委员、区人大代表，履行职责，建言献策，助推润州经济社会事业发展。面对突如其来的新冠疫情，农工党润州支部党员到基层一线，与社区、公安、学校等相关部门配合，抓好联防联控。区妇幼保健计划生育服务中心党员金露迎奋战在疫情联防联控第一线，被农工党镇江市委评为“抗疫先进个人”。疫情期间，农工党润州支部及党员捐款合计达5500元，支部党员结合各自工作开展困难学生帮扶、健康义诊等社会服务活动。 （刘向华）

致公党润州基层委员会

【概况】 致公党润州基层委员会于2020年8月正式成立，主委邓燕，委员周慧杰、江晓琛。基层委下辖4个支部，党员48人，在职37人，退休11人。具有中高级以上职称的35人，市人大代表1名、市政协委员2名、区政协委员5名。2020年，润州四支部获致公党省委抗击新冠肺炎疫情先进集体表彰，张建获得致公党省委抗击新冠肺炎疫情先进个人表彰，王立获得致公党省委信息工作先进个人表彰。

【思想组织建设】 2020年，致公党润州基层委在全体党员中开展《中共中央关于加强中国特色社会主义参政党建设的意见》主题学习活动，围绕《意见》中提出的“思想政治建设、组织建设、履职能力建设、作风建设和制度建设”五个方面的要求，对标找差、提档升级。每位在职党员提交一份学习心得，其中李文娟的《心中有信仰、脚下有力量》、印熙雅的《社会服务我们一直在路上》参加致公党市委专题学习成果分享会，获得三等奖。组织学习习近平新时代中国特色社会主义思想和治国理政方针、政策，学习致公党党史和系列文件精神，组织党员参加区政协《民法典》专题培训、组织参加全区“周末讲堂”学习、组织党员参加致公党市委“党史党章知识竞赛”等。

【参政议政和社会服务】 2020年，致公党润州基层委关注市、区社会发展中的重点、热点问题，开展调查研究、建言献策、参政议政。全年，致公党润州基层委共申报课题4个，其中，李文娟的《完善劳动者患病或非因工负伤医疗补助费制度的可行性研究》、吴娉的《残疾人权益司法保障机制的实践与完善》、江晓琛的《关于加强我省医院社工志愿者服务的建议》获得市委优秀调研报告表彰。致公党润州基层委的政协委员们多次参加政协“有事好商量”协商议事活动，为民解难题。在区政协六届三次理论研讨论文征文中，邓燕的《疫情后创新招引方式》、赵志刚的《关于促进养老实业发展的建议与思考》、吴娉的《残疾人权益司法保障机制的实践与完善》论文获优秀奖。2020年，为抗击疫情、复工复产，全体党员捐款捐物，累计捐款28450元。“六一”儿童节期间，致公党润州基层委党员志愿者到十里长山，为托养中心的孩子们送温暖，开展“一对一”结对帮扶4名困难学员，并送去防暑驱蚊的夏日用品。润州三支部全体党员捐款4400元，连续两年，每月上门看望并照顾归侨独居黄阿二老人。周慧杰为圆梦行动希望工程捐款1000元，吴娉为金山小学单耳失聪儿童捐款500元，印熙

2020年8月，致公党润州基层委员会成立大会

（致公党润州基层委员会 摄）

雅为江心洲抗洪捐赠矿泉水16箱等。 （邓 燕）

九三学社润州委员会

【概况】 九三学社润州委员会成立于2014年11月，委员会下设3个支社，成员52人，平均年龄46.66岁，硕士以上学历16人，高级职称18人，省人大代表1人，省政协委员1人，市政协委员4人（其中，常委3人），区政协委员5人，区人大代表1人，九三学社省委委员1人，九三学社市委委员5人。九三学社润州委员会荣获九三学社镇江市委参政议政先进集体，乔治荣获九三学社中央2016—2020年社会服务先进个人，周晓峰获九三学社江苏省委宣传工作先进个人，汤永俊、何锦润获九三学社江苏省委参政议政先进个人，刘军获九三学社江苏省委社会服务先进个人，乔治、陶承获九三学社镇江市委思想宣传先进个人，丁长华、王慧、尧小慧获参政议政先进个人，刘元斌、陈婕获社会服务先进个人，王晓艳获组织建设先进个人。

【思想组织建设】 2020年，九三学社润州委员会围绕“不忘合作初心，继续携手前进”主题教育活动，先后组织20多名成员参加专题培训、电视讲座和理论学习活动，向骨干成员发放学习辅导材料50余本；组织近40名成员赴丹阳杏虎村参观“社员之家”；通报上半年委员会工作情况和抗击新冠病毒的捐款捐物情况；与丹徒支社开展联谊活动，交流主题教育活动情况组织参与市、区政协开展的“发挥人民政协专门协商机构作用”征文活动，赵俊华、乔治获区政协理论征文三等奖，并分别在市、区政协理论研讨会上作交流发言；2020年12月，召开全体社员大会，听取了第一届委员会工作报告，调整支社人员，选举产生第二届委员会。

【参政议政和社会服务】 2020年，九三学社润州委员会推荐3名成员参加九三学社江苏省委和镇江市委及中共镇江市委统战部组织的参政议政培训，10多位成员提交社情民意信息近40条，被采用近20条，石伟荣获市统战系统优秀信息工作者称号；汤永俊、何锦润参与了九三学社中央“提升创新能力，做强国家技术创新体系”一省五市党派联合大调研，调研报告入选社中央第十五届“九三论坛”；周晓峰、石伟、汤永俊撰写的论文入围九三学社江苏省委开展参政议政课题招标和江苏九三论坛的论文集；汤永俊撰写的信息《构建关键核心技术攻关举国体制要重视激发国企创新潜能》获得全国政协（每日社情）采用。区九三学社界别组的政协委员围绕民生、旅游、教育问题等共提出提案7件，在区政协开展的为“十四五”建言活动中，提交建议2篇。

2020年，由陈婕、殷秋涛领队的镇江代表队夺得江苏省第四届“九三杯”乒乓球邀请赛团体亚军；委员会多次组织成员赴西津渡景区调研形成相关调研报告；乔治编导拍摄的短视频《夜西津》，在众多媒体播放。组织近40名成员走进丹阳杏虎村，调研果农的生产销售情况，助力果农增收；持续开展“文艺下乡”，到大路镇派出所开展“送福送春联”活动；联合公益组织到金山街道迎江路中心社区开展“迎中秋、庆国庆，送礼送书送法”——《民法典》微讲座活动，为贫困及残障家庭发送节日慰问品和爱心慰问金。疫情防控期间，九三学社润州委员会及社员通过九三学社中央捐款渠道及市红十字会定向向区防疫部门捐款近万元；吴晓苏、朱萍春节期间战斗在抗疫工作最前线；石伟、乔治等社员通过海外关系购买口罩定向捐献给武汉、镇江等相关医院；刘军向特困家庭送上“爱心年夜饭”，并为防疫一线民警和医护人员提供营养餐4000份；黄汉龙在2016年被授予全国“五一劳动奖章”后，2020年再次荣获全国劳动模范荣誉称号；管凯获2020年度中国软件和信息服务产业新锐人物奖。

（赵俊华）

润州区工商业联合会

【概况】 2020年，区工商联围绕全区工作中心，落实全国工商联第十二次代表大会和中央、省委、市委、区委经济工作及统战部长会议精神，围绕润州城市经济、建设、民生和治理“四个新作为”履职，促进润州区非公经济健康发展和非公经济人士健康成长，各项工作稳中有进。

【民营经济服务工作】 2020年，区工商联组织全区36名民营企业家代表到句容李塔村开展“坚定信心跟党走 凝心聚力跑起来”理想信念教育活动，参观新四军修械所、新四军卫生工作史展厅；参观学习“万企联万村 共走振兴路”项目、“茅山红色创业营”的建设经验和李塔村省级美丽乡村建设经验，引导和帮助民营企业家坚定理想信念，传承红色基因，强化社会责任担当，坚定发展信心。组织召开工商联六届四次、五次执委会议、举办“润州最滋润”座谈会活动，关注民营企业困难、倾听企业家声音，发挥桥梁纽带和助手作用。工商联根据辖区民营企业、商会的基本情况、意向合作项目等统计汇编成《企情指引》，组织填报《“万企联万村 共走振兴路”行动民营企业参与村企联建情况表》，摸清查准企业的资本、技术、人才、管理等优势资源，统计对接数据，挑选出镇研种业有限公司、瑞祥科技集团有限公司、味雅大酒店、江苏刘府餐饮管理有限公司等17家民营企业以供匹配，其中，江苏刘府餐饮管理有限公司与五里村结对计划投资15万元，利用社区老办公楼打造农产品生产加工基地，为农民提供就业方向，并帮助农民推销农产品，促进村企双方同步发展、同向得利。

【营商环境优化活动】 2020年，区工商联加强营商环境优化服务活动。工商联依托“纳税人之家”，联合税务部门，开展惠企减负政策和减税降费宣传对接活动，加强与财政、税务、金融和市场监督等部门合作，结合商会党建，建立党建指导与经济指导相融合的服务体系和合作机制，对口帮助企业解决经济政策服务等难题。区工商联与区司法局联合制定《关于深入开展“法治体检四进四送”专项法律服务活动的实施方案》，围绕疫情防控特殊时期企业法律服务需求，通过“四进四送”，做好援企稳岗各项法律服务工作，帮助企业克服短期困难、防范风险，在依法防控疫情基础上有序复工复产。区工商联对润州区民营经济营商环境广泛开展调查，经走访辖区企业，共完成100份有效问卷，为推动润州区民营经济营商环境持续提升发挥作用。

【工商联疫情防控】 2020年，区工商联发出“抗击疫情人人有责，奉献爱心人人有份”倡议书，各商会和民营经济人士纷纷捐款捐物抗击疫情。工商联通过会员群等途径转发各项疫情惠企政策，设置暖工热线，帮助企业完成防疫扶持、租金减免、稳岗补贴、失业保险费用返还的申报。会员企业按照要求，做好全员进出测温、健康状况登记、公共区域消毒等各项工作，未发现会员企业因复工导致的新冠确诊案例。3月中旬，区工商联联合润州区民营企业镇江美年大健康管理有限公司，为润州疫情防控一线人员提供免费体检活动，累计为1200多名一线工作人员和社区志愿者提供低剂量螺旋CT的体检。 （蒋欣翔）

善风和畅 （田 冰 摄）

润州区总工会

【概况】 2020年，区总工会深入贯彻中共十九大和十九届四中、五中全会精神，广泛开展群众性经济技术创新和竞赛活动；面对突如其来的新冠疫情，全力防疫抗疫促稳定；加强产业工人队伍建设,促进职工素质技能新提升；突出维权保障,加强精准帮扶,普惠服务职工构建新格局；注重依法治会，加强法律宣传与普法教育,引导职工依法理性维权;夯实基层基础,加强自身建设,工会工作在服务大局、服务职工中实现了新提升。

【防疫抗疫促稳定】 面对突如其来的新冠疫情，区总工会加强舆论宣传,普及防控知识,及时发放倡议书，引导工会干部和广大职工科学防疫抗疫；机关干部深入“三定三结”社区,参与疫情联防联控。对驰援武汉医护人员家属组织慰问,共筹集7万余元用于慰问医护人员、一线民警等,为大白鲸等17家企业送去口罩、消毒水、酒精等总价达6.8万元的防护用品,助力企业复工复产。及时调查疫情对企业生产经营影响状况,加强劳动关系研判,组织开展在线招聘、指导一事一议专题职代会、落实对小微企业工会经费补助等,多措并举助力“六稳”“六保”。

【劳动保护安全生产】 区总工会紧扣安全生产重点,广泛开展“爱岗爱厂爱润州·安全健康伴我行”劳动保护主题活动,实施“三大行动”,劳动保护主题活动开展面达90%以上;坚持开展“夏送清凉”慰问活动，为16家企业1500余名一线工人送去高温慰问品；组织全区职工参与“网上安康课堂”知识竞赛和安全隐患随手拍活动,吸引3700余名职工参加；推行危险源点监控法，组织和参与安全生产检查21次，提出整改意见和建议43条，有力地推进了群众性安全生产工作。

【职工技能竞赛】 区总工会广泛组织开展岗位练兵、技术比武、师徒传帮带活动，推进职工素质工程,成功举办全区财税知识、社区职业、计算机等五大职工技能大赛，参赛职工达930人次,46人获得先进表彰；在各类竞赛中评选了区级“五一劳动奖状”和工人先锋号21家,276名职工技能获得提升;职工技能培训不断拓展,各级工会举办各类技能培训班27期,培训职工3691人次，通过各类技能竞赛和培训,1043名职工晋升技能等级。

【产业工人队伍建设改革】 区总工会认真贯彻省、市部署,制定落实《新时代润州产业工人队伍建设改革实施方案》,召开全区产改工作部署推进会,明确工作要点,确定3家市级试点单位和16家区级试点，各级产改试点覆盖2600余名职工。产业工人队伍建设改革突出政治引领，围绕职工技能素质提升，统筹推进劳动安全生产、普惠职工文化、强化维权保障、落实精准帮扶相结合等重点工作,明确目标,扎实举措,培树了东亚碳素等一批先进典型,取得了积极成效。

【“1+1”法律维权服务包】 为推动依法维权，打造职工法律援助品牌,提升维权能力和水平,区总工会建了“1+1”维权法律服务包,统一安排执业律师为选定单位工会组织开展“一对一”的法律服务，服务内容包括为企业工会和企业职工提供法律咨询等，推动维权关口前移，首批10家企业获得法律服务。全年，维权服务律师共参与协调劳动纠纷、帮职工打官司、开展法律援助等共27件(次)，为职工挽回经济损失7.6万元，有力维护了职工的合法权益。

【职工普惠服务】 区总工会呼应职工需求，多措并举普惠职工。组织开展“网聚职工正能量 劳动绽放新风采”职工文化系列活动，制作宣传一批职工喜闻乐见的微视频，其中，《劳动铸就幸福》视频被省总工会评为二等奖；推动职工文化阵地建设，指导鹏龙星徽工会和二楼南书房共建区职工活动基地，完善万达商圈职工心理咨询室建设，开展“书香企业”和“悦职工、越精彩”等系列活动，企业参与面达70%以上；构建互联网+职工文化服务品牌，举办“缘聚工会 牵手幸福”交友联谊活动，为职工提供贴心服务；在全区60个村(社区)设置“爱心驿站”，组织近百名环卫及一线工人定制疗休养，建成一批母婴小屋，普惠职工体系化建设不断形成新格局。

（区总工会）

共青团润州区委员会

【概况】 2020年，团区委围绕“建设青年身边的共青团”目标，树立“大抓基层”的鲜明导向，聚力思想引领、服务大局、改革攻坚，团的各项事业取得新发展。

【青少年思想引领】 一是把握主旋律，开展红色教育。抓住五四运动等重要节点，组织引导全区各级团组织开展各类主题宣传教育实践活动200余次，开展入队仪式、入团仪式、青春仪式等100多场次，覆盖全区团员青年近3000名。深化青年学习社内涵建设，着力打造西津古渡“青年先锋之路”学习社线路，带领青年在致敬英烈、学习先锋中砥砺家园情怀、激扬报国志向，该线路已创成省级示范性线路。二是传播正能量，树立典型榜样。开展“青年大学习”网上学习活动，第八季、第九季、第十季全区学习总人次超过7万人次，在全区青少年中营造了浓厚的学习氛围。组织发动我们身边的好青年评选，1人被评为省级好青年，1人被评为市“十大杰出青年”，79人被评为市级好青年。打造青年讲师团队伍，全区广泛开展了20余场青春分享会、机关青年说，开发《逆行之光》《三封家书》等一批特色鲜明的“信仰公开课”。好青年相关视频登上学习强国。响应“书香润州”品牌建设，联合区妇联、区文明办、爱语社会工作公益服务中心等开展“润语读书社”全年系列读书活动，倡导全区广大团员青年、妇女儿童爱读书、读好书。三是活用新媒体，突出网络育人。用活团属媒体，做强“青春润州”微信公众号，在更受年轻人喜爱的“抖音”“快手”等自媒体平台建强团属阵地，以视频和直播推介的形式加强线上宣传，邀请时代楷模赵亚夫等亲临直播间宣讲，传递榜样力量，视频和直播的点击量、观看量超过100万人次，引发了良好的社会反响。

【青年创新发展服务】 一是在创新创业中显作为。围绕新生代企业家创新创业需要，新建团属社会组织青年社会组织南徐新城创业服务中心、润州区新侨青年创新创业基地等服务平台。常态化打造“青创工社”，定期开展政策宣传解读、座谈交流、联谊交友等特色活动。联合区应急管理局开展区级青年安全生产示范岗评选活动，并依托开展千岗走千企活动，宣传安全生产知识。开展大学生暑期就业见习与就业帮扶行动，集中开发多个企事业单位岗位，接受近30余名大学生咨询，组织召开集中见面会，成功配岗近10个。二是在特色服务中立新功。为应对疫情对消费的冲击，推动经济回暖复苏，打造“团团邀你看润州”直播品牌，设立商圈直播间，从身边的团员和团干部中选拔近10名本土青年“网红”，携手发出润州声音。先后开设了“点亮西津夜”“HIGH翻宝塔商圈夜”“润州明月夜”等直播专场，其中，“HIGH翻宝塔商圈夜”更是被列为“润州明月夜”夜间经济品牌的首发项目之一。从文化历史到现代服务，从民生百态到政策措施，确保最大限度发挥新媒体云宣传的优势，更好地在青年群体中形成宣传和带动效应，为润州城市经济的建设鼓劲造势。抖音、快手、斗鱼等各平台累计新增粉丝约2万人，累计观看人数超100万人次，直播间的实时观看人数峰值达到了10万人。三是在助力乡村振兴中展风采。积极响应团省委“青春四进 建功乡村”的口号，在充分摸排了解辖区涉农村、社区的优势和需求的基础上，发动市、区两级青商企业乡村行，以村企“洽谈会”等形式有效的活动载体帮助村企“自由恋爱”，推动金江村沿江渔民安置等20多个项目成功落户。组织开展了多场共青团助农丰收直播节活动，在抖音、快手、斗鱼、微信等直播平台搭建团团直播间，集中推介翠冠梨、林隐茶等农产品，直播活动反响热烈，累计观看人数更是超60万人次，销售额超10万元。团校校长陈芸被评为省级“最美网红主播”。四是在扶贫助困中践使命。常态化开展“公益周末聚”“圆梦微心愿”等活动。市场化运行“叩开天使心门”“蒲公英呵护关爱行动”等项目。联合团市委开展“童享阳光”公益计划推进会暨“希望小书桌”集中发放仪式，为困境青少年家庭送去书桌、台灯等“六一”儿童节礼物。强化未成年人保护工作，联合区检察院、教育局、城管局等部门,共同开展“青心护航”——保障校园周边环境安全专项治理行动,通过牵头职能部门联合巡查校园周边,排除隐患,净化校园周边环境。做强“同心”护苗工程,与南昆仑等多家驻区律师事务所合作建立“同心”公益律师团,为辖区内未成年人的民事诉讼提供免费服务。打造“E青橙”志愿服务项目2.0升级版,紧扣中心大局开展服务,组织开展“拥抱春天青蓝护绿”公益植树活动、“奔跑吧运河”“暖冬行动”等活动受到青年点赞。

【团的基层基础建设】 一是狠抓团的基层基础建设。对标团的基层团务工作要求,智慧团建平台录入团员数4184人,团组织396个,基本完成全年团支部工作清单工作任务,团的基层基础进一步夯实。2020年,新成立非公企业团组织111余家,为600余名非公企业团员找到“家”。加强社会组织团建,成立青年社会组织团工委,通过选派团建指导员、开展团建示范会等方式新建社会组织团组织11家,覆盖团员62名,并依托爱益青年学习社等服务阵地,为社会组织团组织搭建学习、交流、互动的平台。二是狠抓干部队伍建设。组织开展润州区、京口区、镇江新区、镇江高新区2020年度共青团干部联合培训班,近300名的团组织书记集体“充电”。贯彻落实省、市要求,在“16耕耘坊”青年学习社成立润州区团代表联络站,以“方便联系,共建共享”的原则,同步建设7个街道团代表联络点、落实5项制度,推动团代表联系青年、发挥作用。深化“五四工作法”,在每月第三周周六开展“联青服务站”活动,引导组织各级团干部以每月一主题的形式下到基层、走到一线密切联系团员青年。三是狠抓少先队工作。以全市首家少先队工作试点社区——迎江路社区试点工作为引领,进一步加强探索、创出特色、打响品牌,开展“童心向党”“扣好人生第一粒扣子”等校外少先队活动,努力形成一套工作机制和方法,推出一批校外实践活动精品课程,培养一批政治性强的校外辅导员。组织召开区少工委三届三次全体(扩大)会议,深入学习习近平总书记对少先队工作的指示精神,全面贯彻落实区委八届四次全会和市少工委七届三次全会精神,聚焦青少年思想引领主责主业,系统推进全区少先队工作再深化、再落实。承办镇江市庆祝中国少年先锋队建队71周年“高举队旗跟党走”主题活动。

(团区委)

润州区妇女联合会

【概况】 2020年,区妇联坚持以习近平新时代中国特色社会主义思想为指导,纵深推进妇联改革,组织动员妇女群众共建共治共享,紧紧把握新时代妇联工作的新要求、新目标,扎实推动群团工作提质增效。

【宣传工作】 坚持以学习促提升,以实干凝共识,切实承担团结引领全区广大妇女听党话跟党走的政治责任。一是不断加强理论学习。号召全区各级妇联围绕习近平新时代中国特色社会主义思想以及中共十九届四中、五中全会精神广泛开展学习讨论,充分利用妇女儿童之家、妇女微家等线下平台,“学习强国”、QQ群、微信群等线上平台,推动党中央重大决策部署在全区各级妇联落地生根,在妇女群众中深耕厚植。二是精准服务抗疫工作。面对突发疫情,主动作为,充分发挥妇联组织抗击疫情的力量。第一时间组织机关党员深入社区、深入一线参与抗疫志愿服务,全面了解结对社区的所需所求,制定社区需求清单,积极链接社会组织、公益服务中心等多方资源筹措抗疫物资。“三八”国际妇女节之际,区妇联联合市卫健委、市急救中心党支部向战“疫”的英雄母亲送上节日祝福。同时,还组织开展战“疫”一线的护士向困难妇女线上送温暖活动。三是广泛宣传妇女典型。深挖全区女性抗疫题材,依托报纸、网络、微信公众号等平台,全面展现抗疫一线的巾帼风采。疫情期间,通过“巾帼战‘疫’,她们在行动”和“战‘疫’一线的铿锵玫瑰”两个系列宣传,先后宣传了全区11家单位巾帼集体和10名表现突出的一线工作者的先进事迹,切实传播好润州巾帼正能量。

【巾帼建功】 进一步深化“双学双比”“巾帼建功”活动,推动城乡一体、互促共融围绕打好三大攻坚战和实施乡村振兴战略。一是培树巾帼带货品牌。积极响应市妇联“镇有一手”“田”字号活动,联合南山街道、镇江南山农艺有限公司共同举办“巾帼带货,与梨一起”直播带货活动,吸引了近千人观看,取得了良好的效果。二是助力人居环境整治。加强思想宣传发动,成立巾帼志愿者服务队,积极开展清理村庄积存垃圾、清洁河塘、清除杂草芦苇等工作,为美丽乡村建设贡献更大的“她”力量。以寻找“美丽庭院”等活动为抓手,倡导文明健康的生活方式,深入挖掘农村先进典型,以点带面,发挥示范作用,践行好以“小家美”促进“乡村美”的理念。三是精准服务创业就业。以项目为依托,与社会组织合作共建,针对农村失地女性有序开展养老、家政等培训,提升女性就业创业的能力。通过线上线下相结合的方式,为广大女性提供岗位信息和就业援助,助力做好城乡失业妇女、进城务工妇女有序流动和转移就业工作。

【妇女儿童权益维护】 深入贯彻落实促进男女平等、妇女全面发展总要求,切实让维权服务做在源头、深入基层、落到妇女儿童身边。一是强化日常排查。认真落实全国妇联预防性侵未成年人五项工作机制，全面排查辖区内重点人群、重点家庭，对性侵、虐待未成年女孩、留守女童、残疾妇女和女童人身权益的案件实行强制报告，筑牢妇女儿童权益保护的第一道防线。二是做实普法宣传。加强与法院、司法局等部门协调合作，以反家暴日等节日为契机，开展送法进社区、进校园、进企业等活动，推动《民法典》《反家庭暴力法》等法律法规宣传。先后联合市妇联、满天星公益服务中心分别在崇实女中、金山实验学校开展预防性侵专题讲座，进一步增强学生防范性侵的意识和能力。三是关爱重点人群。坚持维权维稳并重，切实维护弱势妇女儿童权益。扎实开展"冬日暖阳"慰问、"情牵一线 冬日织爱"、社会妈妈帮困助学、"税美润州 小城大爱"捐赠助学等活动10余次，为近百名困境儿童提供社会帮扶，为全区25名低保患癌妇女发放一次性补贴每人2000元。积极参与"99公益"活动，通过线上、线下捐款共计8万余元，善款全部用于帮扶辖区内困境儿童。申报省级妇儿社工服务三类项目1个，以项目运作助推妇女儿童权益保护。四是强化阵地建设。与法院、司法等部门密切合作，提档升级康乃馨工作室，分别在七里甸街道新城社区、和平路街道金山水城社区和金山街道迎江路社区打造标准化家事调解社区工作室3个，健全组织架构，完善工作机制，不断提升社区家事调解的工作质效，努力将矛盾化解在基层。

【"最美家庭"活动】 坚持以培育和践行社会主义核心价值观为主线，以充分发挥妇女在社会生活和家庭生活中的独特作用为关键，有序推进"家家幸福安康工程"。一是深入寻访"最美家庭"。紧扣"家庭、家风、家教"，连续多年在全区范围内开展"最美家庭"寻访活动，深入挖掘基层最美家庭典型。2020年，共评选出润州区各类最美家庭23户，成功申报镇江市最美家庭11户，镇江市书香家庭4户，江苏省最美家庭2户。二是充分放大"最美效应"。通过"线上+线下"相结合的方式，多渠道宣传典型家庭事例。依托"学习强国"、镇江女性、润州女性公众号进行网络宣传，以点带面，弘扬最美家庭正能量。成功举办"最美家庭"故事汇，邀请最美家庭代表上台分享在孝老爱亲、邻里互助等方面的故事，号召更多的家庭加入践行美德、争创"最美"的行列中。三是广泛开展"最美巡讲"。举办家庭教育"三进"活动，邀请家庭教育专家走进机关、走进企业、走进社区围绕亲子关系、婚姻家庭等主题开展家庭教育公益讲座，共开展公益巡讲11场，惠及家庭近500户。

【自身建设】 紧扣妇联工作的新要求、新挑战，不断巩固和发展妇联组织改革的成果，切实开拓妇联工作新格局。一是夯实工作基础。进一步强化妇联组织建设，召开六届六次执委会，增补了执委和常委两名，选举产生新一届主席和副主席。二是狠抓阵地保障。统筹推进基层妇联的主阵地建设，对全区街道、社区"妇女儿童之家"和43个"妇女微家"进行了规范化治理，进一步健全体制机制，鼓励各妇联阵地以完善功能、活跃活动、打造特色为重点，以开展家庭文化活动、创业就业援助、困难儿童帮扶等活动为抓手，切实增强"妇女儿童之家""妇女微家"品牌阵地效应，不断提升妇女儿童的获得感、幸福感和安全感，七里甸街道光华社区爱心驿站妇女微家被命名为镇江市新时代文明实践示范妇女微家示范点。三是拓展工作抓手。突出妇联组织的"联"字功能，多方整合资源，发挥群团共建联动作用，探索实施兼具多样性和灵活性的工作模式。与团区委合作共建，搭建"润语读书社"这一平台，定期开展线上线下读书会，营造浓厚书香氛围。与区侨联、区总工会联合开展中秋送温暖、公益讲座等活动，进一步增强妇联工作的实效性和影响力。 （区妇联）

润州区科学技术协会

【概况】 2020年，润州区科协围绕全区工作大局，改进工作作风，推动创新发展，遵循突出政治引领，坚持问题导向，密切联系群众，以助推科技创新、服务科技人才为着力点，求真务实、开拓创新，积极发力为建成"强富美高"新润州贡献智慧力量，较好地完成了各项工作目标任务。

【《科学素质纲要》推进实施】 2020年，区科协继续推广"润州科普讲堂"品牌，扩充讲堂内容。一是依托七里甸社区卫生服务中心的镇江市"科技服务站"，邀请专家走进社区，就老百姓关心的健康、养生、运动、心理健康等方面的知识，为大家授课解惑。每月开课一次，从2020年7月讲堂开讲以来，在5个街道7个社区共举办高品质讲座15场；二是联合区教育局，每月组织一次中小学生课外科普讲座，丰富学生们的课外科普实践活动，激发孩子们探索科学的意识。2020年9月、11月，区科协与区教育局联手，分别在润州区南徐小学、润州区中华路小学，举办科技航模比赛及无人机团队专练，保证了孩子们的科技知识及实践积累；三是利用润州微信公众号"润州发布"，开设科普专栏，每周六为全区机关人员应时应节推送一条科普小知识，自2020年7月11日开始，已累计推送27条。

【科技服务站建设】 一是提升已有科技服务站站点质量。为认真落实市科协"建设高质量科技服务站"的要求，学习借鉴外地"科技服务站”工作先进经验。10月23日，七里甸“科技服务站”赴盐城市实地学习“科技服务站”工作情况，认真学习其建管与工作相结合的模式。七里甸“科技服务站”计划采用项目与站点特色服务相结合的模式，利用承接镇江市社会发展指导性科技计划项目，以项目充实站点服务内容，提升站点服务质量。二是发掘新建站点潜力及亮点。2020年，区科协圆满完成了市科协建成5家企业工作站的要求，现有工作站点都已正常开展工作，逐步凸显亮点特色。镇江华唐管理咨询有限公司企业科协工作站获江苏省科技咨询协会“咨询英才奖”，获2020年度镇江市科协“建言献策”重点课题、并荣获二等奖，2020年年会“优秀论文奖”，入选江苏省注册咨询专家、中国有色金属学会认证专家等一批专家库；江苏远东环保工程有限公司企业科协工作站展开了技术培训，与铜化集团展开了技术交流，并与连云港签订了4850万元的脱硫脱硝消白项目合同；镇江易创投资发展有限公司企业工作站携手市知识产权局、区市场监督管理局、中国银行镇江分行及市生产力促进协会举办“润州区知识产权政策暨助力中小企业知识产权融资”宣讲会，为润州区企业分享“企业如何利用知识产权保护以及保护实务”，并促成江苏鼎峰信息技术有限公司获得中行知识产权贷款。

【社区特色微型科普馆建设】 一是官塘桥街道宝平社区科普体验馆继续对辖区内居民免费开放，并辐射全市居民和全市的中小学生，配备社会公益性组织及社会各界志愿者，常态化开展各项科普教育活动。2020年，科普体验馆接待青少年和居民200多人次，开展科普活动6场，相关新闻报道刊登在《镇江日报》、光明网、人民网等新闻媒体；二是和平路街道新金江社区渔文化科普馆顺利挂牌开馆。全年，共接待各类参观及各类公益性群众文化活动10余场。京江学院的志愿者们与社区的渔家娃娃一起走进渔文化科普馆，了解长江渔业资源以及长江渔民的捕鱼历史等知识，增强孩子们保护长江生态环境的意识。在“多彩暑假 走进新金江渔文化馆”活动中，来自桃园小学的孩子们在志愿者的带领下，通过观看珍贵图片资料、鱼类标本以及各种老物件，欣赏到长江渔民们“渔舟唱晚”的诗情画意、看到“渔翁起三更”的艰苦辛劳、看到人们曾经对长江的伤害，更看到渔民积极参与拯救长江行动的身影。

（区科协）

润州区文学艺术界联合会

【概况】 2020年，区文联以习近平新时代中国特色社会主义思想和习近平总书记文艺工作系列重要讲话精神为指导，紧紧围绕区委、区政府“争先创一流、展现新作为”的总体要求服务好中心工作，以全面建成小康社会为创作主题开展文艺精品创作，积极开展抗疫主题文艺创作和慰问活动，扎实做好文艺“进基层”工作，坚持脚下有厚土、眼前有方向、手中有作为，弘扬优秀文化，弘扬社会主义核心价值观，为润州“跑起来”站台鼓劲。

一是围绕区委、区政府中心工作做好宣传服务工作。为做好全区全面建成小康社会主题宣传，提高城市知名度和美誉度，筹划举办迎“七一”、走进润州乡村振兴文艺采风创作活动，组织区作家协会、区书画家协会一行20余人走进和平路街道征润州社区西口门绿化造林工程实地采风，切身感受润州乡村振兴的时代新貌。二是扎实开展“深入基层、扎根人民”文化惠民活动。春节期间，举办“我们的中国梦，文化进万家”文化惠民活动，组织书画家协会的书法志愿者走近韦岗街道韦岗村及社区开展10余场迎新春送福送春联惠民服务活动。摄影家协会为敬老院孤寡老人开展摄影关爱活动。三是积极开展“抗击疫情”主题文艺创作活动。新冠肺炎疫情暴发以来，区文联积极倡议全区广大文艺工作者开展“抗击疫情”主题文艺创作。先后举办“戮力同心，共抗疫魔”诗词书画网络展，“众志咏抗疫”网上吟诗会，“礼赞白衣勇士”书画捐赠活动，组织润州区中书协会员创作10余幅书法作品参加省文联、省书协举办的“致敬白衣勇士”赠送书画作品活动。四是努力提升诗教工作再上新台阶。形成“学校诗教”和“诗词创作”两大亮点。会刊《润州诗词》编辑发行30余期，创建“润州诗词”微信公众号，成立“润州区诗教讲师团”，走进社区开展宣讲活动，推动诗词普及和诗教提升。五是制定重点文艺扶持政策，培养文艺人才，繁荣文艺精品创作。为繁荣润州文艺精品创作，润州区制定了《润州区重点文艺创作项目扶持管理办法》。广播剧《初心难忘——何以范》荣获镇江市第三届精神文明建设“五个一工程”奖，歌曲《幸福渔歌》获得镇江市委宣传部重点文艺创作扶持。菊吟京剧社被评为江苏省第二届群众文化优秀文艺团队。举办润州区第六届书画摄影大赛。六是开展“文艺轻骑兵”志愿服务活动。组织书画、摄影、音舞、诗词等门类的文艺家走进万科社区、红光社区等10余家社区，为社区居民进行文艺提升辅导，举办多场“社会主义核心价值观”主题篆刻进社区文艺普及讲座。

（区文联）

【区诗词楹联协会完成换届工作】 6月10日下午，润州区诗词楹联协会第二届会员代表大会在碧榆园召开。市政协原副主席、市诗词楹联协会会长赵庆荣，市诗词楹联协会会长特别助理王华，中华诗词协会理事、市诗词楹联协会常务副会长蒋光年，区政协主席蔡文龙，区委副书记、组织部部长徐燕，区委常委、宣传部部长邵学军，区政府副区长江朝民，区政协副主席、区文化体育和旅游局局长刘向华出席会议。大会讨论并通过了润州区诗词楹联协会第一届理事会工作报告和协会新的章程；会议聘请蔡文龙担任区诗词楹联协会名誉会长；会议选举产生了新一届区诗词楹联协会领导班子，刘向华当选为新一届区诗词楹联协会会长。（张耀林）

【市文联领导赴润州区调研文联特色工作】 6月30日下午，市文联党组书记、主席、市文艺界党委书记张志耕赴润州区调研文联特色工作。区委常委、宣传部部长邵学军，市委组织部、市文联相关处室人员参加调研。张志耕一行先后观摩金山小学"现代篆刻进校园"、七里甸街道光华社区"区摄影家协会进社区"工作。张志耕表示，润州区文联工作品牌有特点，工作有特色，尤其是协会进社区，文艺工作者扎根基层这一做法，取得了显著成效。就做好下一步文化文艺工作，他希望，要加强与兄弟单位的交流互动，促进共同进步提升;要坚持人才共享，加强市、区两级文艺家人才的流动;要力争实现文艺界基层党组织的全覆盖。（郁　南）

【区文艺家协会进驻社区助推基层文艺振兴】 为扎实推进文艺工作者扎根基层、服务群众工作，区文联开展文艺家协会进驻社区助推基层文艺振兴工作。通过文艺家协会进驻社区，让各协会找准自身定位和特色亮点，在各自文艺领域发挥特长，做出成绩。区摄影家协会进驻七里甸街道光华社区，既解决了自身的办公场所，又与社区联合举办"摄影惠民万家行"活动。区诗词楹联协会在宝塔路街道电力路社区成立"梅和清诗词工作室"，开展中华优秀传统文化的普及工作，定期举办诗词讲座，提高社区居民的诗词创作水平，创作了一大批反映润州新时代变化，人民幸福生活主题的诗词作品。区篆刻艺术推广协会进驻七里甸街道万科社区，常年开展篆刻艺术普及活动，培养了一批社区"篆刻达人"，协会和社区工作紧密结合，开展了"社会主义核心价值观"主题篆刻创作活动。区菊吟京剧协会进驻和平路街道新金江社区，社区为协会提供活动场所，协会入驻社区新时代文明实践站，成立菊吟京剧社文艺志愿者服务队，通过开展文艺惠民演出，积极宣传习近平新时代中国特色社会主义思想，丰富新金江社区失水渔民的文化生活。该项工作荣获2020年市文联工作创新成果奖。（区文联）

【联合区属部门举办文艺活动】 区文联与区侨联联合举办"凝聚侨心，弘扬文化，粽迎端午"公益慰问活动;与区水利局联合举办第三届"水利情·中国梦"诗词创作大赛、第五届"水韵润州"摄影大赛;与区总工会联合举办"礼赞劳模精神，助跑润州发展"向润州区劳动模范赠送书法作品活动；与区教育局、区文体旅局共同筹划传统文化进校园工作；为区退役军人事务局、区委老干部局征集书画、摄影作品参加省市级比赛;与区新闻出版局联合举办文艺界普及版权知识座谈会;组织文艺家协会认真学习縻林先进事迹。（杨　镇）

【何春华《随风而去》、钱罗成《凉月光》新书首发】 9月22日下午，由镇江市作家协会、区文联联合主办的"何春华散文集《随风而去》、钱罗成诗集《凉月光》新书发布会"在润州区举行。市文联副主席王香莲、市作协主席蔡永祥等10余名作家、评论家出席。《随风而去》是何春华最新创作出版的一部散文集，作者以质朴的文笔和真挚的情感，记录对人性的探寻，对生命的叩问，对社会、历史和文化的深刻思索。钱罗成《凉月光》是作者的又一部以描写生活和爱情为重头戏的诗集，是诗人在现代诗的创作上，执着前行的又一次文化苦旅。发布会上，与会作家和评论家对两位作者的作品给予充分肯定和高度评价，一致认为作品充满了社会的正能量，文艺工作者要坚持以人民为中心的创作导向，多出精品，弘扬主旋律，为润州"跑起来"站台鼓劲。（区文联）

【"提振信心加速跑，致敬润州建设者"迎国庆、中秋慰问演出活动】 9月28日晚上，由区委宣传部主办，区住建局、区级机关工委、区文联承办的"提振信心加速跑，致敬润州建设者"迎中秋、庆国庆慰问演出走进云台居项目施工现场，为奋战在一线的建设者们送上节日的祝福。近年来，润州的城市建设无不彰显着"咱们工人有力量"的内涵。现场，在文艺工作者带动下，一曲《咱们工人有力量》的全场大合唱，充分展示建设者们高涨的精气神。同时，大家也表示将把区委、区政府的关怀变成工作的动力，进一步振奋精神，努力工作，为润州经济社会发展再作贡献，再立新功。活动中，区书画家协会还带来精心准备的书法作品、月饼，把文化和关心亲手送到施工一线建设者手中。（郁　南）

【润州区诗词作品在全国诗词刊物发表】 《中华诗词》2020诗社作品联展第四期展示润州区张涵宇、孙中等21人22首诗词作品。11月20日，《中华诗词》诗社作品联展（之六）发表刘朝宽、左朝芹等润州诗词作品15首，李克俭《清平

乐·蜡梅》被评为《中华诗词》诗社作品联展优秀作品。（张耀林）

【区诗协张耀林等被聘为江苏大学大学生诗词导师】 11月22日，区诗协常务副会长张耀林、区诗协诗词研究员李克俭、陈宏嘉、黄钟、孙中、卜积祥、王汉民、邢灿华等被聘任为江苏大学大学生诗词导师，并颁发聘书。在江苏大学举办的“传承中华经典，培育诗词新人”诗词创作交流座谈会上，应邀出席的邢灿华、陈宏嘉和李克俭分别作了《近体诗格律中的度》《风雅格律校使用杂谈》《诗词写作中应注意的几个问题》发言，并与梦溪诗社大学生诗友进行了座谈交流。（张耀林）

【多件书画作品入展获奖】 毛硕朋美术作品入展江苏省第十四届五星工程奖；杨镇书法作品《篆书小康对联》，孙炜、李守农合作国画作品《古街新貌》入展江苏省全面小康主题优秀美术书法作品展；孙炜、李守农合作国画作品《锦绣幅泽》入选“小康颂”第三届江苏美术奖作品展。（区文联）

【“携手共圆小康梦”天长、润州书画联展】 12月19日上午，“携手共圆小康梦”天长、润州书画作品联展在市美术馆开幕，联展由安徽省天长市委宣传部、润州区委宣传部、镇江市美术馆主办，天长市文联、润州区文联承办。11月22日在天长市博物馆进行了首展。本次参展的近100幅书画作品由天长市书画院和润州区书画家协会提供，代表了两地书画家的创作水平。（杨　镇）

润州区残疾人联合会

【概况】 2020年，区残联稳步推进全国残疾预防综合试验区创建试点工作验收，并获得了全国残疾人康复办公室关于残疾预防工作的通报表扬。编撰《润州区残疾人联合会改革方案》，制定了一系列残联工作制度；圆满完成残疾人证10年有效期换发工作；进一步开展康复大楼服务功能提升工程；精心筹建“残疾人综合服务中心”；重点打造“残疾人之家”；完成20户无障碍改造工作；加大宣传力度，新增残联文化长廊，文化墙、关爱残疾人宣传板、党风廉政宣传板等宣传残联文化；拍摄残疾预防宣传片以及残联成立以来的工作成果宣传片并制作区残联2020年工作掠影。

【《润州区残疾人联合会改革方案》前期准备】 根据《江苏省残疾人联合会改革实施方案》（苏办发〔2019〕28号）和《镇江市残疾人联合会改革实施方案》（镇办发〔2020〕10号）文件要求和润州残联实际情况，完成增加人员编制、设立党组、完善街道残联理事长专职队伍、鼓励区级机关、事业单位和国有企业带头安排残疾人就业等方面的改革要求。

【“党建+助残”暨党建高质量助残关爱行动】 8月21日下午，在全国第四次残疾预防日宣传教育活动中，通过授旗仪式联合九家单位党组织共同探索“党建+助残”服务新模式。11月13日，在区残联多功能会议室开展“党建+助残”暨党建高质量助残关爱行动新闻发布会，充分发挥联盟助残优势，将党建与助残有机结合，着力打造以决战残疾人脱贫攻坚、决胜全面小康社会为宗旨，以党建引领为残疾人提供高质量服务为目的的公益助残共同体。

【残疾人证换发工作】 根据《江苏省残疾人证管理实施办法》《江苏省残疾人残疾类别等级评定工作规程》（苏残发〔2017〕7号）文件精神，为了进一步加强残疾人证规范化管理，稳妥有序开展10年有效期残疾人证换发、残疾类别、等级评定等工作，区政府下发了《润州区开展10年到期残疾人证换发工作实施方案》（镇润政办函〔2019〕17号）的通知，明确了各相关部门的职责。润州区共需换证人数合计1903人，已全部完成换证工作。（区残联）

润州区红十字会

【概况】 2020年，区红十字会坚持以习近平新时代中国特色社会主义思想为指导，全面贯彻省、市红十字会改革实施方案精神，认真履行《中华人民共和国红十字会法》和《中国红十字会章程》的有关职责和规定，强化自身建设，压实工作责任，充分发挥红十字会组织在政府人道主义方面的助手作用。

【疫情防控工作】 区红十字会以从严强化责任担当、从严落实重点措施，主动作为靠前作战，积极在防控疫情斗争中践行初心、履行责任。一是带头落实防控举措。严格执行疫情防控要求，当好表率、做好榜样。二是加强应急值守。合理安排值守人员，明确防控工作责任。三是依法履职尽责。积极响应区疫情指挥部关于实施新冠肺炎疫情一级响应措施的通告的要求，区红十字会共募集26.37万元捐赠款用于润州区疫情防控工作。

【机构改革准备工作】 按照《中共中央关于加强和改进党的群团工作的意见》和《江苏省委关于加强和改进党的群团工作的实施意见》要求，根据镇江市红十字会改革实施方案，结合润州区实际，起草了润州区红十字会改革实施方案。11月，区红十字会收到区编办关于调整领导职数的通知，已完成会员代表大会材料以及一届理事会一次会议材料的起草。

【红十字青少年工作】 一是开展“爱心一元捐”活动。与教育联合开展“手拉手爱心一元捐”活动，倡议学生个人捐赠一元钱帮助身边有困难学生。共募集“爱心一元捐”捐款47046.78元，用于救助困难、大病学生73人，发放救助金45470元。二是开展“博爱助学、为中考学子垫块砖项目”调查摸底工作。积极与教育局、街道联系，在教育系统内，将文件公布教育信息网；要求街道将实施办法发放到每个社区，利用社区宣传栏宣传实施办法，并在社区低保、低收入家庭中梳理有无符合条件的中考学生。三是开展救护培训进校园活动。2020年是第73个世界红十字日，第12个全国防灾减灾日。学校围绕主题开展了“助力疫情防控、红十字救在身边”活动。“红十字博爱周”期间，在南徐小学和孔家巷小学开展了急救知识及新冠肺炎防护知识讲座。结合当前形势，加强科学防控知识普及宣传，提高公众自我防护意识和能力，宝塔路、南徐、魅力分校、朱方路小学征订了“5·8”特刊，组织学生参加应急救护知识竞赛。

【公益性救护培训工作】 2020年是全面完成“十三五”规划的收官之年，为更好落实省政府公益性应急救护百万培训项目，区红十字会积极与教育、其他相关部门联系和沟通，把这项惠民工程项目做好做实。一是积极与财政沟通，继续将救护培训经费纳入年度预算，为开展培训做好保障。二是拟出培训计划和进度表，开展救护培训。针对省、市推出的线上理论培训，通过微信群、QQ联系，95人参加线上救护理论学习，93人通过理论和实操考核，取得初级救护员证。开展辖区内教育系统、酒店服务行业专项培训活动，共完成初级救护员培训405人，普及培训 4556人。

【组织建设】 自新冠肺炎疫情发生以来，区红十字会重点打造的西津古渡社区博爱家园贯彻落实中央、省、市要求，充分发挥红十字精神在新冠肺炎疫情社区联防联控工作中的作用，用心、用情、用行动坚决打赢疫情防控阻击战。组建社区党员、志愿者编入“馨服务”志愿者服务队，积极参加助老、助困、助学、红色驿站等活动，受益人数1000多名。发动新津荟（自由职业者联盟）爱心商户共同参与疫情防疫。发动入驻社会组织——爱心家园共同抗疫。为了关爱最美逆行人，发动MY0511爱心家园筹集善款共35389元，用于购买防疫物品和基层社区疫情防控工作。主动为社区孤寡等弱势群体送关爱。向社区244名困难对象（城乡低保、特困、孤儿）直接发放口罩1220只。向孤寡老人送去了米、油、鸡蛋、蔬菜等生活用品；向结对帮扶的金山小学的外来务工人员子女和困难家庭学生，开展“学习礼包暖童心”活动，送上书籍和生活用品。2020年，新建和平街道金泉社区博爱家园项目在市红十字会领导调研、指导下开展红十字场景环境建设，建立社区基层红十字会组织，筹建志愿者队伍，完善工作制度等工作。4月21日，区红十字会申领公募资格证。10月，与区应急管理局签订防灾减灾救灾联动工作机制合作协议。组建区应急救援队伍，已筹建骨干人数10人，物资储备点设在区卫健委。

（区红十字会）

润州区归国华侨联合会

【概况】 2020年，区侨联紧紧围绕党委、政府中心工作，凝侨心，汇侨智，承接好机构改革划转的职能，担负起团结服务归侨侨眷和海外华人华侨社团联络联谊的工作职责，努力为侨和为大局服务，充分发挥党和政府的桥梁和纽带作用。

【侨联基层组织建设】 树立典型标杆，积极开展基层侨务品牌创建，推动侨联基层组织建设在落实中创新，在创新中提高，有效发挥示范引领作用。9月，推荐成功申报“江苏省侨联新侨创新创业基地”1家；11月，成功申报市级“微侨家”2家；12月，成功申报全国优秀社区“侨胞之家”1家，是镇江市侨联系统的首个获得国家级荣誉的社区“侨胞之家”。动员侨界力量开展公益活动，开展“关爱送健康”“送法送政策”“送文化”等活动，在侨界群众心中播种温暖，引领向善向上的美好风尚，把热心侨务的社会组织、志愿者人才用起来、活动组织起来，工作干起来，激发群众参与发展的积极性，创新工作模式，深化服务和联谊，从侨务渠道展示润州形象。

【侨法宣传，促进侨界和谐】 2020年是《中华人民共和国归侨侨眷权益保护法》颁布30周年，指导基层以“法治镇江·你我同行，维护侨益·你我有责”为主题，开展送法活动8场，其中：进企业、进社区线下活动6场；联合区委统战部，承办市委统战部和市侨联普法和法律知识竞赛活动1场；开展《民法典》宣传活动线下活动1场；组织归侨侨眷、留学生亲属、侨企参加“中国侨联”纪念《中华人民共和国归侨侨眷权益保护法》颁布30周年暨“侨商杯”法律知识竞赛每日线上答题活动。组织专职律师为群众答疑解惑，通过线上线下多种形式推动侨法宣传，增强侨界群众学法知法守法观念，取得了良好的社会效应，营造了知侨爱侨护侨的社会氛围。

【"侨家+基地"阵地建设】 以落实全国基层侨联建设会议精神为重点，开展基层侨联组织建设，探索在有公益热心、条件具备的企业、社会组织及社区，组建"侨之家+基地+联盟"，在端午节、中秋节为侨界群众组织开展公益敬老联谊活动。把"侨之家+基地"建成对外宣传侨务的窗口，沟通交流的桥梁。志愿者经常为群众开展各类公益活动服务。在重阳节承办镇江市老归侨送关爱送健康联谊活动，当好归侨侨眷和海外侨胞的贴心人。通过在阵地开展活动，搭建合作交流平台，凝聚爱心，扩大侨务社会影响力。

【联络联谊工作】 为提高侨眷精神生活质量，区侨联开展了"读书分享会"系列活动，组建侨联盟，助力"润州明月夜"，助推内循环，通过购买服务为侨界群众和海归人员子女开展了中华礼仪形体矫正课、"非遗"手工制作、琴艺等艺术培训，把联谊活动与新时代文明实践相结合，让侨界群众和青少年内化于心、外化于行，潜移默化接受中华优秀传统文化洗礼；支持开展群众性文化传承交流活动，润州侨界越剧戏迷经常参加文化交流活动；中秋节和国庆期间，静怡雅学馆在西津渡展示旗袍秀、中国舞专场演出2次，不仅满足了西津渡景区游客和居民的精神文化需求，也让大家对中国的传统文化有了更多的了解，促进文化的交流和传承。组织归侨侨眷和留学生亲友参加市侨联举办的书法绘画、摄影故事大赛等活动。通过文化的力量，拓展"朋友圈"，当好"连心桥"，积极发挥成风化人、凝心聚力的作用。

【"润侨惠企"活动】 深入学习贯彻习近平总书记关于统筹疫情防控和经济社会发展的系列重要指示精神，持续助力企业复产复工，开展"润侨惠企·助力发展"系列活动，走访企业，根据企业特点，送法送政策，助企解困，有温度有精度推动复产复工，帮助提高运营与发展活力。

【海内外侨务资源培养】 借助侨务联络渠道，加强与重点华侨华人联系，注重新侨涵养，协助开展留学生关爱活动，组织留学生亲属参加留学生新侨创新创业论坛、留学生亲友看镇江等系列活动。积极发挥穿针引线、牵线搭桥的作用，服务新侨归国创新创业，协助承办中国侨联"侨连五州·相约江苏"活动——海外侨领研修班活动，激发广大海外侨胞和归侨侨眷投身创新创业的智慧和热情，为打通双循环发挥积极作用。

【海归人才服务】 积极发挥侨界人才荟萃、智力密集的作用，当好"蓄水池"，为海归人才服务。推荐易创空间成功申报"江苏省新侨创新创业基地"，助推"人才+基地+基金"海外引才工作模式，涵养海外人才特别是新生代力量，营造良好的创新创业生态。联合团区委共建海外留学人员创新创业联盟，举办创新创业沙龙，助推人才集聚发展。暑假期间，举办3期侨界夏令营公益亲子系列活动，组织各类博物馆参学和非遗体验活动，邀请海归人才子女与家人及防疫期间特殊奉献的军人、警察和医务工作者人群子女参加，多角度助力服务海归人才创新创业。

【侨界关爱工程】 深入推进"侨界关爱工程"，组织走访侨界重点人士和企业及海归创业人才。对老弱家庭开展走访、在节日时慰问、在生病时探望、在侨胞回乡时拜访。按照上级侨联要求，2020年，归侨按居住地管理，服务工作落实到区。组织开展老归侨及其家庭的问卷调查及整理汇总上报工作，做好困难归侨和老归侨慰问工作，为困难归侨发放定补工作。对移居海外的重点人士，在传统节日对其国内亲友走访慰问。疫情防控期间，通过微信群做好稳定工作。

【"侨+群团"共建】 深入贯彻落实习近平总书记关于群团工作的重要论述，开拓思路，探索"侨+群团"合力合作，发挥好侨务资源人才荟萃、智力密集的优势，同时也解决了侨联人手紧张问题。邀请群团共建，联合文联、工青妇，组织举办"亲情中华——粽情端午敬老、喜迎中秋国庆、重阳节送健康"系列活动，读书分享、直播带货拓展销售渠道、礼仪艺术培训言传身教、"女童关爱防侵犯讲座"、99公益捐赠用爱心温暖困境儿童、送文化进工地等活动，群策群力，凝聚群团力量，发挥更大作用。

【对外宣传拓展】 借助接待、承办、协办国、省侨务活动机会，向海外重点社团侨领推介润州区引资创业环境、政策介绍和需求信息。借助国、省侨网站，从侨务渠道向海外华人华侨大力宣传展示润州特色优势和投资环境，提高国内外客商对润州的关注度，扩大润州国际影响力。围绕全区创业投资、重大活动等内容，整理上报各类侨务信息和工作动态，积极向上级投稿，反映侨情动态，在宣传侨务、工作交流等方面发挥侨务更大作用。 （区侨联）

润州区关心下一代工作委员会

【概况】 2020年，全区各级关工委按照省、市关工委和区委、区政府工作部署，围绕中心，服务大局，完善"党建带关建"工作机制，依据《新时代爱国主义教育实施纲要》，积极开展主题教育、法治教育、关爱行动，引导广大青少年自觉践行社会主义核心价值观，培育提升青少年综合素质，助力润州高质量发展。

【“爱党爱国、立德立行”主题教育活动】 区关工委与七里甸街道万科社区合作，开展“聚焦全面小康”老少同台演讲活动，《回龙山“美颜”记》荣获市关工委系统演讲大赛二等奖；南徐小学关工委联合光华社区开展“光华小康之路的探秘”红领巾寻访活动，组织学生到七里甸街道光华社区聆听江爷爷介绍社区几十年来翻天覆地的变化，以及实施农村集体经济股份制改革带动社区经济飞跃发展的情况；宝塔路街道电力路片区组织《致敬抗疫英雄》《榜样的力量》等抗疫诗歌朗诵，《防控抗疫》三句半节目得到社区党员群众好评；官塘桥街道平山村关工委开展“少年强则国强——援鄂医疗队员事迹分享”活动，用心感受医护人员“疫”线战斗经历；南山街道五凤口社区关工委联合官塘桥中心小学开展“致敬时代楷模”主题教育活动，老党员带着小学生走进社区党员教育基地，参观学习时代楷模赵亚夫等先进人物的事迹；韦岗街道关工委开展爱国主义教育、生命教育、科学教育，组织学生参与市区各级各类征文、演讲比赛，石羽同学在“我身边的疫情故事”征文比赛中荣获区二等奖。

【“七彩的假日”教育实践活动】 以“七彩的夏日”“缤纷的冬日”为节点，组织学生开展“热爱家乡、美丽家园”社会实践活动，丰富青少年假日生活。区教育局关工委组织中小学生参加少年网举办的“我为国旗点个赞”网络寄语、征文活动，万名学生踊跃参与；桃园中心小学开展“崇实·行远”夏令营活动，崇尚朴实，发现家乡传统文化之大美，组织学生赴句容千华古村探寻“非遗”文化，欣赏千华古村“非遗”长廊，体验陶艺、云锦、面塑、泥叫叫和剪纸等“非遗”文化实践活动；官塘桥街道宝平社区关工委联合江苏大学志愿者组织辖区外来务工子女、拆迁安置家庭子女开展“小候鸟”假日课堂。

【“我们的节日”特色教育活动】 全区各级关工委围绕春节、端午节、中秋节、元宵节等传统节日和纪念日，结合实际组织开展丰富多彩的主题教育实践活动，引导广大青少年在潜移默化中体验和弘扬祖国传统文化。官塘桥街道远洋社区关工委开展“淡淡粽叶香，欢乐过端午”活动，组织“五老”志愿者与小学生一起包粽子、制香囊、话民俗，品味中国传统的端午文化；和平路街道金江社区关工委组织开展“巧手做月饼，欢乐迎中秋”体验活动，组织社区青少年和来自江苏大学的外国留学生一起制作月饼、品尝月饼，共话中秋习俗，感受浓浓的中秋文化。

【校站共建】 金山街道迎江路、杨家门、风车山、银山门、西津渡等5个社区关工委分别与镇江崇实女中、穆源民族学校、中华路小学、宝塔路小学、外国语学校西津渡校区、金山小学6所中小学签订了《学校和社区共建协议书》。学校组织师生为社区居民提供志愿服务，组织有专长的在职和退休教师到社区为居民和孩子义务辅导，开展“帮扶、帮困、帮教、助学”等不同形式的主题活动，发挥教育“五老”和在职教师优势，帮助社区青少年健康成长。社区与学校一起关心社区学生校外教育活动情况，了解社区内学生的生活学习需求，配合学校做好工作。在迎江路中心社区举办的教育部关工委镇江市润州区金山街道社区教育联系点特色展示活动中，展示了四点钟课堂、爱心辅教、街巷艺术、民族文化等校站结合共建共育的成果。

【校外教育辅导站创建】 按照“加强内涵建设、提高活动质量、提升办站水平、增强育人效果”的要求，建好建强校外辅导站。抓好市级示范辅导站的创建工作，对照示范辅导站创建条件重新评定，确定七里甸街道万科社区校外辅导站申报2018—2020年市级示范辅导站，在年底重新获得授牌。官塘桥街道宝平社区、和平街道新金江社区、金山水城社区校外辅导站为新建辅导站，青少年活动场所齐全，新金江社区“渔文化馆”为青少年校外活动增添了色彩。镇江市首家社区科普体验馆在宝平社区开馆运营两年，为社区及官塘桥中心小学的学生提供了校外科普教育活动场所。2020年，迎江路社区校外辅导站被省文明办、省关工委评为“全省优秀校外教育辅导站”，万科社区关工委主任纪载庆、孔家巷小学德育处主任汪婷被省文明办、省关工委评为全省校外辅导站优秀辅导员。

【未成年人法治工作】 一是开展未成年人普法活动。由18位政法系统退休女精英组成的“法润”妈妈宣讲团，通过“行走课程”，开展法治宣传和体验式教育活动，打造“参与式法治教育”，辅导学生创编演出校园普法宣传三句半、法治故事情景剧等；结合“热点电影”关爱“少年的你”进行法治宣讲；积极开展《民法典》进校园、进社区宣讲普法活动，抓好《中华人民共和国宪法》《中华人民共和国国旗法》《中华人民共和国刑事诉讼法》《未成年人保护法》《中华人民共和国预防未成年人犯罪法》《江苏省预防未成年人犯罪条例》的宣讲。区七里甸街道司法所联合区关工委在蒋乔小学开展“德润童心·法护童行·智慧快乐·复兴中华”普法进校园公益活动，提高青少年的法律意识和法治观念。二是公安润州分局在辖区内派出所全面建立关爱工作站。鹤林派出所关工站联系孔家巷小学制定了《2020春季开学防控细则》，协助学校加强疫情预防。围绕“六一”儿童节、禁毒日等时间节点，开展思想道德、治安防范、消防安全、远离毒品等宣传教育，提高青少年的法制观念、守法意识和安全常识。全年，累计进校园开展法制宣传61场次。三是“五老”志愿者积极参与并助力社区帮教工作。协助社区矫正中心实施“一对一”“二对一”“一人一策”的帮教工作模式，对其实施“一对一”的特定帮扶。运用法律、心理学知识，解决法律、心理、就业、做人、就学等实际困难。四是加大“五老”义务监督网吧力度，对现有“五老”义务网吧监督员进行充实调整，吸纳10位“五老”志愿者为区级网吧义务监督员，对全区的网吧进行不定期巡访，防止未成年人进入网吧，维护青少年成长环境。

【弱势群体帮扶工作】 各社区关工委积极为弱势群体青少年办实事、做好事、解难事。和平路街道征润州社区关工委第十八届“爱心圆梦”爱心助学活动仍在延续爱心“接力棒”，18年来，社区奖励和捐助辖区内大中小学生280余名，捐助资金达27.3万元。联合关心下一代周报社资助贫困且优秀的学生8名，发放“冰凌花”奖学金4000元，联合省、市关心下一代基金会，支持全区大、中、小学贫困学生5名，资助金额5400元。

【自身建设】 2020年，润州区委常委会就关工委基层组织负责人配备、办公设施、兼职人员问题做出了具体布置。由区委组织部牵头召开街道分管领导会议，逐个解决街道及社区基层关工委组织建设问题，6月底，全面落实和调整了街道及社区关工委组织班子，并重新下发了文件。街道关工委主任全部由街道党工委分管领导担任，常务副主任进行了调整，提高了补贴标准。区关工委工作经费也予以保证，各级关工委开展青少年活动经费得到了落实。基层班子调整到位后，区关工委组织了全面培训，学习贯彻《江苏省关心下一代工作委员会工作规则》和《中共江苏省委组织部、中共江苏省委老干部局、江苏省关心下一代工作委员会关于完善和落实“党建带关建”工作机制的意见》两个文件，邀请专业教师进行宣讲和解读，提高“五老”做好关工委工作的积极性自觉性。依靠“党建带关建”，培育了一支“五老”志愿者队伍。 （区关工委）

戏台演出 （田 冰 摄）

法治·军事

栏目编校:孙　伟

政法委及综治工作

【概况】　2020年，全区政法系统坚持以习近平新时代中国特色社会主义思想为指导，深入学习贯彻中共十九大和十九届二中、三中、四中、五中全会以及中央、省、市政法工作会议精神，坚持“稳中求进”总基调，强化“防风险、护安全、保稳定、促公正、强服务”职责使命，全力抓好疫情防控，扎实推进社会稳定、平安法治、网格化社会治理、扫黑除恶等工作，圆满完成全国人大和政协会议、中共十九届五中全会期间的安保任务，有效维护了社会和谐稳定，全力保障和促进全区经济社会高质量发展。

【维稳机制建设】　始终坚持把维护政治安全放首要位置，建立健全全区政治安全工作协调机制和情况报告制度，严格落实重大事项及时报、日常工作月报告、重点人员动态报等报送制度。牵头组织开展“排风险、建清单、除隐患、保稳定”专项行动，全面落实风险防控“四项机制”，建立重大风险清单，研判上报重大涉稳风险隐患13条，努力推动化解一批风险隐患。推进重大决策社会稳定风险评估工作，制定印发《关于进一步完善重大决策风险评估工作的实施细则(试行)》，切实增强重大决策稳评工作的规范化、制度化。积极开展对万达商圈、康湾和朱方路市场的治安专项整治，形成严打声势，突出整改实效。年内，侵财类警情同比下降33.3%，其中，盗窃电动车、电瓶警情分别同比下降59.9%、37.3%，确保各类社会治安和安全隐患得到有效根治。

【平安法治建设】　2020年，省测评全区公众安全感达99%，位列全市第二。持续推进“升级版技防城”建设，完成高清探头升级改造660个，有效预防和侦破一批刑事案件。全年，累计开展公共安全集中清查行动23次，开展联合检查5次，排查登记群租房屋117户，新登记出租房屋2102户、更新1903户；新登记流动人口8894人，核销变更2333人。联合城管部门，组织发动1300余名环卫工人加入平安志愿者队伍，发挥群防群治最大效能。统筹安排视频巡逻、街面巡逻两支队伍，以1号警务站为核心的进攻型巡防格局成效进一步显现。集中优势警力，先后侦破官塘绿苑停车场纵火案、国家重点铁路工程特种钢材被盗案等一批大要案件。强化重点人群管控，对2020年符合条件的63名严重精神障碍患者监护人发放“以奖代补”资金及责任险157.5万元。7个街道“关爱之家”(室)全部建成，和平路街道金山水城社区“关爱之家”，顺利通过省级现场验收，被省督查验收组誉为“是全省的一块样板”。创新工作衔接和教育转化机制，成功完成对在监和释放人员开展协同教育转化和接茬教育转化。深入开展平安系列宣传活动，以“犯罪司法解释及典型案例剖析”为主题开设2020年区《周末讲堂》第一课，制作发放宣传手册10000份。

以助力民企复工复产为契机，制定出台《润州区政法机关应对疫情影响　全力支持保障企业稳经营促发展十项措施》《具体服务保障企业经营的十五条措施》等法规性文件，提供全方位司法保障。深化“暖企送法”检察长书记项目，建立法官常态化联系走访企业工作机制，多次开展走访调研、座谈交流等活动，提供“订单式”司法服务。全面落实法律顾问、公职律师制度，全年，共对13份文件和42份合同进行合法合规性审查。法律援助，应援尽援，全年，共完成法律援助案件288件，占比为11.29/万，为群众累计挽回损失200余万元。投资1300余万元的区级社会矛盾纠纷非诉讼调解中心8月份建成投入使用，形成“1+11”调解模式，实现了诉讼服务从立案审查、材料流转、费用收取、案件查询咨询等事项“一站式”完成，“24小时”自助诉讼服务中心做到了诉讼服务“不打烊”。

【扫黑除恶专项斗争】 2020年，润州区专项斗争群众满意度位居全市第二。坚持以“一十百千万”“六清”等行动为抓手，强化攻坚克难、深挖严打，先后召开4次推进会、5次线索集中研判座谈会，强力推进各项任务落实落地。在“线索清仓”“逃犯清零”“案件清结”“伞网清除”“黑财清底”“行业清源”六个方面，均完成目标任务。三年以来，接受交办线索共计270条，全部清仓办结；破获的1个黑社会、4个恶势力犯罪集团案件全部审结；打财冻结资金163.92万元、其他财物126万元，合计289.92万元；共抓获九类涉恶犯罪逃犯95人，涉黑涉恶在逃人员缉捕率达100%；共查处涉黑涉恶腐败和推动工作不力人员9人，其中，立案并给予党纪政务处分3人，组织处理6人。着力健全完善长效机制，抓住关键环节与重点领域，在社会治安、征地拆迁、工程建设和金融行业监管等重点领域建立完善11项制度机制。加强统筹谋划，制定出台《2020年全区扫黑除恶专项斗争工作要点》，严格落实“月报送、季通报”制度，不断推动扫黑除恶向纵深迈进。严格落实联审联查制度，结合村（社区）“两委”换届，严把“入口关”，做到不漏一人，年内，已审查试点村（社区）“两委”候选人632人次。组织开展了“扫黑除恶专项斗争集中宣传月”活动，先后举办了以“深化扫黑除恶 共建平安润州”为主题的系列广场宣传活动10余场，发放宣传手册、宣传品2万余份。同步开展“大宣讲”活动，开展专题宣讲会17场，做到街道社区、行业领域、党员干部全覆盖。开设“扫黑除恶 勇当标兵”先进事迹集中展示专栏12期，进一步浓厚全区专项斗争氛围。

【网格化社会治理】 成立区网格化管理服务中心，与区综治中心合署办公，核定编制6人。网格化工作作为“城市基层‘大党建·微治理’的润州实践”的一部分被确定为2020年度区委基层党建“书记项目”。全区52个社区（村）优化调整为262个综合网格，31个专属网格，由社区干部转任专职网格员共计267名。全区51个警务责任区共65名警官与262个综合网格实现一一对应，在“苏格通”平台实现警网关联达100%，选派409名政法系统“三官一律”担任网格政法指导员，在集中走访活动中共收集社情民意138条、举办法治讲座24场、走访孤寡老人36人次、排查化解矛盾纠纷136件。全区7家街道及34家社区根据《网格化服务管理中心硬件建设标准》全面建成网格服务中心，并配备座席员。新冠肺炎疫情期间，全区367名网格长、461名网格员协同配合社区开展防控工作，其中，表现突出的五里社区网格长赵勇荣获省“双胜利平安卫士”称号。全年，评选出润州区“最美网格员”10名和“十大网格事件”10件，充分运用榜样力量激发治理方式创新的活力。

【政法队伍建设】 不断加强政法队伍建设，着力提高全体政法干警履职能力。常态化推进“不忘初心、牢记使命”主题教育活动，制订《党支部学习计划》《党员自学计划》，强化《中国共产党章程》《中国共产党廉洁自律准则》《中国共产党纪律处分条例》《中国共产党问责条例》等学习，不断增强党员制度意识、纪律意识、廉洁意识。开展第一轮政治督察，完成对区检察院、鹤林派出所、竹林路派出所、宝塔路司法所、金山司法所5家政法单位的政治督察。组织在全区政法系统开展“跟班先进找差距、比学赶超促发展”活动，政法机关党员干部向先进英模、“十佳政法干警”等学习，营造浓厚的“比学赶超”氛围。完成政法工作创新课题“打造‘五强’街道政法委员队伍”，印发《关于进一步明确街道政法委员工作职责和工作

4月28日，召开全区政法暨信访工作会议 （区电台 摄）

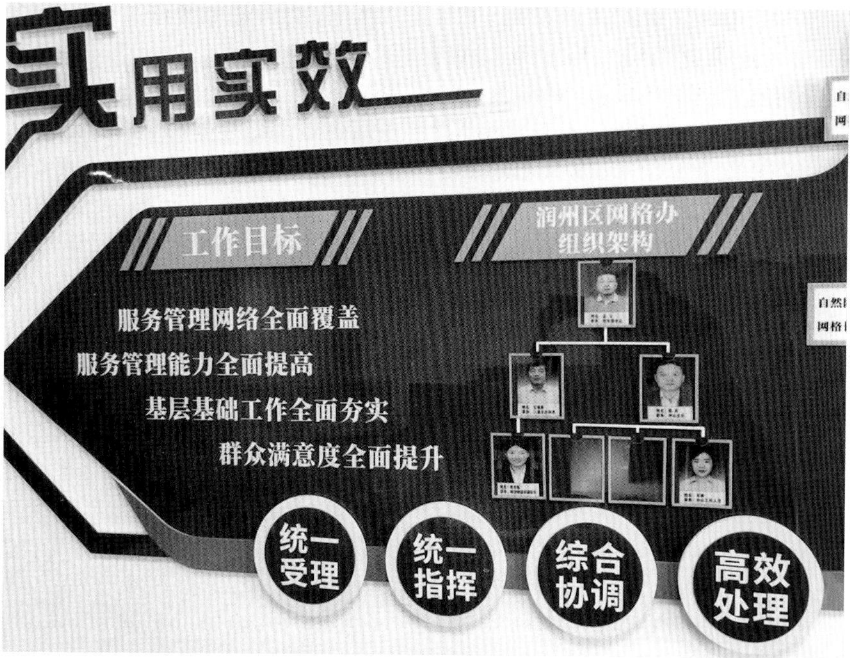

区社会治安综合治理中心工作示意图 （区委政法委 摄）

机制的指导意见》（镇润政法〔2020〕23号），着力加强基层政法委员能力建设。加强对政法干警关心关爱，牵头举办了第一期政法干警光荣退休仪式，增强政法干警职业归属感、荣誉感。集中观看《打铁还需自身硬》等警示教育片，不断增强政法干部的纪律意识和法治观念。助力疫情防控，广大政法干警迅速行动，下沉一线，当好“八大员”，把共抗疫情作为“践行初心、担当使命”的“主战场”，组建“同行防疫”先锋队5支，政法干警81名，下沉挂钩结对7个村（社区），与街道社区党员干部、群众、网格员一道开展全覆盖的联防联控工作，不断展现政法干警保障民生、服务群众的优良作风。

【全区政法暨信访工作会议】 4月28日上午，润州区召开全区政法暨信访工作会议，深入贯彻落实中央、省、市政法和信访工作会议精神，总结部署2020年全区政法和信访工作任务。市政协副主席、区委书记高国成就政法、信访工作作出批示。

【全区扫黑除恶专项斗争集中宣传月活动】 为深入开展扫黑除恶专项斗争，按照全市统一部署，润州区积极开展“全区扫黑除恶专项斗争集中宣传月”活动，共开展广场集中宣传活动10余场，共计发放宣传手册、宣传品2万余份。5月19日，区扫黑办联合区政法各部门、区委宣传部、相关街道等8家单位，在润州广场以“深化扫黑除恶·共建平安润州”为主题开展广场集中宣传活动。

【区社会治安综合治理中心成立】 成立区社会治安综合治理中心（网格化服务管理中心），为副科级全额拨款事业单位，核定编制6人。组建网格工作专班，强化实体化运行。 （政法委）

公　　安

【概况】 2020年，全区公安机关坚持以习近平新时代中国特色社会主义思想为指导，以高质量提升行动为主线，以“五大发展理念”为牵引，聚力提升安保维稳、破案攻坚、治安防控、社会治理、执法服务、过硬队伍六个方面的能力，统筹战疫情、护安全、保稳定、促发展，切实增强人民群众安全感、获得感、幸福感，实现了治安局势持续平稳、服务发展更加有力、群众满意度稳步提升的工作目标。

【违法犯罪严打】 以扫黑除恶专项斗争、突出犯罪专项打击、新型犯罪严打整治“三条战线”为抓手，做强区域一体化合成作战体系，推动侦查手段、机制、模式提档升级，不断强化对违法犯罪活动的高压态势。特别是7月份部署开展了为

5月19日，润州“深化扫黑除恶·共建平安润州”广场宣传活动 （区电台 摄）

期三个月的主业绩效集中攻坚行动，取得阶段性成效。完成扫黑除恶三年收官。坚持以“一十百千万”“六清”等行动为抓手，强化攻坚克难、深挖深打，推动网上网下同步扫除、不留死角。年内，各级交办线索全部清零。强化黑恶案件攻坚，摧毁1个恶势力犯罪集团，立九类黑恶案件33起，破22起，破案率66.7%，抓获黑恶犯罪嫌疑人40人，全区黑恶判决数278人次，专项斗争成效明显。抓实重大案件快侦快破。依托警种合成、所队联勤等机制，集中优势警力，不断加大对重特大案件的侦破力度，先后侦破国家重点铁路工程特种钢材被盗案、“6·13”入室强奸抢劫案、“8·27”杀人案等一批大要案件。严打民生小案。重点在现场勘查、信息比对、分析研判、案件串并等方面下功夫，做到应破尽破。特别是针对润州区历年来盗窃电动车及电瓶案件高发的问题，以“雷霆”“蓝剑”等专项行动为抓手，开展精准打击、重点整治。年内，破案数630起，破案率41.8%，同比上升15.9%。其中，破侵财案件487起，破案率36.59%，同比上升15.4%。严打毒品违法犯罪。结合“净边2020”等专项行动，以打击贩毒为重点，深度挖掘高质量情报线索，强化专案侦查经营。年内，抓获涉毒犯罪嫌疑人18人，查处吸毒人员83人次，铲除罂粟666株。严打击网络犯罪。深入推进“云剑-2020”“长城2号”等打击网络犯罪专项行动，持续深化网络诈骗、网络赌博、网络招嫖等线索的挖掘和经营，相继侦破北京爱奇艺特大侵犯知识产权案、顾某某手机被盗刷案，抓获涉网犯罪嫌疑人23人，为企业及群众挽损200余万元。严打经济类犯罪。结合“护航2020”“清风”等专项行动，进一步加大涉众经济犯罪打击力度，年内，侦破涉众型经济犯罪案件4起、起诉28人，涉案金额达2亿余元。进一步完善警税协作机制，强力推进打击涉税犯罪活动，先后抓获涉税犯罪嫌疑人35名，追回案款3000余万元。严打娼赌违法犯罪。持续开展专项整治，对娼赌违法犯罪保持“零容忍”态度，积极将打击的触角向网络延伸，强化对网络招嫖、微信招嫖线索的经营查处。年内，共破获娼赌刑事案件5起、采取刑事强制措施25人；查处娼赌违法人员63人。严打新型犯罪。深化与市场监督、食药监、环保、检察院等部门的常态化执法协作机制，主动寻求市公安局网络安全等兄弟部门的支持，有效提升了食品、药品等和民生密切相关案件的侦破效率。年内，完成“食药环”公诉31人、“制售假”公诉7人。

【**治安防控能力建设**】 始终咬定建设更高水平“平安润州”目标，围绕治安防控体系升级工程，大力推进街面防控、科技防控、网络防控建设，着力提高驾驭动态治安局势的能力水平。强化街面防控。屯警街面、布防社区的进攻型巡防模式逐步完善，将全区划分为18个巡防网格，加大巡逻频次和密度，通过便衣侦控、监巡对接等实战机制的落实，有效防范压降街面案件。年内，辖区侵财类警情同比下降33.3%，特别是盗窃电动车、电瓶警情分别同比下降59.9%、37.3%。建立情报制导工作机制，定期对可防性案件各要素进行分析、研判，街面勤务力量针对性加强防范措施，其间，搜集各类破案线索82条，抓获现行盗窃嫌疑人16人。建立重要视频、图像信息数据库，汇集可疑人员、车辆等视频图像信息，实现与警情、案件、重点人员等信息关联研判、研判结果的共享共用，进一步加强实时防控能力，深入构建资源整合、立体布防、良性循环的动态实战格局。年内，通过专库比对，抓获各类犯罪嫌疑人54人，破获案件120起，追回被盗电动车25辆、电瓶34组。强化科技防控。坚持以实战需求为导向，按照党政主导，公安牵头的原则，精心组织新一轮社会面监控补盲加密行动，其间，在万达商圈等地部署了一批人像识别智能感知设备。全区视频监控在线率、完好率良好，老小区监控系统二期升级改造项目建设和“123工程”三期增项建设稳步推进，11月底完成省级验收。年内，网上巡查信息500余条，答复群众50余人次，查处网上传播政治谣言19人。同时，加强和文化、教育、工商、广电等部门的沟通协作，督促本地网站和接入服务商落实违法信息审校过滤机制，重点清理各类网络谣言、淫秽色情、涉枪涉暴涉毒等违法信息，依法整治违法有害信息多发的网站、平台和群组，有力净化了网络环境。

【**社会治理能力建设**】 牢固树立大抓基层、大抓基础的鲜明导向，以常态化疫情防控、公共安全监管、网格化社会治理等工作为抓手，全力以赴抓好基层基础和日常警务质态的提升，为全区公安事业高质量发展不断注入新的动力。突出常态化疫情防控。注重宽严相济、讲究执法效果，依法处置涉疫警情410起，侦破销售假口罩等涉疫案件8起，采取刑事强制措施3人、行政处罚5人，9月2日以来承接宁镇扬分流隔离任务，共转运集中隔离入境人员四批次494人，严格落实集中隔离点执勤守护，确保疫情防控工作万无一失。突出公共安全监管。对照公共安全专项整治行动方案，扎实推进危险物品、群租房、快递物流、重点目标单位“四项攻坚会战”，确保公共安全监管领域持续平稳。扎实开展流动人口清理排查，新登记流动人口2.1万人，核销变更5.7万人，排摸登记群租房78户，发现整改安全隐患56处。紧扣危爆物品生产、存储、运输、销售、使用等环节，采取定期实地检查、突出查缉临检、联合重点抽查等方式，对辖区60家涉危单位开展高频次的安全排查，先后办理涉危行政案件3起，协助销毁废弃雷管

160枚,组织销毁废弃烟花爆竹530箱。督促提醒寄递企业严格落实“三个100%”,发现整改未备案、治安责任书未上墙等隐患41处。突出网格化社会治理。大力推进“警格+网格”双网融合,将社区网格化治理新模式融入枫桥式派出所创建,结合“三官一律”专项工作,全局293名民警和全区293个网格一一对应,并纳入派出所警务网格,实现社区警务与网格化管理有机融合、警网一体化运作。持续深化“一标多实”基础信息采集攻坚,以“苏格通”平台为纽带,打通数据关节,强化警网信息共享,警网关联率达100%,原全要素平台基础房屋数据已全部核准,六类特殊人群已核准1127名。充分发挥网格员情况熟、地缘近的优势,协助社区民警开展信息采集、服务群众、人口管理等工作,在“七五”人口普查、年初疫情防控等工作中发挥显著作用。

【执法服务能力建设】 不断强化以人民为中心的发展理念,始终把人民群众对社会公平正义和高品质公共服务的向往作为奋斗目标,进一步优化执法服务,增强综合效能,以过硬的执法效能助推服务管理的提质增效,更加有力地促发展、更加务实地惠民生。深化执法主体建设。狠抓执法问题整改,重点围绕调查取证不及时、不到位、有案不立、久拖不决等执法风险点开展专项整治,全局上半年被检察院纠正违法数在全市七个县级公安机关中占比最低。加大执法培训力度,组织全警对民法典等新法新规开展学法培训,年内,1名民警代表市公安局参加全省公安机关法律知识竞赛,获团体三等奖。积极组织旁听庭审活动,年内,多次组织所队分管领导、法制员、办案民警旁听庭审,进一步增强民警的法治意识、证据意识、程序意识。强化执法监督管理。采用“大数据+执法监督”管理模式,紧盯警情、案件、人员、财物、卷宗、场所“六大管理要素”,依托警务基础平台、执法管理平台、执法公示平台、执法现场视音频管理平台、办案区管理系统等,实现对办案轨迹全流程跟踪、执法对象全方位管控、执法活动全过程回溯。延伸法制部门随警作战机制,全体法制民警挂钩联系各办案所队,随案监督指导,全程服务案件办理。健全完善与检法等部门的协作配合,对重大疑难问题集体研究、集体决策,切实解决与检、法衔接中的问题。行政管理服务提档升级。以持续深化“放管服”改革为抓手,在治安、网安、出入境等部门推出更多简化审批、优化服务的举措,提升“不见面”项目、预受理项目的占比率和实际办理率,做到用行政权力的“减法”换取市场活力的“乘法”,真正做到让数据多跑路、让群众少跑腿。把“态度好、沟通好、履职好”的要求,延伸拓展到群众工作、窗口接待、“12345”工单办理等活动中,进一步提高人民群众满意率。

【队伍能力建设】 紧扣习近平总书记“四句话、十六字”总要求,毫不动摇地推进党风廉政、纪律作风建设,着力在队伍教育管理方面出真招、求实效,进一步增强队伍的凝聚力、战斗力。党团建设更加有力。做强党建队建一体化的职业警队建设体系,建立健全党委会议第一议题、政治练兵等制度,进一步教育引导全警增强“四个意识”、坚定“四个自信”、做到“两个维护”。年内,公安润州分局老干部党支部完成全省“六有一提升”达标验收,治安大队党支部行动队党小组获评“镇江市示范党小组”,竹林路派出所党支部获评“润州区优秀基层党组织”,鹤林派出所党支部“三微工作法”获评镇江市公安局党建创新项目第二名。全警实战更加高效。坚持以实战为导向,以年度实战大练兵工作为抓手,扎实推动公安业务提档增效。在市国防园建成分局实弹射击训练基地,新增基层所队5个训练角,建立4个“先锋轮训点”,推选优秀骨干民警开展“一对一”带教,组织16批次70余名民警进行了跟班作业。特别是在疫情防控期间,成立了4支应急队伍,机关警力120人支援一线疫情防控,累计献血2万毫升,填补了社会血库空缺;牵头开展“爱心助农行动”,有效降低了因疫情积压农作物引发的损失。执纪问责更加严格。

制定实施《全区公安机关党风廉政教育三大行动实施方案》,狠抓关键少数,深入查摆剖析,落实整改措施,着力解决队伍中理想信念、纪律作风、廉洁自律、规范执法、服务意识等方面存在的问题。特别是在全国政法系统教育整顿试点工作期间,全方位开展问题查纠,累计开展谈心谈话700人次、家访谈话300人次,发现整改突出问题92项。局内纪委、督察、信访等部门密切配合,充分运用监督执纪“四种形态”,立足抓早抓小,对工作不落实、行政不作为、执法不规范、作风不踏实、守纪不放心的民警和辅警,落实工作约谈、廉政约谈、谈话函询等措施,使“红脸出汗、咬耳扯袖”成为监督执纪的工作常态。年内,对抓队伍管理偏软的3个所队班子进行了约谈,通报1人、诫勉谈话5人、行政警告1人,记分问责15人次。活力警营更加温暖。在孔家巷小学成立“贺设平好人工作室”,在鹤林派出所建设“满天星”功模创新工作站和关爱工作站,推动关心下一代工作高质量开展。先后举办了“读经典、提修养、强素质”全警读书、“浓情润警”系列警营文化活动30余场次,3名民警获得江苏省第二届金盾文学奖、2名民警分获镇江“网聚职工正能量”征文大赛一等奖、三等奖。建成公安润州分局心理健康服务站,开展战时心理疏导13次。公安润州分局在全市公安机关新闻舆论实战练兵竞赛、法律知识竞赛中分获团体二等奖。制定落实“每季好辅警”评选制度，进一步激发了辅警队伍的活力。年内，全局荣立个人二等功1人、个人三等功7人，24人被授予嘉奖。民警彭艳军、王凡分获“镇江最美警察”及提名奖，魏森、傅明成分获“镇江十佳政法干警”及提名，贺设平被授予“镇江市人民奖章”，魏森被授予“镇江市劳动模范”称号。 （樊东晓）

润州公安分局机关及所辖派出所一览表

表 13

名　称	地　址	电　话	负责人
纪委	南徐大道 126 号	13952852800	吴　寅（党委委员、纪委书记）
政治处	南徐大道 126 号	13775378830	凌　军（党委委员、政治处主任）
情报指挥中心	南徐大道 126 号	13775376397	樊东晓
督察大队	南徐大道 126 号	13775378828	刘方国
治安大队	南徐大道 126 号	13913447899	眭　晔
刑警大队	南徐大道 126 号	13815150345	傅明成
政保大队	南徐大道 126 号	13952859257	步雪泉
内保大队	南徐大道 126 号	13906109006	吴晋亮
经侦大队	南徐大道 126 号	13775378856	顾新峰
禁毒大队	南徐大道 126 号	13952858787	荀旭东
法制大队	南徐大道 126 号	13951285525	王才宝
网安大队	南徐大道 126 号	13906102153	刘　翔
出入境管理大队	南徐大道 126 号	13505288996	朱　涛
巡特警大队	中山西路 73 号	13952826186	丰伟华
宝塔路派出所	宝塔路 66 号	13952809357	乔　路
金山派出所	中华路 189 号	13775327773	王　飞
和平路派出所	朱方路 74 号	18796088555	韦晓军
七里甸派出所	七里甸街道	13815153288	陈晶玮
鹤林派出所	天桥路 16 号	13805287012	魏　森
官塘派出所	官塘桥路	13852944414	曲　波
竹林路派出所	菊花山路 9 号	13952811918	笪成芳
韦岗派出所	韦岗街道	13852900877	石　晨

检　察

【概况】 2020年，区检察院在区委、市检察院的坚强领导下，以习近平新时代中国特色社会主义思想为指导，牢牢把握最高检“落实、稳进、提升”工作总基调，围绕区委决策部署和区九届人大四次会议精神，充分发挥刑事、民事、行政、公益诉讼“四大检察”职能，既抓疫情防控不放松、更抓检察履职不懈怠，各项工作稳中有进。

【服务大局中贡献检察力量】 有力保障疫情防控。始终保持对涉疫犯罪“零容忍”，会同公安润州分局、法院建立联动机制，相关案件均第一时间提前介入、引导侦查，力争当日受理当日捕、当日审查当日诉，释放依法严惩强烈信号，共批捕、起诉2件3人。妥善办理疫情期间群众涉法涉诉诉求，引导群众通过“12309”检察服务热线等途径，足不出户反映问题，及时化解不稳定因素。保障律师执业权利，应用远程加密传递卷宗等举措，帮助福建、广东2名律师异地阅卷。在抗疫中守初心、担使命，向武汉汉阳区检察院赠送111件防护服，为疫区同仁雪中送炭。组织干警760余人次参与基层联防联控，赠送共建单位回龙社区一批防疫物资，帮助解决社区农民蔬菜滞销问题。依法护航民企发展。坚持少捕慎诉司法理念和平等保护司法政策，因地制宜贯彻落实“六稳”“六保”战略。起诉侵害民企和企业家合法权益犯罪9人，同比上升40%。坚持能不捕的不捕、能不诉的不诉，对民企涉罪案件不批捕1人，不起诉1人，提出缓刑建议4件7人，让民营企业家专心创业、放心投资、安心经营。办理的徐某某盗窃电力案和黄某某虚开增值税专用发票案，统筹考虑民企经营状况、群众就业和法定情节，提出缓刑意见。持续推进“暖企送法”专项工作，以助力民企复工复产为重点，赴月星九润家居广场等地走访调研，提出4项建议被职能部门纳入保障复工复产工作方案。牵头协调镇江城投集团西津渡管理公司等单位，及时处置“返还小微企业装修押金”等难题，助力企业顺利度过疫情难关。精准助力“三大攻坚战”。聚焦防范化解重大风险，积极参与非法金融专项整治，起诉骗取贷款和非法吸收公众存款等涉众型犯罪15件36人。办理了涉案金额6亿元的骗取贷款案，检察建议获市委书记马明龙批示肯定，被省检察院作为《领导参阅件》转发全省。构建生态环境刑事司法保护体系，开展“携手禁捕禁捞、保护生态环境”专项行动，起诉污染环境、非法捕捞水产品等犯罪案件8件15人。组建工作专班巡江检查、深入渔业行政村普法，向2000余家餐饮企业、13家农贸市场水产经营户，送达拒卖长江水生生物倡议书。找准检察工作与扶贫工作结合点，主动走访拟救助当事人所在社区，牵头调查取证，向3名因案致贫被害人发放救助金2.6万元，促进精准扶贫落地落实。

【维护稳定中发挥检察职能】 坚决维护国家政治安全。贯彻总体国家安全观，立足司法办案，积极参与意识形态反渗透、维护网络政治安全等行动，从严惩治各种渗透颠覆破坏活动。稳妥办理中央政法委交办的传播政治谣言案1件，引导侦查机关补强证据，依法追加起诉偷越国(边)境罪。扫黑除恶斗争持续发力。始终把扫黑除恶作为重大政治任务牢牢抓在手上，集中业务骨干强化专业办案团队建设，以专克难、严格依法，确保“是黑恶犯罪一个不放过，不是黑恶犯罪一个不凑数”，全面完成“六清六结”工作，有序推进收官之战。坚持以事实为依据，以法律为准绳，办结上级交办的兴化周某黑社会性质组织案等7件涉黑涉恶案件，在检察环节依法追加罪名4项。办理的戴某恶势力犯罪集团案，精准区分“套路贷”与民间合法借贷，不予认定诈骗罪及31笔诈骗事实。着眼长效长治，牵头制定《关于建立健全严厉打击“套路贷”虚假诉讼违法犯罪沟通协调机制的意见》。聚焦“破网打伞”“打财断血”，移送“保护伞”线索2条，黑恶犯罪线索17条。对涉黑涉恶财产逐案清理，冻结涉案资产780余万元，房产6处，汽车5辆。守护社会秩序安定平稳。共受理侦查机关提请逮捕案件123件205人，移送审查起诉案件409件673人。突出打击严重危害群众安全感的犯罪，批准逮捕故意杀人、故意伤害、强奸等严重暴力犯罪和毒品犯罪18件19人，提起公诉35件39人。批准逮捕盗窃、抢劫、诈骗等侵犯群众财产安全的犯罪49件73人，提起公诉107件144人。继续在反腐败斗争中发挥检察作用，与纪委监委加强配合，合力创造清正廉洁政务环境，起诉职务犯罪案件3件5人。办理的吴某受贿、国有公司人员滥用职权、挪用资金案，针对变更起诉的案件事实，主动商请监委等相关部门召开联席会议共同研判，达成共识，提高了指控罪名的精准度和办案效果。

【司法为民中展现检察作为】 刑事检察监督全面深入。落实客观公正义务，贯彻宽严相济刑事政策，当好犯罪的追诉者和无辜的保护者。对不构成犯罪或证据不足的，决定不批捕13人，对犯罪情节轻微的，决定不批捕8人、不起诉37人。强化刑事立案、侦查和审判活动监督。对有案不立、有罪未究和不当立案、越权管辖等问题，依法监督立案1件1人、监督撤案5

件7人，纠正漏捕、漏诉7人，纠正审判违法2次。对违法取证、适用强制措施不当等问题提出书面纠正意见8件次。加强刑事执行监督。社区矫正人员监督管理、教育矫治等工作一体推进、质效持续提升，工作经验获市检察院编发简报全市推广。做细日常监督，纠正一起无锡锡山区法院判决生效后，未及时交付的执行案件。积极争取辖区政法单位支持，形成联合发现、制裁和防范虚假诉讼的工作合力，破解线索整合、案件突破、分工配合、打击处理等难点和关键问题。全年已受理各类民事行政检察监督案件32件，提出再审检察建议1件，发出审判程序和执行活动监督检察建议7件。持续推进“指标化监督”工作，克服疫情影响，共查阅案卷200余件，针对发现的问题，发出5件类案执行检察建议，其中，包含全市首例民事非诉执行监督类案检察建议。同时，夯实弱势群体维权支撑点，保护民生民利。2020年，办理支持起诉案件17件，均为弱势群体追索劳动报酬案，挽回经济损失37万元。公益诉讼检察扎实有效。坚持依法监督与支持配合并重，不追求起诉数量，尽量使用诉前程序解决问题，把依法监督的过程变成促进依法行政的过程，办理诉前程序案件26件，推动行政机关纠正违法或履行职责。如办理的占用小区消防通道案，针对占用小区消防通道违规停放机动车存在的安全隐患，发出检察建议获区住建部门支持，及时敦促物业公司整改。认真贯彻落实食品药品安全“四个最严”要求，联合区市场监管局开展“公益诉讼守护美好生活”专项活动，在辖区两家大型农贸市场抽查30余户经营者的经营许可证、健康证、预包装食品的检验报告等情况，为老百姓的“菜篮子”安全提供保障。一年来，发出诉前检察建议20件，民事公益诉讼立案8件，已提起刑事附带民事公益诉讼2件。

【职能延伸中传递检察温度】 适应社会主要矛盾变化的新形势，聚焦民生福祉，持之以恒做好为民实事。全面适用认罪认罚从宽制度。充分发挥认罪认罚从宽制度对于促进社会治理体系和治理能力现代化的作用，把认罪认罚从宽释法说理工作贯穿于各诉讼阶段，将对犯罪嫌疑人、被告人的教育转化以及社会矛盾化解落到实处，使该制度成为祛戾气、促和谐、护稳定的实用利器。办理认罪认罚从宽案件603人，认罪认罚适用率94.51%，速裁程序适用率41.39%，提出确定刑量刑建议率96.14%，法院采纳率99.79%，均列全市前列。速裁案件逐步采用远程视频方式批量式开庭，庭审效率显著提升。注重告知反悔后可能导致的法律后果，降低犯罪嫌疑人反悔或判决后上诉的可能性，认罪认罚案件息诉服判率达97.15%。做优做细未成年人检察工作。深入落实最高检关于预防校园性侵的“一号检察建议”，主动与教育部门完善《加强新时代校园法治建设的意见》。院领导带头，共18名检察官担任法治副校长，为全区中小学生举办法治讲座20场。牵头区团委、妇联、教育局等单位开展“青心护航——保障校园安全”专项活动，对校园周边食品安全和交通隐患排查整顿。对未成年人犯罪坚持宽容不纵容。对发现的未成年在校生卖淫情况，监督公安机关立案2件，制发检察建议3份，联合执法部门对未成年人进入的场所摸排整治，关停整改2家。聚焦信息化、社会化和网格化路径，探索创新未成年人临界预防工作，省、市检察院转发简报推广区检察院经验做法。积极打造新时代“枫桥经验”检察版。坚守为民初心，抓住人民群众的操心事、烦心事、揪心事，完善便民利民举措，传递检察温度。按照最高检“群众来信件件有回复”的要求，院领导带头接访、包案化解，让当事人感到诉求有人理、事情有人办。全年对129件次来信来访，做好及时反馈、释法说理工作，实现到期回复率、答复率、办结答复率三个100%，诠释了“小信件”中承载的民生“大情怀”。在办案中换位思考，理解“当事人”感受，严控退回补充侦查，力争案件进入检察程序即一次性办结。深化刑事和解工作，对4件轻微刑事案件，引进全国金牌调解员参与矛盾化解，引导被告人悔过认错、赔偿损失，促成彼此达成和解。 （区检察院）

法　院

【概况】 2020年，润州法院坚持以习近平新时代中国特色社会主义思想和习近平法治思想为指导，牢牢把握司法为民公正司法主线，坚持疫情防控和审判执行两手抓两不误，着力打造高质量司法，依法服务高质量发展。全面加强多元解纷和“一站式”诉讼服务体系建设，诉前化解矛盾纠纷成效明显。全年，共受理各类案件8875件，结案8222件，同比分别下降30.52%和26.09%；民事行政案件万人起诉率同比下降40.32%。先后有8个集体和12名干警获得市级以上表彰，再次被省高院荣记集体一等功，金山湖人民法庭被最高法院授予“全国法院先进集体”荣誉称号。

【党建引领工作】 以“五好五强”领导班子建设为抓手，全面加强政治建设，扎实推进“两个坚持”专题教育活动，保持法院工作正确政治方向。强化巡察整改落实，对区委巡察组反馈的9个方面28类问题，立行立改，逐一研究细化整改措施，确保所有问题清仓见底。全面推行“嵌入式”党建，深化“机关党建质量提升工程”和“一支部一品牌”创建活动，实现党建工作在执法办案一线全覆盖。润州法院打造的“家和”党建品牌被最高法院评为全国法院党建创新优秀案例。

【矛盾纠纷化解】 坚持把非诉讼纠纷解决机制挺在前面。在法院新诉讼服务中心设立涉金融保险、企业纠纷、劳动争议、道交事故、行政争议等9个人民调解工作室，加上设立在金山湖人民法庭的家事纠纷调解中心、房地产物业纠纷调处中心，形成“9+2”诉前调解工作体系。积极争取市总商会人民调解中心进驻润州法院设立调解工作站，促进涉民营企业纠纷的诉前调解工作。积极引导当事人理性选择非诉渠道化解纠纷，全年，诉前分流案件1863件，诉前调解成功984件，同比分别上升57%和148%；民商事案件收案数同比下降48.56%，法治环境持续优化。诉前调解工作受到上级法院和相关单位充分肯定，金山湖人民法庭“家事纠纷一站式化解”经验做法登录学习强国江苏学习平台。

【战疫情齐心协力】 积极参加防疫抗疫阻击战，组建“同行防疫”先锋队，8批次78名党员干警先后奔赴抗疫一线，配合社区开展疫情防控执勤40余次、重点人员疫情排查45人次，协助填写居民健康登记表6000余份。深入开展“审务进社区、法官进网格”活动，42名干警下沉至55个社区，帮助社区排查、消除潜在隐患。从严惩处涉疫情犯罪，依法审结周某虚构经营口罩事实、张某虚构熔喷布货源事实分别实施的诈骗案，戴某等人销售不符合国家标准医用口罩案。加强与看守所互联互通，通过远程提讯系统，及时对韩某某诈骗、抢劫案等33起刑事案件网上开庭，隔空审判，确保疫情防控期间社会秩序稳定。

【扫黑除恶决战决胜】 自2018年年初开展为期三年的扫黑除恶专项斗争以来，润州法院始终坚持严把案件质量关，依法精准打击，审结涉黑涉恶案件7件99人，判处五年以上有期徒刑21人，重刑率达21.21%。在全市法院率先实现“积案清零”目标，无一起案件被改判或发回重审。审结周某某等11人黑社会性质组织犯罪案，戴某等10人长期利用“软暴力”催收债务、群众深恶痛绝的恶势力犯罪案。坚决铲除黑恶势力经济基础，开展“打财断血”专项执行行动，执行到位64.85万元。针对审理中发现的社会治理薄弱环节，发出司法建议4份，其中，《关于加强房屋租赁管理、防范黑恶势力滋生的司法建议》被省高院评为优秀司法建议。

【民生服务保障】 坚持以人民为中心，妥善审理各类涉民生案件，审结各类民事案件3008件。组织法官进社区、学校，开展民法典宣讲12次。审结因在自家门口安装摄像头侵犯邻居隐私而引发的新类型案件，判令被告拆除摄像头，促进邻里关系和谐。妥善处理劳动争议案件221件，依法维护劳动者合法权益。审慎处理涉老维权案件，审理的冷某诉某老年康复中心人身损害赔偿案入选全省法院老年人权益司法保护十大典型案例。不断深化司法助残工作，审结涉残疾人权益保障案件31件，全国残疾人法律救助工作会议宣传片专门展示了全院司法助残亮点工作。主动依法服务和保障企业抗疫情渡难关，及时制定出台《关于依法防控疫情全力支持保障企业稳经营促发展的十五条措施》，得到区委主要领导批示肯定。全面落实“涉企诉讼绿色服务通道”，主动缓减免受疫情影响的涉诉企业诉讼费用，合理认定疫情对合同履行的影响，妥善审结涉企民商事纠纷案件2065件，助力200余家企业恢复生产经营。大力支持政府扶持企业发展政策落地见效，加大行政诉讼协调工作力度，成功化解涉企行政纠纷43件，促进企业复工复产。

【行政案件集中管辖】 行政案件集中管辖以来，坚持监督与支持并重，积极服务“放管服”改革，审结行政案件432件。强化与非集中管辖法院协调配合机制，联动化解行政争议的经验做法获最高法院肯定，并被省高院在全省法院推广。深化司法与行政执法良性互动，召开行政复议与行政审判联席会议，组织庭审观摩，联合培训执法人员1000多人次，不断提升行政机关依法行政能力水平。完善行政争议多元化解机制，加大实质性化解力度，行政案件撤诉率和服判息诉率同比分别上升15%和28%；行政机关败诉率为3.48%，同比下降3个百分点。

【刑事犯罪惩治】 全年，共受理各类刑事案件382件，审结365件562人。依法惩处新型网络犯罪，审结非法控制计算机信息系统、利用微信小程序实施诈骗等案件3件。严惩暴力犯罪和侵财犯罪，审结故意伤害、盗抢骗等案件111件，切实提高人民群众安全感。积极参与禁毒斗争，审结毒品犯罪案件23件。保持反腐高压态势，审结职务犯罪案件5件8人。严厉打击危害公共安全犯罪，审结危险驾驶案件110件。市电视台、市中院、市公安局及润州法院官方抖音号对3起醉驾案宣判进行全程直播，收到良好社会效果。刑事审判庭被评为全市政法系统“十佳基层单位”。

【执行成效提升】 受理执行案件3529件，执结3447件，执结率等“3+1”核心指标保持全市领先。加大依法强制执行力度，公布失信被执行人名单1304人，限制高消费2398人，119名被执行人迫于压力主动履行义务，执行到位金额4.62亿元。健全执行长效机制，推进执行指挥中心“854”模式迭代升级，执行工作规范化精细化水平进一步提升。深入开展做好“六稳”工作、落实“六保”任务专项执行行动，组织集中执行11次。市电视台民生频道和润州法院抖音号全程同步直播涉民生案件专项执行行动，吸引18.2万人在线观看，赢得广大网友点赞。（区法院）

司法行政

【概况】 2020年，润州区司法工作以全面推进依法治区为统筹，扎实履行行政立法、行政执法、刑事执行、公共法律服务四大职能，助力“三大攻坚战”，为润州高质量发展提供法治护航，工作成效显著。金山司法所“展翅新飞工作坊”被市委政法委评为全市政法系统“十佳创新成果”，宝塔路司法所社区矫正监督员工作被《江苏法制报》专题报道。

【公共法律服务影响力建设】 街道司法所“一所五站点”（在司法所服务大厅设立公证协办点、法律援助代办点、仲裁业务联系点、行政复议受理点、立法民意收集点等窗口,并有明显的标识标牌。）规范化运作，真正实现“一个窗口接待，一个站点受理，‘一条龙’式服务”的便民目标，在全区实现半小时法律服务圈。按照《关于深化一村（社区）一法律顾问全覆盖工作的推进方案》要求，对本区村（社区）法律顾问情况进行梳理，对律师挂钩服务2个以上村（社区）的现象，按照省厅要求已经调整、选派到位，配备比例已达标。全力实施免费法律咨询便民工程，最大限度满足人民群众日益增长的法律服务需求。强化法律援助工作。切实做好法律援助便民服务。降低法律援助门槛，做到应援尽援，切实维护弱势群体合法权益。全力推进刑事案件法律援助全覆盖，进一步强化与法院之间的协作联动，实现案件指派与受理的无缝对接，提高指定辩护案件的办案效率。全年，共完成法律援助案件284件，占比为11.13/万，其中刑事案件101件，涉及各类人群284人次，为群众累计挽回损失200余万元。共提供法律帮助131人次，其中，涉黑17人次。全面推行公证“最多跑一次”，扩大事项范围，开通绿色通道，健全便民服务措施，加强公证程序流程控制，对符合条件的，最快30分钟即可出证。积极实行网上办证、司法公证等业务。全年，共办理公证362件，累计为困难群众减免公证费1.6万元。充分发挥律师职能作用。疫情期间，组织律师进驻顾问企业，全时空、全方位精准对接企业复工复产法律服务需求，针对复工复产企业劳动用工等法律方面问题提供法律咨询解答，帮助企业防范并化解法律风险。与区工商联一起开展“四进四送”，搭起律师与商会之间的沟通联系桥梁，积极为商会各项活动提供法律服务。开展律师执业活动常态化检查，重点检查律师代理承办重大、敏感、群体性案件、涉黑涉恶案件的报备情况和指导情况，进一步规范律师代理涉黑涉恶案件指导、管理和监督。积极推进律师行业党的建设，律师行业联合党支部即将挂牌成立。

【社会稳定“第一道防线”筑牢】 提升基层调解能力。健全基层调解网络，进一步完善三级调委会和区、街道调处中心建设，主动融入网格化治理体系。注重平时与关键节点矛盾纠纷排查调处，建立问题联治、矛盾联调工作机制，最大限度地化解社会矛盾纠纷，维护社会和谐稳定。2020年，全区共组织开展矛盾纠纷摸排2820次，预防矛盾纠纷108起，调处各类矛盾纠纷3565件，成功近100%。强化调解多元化建设。深入开展疫情期间、人大和政协会议期间社会矛盾纠纷排查化解工作，确保社会稳定。积极打造专业性、行业性人民调解品牌，全市首家物业纠纷调解工作室、润州金山湖法庭“和润家风馆”等各具特色，广受好评。投资1300余万元的区级社会矛盾纠纷非诉讼调解中心8月份建成投入使用，形成“1+11”调解模式，即1支常驻型调解队伍和11支专业化调解队伍。中心运营以来，共受理诉前调解案件900余件，已结案500余件，诉前调解与纠纷分流比例达50%以上，有效降低万人诉讼率占比。推动矛盾纠纷监测预警平台建设，持续开展“矛盾不上交”三年行动。

【特殊人员管控体系细化】 严格社区矫正工作。深入开展《中华人民共和国社区矫正法》宣传活动，严格落实《江苏省社区矫正工作标准（试行）》。开展了社区矫正工作专项纪律巡查，制定了廉政风险点清单、防范措施清单和整改责任清单。在全市首创聘请社区矫正执法监督员，进一步规范社区矫正执法工作。注重对特殊人群的关爱措施，七里甸街道“润心心理咨询所”、金山司法所“展翅新飞工作坊”成效明显，得到上级肯定，多地兄弟单位前来学习交流。2020年，新建成1家安置帮教共建基地，为特殊人群的集中教育、公益服务活动提供场地、设施等便利条件，同时为确有需求的人员提供适当的就业岗位，帮助他们顺利融入社会。同时创设“阳光帮扶基金”，帮扶特殊人群中的困难对象，开展结对救助、定期走访帮扶。加大对社区服刑人员常态化管理；共有社区矫正对象126人、安置帮教对象695人、后续照管对象59人，重新犯罪率一直保持为零。创新安置帮教工作。做好安置帮教衔接工作，刑释人员衔接率达100%，安置帮教社工配备率达标，已实施刑释重点人员必接必送42例。为困难家庭、交通不便家属组织了54人次亲情视频会见，帮促在监罪犯思想改造，获得社会认同。

【依法治区和法治政府建设】 统筹抓好顶层设计工作。召开区委全面依法治区委员会第二次会议，印发《中共润州区委全面依法治区委员会2020年工作要点》《润州区2020年法治政府建设工作计划》。开展法治政府建设“补短板、强弱项”专项活动，组织开展法治政府建设专项督查。建立区政府常务会议学法制度，开展法治润州建设监测评价工作。按照区考核办统一部署，对7个街道党的建设工作深化依法治国实践司法局牵头部分，进行半年考核并针对各街道工作开展情况提出相应改进建议。部署开展2020年法治满意度测评工作。全面加强依法行政工作。严格落实行政决策合法性审查制度，全年，共对7份文件和20份合同进行合法性审查把关，保证了区政府行政决策的合法合规性。加强行政复议和行政应诉工作，推进行政复议规范化建设，健全行政复议案件审理机制，畅通行政复议渠道，依法受理、审理行政复议案件，提高行政复议办案质量，全年，共收到行政复议申请10件，受理7件，转送3件，审结5件，纠错4件，综合纠错率均为80%。健全行政诉讼信息动态管理机制，实时掌握全区行政诉讼案件情况。开展败诉案件分析研判，提升依法行政水平。全年，涉区政府一审行政诉讼案件19件，审结8件，11件正在审理中，行政负责人出庭率100%。无败诉案件。共审查区级文件、协议等27件，承办上级文件征求意见事项3件。积极推进备案审查平台、行政执法监督管理平台和行政立法平台的应用及数据录入工作。全面分析2019年政府行政执法、行政复议、行政诉讼等工作，提出工作建议，不断提升全区行政执法工作水平。对全区各街道综合行政执法局工作人员进行2次专题业务培训，提升各街道行政执法规范化水平。深入推进行政执法“三项制度”。制订2020年全区行政执法监督检查计划，对疫情防控期间加强严格规范公正文明执法、在有关重点领域加强行政执法“三项制度”推进落实等方面制定多个指导意见。对上一年度全区行政执法情况、全区行政执法“三项制度”实施情况、全区法律顾问制度建立情况等分别进行多次调查统计。努力推进江苏省行政执法主体和人员管理系统的录入工作。加强行政执法证件管理，圆满完成全区统一换发行政执法证件任务，为依法执法提供保障和支持。全面梳理行政执法“三项制度”工作中存在的问题。加强督促检查，针对薄弱环节，促使改进提高，让行政执法“三项制度”在规范行政执法、提高依法行政水平上切实发挥更大作用。积极开展法治宣传教育。召开区委全面依法治区委员会第二次会议，印发《中共润州区委全面依法治区委员会2020年工作要点》《润州区2020年法治政府建设工作计划》，落实落细法治建设工作。深入开展法治政府建设“补短板、强弱项”专项活动，组织法治政府建设专项督查。印发《2020年全区法治宣传教育工作要点》，制定落实普法责任清单与普法日历，联合部门、街道开展形式多样、内容多彩的法治宣传活动。召开全区七五普法工作推进会暨普法成员单位联络员会议，扎实推进“七五”普法终期评估验收工作。

【企业复产复工助力】 积极开展大走访活动。成立律师、公证员组成的法律服务团，深入长江金融产业园、汇典律所、金山包装厂、协信星光时代等企业开展集中走访调研，按照“一企一表”的要求，切实了解、掌握、解决企业遇到的问题，对思扬宏、如炬、山田、汇典等律所反映的党支部建设及房屋租赁纠纷等问题积极协调相关单位妥善解决。对企业复产复工提供法律指引。印发《地方人民政府关于新型冠状肺炎疫情防控法律依据汇编》，对疫情防控、疫情救援、市场监督、企业复工处理等方面进行了及时宣传。印发企业《防控新型冠状病毒内部管理指引》，指导和帮助企业不越矩、不逾规，在法律和规章制度框架内在法治轨道上解决疫情期间的劳务佣工合同、薪酬工资等各类纠纷。开展司法惠企惠民活动。印制《司法行政系统疫情防控期间便民惠企十项措施清单》和《润州区公共法律服务产品清单》各1万份，通过“疫情防控·法治同行”“法企同行”、法治体检等宣传活动发放到居民手中。开展疫情期间公证专项服务，免费为企业、个人对疫区的捐赠行为办理公证。积极为受疫情影响的企业、个人免费办理与疫情相关的不可抗力事实类公证、为政府有关部门打击市场不法行为办理保全证据公证。聚焦重大建设项目，组织律师、公证员、法援人员成立法律服务团，为受困企业提供律师公益法律服务，现场为长江金融产业园等民营企业进行法治体检，开展法律风险评估。简化疫情期间法律援助受理流程，开通“绿色通道”，对民工讨薪、确认劳动关系、申请支付劳动报酬、工伤认定维权等高频热点问题，做到当时受理、当日审批、当日指派，切实稳定人心，助企稳定局面。

【街道行政执法赋权工作】 加强调研，拟定赋权原则。根据区委办公室、区政府办公室《关于推进基层整合审批服务执法力量的实施方案》与省委编办、省司法厅、省政务服务办《关于印发服务乡镇

(街道)经济社会管理权限指导目录的通知》精神,区司法局会同区委编办、区行政审批局全面开展了赋权编制工作。在区委常委会明确由司法局牵头负责赋权工作后,迅速学习省、市、区有关文件精神,并赴先期开展此项工作的兄弟市区学习借鉴。在此基础上,拟定赋权原则。以基层需要为原则。把符合"点多面广、基层管理迫切需要且能有效承接",基层能第一时间发现问题、第一时间解决问题的权力事项下放给街道。以基层接得住为原则。机关部门在确定赋权事项时,要认真分析评估,不能无原则甩包袱下放。对于一些专业性强、属于行业监管的事项要避免下放。对于涉及危险化学品管理、安全生产、燃气管理方面的事项,能不下放则不下放,如下放,应按要求履行重大行政决策程序进行决策。对于涉及意识形态领域等敏感事项,要避免下放。以便于管理为原则。区级部门有专业执法机构的,原则上不下放。一次性审批分批赋权原则。确定的赋权事项,一次性报市政府、省政府审批。省政府审批通过后,在一年内,按照先易后难的原则,分批赋权给街道(计划分3~4个批次)。做好沟通,拟定赋权事项。全区"三整合"改革动员会召开后,区司法局通过多种形式与《赋权指导目录》涉及的部门,反复征求意见,统一思想认识,确保向街道赋予的经济社会管理权限事项既合法合规又符合实际。经过部门初拟赋权事项、共同磋商修改方案、听取街道反馈意见、征求区分管领导意见等环节,稳定有序推进赋权工作,9月30日,区人民政府第40次常务会议专门听取区司法局《关于赋予街道行政审批服务执法权限事项的情况汇报》。严格程序,推进后续工作。对拟赋予街道的行政处罚类事项,按照《中华人民共和国行政处罚法》的有关规定,经区人民政府第40次常务会议研究后,报镇江市人民政府和江苏省人民政府同意后实施。结合街道行政执法工作实际,采取一次报批、逐步赋权的方式,以一年为期限,分期分批向街道赋予具体管理权限,确保"接得住、管得好"。强化基层一线执法人员业务培训,加强业务指导和监督,及时协调解决赋权过程中遇到的问题,确保推进基层整合审批服务执法力量改革落到实处。

(潘付超)

军　事

【概况】 2020年,面对严峻复杂的斗争形势,面对突如其来的疫情、汛情,全区人武系统坚决维护核心,在军分区党委和区委、区政府的坚强领导下,润州区人武部高举旗帜铸军魂,聚力备战担使命,鼓足干劲抓落实,有效履行了国防动员主责主业,出色完成了备战打仗、民兵整组、兵员征集等大项任务,并在征兵"五率"量化考评中,位列全市第二名。在省军区组织的军事训练考核中,张成获得军分区指挥军官个人成绩第一,区人武部被省军区表彰为"全面建设先进人武部"。

【思想政治建设】 认真学习贯彻习近平新时代中国特色社会主义思想和习近平强军思想,每季度参加党委中心组理论学习,定期组织集中理论学习,适时观看教育录像,结合周四"夜校"原原本本学习《习近平谈治国理政》(第三卷),理论武装更加扎实。始终绷紧意识形态斗争这根弦,组织开展形势政策、国家安全和"四反"教育,扎实做好重要岗位人员政治考核,人武部保持高度集中统一和纯洁巩固。继续开展"双百双建"帮扶活动,连续三年帮扶茅山革命老区贫困村马埂村实现脱贫。将国防教育纳入区委中心组理论学习和党校培训内容,先后邀请南京陆军指挥学院和国际关系学院教授作专题辅导。9月,组织区四套班子领导、国动委成员和街道主要负责人参加"军事日"活动,党员领导干部履行国防职责意识进一步提升。

【兵役征集工作】 区人武部积极与江苏大学京江学院对接协调,多措并举、逐环落实,不断提升大学生应征入伍积极性,激发大学生携笔从戎、报效祖国的爱国主义热情。克服疫情造成的不良影响,联络各街道及江苏大学京江学院,采取线下与线上、广泛宣传与精准动员相结合等形式开展征兵宣传,认真组织兵役登记,严格体检政考,科学组织役前训练,圆满完成征兵工作。2020年,润州区新兵大学生比例达到100%,大学毕业生比例36.5%,再次实现"零"退兵,在全市征兵"五率"考评中取得第二名。整个征兵过程中狠抓廉洁征兵,4月10日,区纪委监委、区人武部联合下发《关于进一步加强廉洁征兵工作的通知》,区、街道两级聘请32名廉洁征兵监督员,为廉洁征兵提供纪律保证和监督机制,全区未有一起廉洁征兵问题举报。

【练兵备战】 坚持以中央军委习主席训令为指引,加强党委对练兵备战的统一领导,定期议战议训,督促训练落实。协调召开全区国防动员委员会会议,理顺关系,明确职责分工,着力推进国防动员能力建设。大力开展民兵分队轮训备勤和专业分队训练,并实兵拉动民兵应急分队参演。响应习近平主席向国防动员系统广大民兵发出的全力投入疫情防控的战斗号令,2月26日,发出《致全区广大民兵的倡议书》,号召全区广大民兵积极参加疫情防控工作。针对防汛严峻形势,组织民兵参加镇江市防汛抢险军地联合演练，与区水利局联合开展水上冲锋舟训练，7月份，组织民兵参加长江征润州段江堤子堤抢筑、巡堤和镇江船厂抗洪抢险，民兵分队应急应战能力进一步增强。

【民兵整组】 按照民兵整组工作总体要求，及时召开全区民兵整组工作任务部署会，统筹推进工作落实。召开区委常委议军会，研究解决民兵整组重难点问题，并出台《关于进一步加强润州区党管武装工作的实施意见》。积极拓展编兵渠道，先后协调多个大型央企国企单位编建民兵，任务分队民兵编建对口率和质量进一步提高。借助市、区两级互办实事项目改造民兵装备器材库，对照民兵应急连编制标准，补充各类装备器材，提升民兵规范化建设水平。

【安全管理秩序规范】 严格贯彻《军队安全管理条例》，坚持安全形势分析、安全风险评估、例行安全检查、安全问题通报等制度，在重大活动、重大节日和敏感时期等关键环节，加大检查力度。坚持人防技防结合抓重点部位安全，加大安全基础设施建设，加强应急处突演练，进一步打牢安全基础。（区人武部）

繁花似锦 （田 冰 摄）

经济发展与计划管理

【概况】 2020年，区经发局及时部署做好疫情防控各项工作，稳妥有序推动复工复产、复商复市，全力做好"六稳"工作，落实"六保"任务，在统筹推进疫情防控和经济社会发展上展现更强担当和更大作为。从二季度起复苏步伐加快，经济增长由负转正，逐渐恢复常态，社会大局总体稳定。

全年，完成地区生产总值 245.23亿元，可比增长3.3%；一般公共预算收入13.94亿元，增长1%；社会消费品零售总额114.65亿元，下降1.5%；服务业应税营业收入127.8亿元，增长10%；城镇常住居民人均可支配收入53723元，增长3.4%；全面小康达标完成。

【疫情防控工作有序有力有效】 树立"全区一盘棋"的工作思想，牢牢抓好外防输入、内防扩散这两大环节，始终在保防疫、保运转、保复工上凝心聚力。第一时间组建防疫工作专班，加强生活物资和重点医疗物资、医疗救治、交通管控等保障力度，构筑联防联控、群防群治的网格化严密防线。全区8家社区卫生服务中心全部开设预检分诊，所有医务人员全部进行集中培训。研究制定复工复产工作方案，210家"四上"企业、38个实际在建工地和12家银行全部复工复产。及时出台支持企业渡难关的"8条补充措施"，对受疫情影响严重的民营餐住企业、保供单位和物业公司等给予补助，共发放补贴84万元、惠及42家单位。为进一步刺激消费，帮助企业走出困境，在全市率先举办"润州请您来吃饭""润州请您来读书""润州请您来健身"等活动，先后有130余家餐饮企业、80余家培训机构、书店和邮政报刊网点，以及9家健身场馆积极参与，"润州明月夜"品牌活动点亮"夜经济"。

【城市经济发展质量不断提升】 聚焦"争先创一流、展现新作为"的目标导向，以"跑起来"的工作状态把各项经济工作抓紧抓实、抓出成效。在疫情期间，与辖区企业共抗疫情、共克时艰，发挥行业优势带动整体发展，最大限度降低疫情对社会经济的负面影响。服务业综合改革试点工作初见成效，稳步实施试点计划，有序推进产业体系建设、项目载体建设和机制体制改革等各项任务，验收评估成绩位居全省前列，并获得专项切块资金支持。平台载体建设实现新突破，西津渡中央休闲区被评为"省级夜间文旅消费集聚区"，区商务金融服务集聚区入选省级生产性服务业集聚示范区，易沃客创意空间、联想星云镇江创新中心成功获批省级众创空间。企业转型升级焕发新活力，新认定国家级高新技术企业6家、重新认定2家，恒信咨询入选省级生产性服务业领军企业，瑞联贸易入选省级互联网平台经济"百千万"工程重点企业，镇江建工、镇江路桥入选省级建筑业企业技术中心名录。

【城市经济发展动能不断释放】 将项目建设作为发展的重中之重，多样化开展双招双引活动，依托高质量的"双招双引"和高效率的"项目建设"赋能经济发展。项目建设释放发展潜力，定期召开项目推进会，编制全区产业项目月度简报，建立"专项债""一般债"项目储备库，6个市重点产业项目超额完成年度投资任务，新建项目开工率达100%。"双招双引"积聚发展动能，开展首届城市经济旅游发展论坛暨"随心游 去润州"旅游推介会和"名校高企产才行"系列推介活动。2020年，累计新签约项目131个、同比增长54.1%；省“双创计划”完成率200%，市“金山英才”计划完成率133%，均为历史最佳。重大产业项目招引取得突破，10月28日，官塘创新社区管理委员会正式揭牌成立，易华录数据湖、阿里和润数字产业园等9个项目进行集中签约，总投资142亿元。12月18日，东南大学校友经济产业园签约落户润州。

【城市经济发展环境不断优化】

积极打造“润州最滋润”营商环境品牌，进一步做好简政放权的“减法”和优化服务的“乘法”，厚植适宜企业成长的肥沃土壤。惠民暖企活动更加丰富，“润州发布”公众号开设“润州最滋润”专栏，开展城市经济发展大会、百企走访、企业家早餐会等活动最大力度地去帮助企业走出疫情困境，提振他们的发展信心。行政审批制度改革更有实效，顺利实施“一枚印章管审批”，5个部门24项行政权力事项已划转至区行政审批局行使，已实行“不见面”审批事项达452项，“不见面”率总体保持在99%以上。政策引领作用更加强化，兑现2019年度22条产业政策，发放奖补资金共3000余万元，同时，听取企业家意见和建议，以问题导向修订完善并形成产业政策29条，新增了支持企业信息化建设、鼓励外商投资、打造特色楼宇等补短板内容。

【生态宜居城市建设不断推进】

坚持以美丽润州为导向的高质量发展道路，全区城市面貌焕然一新。中央及省级环保督察交办信访件、长江经济带生态环境问题全面完成整改销号，空气质量优良天数达标率为80%，$PM_{2.5}$浓度为37.2微克/立方米，地表水国考断面、主要入江支流断面全部达优Ⅲ标准。三大保卫战取得积极进展，有效解决餐饮油烟、散煤使用、涉气散乱污、工地扬尘等大气环境突出问题59件；顺利完成运粮河闸至新河桥段清淤工程、四明河上段河道清淤及岸坡治理整治工程和周家河锚链厂区段暗涵清淤及排口整治工程；原江南化工厂土壤修复工程处于收尾阶段，长江沿岸生态提升工程全部完工，在全市率先完成连镇铁路外部环境安全整治工作。人居环境得到显著改善，房屋征收拆迁完成签约90户、面积约12.2万平方米，回迁安置362套、面积约3.63万平方米；推进老旧小区改造约114栋，总建筑面积约25.63万平方米；升级改造8座城区和农村公厕，完成206个小区垃圾分类基础设施设置，建设20个省级垃圾分类达标小区。

【社会民生事业持续健康发展】

统筹发展，不遗余力增进民生福祉，人民群众的幸福感、获得感持续走高。在稳就业上持续发力，共组织160余家重点用工单位参加招聘活动，提供岗位3500余个，达成就业意向1500余人；共为全区136家企业核发应急稳岗补贴381.5万元，涉及职工2464人。圆满完成2020年度社会保险扶贫目标任务，共有约6296人次贫困人员纳入保障范围，保障金额约104万元。标准化居家养老服务中心建设获评“2020民生示范工程”，居家和社区养老服务改革试点工作走在全市前列，社区卫生服务中心中医馆建设实现全覆盖，七里甸、黎明社区卫生服务中心达到全国“优质服务基层行”省级推荐标准。扎实开展文化惠民和艺术普及工作，先后举办“文艺播种计划节目展演”“南山森林音乐节”“高骊山旅游文化节”等活动，全区旅游业自7月份以来迅速回暖，国庆、中秋节接待旅客22.1万人，同比增长38%。教育现代化建设保持领先，全区小学和初中综合达标比例分别为100%、87.5%，金山湖小学完成实体移交、长山学校和镇江实验学校远洋分校完成扩班改造。 （区经发局）

国有资产管理

【概况】 2019年3月，成立润州区人民政府国有资产监督管理办公室，作为区财政局挂牌机构，履行出资人职责，行使国有资产监督管理职能，负责企业年度经营目标任务的下达、经营业绩的考核、产权管理、运营监管。2020年，区国资办印发了《关于做好区属国有企业财务决算审计工作的通知》《关于选聘资产评估机构有关事宜的通知》《镇江市润州区区属国有企业资产出租管理办法》等文件，进一步完善国有企业财务管理和内控制度；建立产权管理系统，及时、真实、动态、全面地反映区属国有企业产权状况；组建企业监事会，委派专职监事，对国有企业实行全方位监管，推动监事会实质化运作。

（区国资办）

自然资源管理

【概况】 2020年，市自然资源和规划局润州分局（以下简称润州分局）始终坚持新发展理念，紧紧围绕“两统一”核心职责，以“优空间、护资源、促集约”为主线，主动适应疫情防控下经济社会发展方向，及时调整自然资源和规划工作着力点，努力实现自然资源和规划工作的新发展。

【严字当头，提升资源保护水平】

润州分局进一步完善了耕地保护责任目标考核办法，坚持耕地保护全覆盖，严守耕地数量和质量红线，加大日常巡查和违法查处力度。辖区耕地保有量达1260公顷，远超上级部署要求的400公顷的任务，实现了耕地保护100%的目标。同时，积极推进农村乱占耕地建房问题专项整治工作，认真落实"大棚房"、违建别墅清查等专项行动后续任务，纵深推进自然资源和规划领域扫黑除恶等专项行动，扎实做好违法用地综合整治三年行动，累计开展动态巡查220次，处理土地违法案件14宗，面积26.87公顷，整改率居全市前列。准确核查2020年下发的卫片图斑41个，面积75.43公顷（耕地9.876公顷），未发现违法用地。在矿山整治方面，加强地质矿产巡查，严厉打击偷盗采行为，全年，共巡查48次，尚未发现存在开采矿山的情况。在绿化造林工作方面，采取调查摸底、主动对接、工程实施、全民参与等多种方式，高质量、高标准、高效率地完成了年度任务。2020年，完成成片造林17.2公顷、四旁绿化4.19万株、培育珍贵用材树种4.08万株、珍贵用材树种成片造林4.33公顷，长江生态景观防护林带造林面积8.62公顷。

【科学用地，做好服务保障工作】

围绕润州区产业发展战略规划，保障重点项目、重大交通基础设施和实体经济用地，优先支持战略性新兴产业、"互联网+"、旅游产业和农业农村发展用地。对于重大项目，积极推进用地材料报批工作，在实质性审查通过后，及时拟订征地补偿安置草案，及早进入补偿程序，做到报、批、补的无缝衔接。同时，加强与项目主体的沟通联系，及时反馈批、供、用等环节需要协调解决的问题，确保供地程序不停顿或少停顿。2020年，共完成2个地块的工业用地上市；完成划拨供地11宗；开展权籍调查157宗，累计调查面积268.14公顷；办理建设工程规划许可证14件；审定建设工程设计方案14件；出具规划条件书3份；出具规划意见2份；发放林木采伐证2份；盘活低效用地16.67公顷，化解批而未供和闲置土地124.33公顷；完成征地补偿项目12宗，征收土地面积59.46公顷，并已全部交地，安置被征地农民976人。完成全区统一时点更新调查举证工作，调查图斑总数13306个，调查面积1.53万公顷，包含地方自主提取图斑7160个，其中，变更图斑总数5828个，变更图斑面积7840公顷，成果顺利通过国务院三调办数据库质检。

【民生优先，维护群众正当权益】

认真做好依法行政和法治建设，严格按照法定权限和程序行使权力。扎实做好征地社会保障工作，征地补偿安置费用和社会保障费用及时足额到位，切实保障被征地农民合法权益。建立防火和地灾综合值班制度，确保全天候、全气候轮岗值班，履行防火防灾职能，消除安全隐患。在地质灾害防御方面，本年度共排查润州区范围内44处地质灾害隐患点，累计巡查120余次，发放防灾工作卡90份。在推进平安林区方面，全省范围内首家推广森林防火码，提升广大群众森林防火意识；全面落实防灾工作责任制；累计清理林下可燃物133.33公顷，将森林火灾扼杀在摇篮状态；加强野外火源管理，严禁火种进山入林，配备高标准灭火设备，调拨3套高扬程消防水泵、4台割灌机、200枚灭火弹，提高应急治理火灾的能力，2020年，全区没有发生一起森林火灾。此外，多措并举推动信访工作，畅通信访信息网络，落实领导值班信访接待制，全年，共受理各类信访事项45件，其中，上级交办事项12件、"12345"政务热线28件，阳光信访系统3件，个人举报2件。44件信访事项均在规定时间内办结，结案率100%。

【创新引领，提升智能管理水平】

融合人工智能和现代科学技术手段于自然资源执法中，充分发挥慧眼守土视频探头作用，实现自然资源违法行为的自动识别、自动预警、自动定位、自动分析、自动推送，有效推进省自然资源厅的智能监管平台建设试点工作。创新山体防违控违监控系统，联合城管部门，对全区范围内山体实现视频监控全覆盖，采取24小时全天候预警动态监测手段，对山体违法建设开展实施监测研判，及时发出监测预警信息，预测安全隐患，根据机构改革进展，提前做好防范准备，有效保障了人民群众的生命财产安全。及时融合原国土与规划的办公要求，在原有办公系统上进行部门整合、人员整合、权限调整，优化人事考勤管理、廉政学习平台、订餐用餐系统，升级形成操作性、实用性更强的移动办公平台。

【从严治党，强化党风廉政建设】

自觉接受党中央的集中统一领导，在思想上、行动上同以习近平同志为核心的党中央保持高度一致。深入学习贯彻中共十九届三中、四中、五中全会精神，采取"五个一"学习教育法：即制订一份详细的学习教育计划，每月集中一次专题学习，开展一次集体大讨论，组织撰写一次心得体会，每季度组织一次集中宣讲教育。注重理论学习和情景教育相结合，先后组织党员赴镇江市党性教育中心、"和润"家风馆等地参观学习，与嶂山村党总支结队开展"观影忆初心，弘扬爱国情"支部共建主题党日活动，打造了具有系统特色、突出警示教育作用的"清风园"廉政文化长廊，被省自然资源厅授予全市系统唯一的"党员教育实境课堂"。局领导班子重视抓好干部职工谈心谈话工作。采用日常谈、任前谈、提醒谈、规范谈等方式，开展126人次谈心谈话，督促全体干部职工坚定理想信念，站稳人民立场，增强"四个意识"、坚定"四个自信"、做到"两个维护"，严格遵守政治纪律和政治规矩，自觉把管党治党责任扛起来，不断增强遵守党章党规党纪和贯彻党的路线方针政策的政治自觉、思想自觉、行动自觉，坚定政治忠诚，保持政治定力，增强政治自律。严格执行局“三重一大”事项决策制度，落实市自然资源和规划局项目建设廉政监督检查办法，将监督关口前移、预防措施前置。

（市自然资源和规划局润州分局）

交通管理

【概况】 2020年，区交通运输局围绕年度重点工作，凝心聚力，主动作为，真抓实干，奋力开拓，确保各项目标任务落实到位。

截至2020年年末，润州区境内（含高新区）公路里程128.891千米，其中，一级公路59.854千米，二级公路15.391千米，三级公路5.866千米，四级公路40.797千米，高速公路6.983千米。公路客运站场2个，铁路28.28千米，车站2个，长江汽渡1个。

【铁路沿线安全隐患整治】 作为全区铁路沿线安全隐患整治工作牵头部门，区交通运输局对照整治工作序时进度，采取点面结合、条块结合、纵横结合的方法，向上积极争取政策、资金，面上加强组织协调，加大工作力度，对全区境内约22.78千米的铁路及16.2千米的国、省道沿线环境进行调查摸底，在此基础上，按照省、市政府下发的实施意见和规划时间要求，将整治目标任务进行细化分解，进一步明确环境综合整治工作的意义、标准、重点及时间节点，确保环境整治工作稳步推进。先后现场检查100余人次，整治轻漂物6处，共1400余平方米，其中，拆除3处300余平方米，清除五凤口夹心地块防尘网数百平方米（地块面积1万平方米）；整治硬漂物6处，拆除近30处700余平方米，在规定时间内完成了农批市场近20000平方米大棚整治任务；清运堆积物2处约20立方米，移除高大树木5棵（直径30余厘米，高约6米）；督促市交产集团按要求整理土方堆放10000立方米；线内违法问题整治4处，建立约500米隔离围栏；对黄山加油站安全手续检查并签署安全责任书；在全市率先完成连镇铁路外部环境安全整治工作，市铁路办反馈的连镇铁路沿线12处安全隐患均整改到位；京沪普速铁路沿线21处安全整治任务工作历时三个月也顺利通过上级部门验收。连镇铁路沿线第二轮共计11处安全隐患整治已顺利销号，拆除、加固彩钢建筑36处，清理垃圾3处。区交通运输局把建立交通干线沿线环境综合整治长效管理机制与“三提升三满意”活动结合起来，坚持“政府主导、属地管理、部门联动、综合治理”的原则，将环境整治与安全隐患排查结合起来，联合属地街道开展铁路及国省道沿线安全巡查，对影响道路安全的隐患进行排查和整改，落实好常态化管理机制，实现全区交通干线沿线环境整洁、生态优美、管理有序，确保交通干线沿线范围内干净、整洁、有序。此项工作区交通运输局在全市排名第一。

【农村公路管理养护】 区交通运输局严格按照《镇江市农村公路条例》要求，落实好辖区内农村公路管理养护责任，对全区管辖范围内的农村公路养护管理、病危桥、隧道、高挡墙、高边坡、易出现塌方滑坡路段、违章堆积物等进行养护安全生产大检查，发现隐患立即整改，确保公路安全畅通。修补朱方路、石韦路路面破损50余处约250平方米，完成朱方路、润州路、石韦路约4400平方米的标线出新，筹集资金对飞黄路进行修复。筹资40余万元，完成润州路道路1400米隔离栏的安装，有效缓解润州路交通混乱、拥堵现象。2020年，区交通运输局共处理“12345”市民热线投诉20余件、区人大代表建议6件、区政协委员提案3件。区交通运输局安排专人及时处置投诉问题，不在职权范围内的，申明理由及时退单；在职权范围内的，请局相关科室负责协调解决并回访投诉人，群众及人大代表、政协委员满意率较高。同时，扎实推进公路安全生命防护工程，根据省交通运输厅和市交通运输局要求，结合全区农路实际，制定《关于开展全区农村公路临水路段安全隐患排查整治工作和农村公路桥梁限载标志设置完善工作的通知》，全面排查辖区内1座县道桥梁和2座跨高铁桥桥梁隧道及铁路桥梁限载、限宽、限高设置及管养、监管主体职责履行情况，及时发现并消除安全隐患，落实整治措施，对南山回龙水库上跨铁路桥和南山农艺上跨桥进行了限高限速并设立限载10吨标志，对运粮河桥桥梁加强巡查，在石韦路临水路段安装了防护栏，确保农村公路、铁路运行安全、畅通，严防发生重大事故。指导街道、社区强化辖区内农路管养，发现问题，及时解决，逐步提高农村管养的责任意识和管养水平，方便群众出行。

【疫情防控】 区交通运输局立足自身职责，聚焦关键防控环节，1月26日起，全员放弃节假日休息，不停歇奋战在疫情防控第一线，全力以赴，坚决切断病毒传播渠道。根据《镇江市新型冠状病毒感染的肺炎疫情防控指挥部交通管控组关于进一步加强镇江市新型冠状病毒感染的肺炎疫情交通管控工作的通知》，安排工作人员重点关注辖区内汽车客运总站等运输枢纽疫情防控工作，随时待命；协助市交通运输局在镇江南站、镇江站及沪蓉高速镇江出口做好交通管控工作；做好管辖范围内的运输企业监管，督促运输企业做好疫情防控工作，检查防控设施落实情况；联合润州交警大队和韦岗街道对辖区内农村公路入境道口进行有力、有序、有效的管控，实行人车全面排查，对外地来镇车辆开展劝返管控，对乘车人员开展体温检测及信息登记，在石韦路两个卡口共登记人员5085人次，查访车辆3889车次，未发现发热人员。主动与结对社区运河社区对接，了解社区疫情防控开展状况和物资使用情况，积极协调支援医用口罩等基础物资，悬挂疫情防控宣传横幅，将"三结三定"工作要求同疫情防控紧密结合，充分发挥党员先锋模范作用，与社区工作人员一起上门入户调查摸排情况，安排人员在10个小区临时管控点值守，协助社区做好联防联控和舆论宣传引导工作。

【普通货物运输市场服务】 区交通运输局继续选调业务熟练的同志到市行政服务中心交通窗口、市检测站配合办理普通货物道路运输经营许可、道路运输证审验及营运货车综合性能检测工作。认真抓好交通行业安全生产专项整治工作，积极牵头召开全区治超治限工作会议，通报前一阶段全区治超治限工作情况，传达学习《镇江市人民政府关于印发〈镇江市道路货物装载源头超限超载治理办法〉的通知》(镇政规发〔2020〕1号)和市治超办《关于印发镇江市道路货物超限超载整治专项行动方案的通知》(镇治超办〔2020〕12号)精神，进一步明确自身职责分工，扎实推进整治专项行动，实现超限超载治理常态化、制度化、规范化，防范和减少道路交通安全事故。区交通运输局主要负责对辖区内江苏船山矿业股份有限公司、镇江四建混凝土有限公司和镇江东亚碳素焦化有限公司3家重点货运企业进行源头监管，区交通运输局一方面指导这几家企业安装镇江市重点货运源头企业前端采集系统监控设备，确保企业的进出场货车登记、称重数据等信息实时传送到"镇江市重点货运源头单位监管系统"，为源头治超提供强有力的技术保障；另一方面每年对辖区内重点货运企业进行排查并在区政府网站上向社会公示。每月，安排运管人员开展两次以上的超限超载定期源头巡查，主要巡查运输安全制度执行情况，货物装载是否存在超载超限问题，车辆进出称重是否严格，做到检查有记录、有影像资料，并整理保存，在巡查中坚持做到检查不留死角，记录数据完备，对巡查和监督管理中发现的问题及时处理，督促重点货运源头企业落实好主体责任。

【交通队伍建设】 区交通运输局一方面将支部创建与业务工作结合起来，围绕交通重大工程、重大专项行动及党建工作难题，积极推动开展党建结对共建活动。深化"保安全、保畅通、强服务"和"党旗飘在一线、堡垒筑在一线、党员冲在一线"突击行动，总结抗击新冠肺炎疫情中的好做法，积极发挥基层党组织和党员干部在夺取疫情防控和交通发展"双胜利"中的积极作用，区交通运输局党支部被省交通运输行业党委评为"先进党支部"。围绕推动交通高质量发展，深化服务品牌建设，引领服务质量提升，区交通运输局于2020年4月份面向社会开展"小康'路上'换新颜"书画、摄影作品征集活动，共收到百余件主题作品，作品从不同的角度、层面记录交通故事，描绘润州风貌，充分展示区交通运输局在助力全面建成小康社会取得的成就。另一方面将支部建设与群众工作结合起来，坚持党建带群建，统筹协调工会等群众组织按照各自章程开展工作，以"争先创一流 展现新作为"为主题，开展多种形式的劳动竞赛活动，激励全体职工投身润州高质量发展实践。为积极响应市委、市政府和区委、区政府关于促进消费的决策部署，有效应对疫情影响，助力服务夜经济发展，区交通运输局联手镇江江天汽运集团开展"夜经济跑起来"活动，于7月15日起(为期2个月)，开通丹徒大学城往返西津渡的免费旅游专线车，方便市民夜间出行、购物、观光。建立健全党员干部职工进社区志愿服务活动和开展社会公益事业等机制，大力推进交通党员到社区服务、机关与基层党组织结对共建、党员结对互助等活动，广泛开展党员志愿服务主题活动。

(彭 玮)

市场监督管理

【概况】 2020年，区市场监督管理局围绕"促发展、严监管、保安全、护民生"的职能定位，面对突如其来的新冠肺炎疫情，始终保持战时思维、战时状态、战时干劲，认真贯彻落实区委、区政府和市市场监督管理局工作部署，用心用情用力抓实市场监管和疫情防控，严防严管严控市场安全风险，为润州经济社会高质量发展作出积极贡献。

【疫情防控】 以保价格、保质量、保供应为抓手，狠抓市场监管，推进常态化疫情防控。断源头，全面加强野生动物市场监管。检查食用农产品经营主体3万余户家，监测网络交易平台网站4万余家次，检查比例达100%。稳价格，全力维护市场交易秩序。密切关注口罩等防护用品及生活商品价格波动情况，严打哄抬价格等违法行为，价格行为检查5300余家。严要求，积极回应社会公众关切，检查餐饮服务单位2864户次，责令整改21家。

【保障经济发展】 一是深化营商环境打造。深化“三十证合一、一照一码”“证照分离”、不见面审批、企业名称自主申报、各类市场主体注销便利化等改革；推动应用“企业开办全链通”平台，制定食品经营许可权力清单和名录，实行微型餐饮备案制。全年，累计办件21259余件，绿色审批通道办件80余件；全区实有各类市场主体54955户，注册资本总额1137.92亿元，较上一年年底分别增长20.87%和14.98%。二是实施质量提升工作。组织2家企业参加江苏省首席质量官联盟，指导2家企业申报省级服务业标准化试点、6家企业自我声明企业产品标准28项。三是帮助企业纾难解困。全力保障企业复工复产，指导餐饮服务单位分区分级有序恢复经营；落实涉企价费优惠政策，开展转供电价格专项检查，累计清退多收费用89.74万元；帮助企业和个人申领专利资助 9万余元。

【筑牢安全底线】 一是严守食品药品安全底线。按照“四个最严”要求，重点保障学校食品安全和保健食品安全，切实抓好大型企业、大宗食品和小作坊、小摊贩、小餐饮等市场主体。开展整治食品安全问题联合行动，严厉打击食品安全违法犯罪行为，发挥食安委办公室作用，推动食品安全部门协同监管。积极创建省级食品安全示范区，以创建为抓手，检查生产经营企业5053家次，食品安全抽检1500批次，开展各级各类专项整治20个，查办食品案件23起。全面开展餐饮单位食品安全量化分级工作，申报创建省餐饮质量安全示范街（区）和示范店（食堂）8家，微型餐饮备案制受到省人大调研组表扬。二是强化特种设备安全监管。累计检查各类特种设备生产使用单位298家次，处理检验机构移交隐患238项，处理举报投诉133件，发现隐患122条，下达安全监察指令书122份，停用设备285台，查封扣押设备5台，移交立案查处8起，重大隐患督促整改率100%。构建“润州智慧电梯监管服务2.0+平台”并正式投入使用，全区3000余台垂直客梯和相应的维保单位全部纳入监管，累计储存日常维保提交信息近10万条，更新年检信息5000余台次。三是全面推进长江禁捕行动。通过“约谈在前、普法在前、宣传在前、执法在前”加强农贸（批发）市场监管、餐饮服务单位监管、广告监测监管、网络交易平台监管。共出动执法人员412人次，张贴禁捕禁售画1290张，检查餐饮单位、水产品经营单位、集贸市场共742户，发现相关问题并责令整改26户，签署《拒绝售卖长江水生动物承诺书》185份，立案办理销售江鲜相关案件1起。

【打造公平环境】 一是推进“双随机、一公开”监管。依托平台开展“双随机”抽查，检查各类市场主体408户。夯实信用监管基础。召开润州区证照联动联席会议，归集涉企信息25760条，2019年度年报率为92.6%。二是加强重点领域监管。持续推进市场监管领域扫黑除恶工作，开展非法金融专项整治。2020年，全局共立案66件，罚没款入库共计170万元，办结案件38件，在办案件28件。三是推进消费环境建设。完成区消协换届选举工作；西津渡景区建成“江苏省放心消费创建示范街区”，全年，共组织45家单位申报了放心消费创建先进、示范单位（区域）。四是积极开展线下实体店无理由退货推进工作，在全市率先为线下实体店无理由退货承诺单位授牌。2020年，按时办结消费投诉举报5749件，为消费者挽回经济损失590余万元。

（区市场监督管理局）

统计管理

【概况】 2020年，区统计局以党建引领聚合力，以服务发展为核心，以“争先创一流 统计在行动”为抓手，切实履行统计职能，统筹推进依法统计、人口普查、各项调查、基础建设、作风效能，进一步深化统计改革、完善统计机制，不断提高统计能力、数据质量和服务水平，扎实推进年度统计目标任务完成。

【党建共建】 区统计局党组出台《“争先创一流 统计在行动”活动方案》，将开展“三走进、一贴近”（走进街道、走进社区、走进企业，贴近机关部门）宣讲统计业务和法规作为全年四项主题活动之一。积极组织党员干部深入社区开展志愿服务，助力各项重点工作，努力做到“工作奉献在单位、志愿服务在社区、创先争优做表率”，与“三结三定”结对共建社区金江社区围绕各自需求共商结对任务，明确将组织党员干部志愿服务社区列入清单。注重筑强堡垒，按要求高质量开展好换届选举工作，加强对入党积极分子的培养，把好党员入口关，根据形势任务要求积极申请成立人普办临时党支部，借力金江社区党支部在社区旁文化体育公园成功举办“七人普”宣传月启动仪式，为人口普查顺利开展奠定了群众基础。组织党员干部进社区开展志愿服务活动，积极参与疫情防控、人口普查和文明创建复查等工作，进一步锤炼党性修养，强化为民服务意识，提升业务能力和水平，促使党员干部在与社区共建中发挥先锋模范作用。

【统计服务效能提升】 一是主动履职，推进高质量发展考核。根据

《2020年度市、区综合考核实施办法》《高质量发展考核细则》精神，结合区委、区政府工作要求，认真落实高质量发展考核和监测评价共性指标牵头部门职责。开展《润州区高质量发展统计监测指标体系》业务培训，围绕统计月报、季报等关键节点时期，联合各责任单位，切实做好省、市对润州区高质量发展考核共性指标监测评价、研判和预警。建立重点部门联席会议制度、街道“联络员”制度，从局机关抽调7名专业人员组成专班，积极对接市统计局，努力做到对考核方案第一时间掌握、第一时间汇报，狠抓节点时效，做好分析研判。二是应统尽统，服务全区经济发展大局。密切对接部门、街道，保质高效地完成GDP核算、房地产、建筑业、固定资产投资、服务业、住户调查、贸易等专业年定报工作。针对重点监测指标数据与GDP核算基础数据，邀请市级专家赴区入企指导，协同责任部门解决问题，为全年目标任务的完成打下坚实基础。三是开发数据，发挥参谋助手作用。2020年，区统计局共完成各类统计信息170余篇、统计分析20余篇，其中20余篇被省级媒体采用，15篇工作信息被“江苏统计”“江苏调查”等多家公众号报道。及时发布《2019年润州区国民经济和社会发展统计公报》，定期出好《润州统计月报》“月度讲评”“高质量发展绩效评价指标讲评”《统计年鉴》等一系列统计产品，坚持以统计产品开发来加强部门统计之间交流与合作，实现部门数据信息共享，增强了服务的主动性、针对性和实效性，提升了统计工作服务领导、服务决策、服务公众、服务发展的能力。

【统计分析研判】 认真履行指标牵头部门职责，对照年度发展目标，围绕重点经济指标、位次靠后指标、完成困难指标等做好数据采集、量化测算、分析梳理和监测预警。一是注重事前谋划。为提前掌握经济运行态势，月底前收集当月主要经济指标的部门预测数据，加强事前研判，充分发挥统计监测预警职能，对于重要的经济指标，变化情况力争在第一时间呈送有关领导，为领导决策提供依据。二是强化部门协作。主动加强与经发、住建、财政等职能部门的沟通协调和工作联动，准确把握全区经济运行的特点、亮点、弱点，提出有针对性的意见、建议。三是加强深度分析。变“等待式”统计为“主动出击式”统计，摒弃简单汇总上报为综合分析预测，做好横向、纵向对比，总结剖析优势和短板，针对数据完成情况较差的指标，主动沟通对接相关责任单位，找准成因和存在差距，为指标责任部门和各街道抓进度、补短板、促提升提供数据支持。

【统计数据把控】 一是扎实抓好源头数据质量。认真做好基本单位名录库维护管理，做到信息真实、行码准确。健全完善《润州区“四上”企业培育联席会议制度》，“四上”企业新增入库工作坚持抓早抓常。以企业“一套表”为核心，严格按照“先有库，再有数”“要报数，先入库”的要求，对已入库的联网直报企业，狠抓数据源头，加强数据评估，严把数据质量关。二是深入开展统计数据质量核查。贯彻落实省统计局《关于开展统计数据质量核查工作的通知》要求，全面开展自查自纠和数据核查工作。各专业对企业的上报数据及时进行全面梳理核查，做到即报即查，同时加大对企业的调研力度，现场核查企业统计台账、财务资料，查询数据波动原因并做好核查记录，对问题企业督促整改。三是切实提高人口普查质量。严格按照省、市要求和工作部署，紧密结合润州实际，将人口普查各阶段工作抓紧抓实。分时段对全区各级统计机构及近250余名普查指导员、普查员开展精准指导与普查培训12场，参训人员达1600多人次，提高普查人员素质。认真做好普查各阶段、各环节的数据质量监控，确保普查数据真实有效完整。建立“联络员+街道”负责制，组建红色答疑小分队，开通24小时人普咨询热线，利用QQ和微信工作群，实现答疑解惑“线上线下”全覆盖。四是“从严从实”抓好住户调查样本轮换工作。严格按照方案规定和要求，层层落实调查责任，有序推进摸底调查、落实开户、试记账、电子记账等各项工作。

【统计宣传执法】 一是贯彻落实督察整改工作。围绕省文件中列出的具体问题整改措施清单，结合全区统计工作实际，举一反三、全面梳理，完成《润州区贯彻落实国家统计督察江苏反馈意见整改方案》。二是加强法治教育和培训。将《中华人民共和国统计法》纳入统计专业培训重点内容，加大普法宣传力度，积极组织统计系统人员参与统计法律法规知识竞赛，同时结合“9·20”中国统计开放日，做好广场、校园等普法宣传。针对企业、街道、部门分别发放《企业统计法律法规必读》《统计常用法律必读》《防范和惩治统计造假弄虚作假重要文件选编》等法律读本。三是强化村居统计基础建设。深入实施“2018—2020年统计规范化提升行动”，加强村居统计协管员队伍建设，对全区村居进行了统计规范化验收，确保所有村居100%达标，有效确保基层统计工作管理规范，源头数据真实可靠。四是加大统计执法“双随机”抽查力度。组织开展30余次数据质量专项检查，对4家不按规定上报统计资料的企业送达《告知函》，确保统计数据的科学性和公信力。五是建立统计信用体系。全面推进依法统计、诚信统计，推进构建统计守信激励和统计失信惩戒机制，建立统计从业人员信用档案，实施统计从业人员信用承诺制，实现统计信用信息覆盖所有统计调查对象。

（区统计局）

行政审批

【概况】 2020年，区行政审批局积极贯彻落实国务院《优化营商环境条例》和省、市“放管服”改革工作部署，在区委、区政府的坚强领导下，紧扣润州区高质量发展城市经济这一“主线”，坚持用心用情干事，不断推进“放管服”改革和助力营商环境优化，促进经济社会健康持续发展，让润州跑起来。

【队伍建设】 一是坚持党建引领。以机构改革为契机，以党建促业务，以党建带动队伍建设。作为市政务办第二党支部成员单位，突出以政治建设为统领，全面推行党员“先锋亮绩、积分管理”制度，认真落实“三会一课”、组织生活会等基本组织生活制度，强化党员规矩意识、先锋意识。二是加强教育培训。以增强党员干部政治素质、业务能力、服务意识为出发点，加强行政审批政务服务业务方面相关培训，着力提高干部队伍整体素质，积极组织人员参加2020年镇江市政务服务技能竞赛，并荣获团体赛三等奖。三是落实主体责任。认真组织学习党风廉政建设各项规定，坚决落实党风廉政建设主体责任和“一岗双责”。严格落实《政务服务中心润州区窗口工作人员考核细则》，加大对窗口工作人员监督检查力度。全年，共召开党风廉政专题会议4次，廉政谈话21人次。

【行政效能改革稳步推进】 一是深化改革促发展。全力推进相对集中行政许可改革工作，区市场监督管理局、区卫健委等五个部门24项行政权力事项已划转至区行政审批局行使，正式启用区行政审批局印章、印套和证照，积极主动做好划转事项的交接、审批信息系统对接、人员窗口整合等工作，同时将审批服务工作所需的相关文件、档案资料及制式证明妥善处置，顺利实施“一枚印章管审批”。二是集成服务促便利。出台《润州区“一件事一次办”改革工作方案》，确定全区“一件事一次办”目录清单（第一批），并正式发文对外公布，在市政务服务中心设置润州“一件事”专窗，将“一件事”涉及的多个政务服务事项办事指南整合优化为一个“一件事”办事指南，已发布的104件事项，总时限由20个工作日压缩至5个工作日，办理次数由5次减少至1次，材料由34项减少至18项，办事效率提升53%。

【服务体系全方位构建】 一是精准发力，提供服务零死角。通过线下设立“小微企业和个体工商户服务”专窗，提供咨询、指导、审批服务，线上开设江苏政务服务网润州旗舰店“小微企业和个体工商户服务”专栏，全面公布惠企政策。二是部门协同，提高服务便利度。设立企业开办“全链通”服务专窗，安排商业银行进驻，实现企业开户、预约刻章、网上办税、社保登记的全流程网上同步办理。57户新设企业通过“全链通”平台实现0.5个工作日办结。

【“不见面”审批服务】 对全区23家单位469项政务服务事项进行动态维护。定期对各单位调整维护情况进行督查，全年，实行“不见面”审批事项达452项，“不见面”率总体保持在99%以上，将“不见面审批”改革落地见效，切实做到让群众少跑腿、让数据多跑路。

【“审批服务一窗口”打造】 一是强化责任落实。成立主要领导任组长，分管领导为副组长，科室负责人为成员的工作领导小组，明确相关职责，做到领导、机构、人员“三到位”。经充分沟通，下放街道再生育许可行政审批事项1项。二是积极培训指导。走访街道为民中心，对窗口设置、工作规程、管理规范等进行指导。对下放街道事项组织区相关部门和软件公司进行业务培训，具体指导下放事项的办理，确保下放事项“接得住”。建立政务服务QQ工作群，与各街道在业务上实行无缝对接，强化沟通协调，明确职责分工，确保下放事项“管得好”。三是健全网络建设。建设街道、村（社区）政务服务网络，借全市一体化在线政务服务平台建设升级改造之机，增设了街道、社区审批服务功能模块，完善了区、街道、村（社区）三级服务体系，做好横向与纵向之间的沟通协调。2020年，区行政审批局窗口共受理办件44135件。其中，市场监管局窗口办结43644件，社会事业类窗口办结433件，经济发展类窗口办结58件，办结率100%。在中心6次双月考评中全部被评为双月优胜窗口，其中，5—6月取得历史最佳第2排名，23人次被评为服务明星。

【信访工作】 一是强化督查督办。定期对全区“12345”热线办理情况进行通报，对涉及部门多或职责归属不明确的问题，与相关职能部门协调沟通，落实责任主体或者牵头单位，保证市民反映问题得到有效处理。同时，加强承办部门回复内容审核力度，对回复质量较差，敷衍塞责，未针对市民诉求回复的不予审核通过，要求责任单位重新处理回复。二是强化定期报告。坚持每季度“12345”热线办理工作情况向区委、区政府主要领导和相关部门报送。让领导及时了解市民反映问题动态和解决办法，并增加部分典型办件摘编，受到领导的肯定。2020年，“12345”热线共转派工单16567件。2020年3月、6月、7月业务工作规范化评价在全市成员单位中排名第一。

【疫情防控常态化】 新冠肺炎疫情发生以来，坚决按照上级部署要求，成立领导小组，制定方案，把疫情防控工作作为当前最重要的工作和重大政治任务来抓，快速响应，高度重视“12345”热线办理效率和办理质量，回应社会关切，解决群众诉求，市政务中心润州窗口坚持疫情防控和经济社会发展“两手抓、两手硬”，全力支持全区各类生产企业复工复产。2月3日—3月31日疫情期间，窗口各类办件共1089件，其中，线上办件121件，线下预约办件920件，绿色审批通道办件48件；接受各类预约共208件，其中，电话预约178件，“12345”预约30件；接受各类咨询共592件。加强值守，确保“12345”热线接通率，提供疫情相关咨询、诉求和有效帮助等工作，迅速核处工单，强化办理时限、注重办理效果，派发疫情信息和相关咨询449件，办复率100%，满意率在92%以上。（区行政审批局）

兴修水利　　（田　冰　摄）

农业·水利

栏目编校:田 崇

农 业

【概况】 2020年，区农业农村局认真贯彻落实中央1号文件和省、市、区农业农村工作会议精神,立足润州实际,坚持“党建引领”,深入实施乡村振兴战略，坚决贯彻落实长江禁捕退捕工作举措、推动村庄环境整治走深走实，切实加强农业安全生产，全年未发生安全生产事故，进一步巩固提升脱贫攻坚成果，全区农业农村发展保持健康稳定发展势头。

【种植业】 2020年，全区秋粮种植面积110公顷，与上一年持平，总产量955吨，比上年增加35吨。其中,水稻种植面积为90公顷,与上一年持平,产量为821吨,比上年增产11吨。茶叶种植面积为100公顷,与上一年持平,干毛茶总产量吨9吨,比上年增加0.5吨。其中,绿茶产量0.53公顷,红茶产量1吨,干毛茶产值1770万元，比上一年增加110万元。镇江金山翠芽分别荣获江苏省第十九届“陆羽杯”名特茶评比特等奖和一等奖。

【农机装备】 2020年，全区农业机械总动力达17575千瓦。拥有拖拉机37台1574千瓦，稻麦联合收割机4台207千瓦，高性能植保机械3台9千瓦；新增1组3台批式粮食烘干机总动力11千瓦；主要粮食作物耕种收机械化水平99%,全区农业机械化水平超过88%,特色农业机械化率达52.5%。开展农业机械安全生产专项整治，所有涉农(农机)街道配齐农机安全生产监管员4人，所有涉农（农机)村(社区)配齐农机安全生产协管员10人,全年,消除农机安全生产隐患7起,全面实现闭环,无道路外农机安全生产责任事故。

【乡村产业发展】 全区市级以上农业产业化龙头企业7家(其中省级2家)，润康冷冻食品批发市场2020年新增为省级农业产业化龙头企业，农业龙头企业实现销售(交易)收入总额175亿元,同比增幅5%；全区规模休闲观光农业园区2个,休闲农业年综合收入1070万元,其中,农产品及其加工品销售950万元;农村电子商务销售收入13.5亿元,增幅31%,农业信息化覆盖率81.8%;农产品进出口企业9家,进出口总额3959.6万美元,其中,出口额3089.9万美元。

【新型农业经营主体】 全区共7家省、市级农业产业化龙头企业(省级2家),2020年，润康冷冻食品批发市场被新增为省级农业产业化龙头企业，镇研种业有限公司成立中国第一个辣椒院士工作站，获全国农牧渔业丰收奖二等奖1项,镇江三六五电子商务有限公司被确定为全省2020年度省级数字农业农村基地（新型农业经营主体),全区农业龙头企业实现销售(交易)收入总额175亿元,同比增幅5%;加强疫情下培训创新,利用云展、阿里公益课、抖音直播等培训新型电商4家;农民专业合作社11家、家庭农场3个;农业适度规模经营水平达101.48%。培育新型职业农民58人。

【绿色生态农业发展】 全年,化肥使用量410吨,农药使用量全年7吨。与2015年相比,实现农药减量39%、肥料减量38.5%。农膜回收率86.6%。畜禽禁养长效监管。全年，秸秆理论资源量1315.6吨,可收集利用资源量945.66吨,突出做好秸秆机械化还田和基料化利用工作，秸秆综合利用量908.36吨，利用率96.06%。

【长江禁捕退捕】 2020年，投入资金1.04亿元，收回注销捕捞许可证100本，征收拆解渔船273条，销毁网具4万多条，安置失水渔民100户、346人。全面完成禁捕退捕任务，实现“四个100%”（捕捞许可证100%收回，渔船、网具100%征收、处置，失水渔民100%安置）。退捕渔民建档立卡“回头看”。实施长江流域水生生物保护区禁捕专项执法行动。清理“三无”船只415艘，驱离外籍船只8艘。清除江岸滩地定置插网60张5000多米、深水涨网25条、地笼网300多条，拔除江岸边、滩地水中竹篙4000多根。禁捕退捕工作得到国务院长江流域重点水域禁捕退捕第三督查组、省禁捕退捕工作第四巡查组高度肯定，并在中央电视台《新闻联播》播出。

【农村人居环境整治】 2020年，全区村庄环境整治共涉及26个自然村，实行“一村一策”挂图作战，5月7日通过整治销号。统筹推进农村生活垃圾治理、农村生活污水治理、厕所粪污治理、农业废弃物治理“四个专项治理”实施。农村生活垃圾集中收运处理率达100%，；新建435座和修缮1101座改造农村户厕，全区村无害化户厕覆盖率达到100%；新改扩建农村公共厕所2座，农村生活污水得到有效治理的行政村比例达100%，农村人居环境长效管护行政村占比达到100%。

【“万企联万村 共走振兴路”行动】 9月15日，区委、区政府举办“万企联万村 共走振兴路”村企对接会。全区4个行政村参与“万企联万村 共走振兴路”行动，联建项目录入省信息平台3个，联建率75%。

【惠农补贴】 2020年，发放耕地地力保护补贴共807户，比上一年减少1户，发放资金总额为18.828万元，比上一年增加0.008万元；全区享受渔业油价补助船98条，发放补助资金48.6万元；2020年，继续实施农机购置财政补贴政策，全区1人享受省级以上财政补贴8.4万元，1人享受镇江市财政补贴10万元，受益补贴机具3台粮食烘干机。消除润州区没有粮食烘干机这个空白，对促进粮食生产全程机械化给予有力支撑。

【农村集体“三资”管理】 全面完成农村集体产权制度改革，全区农村集体经济合作组织全面赋码登记，共量化集体经营性资产9.53亿元，对2019股民分红的股份经济合作社3家，分红总额290.81万元，比上一年增加62.89万元，累计分红518.73万元。全年，共成交农村产权交易项目574个，同比增长188.4%；交易额达4135.06万元，同比增长139.6%。

（区农业农村局）

水 利

【概况】 2020年，区水利局坚持以习近平新时代中国特色社会主义思想为指导，围绕“强富美高”新润州建设的目标，克服了疫情、汛情的严峻挑战，各项工作取得良好成效。

【区重点水利工程建设】 一是完成润州区长江堤防应急治理工程。润州区长江堤防位于润州区和平街道，西起镇扬汽渡，东至镇江引航道闸站，桩号114+800~119+298，全长4.5千米。本次应急处理堤段为润州区征润州段，自来水公司取水口东至京江路，堤防总长约1.528千米。堤防达标加固1.528千米，采用土方达标。堤身清基4057立方米，削坡7759立方米，堤身总填方3.56万立方米（含清基部分）。堤顶迎水坡和背水坡均设置植物防护总面积约3.23万平方米，项目总投资约245万元。二是完成润州区农村基层防汛预报预警体系建设。项目针对润州区和高新区地形地貌及水利特征，针对不同类型区的洪涝灾害调查评价，分析暴雨和洪涝特征，调查人口分布、水文气象、地形地貌、社会经济、历史洪涝灾害、涉水工程、危险区等级划分、预警指标以及洪涝灾害防治现状等基础信息，为洪涝灾害预警、预案编制等工作提供科学、全面、详细的信息支撑，项目总投资约222万元。三是完成运粮河（金山桥—运粮河闸）清淤工程。根据区经济发展局《关于镇江市运粮河(金山桥—运粮河闸)清淤工程初步设计及概算的批复》（镇润经发〔2019〕87号）文件要求，实施河道清淤及河岸景观提升，主要建设内容：运粮河2520米生态清淤，清淤土方2.26万立方米；堤顶防汛道路硬化1823米，面积6501平方米；河坡清杂清障绿化31342平方米;浆砌石墙维修500米，总石方31.5 立方米；增设限宽限高门两套，项目总投资263.04万元。四是完成了四明河上段水环境治理工程。按照区经济发展局《关于润州区四明河上段治理工程项目初步设计及概算的批复》（镇润经发〔2020〕92号）文件的要求，清淤上段河道长度1800米，清淤总方量约38987立方米，整治河道分七段设计实施，铁路段河道清淤长度273米，清淤总方量1899立方米，河道两侧边坡采用草皮护坡。正常水位至坡顶间采用草皮加灌木进行防护，河道浅水位种植水生植物。拆除重建滚水坝1处，总投资约687万元。五是完成了周家河上段水环境治理工程。按照区经济发展局《关于润州区周家河上段治理工程项目初步设计及概算的批复》（镇润经发〔2020〕91号）文件的要求，对周家河（八公洞水库至旅游学校段，滚水坝至官塘桥路段）共1318米河道进行清淤整治，岸坡防护、绿化、排口治理；对八公洞水库进行清淤、大坝进行培高加厚、迎水坡及背水坡整坡护坡，溢洪道、涵洞拆除重建；工程总投资约452万元。六是启动润州区长江堤防防洪能力提升工程。为了保障镇江主城区的防洪安全，将对西起镇扬汽渡渡口、东至京江路，全长约3.944千米（114+868~118+558）的长江堤防进行防洪能力提升工程建设。主要建设内容包括：堤防培高培厚、迎水坡混凝土护坡、沥青堤顶道路、管理设施建设等，总投资约3000万元。工程施工前期准备工作已基本完成，计划于2021年3月开工。

【农田水利基础建设】 一是加大农村水环境治理力度。紧紧围绕县乡河道疏浚、村庄河塘整治等重点，依据区委、区政府关于乡村振兴战略和农村水环境整治的要求，完成农村河道(河塘)疏浚共计2万立方米。完成四圩社区小微水体综合整治工程，较大的改善了全区农村水环境。批复立项官塘东风河D段清淤工程，为今冬明春农村水利建设打好基础。二是推进农业水价综合改革。根据上级相关文件要求，2020年，区水利局全面梳理了全区有效灌溉面积的有关情况，确定了全区农业水价综合改革应改面积，收集整理了相关台账资料和证明材料，制定了改革方案，落实措施，并在韦岗小流域以及回龙山水库片区安装了水量计量仪，基本完成了改革任务。

【防汛防旱工作】 2020年，润州区降雨量比往年明显增多，受上游客水过境影响，长江镇江（汽渡）站水位连续超警戒水位67天，7月21日更是创下8.82米的历史极值，防汛形势十分严峻，区水利局坚持关口前移、多措并举，最终实现了全区安全度汛。一是积极开展汛前大检查。3月份，完成了全区汛前大检查，针对梳理出的14处度汛隐患，逐一发出整改指令，要求各责任主体，制定整改方案，限时整改到位，为安全度汛打下了坚实的基础。二是认真组织防汛应急演练。联合区人武部在回龙山水库开展防汛救援演练，组织技术人员和抢险力量积极参加镇江市防汛抢险军地联合演练，有效提高了全区应急抢险队伍的抢险实战能力。三是超计划完成防汛物资储备。2020年，区防指对各地防汛物资认真进行查点，超计划做好防汛物资储备，优化物资调配方案，确保拿得出，用得上。四是严格落实主汛期各项规章制度。5月1日起，全面实行24小时值班及领导带班制度、区水利局领导干部挂钩联系基层街道工作机制，推动防汛责任、措施落细落实。区防办多次召开防汛工作调度会议，对全区防汛工作进行集体会商和研究部署。7月20日，联合区委组织部发出《关于号召全区各级党组织和广大党员干部积极投身防汛抗洪的倡议书》，组织党员先锋突击队防汛抗洪、巡堤查险，要求沿江各单位严格落实段格化巡守，积极应对全区防汛Ⅱ级应急响应。五是及时开展汛后大检查。完成了全区汛后大检查，根据汛后暴露出的各类问题隐患，继续加大水利基础设施建设力度，积极组织水毁工程的修复，为2021年防汛工作打下了扎实的基础。

【水法规宣传形式多样】 2020年，区水利局坚持新时期“节水优先、空间均衡、系统治理、两手发力”治水方针，着力打造“润州水利、全心全意”的服务品牌，积极加大水利法制宣传教育，强化水行政职能，全面建成节水型社会。2020年，水利宣传活动以线上活动为主。联合区广播电台，充分利用网络平台，采取图解、数说等形式，组织开展节约用水、水与卫生、水与防疫、河湖安全等相关知识宣传。在润州发布、水韵润州、润州河长制公众号推送“世界水日”“中国水周”相关知识的同时，继续开展第三届“水利情·中国梦”诗词创作大赛、第五届“水韵润州”摄影大赛，在全社会进一步营造节水、护水、亲水、爱水的良好氛围。

【节水教育基地建设完成】 润州区节水教育基地位于镇江实验学校魅力之城分校长山校区，是一个融科学性、知识性、趣味性为一体的节水互动体验基地，总投资160万元，已全面建设完成。基地分为五大展区，分别为主题序厅、“运河文化”展区、“水的起源”展区、“水的利用和保护”展区、“水的治理”展区，总面积200平方米，可同时容纳30人参观。基地结合了润州运河文化及水资源特色，从“社会”到“个人”的角度，鼓励和引导大家正确认识水，爱惜水资源、爱护水环境，积极参与节水行动。

【水土保持工作稳步推进】 水土保持工作是新时期水利工作的重要组成部分，润州区精心准备，强力推动，主动对接街道，对各生产业主上门进行业务指导，并借助水利部、省水利厅水土保持信息化系统，提出整改意见，通过努力，全区水土保持工作基本实现规范化管理。

【河湖长制有名有实】 2020年年初，润州区在江苏省率先出台了《关于高质量推进河长制工作的若干意见》，出台了《润州区打赢碧水保卫战河湖保护战2020年行动计划》，统筹推动水污染防治、水环境治理、水生态修复，持续改善全区水生态环境。设置了“三级河长集中巡河周”活动，在全区范围掀起新一轮河长履职高潮。制定了《河长制湖长制有奖举报办法》，最大限度调动群众参与管水、治水、护水的积极性。成立了镇江市公安局润州分局驻区河长办警务室、区检察院驻区河长办工作站，开启了“河长+警长+检察长”的“三长治水”新模式。在润州区倡导、推动下，镇江市成立了城区跨界河湖联防联治工作联盟，加快推动城区跨界河湖联防联治工作，使得跨界河湖治理的盲区和拼缝得以消除，形成了城区一张网、治水一盘棋的新局面。润州区河湖长制从“全面建立”转向“全面见效”、从“有名”转向“有实”、从“见河长”转向“见行动、见成效”。（高佳忠）

山花烂漫（田　冰　摄）

工 业

【概况】 2020年,全区13家定报工业企业共实现工业总产值30.53亿元,同比增幅为0.90%;工业利税5.41亿元,同比增幅为3.84%。定报工业增加值10.93亿元,同比增幅为4.5%,全区工业经济实现平稳增长。

【企业服务】 多方位服务企业发展。一是加大人才引进力度。以区产业政策22条及“润州英才”计划为支持,强化人才引进力度,2020年,制造业入选市“金山英才”计划4人。二是积极扶持公共平台和小微企业发展。组织5家企业申报镇江市公共服务示范平台,其中,3个通过认证,分别是江苏长江运辰中小企业公共服务平台、恒信集团咨询公共服务平台、公众号江苏建考平台。三是积极指导企业转型升级。加快省级企业技术中心建设,2020年,镇江建工建设集团有限公司、江苏镇江路桥工程有限公司入选江苏省第十二批建筑业企业技术中心名录,分别获得市级配套奖励资金20万元。对上争取各类项目扶持资金。2020年,帮助莹石网络科技镇江有限公司、中汇江苏镇江税务师事务所有限公司、江苏鼎峰信息技术有限公司、江苏冬云云计算股份有限公司等10家单位争取镇江市工信类专项资金合计170万元。向下不断深入企业解决难题。根据区委、区政府要求,深入开展“百企大走访”“企业家早餐会”等活动,走访企业40余家,牵头解决企业实际问题17项。

【节能管理】 强化节能措施,强化重点企业节能管理。落实东亚碳素、船山矿业2家企业“双控”目标。设立能源管理岗位。认真落实碳统计直报制度和系统工作,监督指导东亚碳素、船山矿业2家重点耗能企业在碳排放直报系统平台上完成企业排放报告、监测计划上报工作。完成市对区下达的减煤任务,全区规上工业企业实现“零耗煤”。加快推进绿色发展,积极推进5个市重点绿色制造项目,完成了市下达的2个项目竣工的目标。全年,推广新能源汽车33辆,其中,新能源客车15辆、乘用车18辆、充电桩54座、总功率6930千瓦,超额完成市下达的推广任务。争取新能源汽车推广补贴176.1万元。

【安全生产专项整治行动】 区经发局牵头负责油气管道安全专项整治工作,与镇江市石油天然气管道保护工作领导小组办公室和三家油气管道公司分别签订了责任书,联合公安部门、管道公司和街道不断加强对涉及油气管道的地面开挖、危及油气管道的地面开挖、地下施工的管理和监督,保证每月赴现场,每周一上报。同时,协办民爆物品专项整治工作,每月赴两家民爆企业进行检查,共发现各类隐患、风险点50余处,均已整改到位。 (区经发局)

服务业

【概况】 2020年,全区实现社会消费品零售总额114.65亿元;服务业增加值206.36亿元,占GDP比重达84.2%;现代服务业产业投资6.8亿元。

【运行情况】 现代商贸。商贸企业灵活运用“线上+实体店”销售模式,与各大平台合作,大润发“淘鲜达”业务量不断提升,万达广场、长申超市等纷纷推出微信小程序,提供线上购物、智慧停车、餐饮外卖等服务，尤其在疫情期间，各大综合体积极推广线上服务拓展业务。在居民区集聚板块，推广“互联网+社区商业”模式，引进倍全模式的云创便民超市、苏宁小店、京东今鲜汇等项目，优化便民服务。金融业。2020年，全区注册登记金融和类金融企业共158家，其中：银行业73家，保险业28家，证券业9家，涉金融39家，小额贷款公司4家，融资担保公司1家，融资租赁公司1家，典当行2家，农贷担保公司1家。银行信贷业务持续增长，保险行业运行平稳，类金融机构风险可控。2020年，金融业实现税收收入4.89亿元，纳税占比22.77%，成为全区税收有力支撑。旅游业。城市旅游业实现逆势增长，赴北京举办“随心游去润州”旅游推介会，发布“润州明月夜”夜经济品牌，西津渡历史文化街区被省文旅厅评为“首批夜间文旅消费集聚区”，中秋国庆黄金周接待游客22.1万人次，实现旅游收入2.59亿元，同比增长38%、37%，位居全市前列。

【服务业发展质效提升】 2020年是润州区入选省级服务业综合改革试点区域的第三年，也是收官之年。润州区进一步完善政策体系，强化平台建设，优化企业服务，有序推进产业体系建设、项目载体建设和机制体制改革等各项任务。在全省16家服务业综合改革试点区域评估中位居前列，获得500万元切块奖励资金。此外，润州区商务金融服务集聚区入选省级生产性服务业集聚示范区，恒信咨询集团入选生产性服务业领军企业，瑞联贸易入选互联网平台经济“百千万”工程重点企业，新增高新技术企业8家、科技服务类市场主体242个，集聚区和重点企业的建设和发展取得突破。

【营商环境打造】 强化政策引领，将2018年的产业政策“22条”产业政策修订至“29条”，以简化兑现程序、强化产业特色、贴合企业诉求为准则，新增支持企业信息化建设，鼓励外商投资、打造特色楼宇等内容，政策内容更加丰富，扶持方向更加明确。兑现2019年产业政策，共为80家企业发放奖补资金3000余万元。对受疫情影响严重的餐饮、住宿企业给予补助，共发放84万元，惠及42家单位。打造“润州最滋润”服务品牌，以企业家早餐会为契机，致力于营造新型政企关系，帮助汇典律所、移动公司、树实科技等解决诉求，聚力排忧解难，优化企业服务，创建良好营商环境，激发市场的活力，新增市场主体10780户，同比增长19.96%。

【产业发展转型升级】 招商引资取得重要突破，全年，累计签约项目131个，当年落户95个，总投资超170亿元。以官塘创新社区建设为契机，持续推动转型创新，首批签约镇江数据湖产业园、阿里·和润数字产业园等重大产业项目，总投资达132亿元。开展各类政产学研活动10场，东南大学国家技术转移中心镇江中心正式落地建设，实现合作项目5个，合同金额突破500万元。围绕“金山英才”计划、“润州英才”计划等，强化人才项目招引，省“双创计划”完成率200%，居全市第二，市“金山英才”计划完成率133%，居全市第一，均为历史最佳。易沃客创意空间、联想星云镇江创新中心成功创成省级众创空间，为科技创新项目发展提供空间。（区经发局）

工贸总公司

【概况】 2020年，区工贸总公司围绕区党建工作领导小组会议精神，认真履行全面从严治党主体责任，着力提升基层党建基础保障水平；始终围绕“保值、稳定、服务”工作目标，坚持稳中求进的工作总基调，扎实推进总公司的改制改革和资产运营。

【疫情防控落实】 坚决贯彻落实习近平总书记关于疫情防控工作的重要讲话和指示精神以及区委有关部署要求，成立领导小组，组织机关党员干部下沉到“三结三定”结对社区进行疫情宣传，消毒防控值守；指导承租户准备申请材料和做好店铺消毒工作;按照区委、区政府《润州区关于应对新冠肺炎疫情支持企业共渡难关，保障经济平衡运行的补充措施的通知》（镇润办发〔2020〕6号）精神，全年，共计为承租户减免房租13.57万元。

【金山仓库征收完成】 区工贸总公司经过与金山街道、区住建局及征收办等相关部门多轮磋商，顺利完成江苏宏润网络技术服务公司金山仓库清租、房屋拆除等工作，实现净地交付，保证国有资产收益最大化。

【企业债务努力化解】 在区法院的指导、协调下，区工贸总公司积极与债权人嘉沃环球基金（香港）资产管理投资有限公司和破产管理人江苏汇典律师事务所商谈，回购润州区物产总公司不良债务，有效化解债务风险。

【违法建筑依法拆除】 经润州区人民法院一审和市中级人民法院二审，裁定将张某某非法占用镇江市友谊服装二厂土地，并在该土地上建筑约400平方米房屋予以拆除，恢复原状，确保了集体资产的安全与完整。

【支部换届按期完成】 按照区委组织部统一部署，区工贸总公司党委加强领导，强化纪律监督，严格按照规定程序和政策要求，规范操作，选优配强党支部班子，于

2020年8月底顺利完成基层支部换届选举工作。

【干部档案审核】 为深入贯彻落实中央从严管理干部精神，严格执行《党政领导干部选拔任用工作条例》《干部人事档案工作条例》和《干部人事档案材料收集归档规定》等有关规定，区工贸总公司成立干部人事档案专项审核工作领导小组，对事业在编在职干部人事档案进行全面审核，确保档案资料内容真实、信息准确。

【企业法人分支机构注销】 区工贸总公司通过对企业实际经营状况的摸排，依法注销江苏宏润网络技术服务公司金山钢模出租站、长岗钢模出租站、办公设备分公司等三家国有企业法人分支机构，推动国有企业改革顺利进行。

（区工贸总公司）

供销合作总社

【概况】 2020年，区供销合作总社认真贯彻中共十九大及十九届二中、三中、四中、五中全会精神，贯彻落实全国总社第七次代表大会、江苏省供销合作社第六次代表大会精神，对照市供销合作社第四次代表大会上提出的具体要求，响应“镇江跑起来，润州加速度”号召，努力克服疫情影响，在为农服务、项目建设、综合改革等各个领域都取得了丰硕成果。

全年，实现销售总额1872万元；利润总额98万元 ；电商销售额510万元；完成农副产品收购额1028万元；完成农业社会化服务面积66.67公顷。

【项目建设】 2020年10月10日，镇江农村商业银行正式入驻邻里中心，为周边城乡居民提供金融服务，进一步拓展了“邻里中心”项目服务功能。10月，七里供销社向省供销合作总社申报了建设镇江市农副产品展示展销中心项目，被省供销合作总社纳入“2021年省补农业社会化服务和农村现代流通项目库”。2020年，社有企业克服疫情造成的困难，效益逆势上扬，金莲食品有限公司全年完成销售额1081万元，同比增长26%。

【为农服务】 疫情期间，供销社系统密切关注疫情防控对农资运输、经营门店的影响，区供销合作总社党委组织干部上门走访，了解各网点门店经营困难，通过减免租金等方式，降低农资网点经营成本，做好农资供应保障、稳定商品流通等工作，全年，累计为各承租单位减免租金21.75万元。同时，对春耕备耕农资经销、农产品销售、农产品经纪人经营等情况做好汇总和统计。10月，官塘桥供销社与林隐茶博园进行合作，探索建立“龙头企业+基层社+农户”的合作模式，拟共建镇江市润州区南山茶叶专业合作社。该合作社成立后，由官塘桥供销社为农户提供技术指导、农资供应等相关服务，助推区域内农户经营方式由分散化向规模化转变。10月，蒋乔供销社对原有资产进行了统计和优化配置，相继设立了“庄稼医院”、农器具维修、农产品加工经营等服务网点，有力提升了为农服务能力。

【“三会”制度建设】 1月，区供销合作总社召开了第一届理事会第二次全体会议，会上，理事会领导班子进行了调整，改选了理事会主任，增补了理事会成员，充实了领导班子，调整了职责分工，为今后工作的开展打下了坚实的组织领导基础。3月，制定了《润州区供销社推进“三会”制度全覆盖实施方案》。10月21日，蒋乔供销社召开第二次代表大会，选举并产生了新一届理事会、监事会，全系统实现“三会”制度全覆盖，包括：润州区供销合作社（县级）、七里供销合作社（基层）、蒋乔供销合作社（基层）。

【“供融供治”先锋工程实施】 4月17日，成立了镇江金莲食品有限公司党支部；6月4日，成立了纽耶幼儿园党支部。6月底，“新穗工程”第一期结束，选拔两名年轻干部充实基层社，担任基层社领导职务；7月，开始“新穗工程”第二期，选拔4名年轻干部进行挂职锻炼。7月30日，由区供销合作总社发起，江苏大学食品与生物工程学院、市文化广电和旅游局、市安全生产监察支队、市南山风景名胜区管理处7家市级单位党组织联合成立了“维度”党建联盟，该联盟系润州区首个以区直机关为主体，市、区联动的党建联盟。

【疫情防控】 2020年，疫情发生初期，为做好防控工作，区供销合作总社机关成立疫情防控工作领导小组，由主要领导担任组长，分管领导对照分工按照各自职责全力做好疫情防控工作，建立了防疫和复工复产工作微信群，购置防疫物资，制定了《新型冠状病毒感染肺炎疫情防控工作方案》。各基层社第一时间成立疫情工作领导小组，落实主要领导负责制，各自制定了《疫情防控管理制度》《疫情防控工作机制》和《应急预案》。为配合联防联控，主动对接“三结三定”单位。1月29日，区供销合作总社主要领导带队前往金山社区，为社区工作人员送去了口罩、消毒水、洗手液、手套等防疫用品，详细了解了社区防疫工作相关情况，走访了部分社区居民，倾听群众意见，并积极向社区及相关部门反馈。2月，抽调12名工作人员组成了“同行防疫”先锋队，深入黄山社区、黄山花苑、金山社区开展人员排查、防疫检测、车辆登记、办理健康码等志愿服务工作。 （区供销合作总社）

润州区人民检察院

召开检察工作会议暨党风廉政建设大会

区委副书记、区长徐心田（右二）赴区检察院调研扫黑除恶专项斗争

镇江市人大代表（润州三组）专题调研检察工作

全某祥等 6 人非法捕捞案开庭

组织开展“暖企送法”专题座谈会，助力小微企业复工复产

镇江市润州区人民法院

省法院党组书记、院长夏道虎（右二）到金山湖法庭调研审判工作，市委书记马明龙（右一）陪同调研

区法院院长张子敏参加“五级人大代表”接待活动广泛征求人民群众对法院工作的意见建议

市中院联合润州法院召开行政案件集中管辖新闻发布会

审理涉疫情相关刑事案件

举办青年干警培训座谈，制订培养计划

区法院代表队荣获全市法院司法廉洁制度知识竞赛冠军

法官进社区为百姓开展民法典宣讲

对被执行人耐心劝说、解释彰显善意文明执行

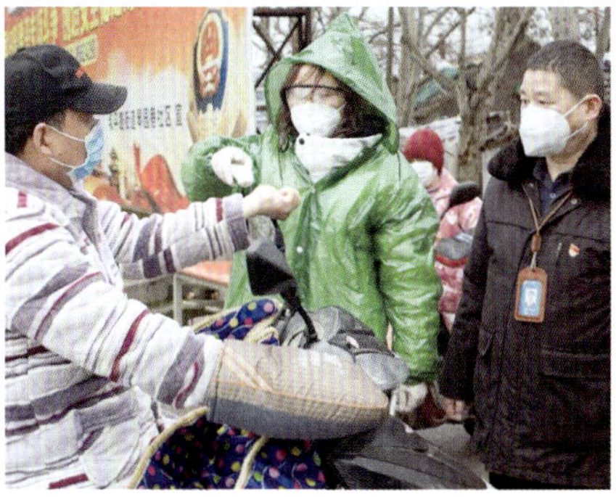

组建“同行防疫”先锋队奔赴抗疫一线开展执勤

新诉讼服务中心设立9个人民调解工作室和两个调处中心，形成“9+2”诉前调解工作体系

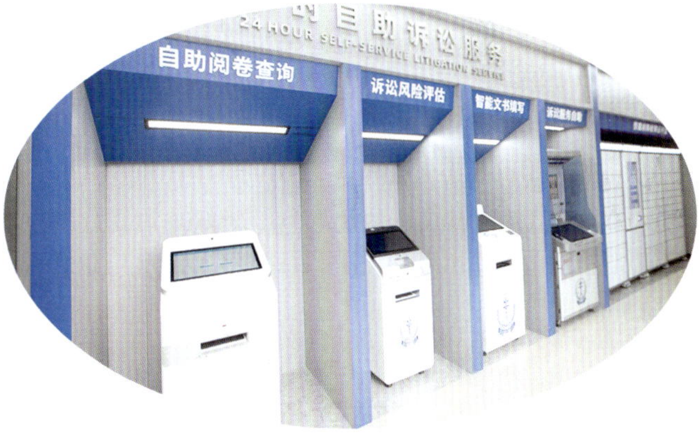

在金山湖法庭设立全市首个“24小时”自助立案服务终端

2020年，润州区人民法院主要荣誉

润州区人力资源

润州人社“阳光宣讲团”政策畅通行

区人社局召开社保扶贫新闻发布会

企业新型学徒制开班仪式

四送四解——润州区人社局党员志愿者走访味雅酒店讨论技能提升培训方案

和社会保障局

劳动维权锦旗

润州区 2020 年星光时代广场金秋专场招聘会

《保障农民工工资支付条例》宣传

退捕渔民专场招聘会

高校毕业生招聘会

"润州跑起来 党员加速度"主题党日活动——整治环境，清洁家园

润州区卫生健康委员会

区卫健委党委书记、主任贺永欣做中共十九届五中全会精神宣讲

润州区卫健系统“争先创一流、展现新作为”动员大会

全区医务工作者代表座谈会

成功举办润州区第三届中国医师节庆祝大会

"观大桥雄姿，展卫健风采"主题党日活动

深入开展疫情防控工作督查指导

"健康江苏 服务百姓"大型义诊活动

"防疫有我 爱卫同行"活动

庆祝"5·12"国际护士节活动

润 州 区 退 役

区委退役军人事务工作领导小组第二次会议

走访慰问部队

微党课巡回演讲

参战老兵赠送锦旗

军人事务局

上门送立功喜报

就业创业招聘会

军民联欢

爱心月饼节日关怀

新兵入伍欢送大会

润 州 区 教 育 局

镇江实验学校教育集团挂牌

局机关支部党员下沉社区网格

“银发树人”志愿者服务队成立

开蒙气质，快乐成长

参观数字化产业园

运动场上展风采

画画我心中的祖国

桃园小学金山湖校区启用

润州区教育局

学习采茶叶

参观数字化产业园

交通安全知识教育

运动场上展风采

润州区首届合唱比赛宝塔路小学曲目《飞向蓝天》

润州区民政局

居家养老服务中心集中运营启动仪式

润州区社会组织联合党支部成立揭牌仪式

社区（村）工作者职业技能竞赛

疫情期间向困难群众免费发放口罩

80 周岁以上普惠性对象政府购买居家养老上门服务启动仪式

润州区住房和城乡建设局

检查工地安全及扬尘治理

开展防震减灾广场宣传

运河路 20 号改造前

运河路 20 号改造后

整治前的河流

整治后的河流

润州区城市管理局

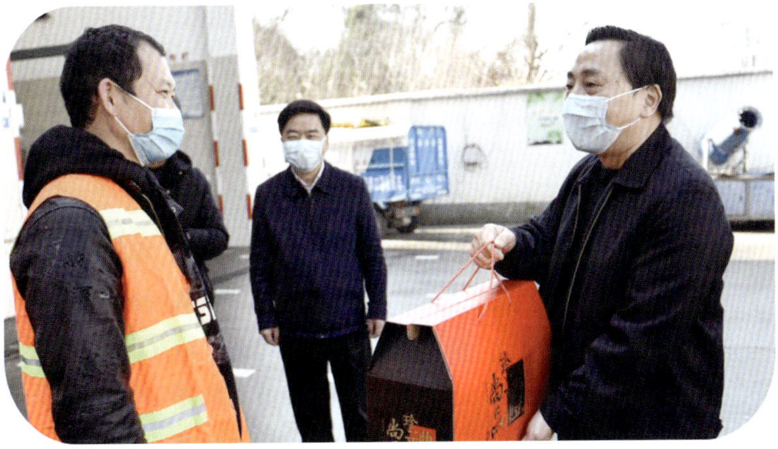
市委书记马明龙（右一）慰问一线环卫工人

开展户外广告牌专项整治

邀请专家开展专题讲座

法治润州建设宣传活动

开展流动摊点整治

垃圾分类宣传进校园

润州区交通运输局

落实中心组学习制度

支部换届投票选举

大力开展疫情防控宣传

配合开展客运站场防疫工作

协助结对社区开展创卫工作

庆祝建党 99 周年活动

润州区市场监督管理局

召开全区公平竞争审查联席会议

80 后与“80 后 ”对话主题党日活动

疫情期间向药店发放告知书

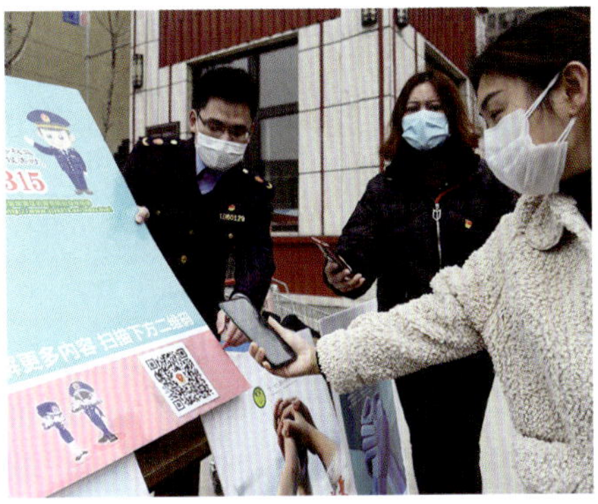

“3 · 15” 维权进社区

食品安全检查

“ 市场菁英 ” 成长工程书记项目启动仪式

国家税务总局镇江市润州区税务局

市委书记马明龙（左一）调研润州税务工作

开展润州区财税知识技能竞赛，以学促行提升业务能力水平

疫情期间，深入企业调研复工复产情况

开展税务干部廉政警示教育活动

开展“12·4”宪法宣传日宣传税法知识

深入社区开展城乡居民两险征收服务

润州区史志办公室
润州区档案馆

润州档案展示馆开馆

区档案局、区档案馆到区卫健委指导疫情防控档案整理工作

开展“值守点上的初心故事”主题党日活动

史志成果进社区捐赠活动

胡年喜烈士红色档案捐赠仪式举行

胡年喜烈士红色档案展示

七里甸街道

溪园新村的楼长队伍

人大代表集中调研辖区菜市场升级改造

“星期六社区”错时办事“不断档”，为民服务“不打烊”

红色文化展览

"美好生活 · 民法典相伴"文化讲座

"传承中国文化 传我浓情粽香"端午节活动

民族舞培训

"敬老为善 助老为乐"文艺演出

官塘桥街道

市、区领导考察机构改革情况

街道党工委书记刘春光检查督导镇江市农副产品批发市场安全生产工作

官塘桥街道开展“十项”民生实事项目专项督查活动

街道党工委副书记、办事处主任范海进带领客商考察地块

街道党工委理论学习中心组扩大会议——《习近平谈治国理政》第三卷专题学习

中共十九届五中全会精神宣讲

举办第五届农民运动会

智慧官塘产业楼

宝塔路街道

市政协主席李健（左四）调研城际商圈政协协商议事室工作

区委副书记、区长徐心田（左二）、区政协主席蔡文龙（左三）调研常发广场综合体停车难问题

区委常委、组织部部长梁亮（右二）调研黄山花园小区

全区试点社区圆满完成两委换届工作

2020年度服务城市经济高质量发展促进奖

先进单位

中共镇江市润州区委员会
镇江市润州区人民政府
二〇二一年四月

获评“2020年度服务城市经济高质量发展促进奖”

职能机构组建成立揭牌仪式

商圈志愿者参与社区疫情防控

“奔跑吧运河”宣传活动合影

城际商圈活动丰富多彩

组织党员外出开展主题教育活动

和平路街道

省委常委、组织部部长郭文奇（左三）考察幸福小院，市委书记马明龙（右三）陪同考察

市委书记马明龙（左二）考察长江禁捕退捕工作

市委常委、政法委书记许文（右二）调研网格化工作

区委书记高国成（左二）、区长徐心田（左三）指导防汛工作

区委副书记徐燕（左一）指导疫情防控工作

市人大代表接待活动

征集退捕渔民意见建议

举办“和·爱”社区融合教育志愿服务活动

组织疫情防控物资捐赠活动

金 山 街 道

区委副书记、区长徐心田到金山街道宣讲党的十九届五中全会精神

街道“三整合”改革职能机构揭牌

社区“两委”换届工作部署会

金 山 街 道

开展精准落实惠企政策 助力协信商圈“跑起来”

社区志愿者在抗疫一线

“西津大市”点亮夜经济

韦岗街道

区领导在光影课堂进行党史学习教育

韦岗街道议政会

街道党工委与镇江移动市区党支部共建签约仪式

民营经济界别组商谈

政协委员村民协商议事

韦岗街道

老兵讲堂

“初心”主题园修复工程

韦岗街道黄埝岗组选举

开展安全培训活动

街道机关党支部开展主题教育活动

南 山 街 道

2021 年工作动员大会

五凤口社区党员教育基地五凤娃致敬时代楷模

南山街道养老服务中心开展励行节约教育活动

南山街道

志愿者发放“文明祭祀”宣传单

携手合熙社会工作服务中心开展“五彩灯笼迎中秋”DIY 手动活动

回龙社区亲子插花活动

五凤口社区居民在广场观看金秋五凤人　幸福小康歌文艺演出

黎明社区卫生服务中心

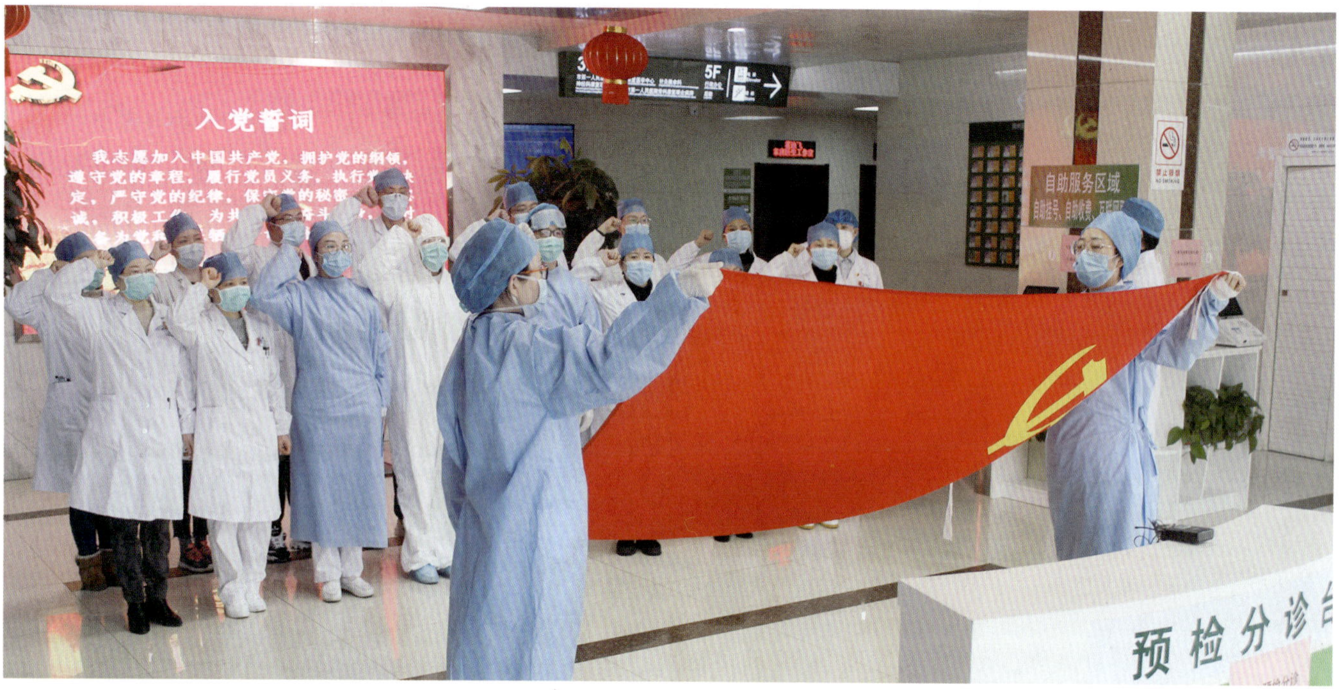

重温入党誓词 让党旗飘扬在基层战“疫”一线

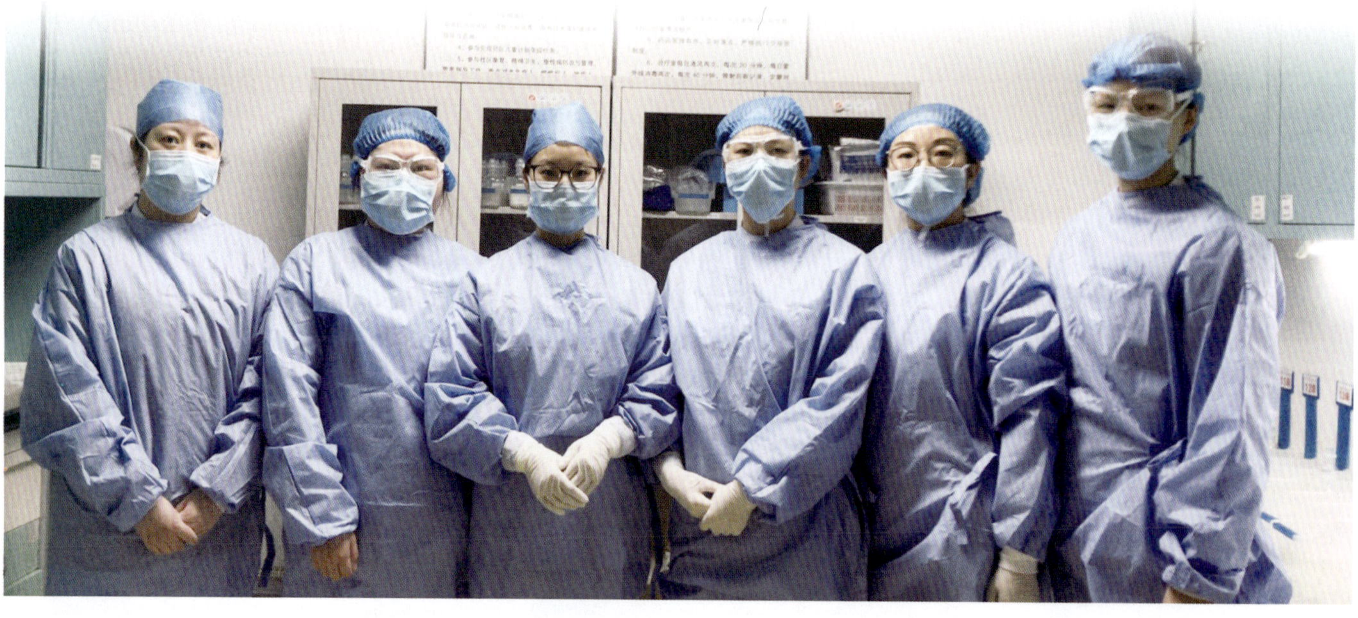

“最美逆行者”

黎明社区卫生服务中心

中心医务人员维也纳酒店隔离点合影

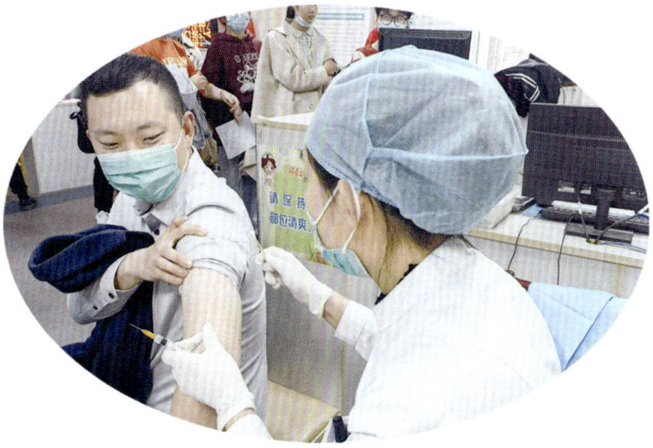

开展新冠肺炎疫苗接种工作

牡丹园小区采样点

新冠肺炎疫苗接种点

栾立敏 同志：

在2020年新冠肺炎疫情防控工作中做出突出贡献，给予嘉奖。

江苏省人力资源和社会保障厅 江苏省卫生健康委员会

2020年6月20日

授予：镇江市润州区黎明社区卫生服务中心

全市抗击新冠肺炎疫情

先进集体

中共镇江市委 镇江市人民政府

二〇二一年四月

镇江市润州区长江村镇银行

与润州花园社区党委联合迎新春

喜迎牛年 元宵节活动

与润州花园社区居民迎中秋庆国庆

镇江润州长江村镇银行经银监分局批准后于2015年2月5日正式开业，内设业务发展部、风险管理部、财务会计部、综合管理部和营业部5个部门，下设城南支行。自成立以来，始终坚持以服务小微和“三农”、服务地方经济为己任，为“三农”、小微客户创造平等的融资机会，为客户量身打造金融产品和服务流程，大力实施普惠金融政策。致力于打造一家集社交、休闲、金融服务于一体的新型社区银行，让广大客户切身感受和体验到优质快捷的金融服务，全力打造“真诚服务小微客户的特色银行”。2020年，该行紧紧围绕“稳健发展年”工作目标，努力吸收存款，加强与客户的联系和强化服务意识，提高服务质量。同时，全行以“三化营销”、“阳光金融 普惠‘三农’”及“深耕责任田”为主题推出了贯穿全年的服务营销活动，明确客户服务的工作重点。另一方面，该行着力点在于落实好柜面服务五部曲和厅堂营销要求，整合资源提升网点服务效能。

“绿色金融 我行动”健步走活动

城乡建设·环境保护

栏目编校：田　崇

综　　述

【概况】 2020年，区住建局紧紧围绕区委、区政府推动城市经济高质量发展、加快建设“强富美高”新润州的目标，认真履行工作职责，全面完成全区城乡建设各项目标任务，为基层群众提供优质服务。

城市建设。以“建设生态宜居城市”为目标，根据镇江市重点工作目标责任分解表下达的任务，牵头推进区各项重点项目建设，按照计划完成了润州区为责任单位的6个城建重点项目建设。道路建设和养护维修工程不断推进，城市交通得到完善。继续推进水质提升工程和已整治河道长效管理，加强城镇燃气和城中村安全专项整治，城市整体环境得到优化，城市品位进一步提升。

住房管理。加快安置房建设，张家湾、龚家湾安置房完成项目前期工作。继续实施老旧小区改造和危房解危，开展住宅小区电动车专项整治和住宅楼加装电梯试点，结合文明城市创建和疫情管控，加强小区物业管理。加强住房保障工作的“动态管理”，应保尽保，应退则退，有效解决城市中低收入家庭的住房困难。

建筑业管理。全区各施工企业克服疫情影响，有序组织工地复工。加强建筑工程安全生产管理，推进扬尘管控和文明工地创建，促进区属建筑业的发展。

（区住建局）

城市建设

【概况】 2020年，区住建局按照镇江市重点工作目标责任分解表和市、区年度计划安排，全力推进全区各项重点工程建设。按照计划完成了润州区为责任单位的6个城建重点项目。辖区内，五里路的贯通，林隐西路养护维修工程竣工，完善了区域交通网络。继续推进水质提升工程和已治理河道的长效管理，城镇燃气、城中村安全专项整治和城区防汛工作的加强，营造了全区安全和谐的环境。

【林隐西路养护维修工程竣工】 2020年6月6—7日，因林隐西路沥青路面龟裂、脱壳等病害造成较大损坏，市市政设施管理处出动铣刨机、压路机、摊铺机等十多台机械，经过23小时连续作业，完成了1530平方米的沥青路面养护维修。

【五里路（南山路—坡岗路）道路工程竣工通车】 该道路东起南山路，西至坡岗路，全长310米，宽16米，按城市支路标准设计建设。项目由市城建产业集团建设，江苏边城建设有限公司承建，2020年5月15日进场，10月竣工通车。五里路是南徐片区一条东西向城市支路，道路开通后，有利于缓解道路压力、提高该片区道路通达性。

【重点项目建设按时完成】 2020年，区住建局按照镇江市重点工作目标责任分解表和市、区年度计划安排，牵头协调推进按计划完成了连淮扬镇铁路沿线环境整治工程、运粮河东段清淤及景观提升工程、公共卫生设施提升工程、城市水质提升工程和办理张家湾、龚家湾安置房项目前期工作共6个重点城建项目。

【区住建局牵头协调完成2020年度水质提升工程】 2020年，根据市一湖九河整治办的要求，润州区先后完成四明河上段清淤疏浚、岸坡整理，周家河锚链厂区段暗涵清淤及排口整治工程。同时，重点抓好5条已治理河道(光明河、御桥港中下段、四明河、四圩铁路河、凤凰河)的长效管理,加强巡查,发现问题及时落实整改。同时,根据省、市城镇污水处理提质增效精准攻坚"333"行动实施方案的要求,区住建局主动与市级部门对接,科学划定达标区,认真谋划,配合区政府出台区级实施方案,并对达标区内老旧小区、市场化小区进行分类统计,先后协调开展了美的二期商铺雨污混接排口、朴园洗车场的污水管网堵塞和紫檀小区东北角排口污水下河等整改工作,消除了污水直排下河。

【南山景区古树名木保护复壮工程通过市住建局绿化部门验收】 该工程针对竹林景区4株银杏(编号0062、0063、0066、0067)和招隐景区1株榉树(编号0079)出现长势衰弱的情况,破除古树周边硬质地面,清除地表以下深度40厘米左右的建筑垃圾、混凝土垫层等,回填种植土,埋入透气管,扩大根部透水、透气和生长范围,清理枯死树枝及树体附生藤蔓,营造树木适宜的生长环境。11月25日上午,市住建局绿化部门完成了古树名木保护复壮工程的验收。

【城镇燃气"黑气点"专项整治】 2020年,区住建局为确保全区瓶装液化石油气市场管理规范、经营有序、安全可控。一是加强了检查整改。区住建局联合区商务、消防、公安、市场监管等部门对辖区内华达燃气、诚信燃气、中燃百江燃气、纺工益丰燃气、东森燃气等5家供气点进行了全面检查,检查中发现的运输车辆轮胎有破损、应急预案制度未上墙等问题已责令完成整改。同时,还对全区近600家餐饮场所和古西门街等多处城中村燃气使用情况进行了逐一检查,对发现的过期钢瓶、未和供气企业签订合同等情况也已整改,取缔黑气点2处,消除了安全隐患。二是深化教育培训。召开了燃气安全生产培训会,并邀请市燃气安全专家进行授课,全区各街道安监负责人、供气点负责人和送气员等48人参加了培训。在东方伟业广场举办了燃气安全生产宣传活动,通过现场发放燃气知识宣传扇、《员工安全行为规范》手册,以及实物演示燃气检测仪器,普及安全生产法律法规,向民众传播燃气使用的重要性。三是推进"瓶改管"工作。先后完成区人大宿舍楼、李家花园、茅家塘3处燃气管道铺设工作。

【全区"城中村"安全专项整治工作】 区住建局根据市、区部署,开展全区"城中村"安全专项整治工作。一是加强组织领导。由分管副区长召开专题部署会议,明确各部门责任分工,并成立了专项整治工作组,精心统筹谋划、制定实施方案,组织开展全区"城中村"安全专项整治工作。二是加强隐患排查。自9月起,区住建局联合区应急、商务、消防、公安、市场监管等部门和街道、社区,对全区16个"城中村"开展了全面排查,共发现安全问题33处,已全部整改。配合公安部门对城中村出租房屋进行逐房见底排查,与8户群租房逐一签订《群租房治安管理责任书》,并进行了系统标注。三是加强宣传教育。编印了《房屋安全问与答》《燃气使用安全》宣传手册2000余份,在开展现场隐患排查的同时,向"城中村"居民发放相关材料,通过现场检查和宣传教育相结合的方式,不断提高城中村居民的安全防护意识和自我保护能力。在12月初召开的全市"城中村"整治观摩活动上,润州区的整治工作受到市专治办高度评价。

【城区防汛工作】 区城区防汛办健全完善各项制度,加强城区防汛工作。严格执行防汛应急预案,坚持24小时领导带班和部门值班制度,确保重大雨情、水情及时上传下达。先后向街道下发了7份通知、29条预警信息,做到"事事有通知,件件有回复"。定期巡查14处低洼积水点和8处地下空间隐患,指导各属地街道开展汛前自查自检,做好2020年度应急预案修订和防汛物资清单准备工作,并督促物业服务企业根据本小区实际情况,制定防汛应急预案,加强对地下车库、储藏室等重点部位的全面检查,及时设置防洪闸和堆放防洪沙袋,做好排水管网、窨井、雨水井等设施日常巡察和疏通,确保排水泵等应急设备正常使用。(区住建局)

住房管理

【概况】 2020年,区住建局按照镇江市重点项目责任分解表和市、区年度计划安排,加快了房屋征收拆迁扫尾和安置房建设,张家湾、龚家湾棚改项目安置房完成了项目前期手续。住宅小区物业管理推进了长效管理,结合文明城市复检测评和疫情管控,建立推行了市场化住宅小区物业管理提升考核机制,开展了小区电动车专项整治和住宅楼加装电梯试点,住宅小区物业管理得到加强。按照全市计划,实施了连镇铁路沿线片区,解放路3号、6号和桃园新村一期等7个片区的老旧小区改造。加强了危房管理,完成了风车山路28号、朱方路92号、211号等处解危和直管公房修缮任务,使小区更加清洁、安全、宜居。继续加强住房保障工作,实施廉租住房的"动态管理",应保尽保,应退则退,有效解决了城市中低收入家庭的住房困难。

【重点工程房屋征收拆迁】 2020年,区住建局和区政府房屋征收办公室牵头协调全区重点工程房屋征收拆迁工作,区房屋征收和拆迁安置中心具体实施推进。全力推进各重点工程项目的房屋征收搬迁和回迁安置工作，确保各项重点工程建设如期进行。一是征收拆迁。2020年，共推进新、老项目18个，完成签约90户、面积约12.2万平方米，其中，林隐路3号、6号地块整理、黎明河片区内涝治理、谷阳路（润州段）拓宽改造等8个征收搬迁项目已全部完成。二是回迁安置。积极协调主体，采用集中、零星、现房调剂安置等方法对11个项目进行安置，全年完成房屋安置362套、面积约3.63万平方米；同时，积极做好逾期安置群众征收拆迁政策解释工作，按时发放岗子下、东太平圩、太平北路及安置房地块等6个项目超期腾仓费4182.52万元。三是为群众办证。配合相关投资主体，为被安置户累计开具《安置房结算单》等手续共计695户、967套，出具安置房办证确权证明3322份，房产登记、拆迁档案查档5856份次。

【老旧小区改造】 2020年，市住建局下达的润州区老旧小区改造任务，包括连镇铁路沿线片区，运河路12、16、18、21、33~56号，解放路3号、6号等6个片区整治。共改造房屋约114栋，总建筑面积约25.63万平方米，较2019年改造房屋60栋增长约1.9倍，改造面积增加了19%。项目分为两期实施完成。

【桃园新村一期改造工程主体完工】 桃园新村位于润州区，北邻金山公园，房屋建于20世纪80年代，存在建筑功能老化、排水不畅、路不平灯不明、空中“蜘蛛网”多、管理水平低、环境脏乱差等问题，群众要求改造的愿望强烈。2020年，桃园新村一期被列入老旧小区改造范围，需改造建筑47栋，建筑面积约7.5万平方米，涉及居民2109人。由市干道办负责改造施工，改造工程于7月10日动工，12月月底主体工程完工。进行了平改坡、建筑整治、道路及市政建设等施工。小区内还利用空余场地设置了多个非机动车棚，统一配备电表，方便居民充电的同时，消除安全隐患。

【连淮扬镇铁路沿线环境整治工程竣工】 该项目是2020年镇江市区老旧小区改造一期工程。同时，被列入2020年润州区民生实事项目1号项目。该项目主要分布于运河路至中山西路沿线，涉及李家花园、马家山、三官塘3个住宅小区（城中村）约51幢居民住宅楼，总改造建筑面积13.7万平方米，项目概算为1000.5万元。整治中，先后完成了外墙真石漆喷涂面积约2.6万平方米，屋面换瓦200平方米，屋面防水施工2000平方米，修建道路600米。同时，多次协调市给排水管理处和华润燃气等部门，完成给排水管道施工约800米、燃气管道施工约600米，该区域困扰多年的内涝、积水现象也得以消除。

【危房安全管理加强】 2020年，区住建局根据辖区内危旧房的现状，加强了房屋安全管理，定期组织巡查辖区危房，认真进行危房登记，汛期强化危房巡查加固。按照2020年市解危办下达的危房解危任务，按产权责任明确了解危主体，直管公房0.93万平方米由市云台房管处维修完成，朱方路92号、211号共0.38万平方米涉及租赁户111户危房减户恢复重建项目已经全部签约并搬迁，风车山路28号等处危房已经修缮完成。

【住房保障工作】 2020年，区住建局、区住房保障和产权登记中心认真做好廉租住房保障工作。严格执行住房保障政策，实施动态管理模式，全区享受住房租赁补贴的户数为1852户，新增181户，取消了220户不符合住房保障标准的租赁补贴。全年，共平安发放租赁补贴660.56万元。同时，配合市保障部门开展了煤矿退休工人住房情况排查工作，从政策层面上解决了煤矿退休工人享受住房保障的问题。

【住宅小区物业管理】 区住建局指导督促区物业管理中心加强行业指导，健全辖区市场化住宅小区物业管理监管机制，持续提升物业管理服务水平。一是加强党对物业服务行业的领导。正式成立润州区物业行业党委、区住建局物管中心党支部，创建了万科物业党建示范点，以党建引领物业管理工作。二是坚持长效管理。年初，出台了《关于全面提升全区物业管理工作水平的实施意见（试行）》，为进一步加强物业企业和老旧小区监管力度，10月，配套出台了《润州区物业服务企业物业管理工作考核暂行办法》《润州区老旧小区物业管理工作考核暂行办法》。同时，抽取了全区20%共16个小区进行了“双随机”检查。三是强力推进住宅小区电动车专项整治行动。联合区物业管理联席会议成员单位在全市率先开展为期三个月的专项整治，全区已有65个住宅小区安装充电桩，有效治理了电动车进梯入户、私拉乱接充电现象。

【解放路6号住宅楼加装电梯项目竣工交付】 解放路6号住宅楼于1999年建成，总高7层，几乎都是老人居住，住户平均年龄71岁，居民加装电梯的呼声很高。2020年1月，市政府出台了《镇江市区既有住宅加装电梯工作实施意见（试行）》文件。区住建局根据区政府的部署，克服疫情影响，利用上半年开展政策宣传、摸底排查和业务培训等前期筹备工作，疫情得到控制后，立即启动解放路6号加梯工作，高质量完成了这项民生实事项目。12月，全市首部既有住宅加装电梯项目通过验收。

（区住建局）

建筑业管理

【概况】 2020年，区住建局与区建设工程管理处积极转变职能，热情为区建筑安装施工企业服务，开展“扫黑除恶”活动宣传，克服疫情影响，有序组织工地复工，加强建筑工程安全生产管理，推进扬尘管控和文明工地创建，促进了区属建筑业的发展。全年，全区完成建筑业总产值70.89亿元，同比增长18.9%。完成建筑税8578.07万元。

【建筑(拆迁)工地安全管理】 2020年，区住建局指导区建管处、区征收拆迁安置中心，坚持安全第一、预防为主的方针，强化建筑(拆迁)工地安全生产管理。一是抓责任落实。多次召开建筑(拆迁)工地安全生产专题会议，及时向各项目负责人和安全管理人员传达市、区安全生产工作的最新会议和文件精神，与相关企业签订安全生产目标责任书，指导相关企业严格落实各项安全制度和措施。二是抓现场教育。在区属建筑(拆迁)工地开展“送安全知识进工地”、消防应急演练、文明工地创建、“不忘初心送清凉”等活动，进一步提高项目全体人员的安全意识，促进施工现场作业安全。三是抓隐患整改。全年，共开展春节、防疫、复工、“五一”“安全生产月”、防汛、“十一”等安全大检查和其他各专项检查60余次，重点检查了脚手架、施工用电、基坑等部位的安全措施落实情况，以及施工企业“三类人员”安全教育和特种作业人员持证上岗情况，共排查隐患8条，整改率100%。

【辖区建筑工地扬尘管控加强】 2020年，区住建局指导区建管处、区征收拆迁安置中心，按照市、区统一部署，及时召开专题会议，全力开展辖区在建工地扬尘防治巡查工作，严格落实工地“八有”要求，建立“一工地、一册、一案”扬尘管控机制。先后对景天花园五期、中南林清月、清河湾等56个在建项目开展检查约142次，发出整改通知书10份，针对不符合扬尘管控标准的项目，报请市住建局依法责令停工整改，经过长效监管，辖区内各工地现场扬尘防治举措得到普遍落实，进一步提升全区空气环境质量。

【文明城市迎检工作】 区住建局严格对照2020年镇江市文明城市测评标准，迅速落实相关工作，重点加强建筑工地文明创建工作，对辖区九如商业广场、樾林苑、金山铭著等工地累计检查36次，督促各方责任单位协同配合、履职尽责，扎实开展迎检工作，确保区属建筑工地在文明城市考核中不失分。

【农民工工资支付监管】 区建管处严格落实农民工工资保证金制度和施工企业诚信记录审查制度，认真开展相关法律政策宣传，在元旦、春节期间，及时调查协调问题，未发生农民工工资拖欠和群发性上访以及恶意讨薪事件。认真办理市政府转交恒大民工工资清欠投诉一件，圆满解决4名民工7万多元工资拖欠事件。

（区住建局）

区属房地产开发

【概况】 润州区国有平台公司(以下简称区平台公司)位于镇江市金润大道1018号，主要有区土地房屋开发有限公司、区新农村发展实业有限公司、区城市建设投资有限公司、区新城镇发展有限公司4个主体公司（因评级需要，润州区房地产公司转入新农村公司名下)，并有全资、控股和参股公司24个，主要涉及土地一级开发整理、征地拆迁、房地产开发建设、工程建设和配套施工、物业管理、建材贸易、酒店经营、金融资产管理、小额贷款经营等业务。截至2020年年末，区平台公司所属员工248人，酒店、物业等其他用工395人，共计643人。2020年年初，成立了联合党委，共有党员94人，设7个党支部。全年，营收13.35亿元，上缴税收0.26亿元。

【筹备机构改革】 2020年6月6日，区平台公司迁址至金润大道1018号实现合署办公。6月底，完成4个主体公司及下属子公司的公司化改造工作。聘请中国国际经济咨询有限公司对公司业务现状、运营潜力、发展方向等进行分析诊断，拟订公司重组方案，搭建扁平化、简洁、高效的管理架构。

【投资发债】 2020年，和润创投有限公司完成镇江同润智能交通项目400万元投资；出资1000万元加入江苏省大运河文化旅游发展基金镇江区域子基金。2020年3月起，筹划AA评级发债，2020年年底，按计划完成AA评级所有手续的办理。

【龚家湾棚户区改造项目】 该项目位于蒋乔街道嶂山村，东至茅以升大道，南至扬溧高速，北至金润大道，为三角地块，总占地面积57.45公顷（不含龚家湾安置房用地7.33公顷)。2020年，主要工作是完善前期手续，推进14.6公顷商业开发地块上市交易。

【张家湾南山东入口生态环境改造项目】 该项目位于南山风景区，总占地面积139.4公顷。2020年，完成18.3万平方米集体土地征拆搬迁工作，依附南山风景区的独特优势，开展招商引资工作。

【下黄山棚户区改造项目】 该项目位于南山南侧，总用地28公顷，总规为城市发展备用地，建设用地已获批15.13公顷。总用地范围内含丹徒土地5.2公顷，其中，涉及安息堂4公顷的搬迁、高压杆线迁移1.3千米和道路用地0.33公顷，已在不断跨区协调推进中。

【沟西路工程】 该项目位于金润大道—鸿润家园段，原可研批复路段全长396米，宽45米。2020年4月，市规划局调整道路路宽，施工图重新设计、重新审查，2020年11月复工建设；2020年，已完成鸿润家园用地界线—茅以升路其中675米路段的征地、立项、地质灾害评估报告等工作，同步推进林业用地报批手续。

【蚕桑路西延工程】 该项目位于美的城地块项目内，全长720米，路宽24米。2020年，在补办前期手续及建设过程中出现占用沪宁高铁红线用地、路基支护、供电杆线迁移、投资金额巨大等问题停工协调。

【代建、自建项目】 2020年，区平台公司代建项目共计9个。其中，镇江市不动产登记分中心（七里甸土管所）装修改造工程、七里甸街道党群服务中心装修工程、润州区住建局办公室改造项目、润州区工业园区社区卫生服务中心冷库及办公室建设项目4个代建工程已竣工；和平路派出所改扩建项目、润州区疾控中心实验室标准化建设项目、润州区卫生应急指挥中心大楼、润州区残疾人综合服务中心项目、七里甸社区卫生服务中心升级改造项目5个代建工程均在有序推进中。美的公寓楼装修工程及润州花园幼儿园室外配套工程2个自建项目，均在按计划推进中。

【新公司成立】 2020年年初，德润建材公司与苏能贸易有限公司合资成立江苏润泓实业发展有限公司，德润建材公司占股51%，全年营业额约10亿元；4月，成立润恒国际贸易有限公司独资公司，开拓进口木材和合金材料等大宗贸易，全年营业额约1.66亿元；8月，新农村发展实业有限公司与南京一键未来信息科技有限公司合资成立一键未来（镇江）信息科技有限公司，注册资本0.2亿元，其中，新农村投资0.07亿元，占股35%。

【产业园筹建】 一是筹建阿里和润数字产业园。一键未来（镇江）信息科技有限公司作为阿里和润数字产业园的运营管理主体，与镇江市官塘创新管理委员会共同筹建打造“开发+建设+运营+管理+服务+生活”的全产业链，形成工作生活一体化的新型社区。二是筹建数据湖产业园。2020年11月初，新农村认缴出资0.78亿元（占股26%），与北京易华录信息技术股份有限公司、冬云信息产业发展江苏有限公司合资成立江苏润易云通科技产业发展有限公司，注册资本3亿元。该合资公司将作为镇江数据湖产业园项目的实施主体，承担数据湖产业园项目的投融资、设计、建设、运营等。

（区国有平台公司）

城乡卫生管理

【概况】 2020年，区城管局紧紧围绕建设“强富美高”新润州部署要求，以创建全国文明城市为抓手，完善机制、建强队伍、精细管理，促进城市形象和品位不断提升。

【城管执法】 一是落实执法体制改革。稳妥有序推进城管执法权限和力量向基层延伸和下沉，现有执法人员和编制数的80%已分配到各街道，并将部分行政处罚权及相应的行政强制权赋予街道综合执法局。二是完善网格运行机制。根据辖区实际情况，合理划分34个网格、138个考核网格，并配备街道社区人员、行政执法人员、协管员、防违巡查人员、保洁人员等组成的网格员，确保问题第一时间发现、第一时间协调、第一时间解决。充分发挥区城管协调委办公室协调作用，强化部门协同管理机制，形成资源共享、信息互通、职能互补、力量互动的城市管理运行体系。三是升级数字城管平台。对数字城管系统进行提档升级，满足城管业务便捷上报、准确派遣、高效处置、完整结案的需求。全年，共派遣案件20116条（市级日常案件15944条，市级实地考察案件774条，重点督查案件451条；区级日常案件1559条，区级实地考察案件1388条），平均整改率约91%。较上一年案件量有所下降，整改率稳步提升。

【市容环境维护】 一是市容环境规范有序。与属地街道、公安、环保等部门联合整治占道经营、店面外溢等违法违规行为。开展建成区户外广告（店招标牌）专项整治，共拆除8处大型户外广告，1890平方米。加大渣土扬尘巡查力度，共办理一般案件13起，简易案件5起。通过手机“小步外勤”系统，加强全区巡防员管理考核，不断完善违法建设防控网络。全年，共受理违法建设案件2524起，其中，巡查发现90起、举报1396起、交办1038起；拆除违法建设840起17545平方米。二是环卫保洁优质高效。配备扫路车13台、洒水车8台、大型洗扫车4台，不断提高城区道路机械化清扫率。加强环境卫生保洁市场化运作管理考核，形成“干、查、督”闭合循环体系。生活垃圾日产日清，所有垃圾运输车辆均实行加盖、密闭运输，杜绝抛洒。三是垃圾分类稳步推进。根据三年行动计划，全区206个小区已完成垃圾分类基础设施设置。建设省级垃圾分类达标小区24个，均已通过省住建厅第三方检查考核。通过深入小区、学校开展宣传引导活动，不断提升垃圾分类的知晓率和参与率。

【重点工作有效落实】　一是全力防控新冠疫情。第一时间成立新冠肺炎疫情防控指挥部，制定指挥部工作方案，明确职责，责任到人。积极准备口罩、消毒液等防护物资，加强对农贸市场、大型超市、交通要道、开放式公共景区和小区周边的巡查管控，加大对垃圾房（桶）、垃圾中转站、运输车辆、公共厕所等环卫设施的消杀力度，确保干净整洁。与平山村结对防控，送去口罩、额温枪、医用酒精等防护用品，并组织7名“同行防疫”志愿者到社区报到，齐心协力筑牢基层一线的疫情防控墙。二是切实强化安全生产。重点围绕违法建设、户外广告、渣土运输、占道经营、环卫行业监管开展安全生产专项整治，发现一般隐患26处，整改率达100%。积极开展“安全生产月”活动，提升全局人员安全防范意识和应急处理能力。充分利用安全生产问题处置监管平台，对检查中发现的问题隐患及时上报，督促整改，跟踪落实，实现监管平台业务流程闭环运行。三是扎实办好民生实事。为加快推进城市管理高质量发展，不断提升群众获得感、满意度，全力推动公共卫生设施提升工程这一民生实事项目，改造桃园入口处等6座在用二类公厕，切实改善市民如厕环境；购置7辆环卫车辆，着力提升作业水平和效率。四是保障重点任务。根据全国文明城市复审迎检工作的统一部署，持续开展占道经营、店面外溢、小广告专项整治，通过店招破损修复、氛围营造、施划非机动车停车泊位等行动，为全市顺利通过复审作出积极贡献。

【廉政效能建设】　一是全面从严治党进一步落实。制定下发主体责任清单，完善“三会一课”、党员民主评议等基本制度，充分运用履责纪实平台进行全记录。依托党委中心组学习、基层党支部学习等载体，通过召开警示教育大会等，不断提高全系统党员干部的综合素质，筑牢拒腐防变的思想防线。加强日常监督，坚持在重要节假日开展集中廉政教育，确保切实履职、廉洁过节。二是基层党建进一步夯实。个人自学、党员领学、专家讲座相结合，强化理想信念教育。组织“党旗飘扬·抗疫有我”“润州跑起来·党员加速度”等主题党日活动，号召全体党员认真履职尽责。落实基层党建“书记项目”，24名一线党员执法队员结对挂钩120个经营户，改“问题式管理”为“预防式管理”。高度重视意识形态工作，扎实推进宣传思想文化创新项目，各党支部分别挂钩2个居民小区，开展宣传引导活动。全年，在各类新闻媒体上围绕疫情防控等发表文章70余篇。注重典型宣传培植，1人得到“学习强国”推介；1人荣获“中国好人”“江苏好人”称号；1人荣获“全国优秀农民工”称号；1人荣获镇江市劳动模范称号。三是为民服务效能进一步增强。承接区政府交办建议提案共22件，其中，人大建议7件（主办4件，协办3件），政协提案15件（主办10件，协办5件），在规定期限内，22件建议提案全部办结，答复满意度达到了100%。“12345”政府服务热线共受理各类投诉电话5084条，办结率为100%。（区城管局）

【润州区环卫所】　2020年，区环卫所围绕环卫管理工作总体思路，着力提升环卫业务水平，不断改善城市环境卫生的质量。立足本职，提高日常工作效率。突出重点，规范管理，加强日常清运保洁力度，狠抓各项工作的落实，并努力完成领导交办的其他各项任务。全年，共清运垃圾92720吨，清理化粪池粪便8725吨。

强化作业质量提升和监管。抓好居民生活垃圾一、二级清运，坚持定时、定人、定点，日产日清作业制度，落实标准，做到车走地净无滞留，行驶覆盖无抛洒。日常保洁循环有序，重点突出，日常巡查有力，督促及时，内部设施维护较好，保障了居民的基本需求。在群众诉求，终端限制，内部运作上做好协调，化解矛盾，服务好民生。对各保洁公司生产一线作业现场管理，加大路面保洁质量考核，敦促公司加强路面保洁和积尘冲洗力度，规范作业，控制路面扬尘。

加大基础设施设备投入。全年，例行中转站出新1次，压缩设施保养1次，一级清运车喷漆出新1次，维持好除臭设施运行。市区道路更换垃圾桶200余只，更新果壳箱60余只。环卫设施提升工程列入润州区发布2020年政府民生实事项目，以“完善基础设施，提升如厕舒适度，打造现代化公厕”为目标，改造桃园入口处、大华电影院、互济巷、九如巷、东其林巷、南门天桥6座在用二类公厕，新接收社会公厕2座，累计投入105万元。在提升公厕使用舒适度的同时，加大运输车辆的技改、更新力度。积极响应政府使用清洁能源的号召，新购环卫保洁车7辆，累计投入130万元。

提升社会互动力度。加大环卫宣传工作力度，全年，累计在市级以上广播、电视、报纸等媒体用稿35篇。社会各界对环卫工人关爱有加，爱心女老板连续七年邀请环卫工人过母亲节。关心好职工，进一步完善各类保障措施，单位组织职工参加体检，切实关心职工的身体状况。积极参与协会活动,履职尽责。组织环卫工人参加由市总工会牵头举办的环卫工人代表疗休养活动。

加强党组织建设。按照“停课不停学”的要求,针对如何最大限度减少疫情给教学科研工作带来的冲击,开展线上教学和线下教学的衔接等,组织“党旗飘扬·抗疫有我”“润州跑起来·党员加速度”等主题党日活动;组织党员深入结对小区开展垃圾分类知识宣传,增强市民对垃圾分类知识的了解,让“绿色、低碳、环保”的理念深入人心。将爱国卫生运动的理念付诸实践,为居民营造更加整洁干净的生活憩息环境。

疫情防控工作稳步推进。坚持贯彻落实上级部门关于新型冠状病毒感染的肺炎疫情防控的部署要求,认真制定《润州区环卫所新型冠状病毒感染的肺炎疫情防控领导小组工作方案》。各部门有力有序有效做好各项工作,坚决打赢疫情防控攻坚战。针对此次疫情,区环卫所在职党员干部带头捐款,共计2300元。在物资紧张情况下,疫情以来共协调购置防护防疫物资口罩3.3万余只,手套6000余副,额温仪7只,消毒液500多千克,防护镜39副,防护服8套。全区286个废弃口罩收集桶共收集废弃口罩110千克,约21300余只。

(区环卫所)

城管执法

【概况】 2020年,润州城管行政执法大队(以下简称执法大队)全面贯彻落实中共十九大精神,以习近平新时代中国特色社会主义思想为指导,认真落实中央、省、市、区委决策部署,以“争先创一流 展现新作为”为目标,以开展市容环境专项执法行动为抓手,不断推提升城管执法服务水平,奋力开创润州“强富美高”新局面。

全年,开展主次干道、市场周边、校园周边以及等执法整治100余起,取缔违章占道流动摊点1800余次,规范店面外溢行为2000余起,证据先行保存违章占道物品400余件,办理相关案件一般案件41起,简易案件117起,辖区环境得到进一步提升。

【组织建设】 一是强化党建引领,筑牢组织根基。党支部是党组织的战斗堡垒,加强支部建设,牢筑组织根基,是党建工作的重中之重,执法大队严格执行“三会一课”制度,建立健全党务公开制、党员民主评议等。对发展党员工作进行全程质量管理,成熟一个发展一个,积极创造有利于入党积极分子和预备党员健康成长的良好环境,2020年,2名预备党员顺利转正。二是加强政治学习,守好意识形态主阵地。组织全体党员系统学习了中共十九大、十九届五中全会精神以及《习近平谈治国理政》(第三卷)内容,开展了“党旗飘飘,抗疫有我”“学糜林,做先锋”等主题党日活动,组织各党小组聚焦“三问三思”展开讨论,全体党员干部的政治站位、思想觉悟得到进一步提高。三是党建业务相结合,抓实书记项目。为了进一步彰显党建引领城管工作的优势,根据区城管局党委基层党建书记项目的要求,执法大队积极开展“党员执法队员挂钩结对经营户 助推市容秩序提升”活动,经过统筹协调,调查研究,下辖6个中队的24名一线党员执法队员与辖区120户经营户挂钩结对,签订了共建共管协议书,通过互动互促、以点带面的方式推动全区城市管理水平新提升。

【队伍建设】 2020年是深化乡镇机构改革推进执法体制重心下移的关键之年,执法大队认真贯彻落实中央决策部署和省委、市委、区委工作要求,根据人随事走、费随事转的原则,与相关部门沟通协调,积极推进下移相关工作。原市城管行政执法支队润州大队更名为润州区城市管理行政执法大队,隶属于润州区城市管理局。原有人员和编制数的80%(52名执法人员)已分配到各属地街道,配合各街道组建综合执法局。此次城管执法体制重心下移以城市管理现代化为指向,坚持以人为本、源头治理、权责一致、协调创新的原则,进一步理顺了管理体制,提高了执法水平 ,让城市成为人民追求更加美好生活的有力依托。

【履职情况】 一是开展执法整治、提升市容环境。2020年,执法大队进一步提高工作标杆,以全国文明城市复审迎检为契机,以开展各项市容整治为抓手,对辖区内的主次干道沿线、商业广场、学校、农贸市场周边的违法占道经营行为采取常态化、拉网式的执法行动,同时加强重点区域的巡查频次,配合属地抓好长效管理。辖区环境得到进一步提升。二是结合城管职责、开展扫黑除恶专项斗争。为加强扫黑除恶宣传,进一步营造全民参与氛围,大队结合自身职能通过落实宣传广告位、沿街门店LED电子显示屏等方式,向市民群众宣传扫黑除恶专项行动的意义、治理重点等,争取群众理解和支持,要求执法队员在执法过程中,做好农贸市场、市场商业网点、学校等重点区域周边经营户的法律政策宣讲、释疑解惑等工作,为扫黑除恶专项斗争营造良好舆论环境。在常发广场、第六空间国际家居城、协信太古城等地联系落实有关扫黑除恶内容的LED电子屏、广告位9块。组织集中宣传活动6次,发放宣传手资料、宣传袋500余份。同时,严格实行执法过程公开,推行执法全过程记录,强化权力监督和执纪问责,杜绝不作为、乱作为等现象,坚决扫除黑恶势力的“保

护伞”。 （区城管执法大队）

环境保护

【概况】 2020年,润州生态环境局认真落实全省生态环保工作会议精神和市委、市政府、区委、区政府的各项决策部署,面对疫情防控特殊形势,统筹打好污染防治攻坚战、疫情防控阻击战、安全生产保卫战,全面完成年度工作目标任务。

全年,总监测天数366天,环境良好天数292天,空气质量优良天数达标率为79.8%,较2019年上升15.1个百分点;$PM_{2.5}$浓度为38微克/立方米,同比下降17.3%。省考以上断面运粮河新河桥断面水质为Ⅲ类,达到省考核目标。全区集中式饮用水水质达标率100%。

【突出环境问题整改】 润州生态环境局主动牵头做好相关工作,完成共性突出环境问题的整治任务。一是全市38项突出环境问题中涉及润州区国土空间结构和环境质量改善2个具体问题,达到整改序时任务量。二是完成省级环保督察68件交办信访件的市级销号申请。三是完成5件中央环保督察交办信访件整改和销号申请。四是对633家升级改造类“散乱污”企业、作坊开展“回头看”,没有发现问题反弹。五是完成长江经济带生态环境2个问题整改销号。全区突出环境问题整改销号工作进度排在全省全市前列。

【蓝天保卫战稳步推进】 一是综合施策,严控大气污染源。及时处置市生态环境局专家组交办的国控站点周边环境问题33个。协调公安累计投入警力150余人,派出拖车8辆次,严控货车通行和开展柴油车尾气专项路检。强化开展国控站点周边微环境治理,出动执法人员700余人次,检查餐饮单位、工业企业、加油站等共80余家,完成现场整改35家;查纠规范露天烧烤摊点72起,取缔店面外溢125起;协同市建管处巡查辖区内21个建筑工地87个次,发现并整改扬尘问题15个。二是立足长远,着手调整国控站点。鉴于疾控中心点位周边环境因素对监测结果存在不同程度的干扰,加紧实施站点迁移工作。三是开展大气污染防治攻坚活动。发现并解决大气环境突出问题59件,其中,餐饮油烟类问题20件、散煤使用类问题16件、涉气散乱污类问题9件、工地扬尘类问题14件。开展秸秆禁烧工作,成立5个工作督导组挂钩5个涉农街道,加强日常巡查,配备蓝天卫士,实施24小时全天候监管,确保达到零焚烧目标。

【碧水保卫战全力推进】 一是高效建设并监管国家、省级自动监测站点。省控京口闸断面水质自动监测站通过省驻市中心及第三方运维机构验收后,润州生态环境局进一步加强日常运行监管,最大限度发挥水站监测预警、保障断面水质达标的功能。二是全线完成运粮河闸至新河桥段清淤工程。推动相关单位部门实施运粮河东段清淤工程,整修堤岸,新建道路,开展绿化,生态护坡。三是强化医疗污染监管。开展医疗机构污水排放排查专项行动,每日调度医疗废水废物处置情况。四是推进黑臭水体整治,分别投入400万元,完成四明河上段河道清淤及岸坡治理整治工程和周家河锚链厂区段暗涵清淤及排口整治工程。

【净土保卫战有序开展】 完成5家重点行业企业用地土壤污染状况及企业用地信息调查。推进省级重点项目原江南化工厂土壤修复工程实施,该地块土壤污染治理与修复项目已纳入国家和省试点,该项目已处于收尾阶段。完成船山矿和韦岗铁矿2家尾矿库环境整治工作,尾矿库重大环境安全隐患已基本消除。

【生态环境治理基础夯实】 聚焦润州环保设施薄弱环节和关键领域,上报各类环保项目,总投资约1900多万元,拨付各类环保资金500多万元。投资15万元,完成红星美食广场餐饮油烟集中治理“绿岛”建设项目。投资500余万元,完成3个街道空气自动监测站点建设,形成区域大气污染防治网络全覆盖格局。指导七里甸、宝塔路、官塘桥街道完成省级示范街道创建相关工作。推进生态环境综合执法改革,整合充实本级行政执法队伍,组建润州生态环境综合行政执法局。

【危废固废管理水平提升】 开展安全生产和危废固废专项整治行动,涉及18家工业企业、汽修等单位,严格按照71个检查项目开展检查,共发现问题86项,已全部完成整改工作。重视疫情防控,助力医疗单位安全处置医疗废物,落实实施全市医疗废物处置应急预案、医疗废水监测指导意见,疫情关键期间,每天对全区各医疗机构、医学观察点、医废处置进行指导监管,共派出70多人次,对市康复医院、二院等5家医疗单位进行现场指导44次,重点检查污水处理设施运行,指导医疗废物处理处置。

【环境执法监管力度加强】 根据润州区实际,将执法重心放在建筑工地噪声超标、“散乱污”企业整治和城市餐饮油烟扰民3个重点上,强化“片区有监管员、专项有专人看”的执法措施。在执法监察方面,共出动执法人员1450余人次,开展双随机检查50余次,交叉检查10余轮,上传执法记录近176条,快捷留痕549条,下达责令改正环境违法行为决定书11起,行政处罚决定书8份,罚款金额

6.74万元，有效震慑了环境违法行为。对飞亚轴承、长山公司等单位开展突击联合执法，形成环保安全监管的高压态势。在处置环境信访方面，中央、省级交办信访件共6件，已全部处理答复。共受理信访电子工单999件，做到件件有回复、事事有回应。其中，对东亚碳素网情线索的处置，获得了市委书记马明龙和区委书记高国成的高度肯定和评价。

（区生态环境局）

周末　（田　冰　摄）

商 业 经 济

栏目编校:薄开鹏

综 述

【概况】 2020年，润州区完成社会消费品零售总额114.65亿元。全区新批外商投资企业项目2个，新批中国香港投资企业项目3个，完成注册资本2550万美元，完成实到资金2019万美元。全区完成外贸进出口总额19.1亿元，同比增长10.3%。全区服务外包执行额8573.3万美元，其中，离岸外包执行额832.5万美元。 （郑泽宇）

利用外资

【概况】 2020年，润州区完成实际使用外资及港澳台投资2019万美元，较2019年增长352%。完成协议注册外资及港澳台投资2550万美元，同比增长160.9%。

2020年润州区注册外资及中国港澳台资明细表

表14 单位:万美元

序号	企业名称	项目内容	外方单位	国别	总投资	注册资本	协议外资	所属街道
1	镇江豪西实业发展有限公司	货物进出口；技术进出口;金属材料销售;金属制品销售等	悦能贸易有限公司	中国香港	2550	2550	2550	宝塔路
2	镇江智慧达新材料科技有限公司	智能水务系统开发;高性能纤维及复合材料制造;工程技术研究和试验发展;石墨及碳素制品制造等	JIN MIAO	澳大利亚	74.37	74.37	66.93	和平路
3	建华技术开发有限公司	市场营销策划;新材料技术研发;建筑材料销售;新型建筑材料制造等	建华管桩集团有限公司	中国香港	1520.17	1520.17	456.05	七里甸
4	江苏恒宇国际物流有限公司	货物进出口；进出口代理;食品进出口;黄金及其制品进出口等	AKRAM JAAFOURA、MOHAMED FRIKHA	突尼斯	150	150	100.01	和平路
5	镇江慈瑞会祥科贸有限公司	货物进出口；技术进出口;进出口代理;技术服务、技术开发、技术咨询等	香港慈瑞匯祥控股有限公司	中国香港	30	30	30	官塘桥

（郑泽宇）

招商引资

【概况】 2020年，润州区共计签约项目131个，总投资超160亿元。全区发挥"一把手"招商规格高、决策快、效率高的特点，区领导带头跑出去，跑在招商第一线，各部门各单位积极参与，做到条块联动合力招商，推进航天科技、建华研究院、锐风行影视基地、复星商业地产、易华录数据湖等重点项目。

【生产性服务业招商】 2020年，润州区编制完成全区产业发展地图，进一步明确全区产业定位和空间布局，梳理整合优质资源，重点突出官塘创新社区和韦岗片区，为精准招引夯实基础。开展以生产性服务业为重点的现代服务业招商，重点盘活商务A区、国控双子楼、金恒综合大厦等楼宇，打造商务服务、科技孵化、金融投资等一批专业化、特色化楼宇，实现产业集聚发展。建华全球研究院、美再晨镇江公司、华泰证券镇江公司、名品设计创意园等一批项目签约入驻。

【官塘创新社区招商】 官塘创新社区作为G312宁镇产业创新走廊的重要地理节点和镇江"多片区"发展中的崭新增长极，2020年，区委、区政府围绕官塘创新社区先后赴北京、天津、上海、深圳、西安、长沙等地，高频次开展小分队"双招双引"活动，航天科技、东方今典、茂隆实业、中建集团等一批高质量项目在手洽谈推进。10月28日，官塘创新社区挂牌成立，成立仪式上镇江数据湖产业园、阿里和润数字产业园等9个项目集中签约，总投资超过140亿元。 （郑泽宇）

商贸流通

【概况】 2020年，区商务部门抓好疫情防控，保障复工复产，对超市和农贸市场加大检查力度，确保各项防疫措施落实到位。对全区9家居民生活必需品重点保供企业建立帮办机制，帮助保供类企业开具民生保供企业资质证明，保障企业货物运输通畅。对全区71家规模以上批零住餐企业复工复业情况进行实地复产验收，确保全部复工复产。落实重点指标月度点评机制，联合统计部门与重点企业加强沟通，确保应统尽统，确保新增入库企业、社零指标和地区生产总值基础数据完成全年目标。做好迎检工作，确保卫生城市创建复检工作顺利通过。推进菜市场标准化建设工作，多次与相关街道和菜市场沟通，推进菜市场标准化建设工作。

【加油站和商业场所安全生产整治】 2020年，区商务部门落实省、市、区安全生产督导组的要求，到商贸企业开展安全生产检查，排查安全生产一般隐患211项，都已落实整改，形成闭环。围绕本行业领域重点风险点各加油站，联合市商务局邀请第三方专业机构，对润州16个加油站进行专业检查。落实"春风行动""百团进百万企"集中宣讲活动，到企业上门宣讲，送安全生产宣传手册等各项资料。建立微信群，进行政策解答和业务知识辅导。联合住建部门对城市综合体餐饮企业燃气安全进行集中宣讲。 （郑泽宇）

对外贸易

【概况】 2020年，润州区外经贸工作指标稳中求进，外贸、外包再创新高。全年，进出口总额19.1亿元人民币，同比增长10.3%。全年完成服务外包执行额8573.3万美元，同比增长15.92%，其中，离岸外包执行额832.5万美元。

2020年，全区外贸和外经企业受疫情影响较大，区商务部门及时摸排疫情期间辖区外贸企业进口紧缺防疫物资和境外投资相关情况，送政策上门，组织企业申报省、市两级商务发展专项资金。组织有资金需求的企业参加银企对接会，帮助企业解决实际困难。走访辖区内企业，做好重点外贸企业数据监测工作。组织动员企业报名参展广交会和进口博览会，并对企业线上参展组织培训工作。组织政府机关部门和辖区企业参加第三届国际进口博览会，现场成交200万元。

2020年润州区进出口前15强企业一览表

表15

序号	企业名称	性质	主要出口产品
1	江苏英汇能源科技有限公司	民企	甘油、燃料油、植物沥青、化工原料
2	镇江东亚碳素焦化有限公司	民企	碳素制品
3	镇江市汉华进出口有限公司	民企	五金交电、机械设备、卫生洁具、电子产品、日用百货、纺织品、服装
4	镇江市汉丰国际贸易有限公司	民企	纺织服装、日用品、五金工具、化工产品(危险品除外)、建筑材料
5	镇江嘉信国际贸易有限公司	民企	日用品、农副用品
6	镇江市欣贸跨境电商服务有限公司	民企	卫生洁具、日用百货、针纺织品
7	镇江市环宇国际贸易有限公司	民企	电子产品、五金电器、机电设备、日用百货、办公用品
8	正茂集团有限责任公司	民企	锚、船用锚链、工业链、系泊链及其附件、制链设备
9	镇江艾美格商贸有限公司	民企	机械设备、机电设备、电子产品、计算机软硬件、建筑材料、日用百货
10	镇江捷斯达进出口有限公司	民企	五金工具、机械设备、建筑材料、化工产品(危险品除外)、日用百货、化妆品、眼镜、工艺品、服装及辅料、汽车配件
11	镇江大邦进出口贸易有限公司	民企	百货、纺织品、金属材料、建筑材料
12	镇江信诺进出口有限公司	民企	化学制品
13	镇江家建涂装工具有限公司	民企	油漆刷、油漆滚筒、五金工具、建筑材料
14	镇江苏源时装有限公司	民企	服装、针纺织品、鞋帽、箱包、工艺品
15	镇江国际经济技术合作有限公司	民企	承包境外工程和境内国际招投工程

(郑泽宇)

对外经济技术合作

【概况】 截至2020年年末,润州区有外经企业4家,全区对外投资发展稳定,全年,累计对外直接投资额为17.15万美元。对外承包工程企业镇江国际经济技术合作有限公司在越南、老挝、柬埔寨等国家有在建项目,对外劳务派遣企业五洲对外劳务合作有限公司稳定向日本输出劳工。全年组织企业申报商务专项发展资金48.1万元。

(郑泽宇)

财　政

【概况】 2020年,面对严峻复杂的经济形势和艰巨繁重的改革发展稳定任务特别是新冠肺炎疫情的严重冲击,在区委、区政府的坚强领导下,全区财税部门坚持稳中求进工作总基调,统筹疫情防控和经济社会发展,努力做好疫情防控常态化下的财政收支管理工作,保持了财政运行的总体平稳。

【财政运行平稳有序】 从缩小收支缺口着手,开源节流,确保财政运行整体平稳。一方面,围绕目标任务,聚力收入组织管理,协同各地、各部门,着力加强对收入形势的研判分析,补充和延伸税收征管,全面规范和加强对各类收入的预算管理。全年,完成一般公共预算收入139448万元,完成年度预算的100.03%。其中,税收收入117233万元,税占比84.07%。另一方面,以“保工资、保运转、保基本民生”为根本,全面压减非紧急非必需资金,强化资金统筹、加强成本控制,着力增强财政调控能力。全年,完成一般公共预算支出216138万元(含上年结转和市专项补助37855万元),完成年度调整预算的99.6%。

【重点民生领域保障】 从兜牢民生底线着手,统筹资金,确保重点民生项目落地。坚持尽力而为、量力而行,聚焦实事民生项目落实和重点民生领域保障,注重加强普惠性、基础性、兜底性民生建设,着力解决重点领域和重点人群的基本民生保障问题,集中力量持续加大对义务教育、基本医疗、污染防治、城乡低保、就业支持、住房保障、公共文化服务均等化等民生事业投入。全年,区本级民生支出12.17亿元,同比增长25.33%,占比当年预算支出近70%。

【企业复工复产支持】 从满足企业需求着手,多措并举,确保复产复工举措落实。推广市综合金融服务平台应用,集聚企业融资基础数据,全年,累计满足企业需求559条,涉及融资额21.52亿元。开通“受疫情影响企业融资绿色通道”,其间,为134家中小微企业解决需求资金3.04亿元。帮助5家企业申报江苏省普惠金融发展专项资金159万元。搭建政府、银行、企业三方平台,推动政银企实质化合作。对受疫情影响较大的企业予以补贴累计84万元。为73户承租区国有资产类经营用房的企业减免141万元房屋租金。

【金融领域安全稳定】 从改善金融生态着手,压降风险,确保金融领域安全稳定。按照《润州区涉众型金融风险监测预警实施方案》,对全区48个地方金融网点实行网格化监测,严格资格审查、风险排查、现场核查,综合构建涉众型金融风险监测预警处置体系。通过动态评级、年审、专项排查、会商等手段,有针对性地加强对地方金融机构的监管,严格类金融企业准入。全年,查证理财类公司65家,发现风险隐患34个,新增黑名单企业2家。

【区属平台公司平稳转型】 6家区属国有企业下属全民所有制子企业按计划已完成公司化改造,由全民所有制改为国有全资有限责任公司。同时,在推动公司化改革的进程中,积极探索企业转型发展方向,围绕资产重组、资源整合、战略调整等进行设计和谋划,按照组建区属产业集团的发展方向，指导新农村公司依法合规立开展企业增资、产权置换和资产划转、资源优化。制定《区属国有平台公司监事会工作规则》，成立监事会，并派驻3名专职监事，推动监事会实质化运作。规范企业财务决算审计、审计招标、资产出租管理和选聘资产评估机构工作。建立国资监管系统，进一步规范国有企业产权登记，全面强化国有资产监管。（区财政局）

税　务

【概况】 2020年，润州区税务局在区委、区政府和市税务局的坚强领导下，以高度的政治责任感扎实做好疫情防控工作，不折不扣落实支持疫情防控各项税收优惠政策，积极助力企业复产复工。深入贯彻全市产业强市大会和全区推动高质量发展大会精神，紧紧围绕润州城市经济工作部署，有序推进各项工作。

【疫情防控和支持经济发展】 第一时间成立疫情防控工作领导小组，全面排查摸底，启动疫情日报机制，逐级落实责任，主动服从地方党委政府的统一调度，成立区局“同行防疫”先锋队，与“三结三定”单位西津渡社区紧密配合，支援基层防疫行动，形成了疫情防控强大合力。围绕“六稳”“六保”要求，严格落实支持疫情防控各项税收政策，多措并举稳复工、促发展。针对疫情对全区经济社会发展带来的新挑战，区税务局把支持企业复工复产、稳企业稳经济稳发展作为当前税收工作的重中之重，加速和精准推进支持疫情防控各项税收政策落地落实，动态跟进抓好落实。随着疫情防控工作向纵深推进和相关政策逐步释放，紧跟企业复工复产进程，动态掌握企业复工复产情况，及时送达防疫期间税收优惠政策，针对性开展税收服务。同时，区税务局运用税收大数据密切关注疫情发展态势和对全区经济运行状况的影响，及时开展疫情对税收影响情况预测，形成税收专报报区委、区政府。办税服务场所安全和税费服务秩序关系群众健康，关系税收遵从，也直接关系社会稳定和发展大局。区税务局党委高度重视，通过统筹人员安排、间隔开放窗口、调整功能布局、增设安全距离提醒、加强现场导税、提供预约办税等措施，避免檀山路办税服务厅人流聚集，另一方面通过扩大发票邮寄配送范围，引导纳税人缴费人使用电子税务局、微办税等渠道办理常规业务，大力拓展“非接触式”办税缴费，为广大纳税人缴费人提供便利。按照“一般事项网上办、发票业务邮寄办、特殊业务预约办”原则，区税务局包括申报缴税（费）、代开发票等常用业务在内的90%的事项实现了全程网上办。

【党旗引领、激发活力】 一年来，区税务局党委坚持党建工作统领地位，坚持运用习近平新时代中国特色社会主义思想武装头脑、指导实践、推动工作。积极发挥党建引领作用，丰富“税美润州·润税先锋”党建品牌内涵，不断提升党建工作与中心工作的契合度。抓好了两级项目落实，推进“培树红色先锋，推动税企同行”书记项目开展，增强服务质效；组织开展“读书评书荐书”、“诗词文化进机关”活动，构建“党建+文化”格局；参加区委组织部开展的“党旗飘扬·抗疫有我”“‘美丽润州·清洁村庄’先锋行动”等主题党日活动，进一步强化党员先锋意识、模范意识；开展“税美润州·小城大爱”捐资助学活动，传递公益正能量。严格落实区委组织部制定的《2020年机关党建工作目标管理考核细则》，突出效果导向，强化日常考核，扎实推进党支部规范化建设；认真抓好党员学习教育，严格党的组织生活，开好专题组织生活会，健全党支部工作台账；以四星党支部为起点，继续抓好以“三项管理，八项制度”为核心内容的规范化建设，以最高标准开展创建活动，争当五星党员，争创五星支部，在润州区庆祝建党99周年大会上，区税务局第一党支部第三党小组被授予“全区示范党小组”称号；8月，区税务局办税服务厅被润州区委组织部评为2019—2020年度区级党员示范岗。始终把深化作风建设摆在重点位置，持续正风肃纪，召开2020区税务局全面从严治党工作会议，组织开展税务干部“八小时以外”监督管理工作研讨会、廉政知识竞赛等；认真贯彻落实中央八项规定精神，围绕“节庆假日”重点时段开展廉政提醒、明察暗访，经常性开展纪律教育，重点学习贯彻党章、廉洁自律准则、党内政治生活若干准则、纪律处分条例等党内法规，让党员干部知敬畏、存戒惧、守底线。

【组织税费收入依法依规】 一年来，面对组织收入的压力和困难，区税务局牢固树立落实减税降费和依法征收税费服务“六稳”“六保”的大局意识，不折不扣地落实好减税降费政策和依法依规组织好税费收入，坚持组织收入原则不动摇，坚决守住不收“过头税费”的底线；进一步提高组织收入的科学性和前瞻性，全力保障收入质量。

【税收营商环境优化】 以“便民办税春风行动”为先导，努力实现支持抗击疫情与促进企业发展相结合，增进办税便利化与优优营商环境相结合，奋力推动润州城市经济高质量发展，努力提升纳税人和缴费人的获得感、满意度、遵从度，让“税美润州·E路同行”的品牌更加清新。坚决落实全市产业强市大会提出的“涉企政策必须不折不扣落实到位”“政策落实要比别人更及时”的要求，全面落实减税降费，最大限度释放政策“红利”。聚焦疫情防控和复工复产，慎终如始抓好阶段性税费优惠政策落实，及时办理延长小规模纳税人减免增值税执行期限、延期申报和缴税申请、延长弥补亏损、房产税和土地使用税困难性减免等优惠，增强企业渡过难关的信心和底气。聚焦产业强市和润州高质量发展重点，提高落实政策的针对性，结合“便民办税春风行动”，全力推进税收营商环境最佳体验区建设，为“润”字品牌加力添彩。扎实做好首次个人所得税汇算工作。采取“四分”应对策略，加强重点人群和事项的风险研判，建立网格化管理服务责任制，主动引导纳税人和扣缴单位以网络申报为主，错峰、稳妥办理年度汇算。办税缴费优化升级。将“非接触式”固化拓展为新常态，进一步推进实体办税向网上延伸，推动“网上申请、邮寄配送”票种全覆盖，进一步推广电子税务局、手机APP线上办理，更好便利纳税人、缴费人。依托“纳税人之家”开展春风暖企系列活动。围绕企业疫情防控送政策、复工复产减负担、营商环境提质效等方面，有重点的对接了一批企业，通过“一对一”个性化辅导，帮助企业用好用活用足各项税费优惠政策。做好2019年度纳税信用等级评定。开展纳税人纳税信用等级复评、补评、修复工作，共有13496户企业参评，根据企业申请，共完成纳税信用复评11户，纳税信用补评2户。发挥税收数据优势，跑出了服务党委政府决策的加速度。更好发挥以税资政作用，让润州税务的分析报告成为区党委政府领导管用、有用、爱用的参考材料。区税务局积极围绕收入结构、税收优惠、税率变动、收入次级等方面开展税收分析，为润州区因时因势、精准施策建言献策。

【干部队伍建设】 厚植“税美润州·筑梦远航”队伍建设品牌，积极展示新时代润州税务干部新风采，促进全员“跑起来”，奋力“向前跑”。深入贯彻全市产业强市大会和全区推动高质量发展大会精神，落实市委书记马明龙调研税务部门时提出的“发挥优势、服务大局”的要求，区税务局积极对照目标，第一时间开展全员学习交流讨论，激励了全局上下以“跑起来”的奋斗姿态、“干起来”的责任担当，更好服务产业强市战略和润州高质量发展的奋斗状态。按照“绩效管理抓班子、数字人事带队伍”的要求，全面用好税务数字人事系统，灵活运用考核结果，以考核考评促进人才选任。严格按照新《中华人民共和国公务员法》职务职级并行要求开展各项准备工作，周密做好日常人员情况摸底、基础数据上报、特殊情况汇报、重要情况党委会报告等，严格按照程序、标准、要求做好区税务局干部职级套转。组织参加2020年税务系统干部春训；做好学习兴税平台创建推广工作；组织参加市税务局“岗位大练兵、业务大比武”；组织开展润州区财税知识技能竞赛。2020年，区税务局1名干部获评2020年度润州区优秀党务工作者；1名干部获评润州区“五一劳动奖章”，1名干部获评全市税务系统“十佳青年税官”。（区税务局）

审　计

【概况】 2020年，润州审计工作以中共十九大精神为统领，紧扣区委审计委员会对审计工作提出的要求，统筹抓好疫情防控和审计监督工作，有重点、有深度地推进对公共资金、国有资产、国有资源和领导干部经济责任的全覆盖审计。

【审计业务】 2020年，润州区审计局共完成审计项目13个，其中：财政预算执行情况及财政收支审计项目1个，延伸部门预算审计单位4个；经济责任审计项目4个，同时开展自然资源资产审计项目1个；重大政策跟踪审计项目1个；上级交办专项资金审计项目2个。致力于当好政策落实的“监督员”，按照上级机关部署，开展了两轮政府隐性债务风险防范专项审计，对本地区政府隐性债务化解情况开展常态化跟踪审计。对地方政府隐性债务化解及利息偿还情况、隐性债务对应资产情况及隐性债务和融资平台经营性债务变动情况等进行了重点关注，推动债务化解工作做真做实，促进打好防范化解重大风险攻坚战。关注财政资金绩效，高效开展财政审计。将法定的“同级审”项目作为全年工作的重点，主动适应新形势，以“规范预算、合理分配、揭露问题、提出建议”为切入点，开展并完成2019年度区级财政预算执行情况及其他财政收支情况审计，揭示出预算编制、预算调整、预算执行及专项资金管理4个方面问题并提出意见建议。同时，在审计中贯彻落实“两统筹”工作要求，科学安排项目、创新工作举措，强化审计项目融合，推行“本级预算+部门预算”“部门预算+专项资金”“部门预算+经济责任审计”的模式，在实施本级预算执行审计的同时，依托大数据，同步实施全区52家一级单位部门预算全覆盖及区团委、信访局、工商联、交通局4家单位的部门预算执行审计和经济责任审计，真正做到“一审多果”，通过审计监督促进规范财政管理，全面推进财政大格局审计。认真贯彻落实最新颁布的《党政主要领导干部和国有企事业单位主要领导人员经济责任审计规定》，通过经济责任审计规范权力运行机制。对审计查出的违纪违规、损失浪费等问题逐笔进行责任界定,对决策不善、程序缺失、政策执行不力等问题如实反映。同时,结合区和平路街道主要领导经济责任审计,开展自然资源资产离任审计,把推进“五位一体”总体布局落到实处。关注政府投资效益,扎实开展政府投资审计。坚持依法审计、确保质量、关注政府投资规范、安全和效益以及项目投资管理主体责任,扎实开展政府投资审计。重难点项目顺利完成。2020年,区审计局进一步加强了对重大公共基础设施及民生工程项目的审计监督,着力推进润康城、东篱春晓安置房等重难点项目的审计工作。提高核减成效。2020年,区审计局稳步推进投资审计从数量规模向质量效益的转变,在提升项目投资质量、效果和效益上下功夫。

【疫情防控】 新冠肺炎疫情突袭而至,区审计局深入贯彻落实习近平总书记关于疫情防控重要指示精神和区委、区政府决策部署,勇于担当,主动作为,投身于疫情防控和审计业务中。局党组高度重视,及时召开局党组会议,传达学习疫情防控相关规定,安排部署疫情防控相关工作,积极响应网上办公号召,在局工作群中组织干部职工学习、传达疫情防控相关通知精神,研究安排相关工作,贯彻执行相关规定,确保全体干部职工学习、了解相关政策规定。积极投身疫情防控工作。为加强责任区域的疫情防控工作,局党组第一时间与对接社区联系,全局党员干部及部分审计人员下沉到社区防控一线,参与宝塔路同德里社区3个卡点管控值守,确保了该小区零感染、零风险;疫情防控、审计业务两手抓,两不误。合理安排人员,积极投身审计业务工作中,在疫情防控期间组织实施新冠肺炎疫情防控资金和捐赠款物专项审计、财政预算执行和其他财政收支审计及部门预算审计、重大政策措施落实情况跟踪审计等审计项目。

【巡视巡察】 2020年,区委八届第九轮巡察对区审计局开展巡察工作,局党组及全体党员干部虚心诚恳接受监督检查,按照要求及时报送了相关资料。行动上整改到位。巡察反馈会后,区审计局党组立即成立了巡察整改工作领导小组,印发了《润州区审计局关于区委第二巡察组巡察反馈意见的整改落实方案》,统筹全局巡察整改工作。专题召开巡察整改会,聚焦巡察反馈的4个问题,逐条逐项进行整改,提出14条有效整改措施,向区委巡察办报送了《润州区审计局党组关于巡察整改情况的报告》。人员上精准助力。在积极配合被巡察巡视的同时,区审计局抽调业务骨干参加另一组的巡察工作,充分发挥审计专业优势,提升巡视工作效率和质量。

（区审计局）

嬉水　　（田　冰　摄）

教 育

栏目编校：蒋厚军 孙 伟

综 述

【概况】 2020年是润州教育“十三五”规划的收官之年，区教育局以更高水平、更高质量教育现代化建设为抓手，全力推进教育改革与发展，各项教育事业取得了新进展。

【传染病防控措施得力】 先后出台润州区传染病防控相关文件，制定新冠疫情防控的“三案九制”。每学期开学，检查组对全区所有中小学、幼儿园开学前、后疫情防控工作落实情况进行全覆盖检查，认真排查疫情风险隐患，完善疫情防控措施，确保全区中小学、幼儿园全部顺利开学。日常加强传染病防控管理，实行最严格的校园封闭管理，确保进入校园的每个人都是健康并可进行健康跟踪。结合新冠肺炎和校园常见肠道、呼吸道传染病特点，落实多病共防措施。严格做好学生健康监测特别是发热学生监测工作，坚持“日报告”“零报告”。将新冠肺炎及传染病防控知识与技能等纳入开学第一课内容。加强卫教合作，开展联防联控，形成学校、家庭与医疗机构、疾控机构“点对点”协作机制、监测预警与快速反应机制。编制全省学前教育领域首个幼儿园防控指导手册的创举，被省教育厅官网、《镇江日报》、“今日头条”等相继报道。1名教师创作的抗疫视频歌曲《小情诗》被腾讯网推出。多篇疫情防控知识、居家运动、童心抗疫、在线教学、线上家访等稿件先后被搜狐、“今日头条”、新浪等多家有影响力的网站推送。1所学校线上教学素材被江苏“学习强国”录用。1所幼儿园和1所学校对援鄂子女的教育关爱被市“教育在线”栏目予以报道。全系统累计报送各类疫情宣传主题稿件达100余篇。

【教育现代化建设保持领先】 建立教育现代化建设和义务教育优质均衡发展动态监测机制。2020年教育现代化建设监测综合得分达96.10分，继续在全省保持领先。全区小学综合达标比例为100%，初中综合达标比例为87.5%，综合达标学校比例较去年明显提高。辖区内12所小学和7所初中作为样本学校圆满完成全国义务教育质量监测任务。2019年度教育工作市级督导考评优秀。

【各级各类教育均衡推进】 学前教育继续普惠发展，扩大普惠性资源供给，确保新开办的美联玛涉幼儿园、苏外双语幼儿园、桃园幼儿园为普惠性幼儿园，将符合认定条件爱维叶远洋幼儿园、华都ABC幼稚园认定为普惠性幼儿园，2020年年末，全区在公办和普惠性幼儿园就读幼儿占比90.06%，普惠覆盖率比2019年年末提高11.87%。3所幼儿园通过省优质园复审评估；2所幼儿园通过市优质园评估验收，2所幼儿园通过省优质园评估验收。润州区省市优质幼儿园覆盖率将达84.85%，比2019年提高6.06%。新增市级足球特色幼儿园2个。关停家庭作坊式的广厦、兰花幼儿园，将两园中班、小班幼儿就近安置在附近公办园或普惠性民办园就读。义务教育继续优质发展，集团化办学实行全覆盖，全区中小学组建成镇江实验学校、润州区实验小学、中华路小学、宝塔路小学4个教育集团，为全区义务教育优质均衡发展奠定基础。招生工作规范稳妥,全区一年级和七年级共3662名新生全部实行网上报名，全区100%学校均衡分班实行全覆盖。持续推进控辍保学动态监测，19名疑似辍学学生通过户籍核查、学籍排查、送教上门等方式已全部销账，未有新增辍学学生。润州区作为镇江市近视防控示范区，与康复医疗集团眼科医院成立区儿童青少年近视防控基地。更深层次促进教育公平，安置16名未入学残疾儿童进入相应学校，为全区近80名特需学生申请8倍生均公用经费。到2020年底，建成融合教育资源中心17所，实现全区街道各学段融合教育资源中心全覆盖目标。成功申报省特教发展工程项目。职业教育继续高质发展，在2020年省普通高校对口单招高考中，本科达线人数27人，专科录取率100%，其中，电子电工专业1名学生摘得大市状元、计算机专业1名学生以899分创学校历史新高勇夺大市第一。社区教育继续特色发展，开展“全民智学，助力‘双战双赢’”为主题的“全民终身学习活动周”。积极发挥优秀社教阵地作用，“万科学习苑”被评为省三星级“学习苑”；“茶艺茶文化名师工作室”疫情期间坚持“线上+线下”形式开展培训活动，“周三茶会”举办30余期，参与人数约600人次；金山水城“养教联动基地”开展防疫知识、老年健康、老年伴读等教育服务工作，惠及千余名社区老人。“凤凰社区老年大讲堂”被评为省级社区教育品牌项目，2人获省“百姓学习之星”和“社区教育先进工作者”称号。提供优质老年学习服务，先后60多集舞蹈、歌咏网课参加省老年教育资源库甄选活动。与中信银行合作开发微信公众号，使老年人随时随地可登录查询课程信息并进行网上报名。深入推进校外培训机构专项整治，对全区42家学科类培训机构进行安全督查。全区已复工复课各类社会培训和托育机构总计达249家，其中，在教育部门领取办学许可证的文化学科类培训机构45家。疫情以来，教育局共检查执法450次，跨部门执法督查318家次，开展联合执法10批次；共发放整改通知书2份，关停取缔非法校外培训机构2家，处理投诉信访57件。

【师资队伍建设持续增强】 制定并下发《2020年全区教育系统党建工作要点》，召开全系统党建工作暨全面从严治党会议。成立“银发树人”志愿服务队，离退休支部高水平通过区级达标验收。实施“三服务，提升个性化教育水平”书记项目，针对学生家长、教师学校、社区群众三大类服务对象，共推出23条服务项目。教职员工、党员干部无违纪违法案件发生。启动5个市级、22个区级“四有”好教师团队建设，1人被评为全国优秀教师，1人被评为2019年度感动“江苏年度人物”，4人被评为市“十佳教师”，无师德失范行为发生。创建省、市级教师发展示范基地校各1所，区级教师发展示范基地校4所。1名教师评为市有突出贡献的中青年专家，1名教师入选省乡村优秀青年教师培养奖励计划，131名教师推荐为市第八批中青年骨干教师，2名教师评为正高级教师。成功申报省乡村骨干教师培育站1个。2020年，教师招聘继续采用传统招聘和校园招聘相结合方式，共招聘中小学、幼儿园教师29人，其中，不少来自985、211高校毕业生。教师资格认定达196人。

【教育各类保障切实加强】 工程建设推进有力，金山湖小学作为桃园小学校区正式开办；长山学校和镇江实验学校远洋分校完成扩班改造；李家大山小学改造深化设计初步完成。基本完成7所小区配套幼儿园治理任务和目标；红星桃花源幼儿园户外和消防工程预计2021年初完成建设任务，移交幼儿园举办者；中海、美的城幼儿园等移交前期工作有序实施。累计投入500余万元基建维修资金，完成大、中、小型各类暑期维修改造工程近百个；投入200余万元用于安全隐患处置。全年，各类工程施工事故率为零。装备建设切实加强，先后储备口罩、额温枪、75%酒精、84消毒液、喷雾器、防护服、洗手液、免洗手消、人体测温系统等，扎实做好复学防疫物资保障。制定下发《关于进一步加强中小学实验教学用危险化学品管理的通知》，改造2所初中危化品室，为4所初中配备危化品专柜。联合市场监管局分批次对中小学、幼儿园进行食品安全专项整治，完成学校食堂“明厨亮灶+互联网”建设。对4所学校中考考场进行标准化建设，每个中考考场安装空调，保障中考顺利进行。完成全国学校图书馆图书审查及全区中小学、幼儿园垃圾分类自查自评及信息填报工作。创成市智慧校园4所。信息化建设成果丰硕，继续推进智慧校园创建，重点关注学校应用工作，实施从硬件到软件的应用转变。拓展教育信息化应用广度与深度，进行智能化信息生态环境下的“智慧课堂”等新型教学模式试点。网络安全工作纳入对学校领导班子考核。1所学校被拟定为首批省智慧校园示范校。平安校园全力打造，全年，共组织130个安全生产检查组，出动检查人数334人，被检查单位554个，对全区校园全覆盖开展不同内容的安全检查，累计排查安全隐患109处，均已整改到位。积极推进教育系统“扫黑除恶”专项斗争，开展校园及周边黑恶线索摸排，切实保障师生安全。实现校园保安持证上岗率100%。智慧安防能力进一步提升，全区所有学校校门口安装带人脸识别功能的高清视频探头，并接入区公安分局平台，2所学校安装访客系统和车辆进出识别系统。全年，未发生一起安全重大责任事故。（王云苏）

幼儿教育

【概况】 2020年，全区积极探索办园体制改革，不断扩大多元选择资源供给，健全长效治理监管体系，实施科学健康保育教育，落实规范有序行业管理，高质量完成各项创建任务，学前教育发展水平得到新提升。

着力新冠肺炎疫情防控工作。成立防控工作领导小组，加强组织领导；准确上报师生信息，加强人员管控；开展线上互动课程，为家长提供专业指导；宣传营造防控氛围，积极传播正能量，制作省学前教育领域首个《幼儿园新型冠状病毒感染的肺炎防控指导手册》，被省教育厅官网、《镇江日报》、"今日头条"等相继报道。指导各园持续做好疫情防控工作和传染病防控工作。

高质量完成各项创建工作。2020年10月，凤凰家园、九华山庄、桃园3所省优质幼儿园高质量通过复审评估，东方剑桥润康城、东方剑桥新城花园2所幼儿园通过市优质园评估验收；11月，童蕾蓝天、爱维叶远洋通过省优质园评估验收，润州区省市优质幼儿园覆盖率达84.85%，比2019年提高6.06个百分点。

实施科学健康的保育教育。开展学前教育宣传月活动，2020年宣传月活动主题为"特殊的时光，不一样的陪伴"。教育局层面制定了全区活动方案，各幼儿园围绕区级活动方案，开展形式丰富、精彩纷呈的宣传月活动，活动通过"美篇""微信公众号"等形式向家长、社会宣传。润州区多个活动被"润州发布"和"金山网"报道。落实《指南》，深化课程游戏化建设。成功申报市级第五批《指南》实验园项目，区域层面出台新一轮《润州区幼儿园践行〈指南〉与推进课程游戏化的三年行动实践方案》，整体推进，构建区域课程改革方案。通过区域项目推动，发挥、关注薄弱园的"填洼效应"，推进片区教研和榜样示范"共鸣效应"，推进集体智慧对区域整体实践方向校正的"检验效应"。出台《润州区区域推进课程游戏化项目实施方案》，做到行政、教科研与培训相结合，保教质量评估与园本化实施相结合，区域项目研究与片区专题研究相结合，专项视导与综合督导相结合，推进园所建设和内涵发展"双提升"。

落实规范有序的行业管理。做好幼儿园注册登记证年检、换证工作，组成联合工作小组，根据幼儿园提供的年检材料以及各项目考核结果，确定年检结果，对于不合格项目，跟踪督查，督促整改。做好2020年度幼儿园招生工作，出台《润州区教育局2020年学前教育招生工作意见》，指导各园划定相对服务区，统一招生通告，统一招生时间，制订详细招生方案，保证区域内适龄幼儿入园。做好无证幼儿园幼儿分流工作，关停家庭作坊式的广厦、兰花幼儿园，将两园中班、小班幼儿就近安置在附近公办园或普惠性民办园就读。

健全长效治理的监管体系。做好规范办园行为随机督查、反馈、跟进工作，从招生管理情况等五个方面对全区各幼儿园进行规范办园行为专项督查，督查结果与年终考核挂钩；修订民办园年度考核方案，加强考核工作的过程性管理。（杨立群）

2020 年润州区幼儿园基本情况表

表 16

项　目	数　量
一、幼儿园所数（所）	36（其中含 1 所残疾儿童幼儿园）
其中：教育部门办	12
乡镇办	1
企业办	2
集体办	1
民办	20
二、幼儿园班数（个）	292
其中：教育部门办	112
乡镇办	6
企业办	10

续表 16

项 目	数 量
集体办	7
民办	157
三、在园幼儿数(人)	7786
其中:教育部门办	3532
乡镇办	166
企业办	213
集体办	65
民办	3810
四、教师数(人)	697
其中:教育部门办	288
乡镇办	14
企业办	22
集体办	14
民办	359

(杨立群)

中小学教育

【概况】 截至2020年年末,全区共有义务教育阶段中小学17所,其中,小学13所,九年一贯制学校3所,初中1所。

义务教育优质均衡发展。高标准普及九年义务教育,实现教育机会均等,助学体系完善,适龄健康儿童按时入学率、残疾儿童少年义务教育入学率、外来务工人员随迁子女入学率、小学及初中巩固率均达100%。义务教育布局合理,官塘桥小学和官塘中学迁入镇江实验学校远洋分校,长山学校作为镇江实验学校魅力之城分校校区、金山湖小学作为桃园小学校区全面启用,改善了学校办学条件,保证了适龄儿童入学需求。教职员工配齐配足,校长及教师按要求交流;教师培训体系健全,建立教师研修"层级体系",健全教师研修"专业模块";积极实施教师队伍"培新·达优"工程,发挥骨干教师传帮带作用,实现教师业务能力均衡发展,促进区域教育优质均衡发展。

2020年,全区成立4个教育集团,中小学集团化办学实现全覆盖,在优质教育资源复制、辐射和共享中,实现集团内各学校传承、协同和创新发展,扩大优质教育资源覆盖面,促进区域教育优质均衡。2020年底,共建设17所融合教育资源中心,实现全区街道各学段融合教育资源中心全覆盖目标。

义务教育综合办学水平全面提升,省义务教育学校标准化建设监测基本达标率达100%。素质教育全面推进,通过项目建设提升学校内涵发展,全区中小学现有省基础教育内涵建设项目6个,省特殊教育工程项目2个。2020年孔家巷小学《弘扬节气文化,涵养学生求真向善的品格》和桃园小学《京韵流芳——校园京剧特色文化建设》省级项目顺利通过验收。镇江实验学校家校合育、桃园小学京剧、中华路小学诗教、宝塔路小学阅读、南徐小学物候探秘、孔家巷小学节气教育、镇江实验学校魅力之城分校机器人项目、穆源民族学校民族教育等特色在全市都较有影响。

全区中小学教学质量继续在全市领先。在省质量监测中,润州区小学和初中成绩各项指标在全市名列前茅,领先苏南;中考成绩优秀。 (杨惠俊)

2020年润州区学校(职业学校)基本情况表

表17

序号	学校全称	占地面积(平方米)	建筑面积(平方米)	班级数(个)	在校学生人数(人)	在职教师人数(人)	校长(负责人)	联系电话	特色
1	省润州中等专业学校	70702	24836	18	656	99	臧翔	85334567	智力拥军
2	镇江实验学校	158578.03	52821.03	127	5833	335	夏建平	85628359	全人教育
3	镇江实验学校魅力之城分校	47422	23360	52	2145	146	田静	88698179	绿色教育
4	镇江市金山实验学校	26451	11289	31	1219	88	蒋建国	80875001	生本教育
5	镇江市官塘中学	17450	6259	10	400	38	周冬林	84517467	自觉教育
6	镇江市宝塔路小学	11421	6687	24	868	63	许强	85282687	民乐、阅读
7	镇江市中华路小学	11399	8192	16	553	46	田玉	85277709	诗意教育
8	镇江市孔家巷小学	19400	5894	12	408	35	施玉霞	84423753	国学经典节气课程
9	镇江市李家大山小学	8500	5764	7	235	24	余云峰	85487008	润泽·自然教育
10	镇江市润州区实验小学	35600	24931	36	1313	87	靳钟琦	85596299	志愿者服务
11	镇江市穆源民族学校	16951	11869	12	374	45	严海燕	85573900	民族教育
12	镇江市桃园小学	16352	6236	20	707	48	王勤	80861729	京剧教育
13	镇江市金山小学	15778	7957	10	360	33	贺旭东	85514999	智趣教育
14	镇江市南徐小学	32000	16022	36	1391	86	孙文生	81988201	物候探秘
15	镇江市朱方路小学	16567	11476	22	808	50	卢海程	80875118	行走课程体验教育
16	镇江市蒋乔小学	11698	3548	7	206	24	张伟	85721071	科技教育
17	镇江市韦岗小学	16027	2590	5	45	10	方道清	85821560	毽绳
18	镇江市官塘桥小学	24545	9354	19	788	46	笪炜	80862556	校园足球
	合计	556841.03	239085.03	464	18309	1303			

(杨惠俊)

职业教育

【概况】 2020年,职业教育暂停招生,各项工作稳步推进,在2020年省普通高校对口单招高考中,本科达线人数27人,专科录取率100%,其中,电子电工专业1名学生摘得大市状元、计算机专业1名学生以899分创学校历史新高,勇夺大市第一。3组教师团队参加镇江市职业学校教学大赛,其中,1组获省三等奖、2组获市三等奖。1项作品获江苏省职业学校"文明风采"最佳作品。1项省级课题开题,5项市级、1项省级课题顺利结题。2名学生在"我们身边的好青年"评选活动中,分别被省、市共青团组织评为"勤奋上进好青年"。(丁明云)

社会教育

【概况】 2020年是《国家中长期教育改革和发展规划纲要》和"十三五"教育发展规划的收官之年,润州区社会教育交上圆满答卷。

积极响应中央"六稳""六保"和省委全力夺取"双胜利"专项行动部署要求,在抗击新冠肺炎疫情期间,严格按照防疫工作安排主动投入防疫抗疫工作。在抗疫前沿积极进行社区防疫宣传教育。在疫情防控常态化形势下,指导7个街道社区教育中心、52个社区居民学校结合实际情况做好疫情防控常态化管理,开展"国情教育、科学普及、创业再就业、职业技能提升、抗疫防疫、环境保护"等防疫、稳就业的社区教育学习和宣传活动。

广泛开展社区教育创优评先工作,润州区社区培训学院被评为江苏省"十三五"社会教育工作先进集体,蒋乔街道"凤凰社区老年大讲堂"被评为省级"社区教育品牌项目";1人被评为江苏省"十三五"社会教育工作先进个人,1人被评为省级"百姓学习之星",1人被评为省级"社区教育先进工作者",1人被评为省级"社区教育优秀志愿者"。润州区社区教育影响力得到进一步提升。

社区教育成果硕果累累。七里甸街道社区教育中心"学习苑"在江苏开放大学举办的"健康生活,精彩人生""学习苑"特色风采展示活动中荣获优秀奖,一个江苏省社会教育规划课题顺利结题,2篇论文在全国"第三届社区教育研究及论文征集"活动中分别荣获三等奖和优秀奖,2篇案例被评选为"江苏省老年教育办学优秀案例"并被评为长三角地区老年教育办学优秀案例二等奖和三等奖。13人在镇江市、江苏省社区朗诵、书画、摄影大赛中荣获一、二、三等奖。(丁卫东)

师资队伍

【概况】 2020年,润州区在岗特级教师3名,省"333"培养对象4名,市"169学术技术带头人"3名、科技骨干21名;市级有突出贡献的中青年专家1名;拥有3名正高级教师;市学科带头人22名,评选市第八批骨干教师110名,市教坛新秀19名。

【实施"学历提升工程",提高教师整体素质】 公办幼儿教师专科率达100%,小学教师本、专科学历分别达88.6%和100%,初中教师研究生和本科学历分别达18.7%和100%。中等职业学校"双师型"教师达75.76%,研究生学历达21%。

【实施"名师培养工程",构筑人才高地】 镇江实验学校魅力之城分校特级教师钱欣被评为镇江市第三批中小学名教师工作室主持人,镇江实验学校特级教师周书梅被评为镇江市第四批乡村骨干教师培育站主持人。建立名师培养激励机制,组织拔尖人才开展集中研修、分批跟岗培训;提高拔尖人才津贴,开展表彰激励。在镇江市"十佳教师"、润州区"劳动模范"及"优秀教育工作者"评选中,同等条件下,向一线骨干教师、名师培养后备人才倾斜。

【实施"全员培训工程",促进专业成长】 继续教育有效落实,每位中小学教师在继续教育周期内积极参加区级及以上教师培训基地的集中培训和人事部门组织的暑期全员网络培训和公需科目培训,达到每年90学时目标。积极组织好教师参加省信息技术网络竞赛、师德师风及法律法规知识网络竞赛、开学第一课、管理员信息技术2.0网培活动,在江苏省师德师风及法律法规知识网络竞赛中我区获得省优秀组织奖。举办科室长、校长、书记、骨干教师、农村学校教师专题培训。新增省级教师发展示范基地校1所、市级教师发展示范基地校2所、区级教师发展示范基地校4所。青蓝工程扎实推进,开展新入职教师入职培训、新教师一个月"岗前培训"和一年"在岗实训"系列培训。制定《润州区中小学新教师在岗实训手册》,严格落实"拜师结对"制度和青年教师个性化成长方案。

(徐 进 刘建平 周镇梅)

重点学校、幼儿园介绍

【镇江市金山湖小学】 作为镇江市重大民生工程项目之一的镇江市金山湖小学,位于润州区镜天路3号。2017年12月开工建设,2019年10月竣工,2020年5月正式交付给桃园中心小学管理,同年9月,一年级五个班级193名学生入学新校园。2021年1月,原桃园中心小学二至六年级学生整体搬迁至该校址。

金山湖小学总占地面积26667平方米，总建筑面积13809.04平方米，绿化面积达9835.17平方米，建设总投资1.26亿元。学校建有36个普通教室，有满足师生活动的田径场、篮球场、排球场。建有师生食堂、风雨操场、小杜鹃艺术院、梦想中心、思维科创中心、美术室、书法室、科学实验室、音乐室、信息中心、标准卫生室、心理咨询及团辅室、自动录播室、报告厅、图书馆等专用教室。

在加快建设金山湖小学建设的进程中，学校传承桃园中心小学"新品质教育"办学思想，在校训"崇实·行远"，校风"求真、向善、尚美"，教风"真爱、真教、真学"，学风"博学、善思、乐活"的精神价值引领下，怀揣"向更好出发"的教育情怀，唤醒师生内心自觉，调动自主行为，培养"乐健康、爱家国、慧学习、美生活"的学生。学校突出校园京剧等优秀传统文化影响，凸显现代管理与创新思维教育，使金山湖小学学生有显性的"艺术气息、科技气息、书卷气息、生命气息"。

选择一所学校就选择了一种气质，金山湖小学全体师生将努力前行，跑出镇江加速度，让优秀气质渗入学生生命，让学校因优秀师生群体而散发恒久魅力。

（王　勤）

【镇江市九华山庄幼儿园】 坐落在美不胜收的南山风景区旁，是一所小区配套幼儿园，隶属于镇江市润州区教育局。在2012年交付时只有4个班的规模，润州区教育局先后投资500余万元进行改扩建，新增幼儿活动室6套。现共有9个班，招收300余名幼儿，有效解决因城市布局调整后安置小区适龄儿童就近入园的需求。

办园8年来，在各级领导关怀和支持下，镇江市九华山庄幼儿园优化办园条件规范各项管理，打造了一支师德高、观念新、业务精的现代化科研型教师队伍，以优质的保教质量赢得社会各界的认可。幼儿园先后获得"江苏省优质幼儿园""镇江市现代化幼儿园""镇江市平安校园""镇江市足球特色学校"等荣誉称号。

幼儿园秉承"自然、和谐、成长"理念，坚持"自然和谐地育人，育自然和谐的人"，构建"自然之旅"课程，通过"以身体之""以情感之""以心验之"的自然生活和实践，使幼儿身心得到全面、自由、自然的发展，成为"亲自然、爱自己、融社会"的富有个性的新时代儿童。九华山庄幼儿园坚持求真务实、求精创新的工作作风，创品牌争一流，高品质彰特色，营造开放、幸福、灵动的自然乐园，让每一个孩子在这里有快乐，有故事，有记忆，有意义。

（镇江市九华山庄幼儿园）

花间　　（田　冰　摄）

科学技术

【概况】 2020年,润州科技工作者深入学习贯彻习近平新时代中国特色社会主义思想,科技创新工作以加快润州城市经济高质量发展为统揽,以进一步科技创新引领支撑作用为抓手,突出抓好重点工作任务的完成和实现科技创新工作的全面进步,在上级机关的关心帮助下,在区委、区政府的正确领导下,取得了一定成效。

【政策导向激励】 贯彻落实科技政策是基层科技工作最好的抓手。始终把各级科技政策的终端宣贯作为提升区域创新能力和产业集聚能力的重要途径。贯彻落实深化科技体制改革。根据省科技创新"40条政策"和市聚力创新"六条政策"文件精神,深化体制创新,全面落实新政,学习先进地区改革试点经验,积极探索,制定出台了《润州区关于深化科技体制改革工作的意见》,在科技管理体制、工作机制和发展模式等方面,大力推动科技驱动全区经济发展和结构转型,将科技创新作为全面创新的核心。因地制宜出台多项科技扶持政策。在深入开展调研分析的基础上,先后制定出台《润州区鼓励发展信息软件产业若干政策》《润州区区级科技项目管理暂行办法》等政策办法,激励引导企业做大做强,加快形成产业集聚。以信息软件业为例,该产业近年在润州区迅猛发展,正常运营的软件信息类企业已达140余家,行业总营业额已突破3.5亿元,并陆续有冬云云计算、江苏瑞祥科技集团有限公司等5家企业通过了高新技术企业认定。另外,为鼓励企业主动参与产学研活动,区科技局联合区经发局出台产业政策,鼓励引导企业与高校院所开展技术转让、合作开发和委托开发等合作,并按照年度实际支付合作经费的10%对企业予以扶持,极大调动了本地企业参与产学研合作的积极性,全区企业产学研合同金额由上年的190万元激增到514万元。抓好科技政策的宣传解读。针对润州区科技型企业绝大部分体量较小、对科技政策关注度不高等现实情况,一方面通过日常走访调研,及时向属地街道和企业传达和解读科技政策;另一方面,收集整理了各级与企业实际关系密切的条款,先后编印下发《科技政策汇编》300余本,受到企业的广泛好评。

【基础信息掌握】 聚焦区域产业、服务属地企业是区县一级的科技部门的中心工作。受区划调整影响,全区产业情况、科技载体等都发生较大变化,为跟进摸清底数,找准工作发力点,区科技局坚持下沉一线研判情况。开展常态化大走访大调研活动。制定出台《润州区科技局街道、企业走访活动实施方案》,规定局班子成员每月走访不少于1个街道、1家企业,业务科室人员每月走访不少于2家企业,并严格做好走访人、走访企业、接待人、访谈主要内容等具体走访记录事项。全年,累计走访调研街道24次、企业140余次,这些走访让我们及时掌握了宝贵的一手信息,也为科技部门开展工作厘清了思路。基于实情撰写调研报告。在走访调研的基础上,先后形成了4篇调研报告,积极为区产业发展建言献策,其中,《润州区软件信息行业调研报告》《润州区科技型民营企业调研报告》《润州区产学研活动现状及对策建议》3个专题调研报告在市、区一级信息专刊上发表。面对面解决企业急需。2020年初,疫情对企业生产造成了较大影响,为帮助企业走出困境，通过走访及时将各级的防疫扶助政策向科技企业进行了传达，指导企业严格按照复工流程向区疫情防控指挥部企业防控组报备，并积极为企业提供防疫物资采购渠道和产品信息，为联想星云、爱园科技等企业捐赠了300只口罩、30瓶消毒液等防疫急需物资，帮助他们尽早复工复产。

【创新平台基础夯实】 平台建设是科技创新工作的重要支撑，始终把载体平台建设作为提升科技创新能力的重中之重。持续加大高新技术企业培训力度。持续开展高企培训、“科技讲堂” 等系列讲座，组织全区各街道、科技型企业、创新载体负责人等200多人次参加培训6场。2020年，新增5家省高企入库培育企业，共有16家科技企业申报国家级高企认定，其中，8家成功获批。支持引导企业创新平台提档升级。重点培育冬云云计算与南京大学合作的实验室，已建成南京大学—冬云智云链联合实验室，全年，新增1家市级研发平台机构。大力支持孵化平台建设，近年来先后投入近千万元支持联想星云加速器、易沃客创意空间2家孵化平台建设，两个平台入孵企业均已超30家，建立了自己的产投基金，并于2020年9月成功通过省级众创空间备案。积极引入高校科教资源。为更好助力企业创新发展，提升科技成果转移转化成效，积极开展与东南大学、南京航空航天大学、江苏大学等高校对接，成功引入东南大学国家技术转移镇江中心落户润州区，积极牵头推进东南大学校友经济产业园和东南大学国家大学科技园双创基地项目对接，并于12月正式签约落户润州区。科技招商卓有成效。区科技局充分认清“产业是创新的平台和基础”，积极通过开展科技招商来夯筑科技产业基础。在近年成功引入慧灵科技、树实科技、虹湾威鹏无人船、中润梦田等项目的基础上，又成功招引中追溯源、沈阳上博智像、同润智能科技等多家优质科技型企业（项目）入驻润州区。

【创新环境提升】 基层区县的科技工作点多面广，大多是抓落实的具体工作。区科技局多年来一直牢固树立服务型机关的理念，把服务企业和社会、提升区域创新能力作为自身的职责和使命。着力推进产学研协同。先后收集企业技术需求40余条，组织区内企业赴东南大学、南京航空航天大学、昆明理工大学等高校开展产学研合作对接10余场，积极组织21家企业参加2020年高校院所走进镇江产学研合作对接大会，达成校企合作协议5项。积极组织各级项目申报。近年先后指导区内企业向上申报省、市级科技计划项目39个，成功获批11项，其中省级3项。积极向上争取资金帮扶。为区内科技企业争取科技资金共计624万元，其中，省级奖励资金达285万元。充分发挥科技金融效用。通过科技金融政策为区内7家企业申请苏科贷共计15笔，总金额达4450万元，有效缓解了部分中小微科技企业融资难题。精心组织人才培训。充分利用联想控股、联想之星的“联想系”资源，组织“双百菁英”科技企业家特训营，已成功举办两期双百菁英科技企业家特训营，累计培训82名科技型企业负责人，培育和造就了一批优秀企业家及企业家后备人才队伍。

（区科技局）

卫生健康

【概况】 润州区卫健委深入贯彻落实健康润州发展战略，秉持“依法、规范、安全、高效”的发展理念，坚持“稳中求进”总基调，坚守“生命重于泰山、疫情就是命令、防控就是责任”总要求，科学精准做好疫情防控、基本医疗和公共卫生服务、医疗卫生行业监管等工作，通过建制度、抓规范、补短板、强基础，健康服务能力全面提升、健康品牌不断涌现。全区卫健系统下设公共卫生单位3家，分别为区疾病预防控制中心、区卫生监督所、区妇幼保健计划生育服务中心。社区卫生服务中心7家，分别为七里甸、黎明、宝塔路、工业园区、金山、蒋乔、官塘桥社区卫生服务中心。基层单位现有在职员工588人，其中，卫生专业技术人员487人，含高级职称56人，中级职称158人。设床位500张。

【公共卫生事件应急工作】 聚焦疫情防控，守护人民健康。面对新冠肺炎疫情，卫健系统认真落实“外防输入，内防反弹”的防控策略，织牢织密“全口径、全范围、全闭环”联防联控网络，规范做好核酸检测、新冠疫苗接种、隔离医学观察、院内防控、疫情消杀、流行病学调查等工作，先后启用多个专用隔离点，抽调专业医护人员对密切接触者和归国人员实施集中隔离医学观察，全面落实各项工作预案和防控措施，用实际行动保障全区人民身体健康和生命安全。组织开展疫情防控业务培训100余场次，培训5229人次，全区所有医务人员培训覆盖率达100%，基层疫情防控监测能力得到全面提升。全区7家社区卫生服务中心全部开设预检分诊，严格按照规范流程开展询问病情、测量体温、排查发热患者等工作，确保早发现、早报告、早隔离、早治疗。深入社区开展防控知识宣传，加强协作，联防联控，指导社区工作人员进行体温监测、消毒消杀，协同公安、社区共同做好居家观察和“三包一”人员、返镇人员上门体温监测、采样送检、疫情消杀、核酸检测、流行病学调查等工作。区卫生健康委员会被表彰为“全省抗击新冠肺炎疫情先进集体”,区疾控中心被表彰为区疫情防控先进集体,黎明社区卫生服务中心援鄂医师栾立敏荣获“镇江市人民奖章”,疾控中心严伟云被表彰为“全省抗击新冠肺炎疫情先进个人”。

【健康保障能力建设】 扎实推进家庭医生签约服务。全区普通人群签约110445人,重点人群签约81748人,重点人群签约覆盖率达71.22%;蒋乔社区卫生服务中心被列为江苏省年度家庭医生服务模式创新建设单位;做好居民电子健康档案向个人授权开放工作,全区55.19%的重点人群电子健康档案已向签约居民授权开放。推动基本医疗卫生服务均等化。巩固康复联合病房和全—专联合门诊建设成果,全区共开设16个全—专联合门诊,下派医生坐诊380天,下派护士服务153天,康复联合病房共收治上级医院下转的康复期病人356人次;全区基本公共卫生服务项目经费补助标准提高到人均81.99元。医疗卫生资源与养老机构深度融合。全区6家养老机构、4家社区日间照料中心与就近的社区卫生服务中心签订医疗服务合作协议;金山社区卫生服务中心中华路站点嵌入迎江路社区日间老年人照料中心,已成为医疗驻点服务示范;离休干部家医签约服务每月按时按量完成,免费为高龄、失能、残疾人和计划生育特殊家庭等困难老年人开展助老健康送上门活动,走访慰问老人近100人。全面完成春季查灭螺工作。完成查螺面积2217万平方米,解剖钉螺6127只,查出有螺面积95万平方米。高质量完成药物灭螺面积560万平方米,当年人群血吸虫血检监测查病完成9746人,为血吸虫病防急感工作打下坚实的基础。加强重大传染病防治和慢性病管理。扎实开展急传、计免、结核、艾滋病、慢病、血吸虫病等防治工作,全年共报告甲乙类传染病251例,发病率为82.08/10万,较上一年同期下降9.39%;报告丙类传染病4574例,发病率为37.28/10万,较上一年同期下降79.79%。共招募400人参加高风险人群健康管理项目,推送健康知识103次,开展宣传活动和健康讲座33次,完成400人的两次随访和数据库录入。大力开展爱国卫生运动。在全区开展以“实施综合治理、预防疾病传播”为主题的爱国卫生集中行动,强化城乡环境卫生长效管理,共检查农贸市场32家,整治小区(社区、村)201个,动员群众清除卫生死角1.5万余处,清理垃圾杂物80余吨;全区集中开展病媒生物灭杀活动4次,新置(增补)毒饵站145处,对开放的各类公共场所累计消毒4万余次;完成市级改厕任务1262座;完成镇江市病媒生物防制示范小区建设,8个老旧小区高分通过市级考核验收。全面加强卫生监督管理。对区属各级各类医疗机构开展2020年度校验管理工作,共督导检查医疗机构128家,通过校验118家;共受理投诉举报41例,查处及时率、结果反馈率达100%;依法查处违法违规案件26起,共收罚款22.3万元;疫情发生以来,共完成对辖区内7家社区卫生服务中心、1家疾控机构、82家非公立医疗机构、3家养老机构、9所托幼机构的新冠肺炎疫情防控卫生监督检查。

【妇幼健康服务工作】 全区新生儿活产数为1714人,孕产妇总数1690人;早孕建立围产期保健手册1457人,建册率86.2%;新生儿访视人数为1708人,访视率99.6%;新生儿疾病筛查人数1711人,筛查99.8%;2020年,新生入园体检及因疫情上半年末复学儿童入园体检共4800人,儿童屈光度、视力检查7434人,健康体检7570人,教师体检1244人;完成2020名妇女“两癌”检查工作。全面加强人口与家庭发展工作。全区共办理生育服务登记852例,其中,一孩599例、二孩253例;孕前免费优生健康检查1014人;全年,共1906人符合农村奖扶政策,626人符合特扶政策,累计发放金额691.82万元;符合城镇非从业居民、自由职业者和企业退休职工一次性奖励金发放条件的城镇非从业人员111人,自由职业者231人,公益性岗位3人,区属解体单位1人,企业退休人员101人,共发放资金134.1万元;拓展关爱失独家庭社团组织,开展关爱失独家庭活动123场次。

【党风廉政建设】 深入实施基层党支部质量提升工程。召开党建暨党风廉政建设工作会议,印发《2020年润州区卫健委党委工作要点》等5个规范性文件,聚焦“五个基本”,着力提升党支部建设质量;全区卫健系统12个党(总)支部完成换届选举工作,黎明社区卫生服务中心连续5年被评为市“五星级”党支部,5个基层党支部创成“四星级”党支部。加强宣传营造良好氛围。组织深入学习解读《习近平谈治国理政》(第三卷),召开“‘十四五’规划建议”学习会,举办“卫健讲堂”6期、廉政教育4次;举办“5·12”国际护士节、“8·19”中国医师节庆祝大会,培育选树“抗疫先锋”“抗疫最美护士”“十佳医德标兵”“优秀援藏医师”,大力弘扬医务工作者勇敢逆行、无私奉献的精神。加强防疫宣传。28篇疫情防控稿件被国家和省、市级媒体录用,省级以上媒体刊发宣传稿件30篇;制作各类宣传横幅220余条、科普展板500余块。严格落实党风廉政建设责任制。基层单位排查廉政风险点43个,机关科室排查廉政风险点15个;当年进行谈话提醒33次,专题约谈3次,第一种形态提醒教育1次,廉情分析4次,廉政教育9次。打造卫健专业人才梯队。严把选人用人关,在疫情防控工作中锤炼干部、考察干部、选拔干部；构建干部竞争激励机制，推出3个中层职位实施竞争上岗，促进优秀年轻干部人才脱颖而出；遴选新一轮省优秀基层卫生骨干人才16人；举办两期“卫健青年说”，增强干部队伍活力。开展基层卫生技术人员专业培训与继续教育，组织两场继续医学教育项目，共培训400人次。（刘　晓）

2020年润州区各社区卫生服务中心情况表

表18

单　位	中心面积（平方米）	辖区户数（户）	医护人员数（人）	地址	联系电话
七里甸社区卫生服务中心	20000	14946	202	朱方路245号	85619446
黎明社区卫生服务中心	4830	15305	86	镇江市润州区黄鹤山路77号	84435299
宝塔社区卫生服务中心	4100	18127	49	鸿鹤桥路1号	85573006
工业园区社区卫生服务中心	4500	18441	38	富润路	87055121
金山社区卫生服务中心	600	16254	49	魏同兴巷47号	80861667
蒋乔社区卫生服务中心	3800	10733	23	檀山路10号	80852906
官塘桥社区卫生服务中心	3389	4845	24	官驸路2号	84513399
和平社区卫生服务中心	400	18622	10	长江路269号金山小学门口	85272885

（区卫健委）

广播电视

【概况】 2020年，是“十三五”规划的收官之年，也是润州区广播电视台转型融媒体发展的重要一年，在区委、区政府的正确领导下，在区委宣传部的精心指导及全台干部职工的共同努力下，该台以习近平新时代中国特色社会主义思想为指导，严把舆论导向，倾力服务于城市经济高质量发展大局，不断提升《润州发布》官微质量和《镇江日报》润州专版《润州天地》用稿质量，创新宣传手段，内宣、外宣呈现出勃勃生机，为润州经济和各项社会事业发展营造了良好的舆论环境。圆满完成了各项新闻宣传任务。

【新媒体工作】 2020年，区电台主动适应新媒体融合的新形势，“润州发布”微信公众号实现每天编发，累计编发各类信息1468条，有力保障了区委、区政府报道任务。结合区委、区政府重点工作要求，2020年“润州发布”相继开设“决胜小康大家谈”“‘争先创一流，展现新作为”工作巡礼“全国人口普查”“扫黑除恶，勇当标兵”“安全生产，你我同行”“润州最滋润”“文明城市创建进行时”“2020润州民生实事项目巡礼”“大党建·微治理”“看优秀，学先进”“润州区宣传思想文化创新项目展播”“机关先锋故事汇”“理论学习微课堂”“社工故事”“空中问诊”“润州科普讲堂”等专栏，全方位、多角度、立体化地报道了全区经济社会发展取得的新成效，新亮点。

【外宣工作】 抗击新冠肺炎疫情期间，新闻中心人员克服自身困难，奔赴全区抗疫战线，第一时间展现最鲜活、最生动的润州抗疫故事、暖心小事以及感人瞬间，并向各级各类媒体推荐润州抗疫特色做法和典型事迹，推荐全区万众一心抗疫情，科学防控和复工复产线索。其间，在省级以上媒体用稿116篇，其中，《江苏镇江润州区战“疫”：我是党员我先上》等17篇稿件被国家级媒体采用并刊登，奏响抗疫宣传最强音。同时在“润州发布”、《润州天地》开设防疫动态、基层举措、科普知识专栏，发布稿件600余篇，形成强大宣传声势。全年，较好完成了城市经济发展大会，“润州明月夜”品牌发布，首届城市旅游经济发展论坛，“润州最滋润”优化营商环境品牌发布等重大活动宣传报道任务；在省级以上媒体刊发稿件近400篇，其中,《人民日报》7篇,《光明日报》4篇,《新华日报》14篇,新华社通稿3篇。在市级媒体刊登稿件近900篇;《镇江日报》专版《润州天地》共刊发50期,30万文字,近800篇的新闻稿件,多角度展现了润州上下高质量发展和决胜全面小康的生动实践。

【新闻宣传工作】 以"润州发布"微信公众号为有力抓手,不断丰富发布内容,从形式上看,版式设计从过去的固定单一模式逐渐转变为动态丰富的动画元素模式,并将润州的发展理论整合其中,形成了一套生动活泼的编辑模板,大大增强了内容的可读性和亲和力;表现形式上,增加了丰富的视频元素,以长短视频结合的方式紧贴受众阅读习惯。研发程序发放消费券和健身券,短时间内吸粉达4万多名,在全年每月全市政务新媒体排名调查表中,"润州发布"综合影响力基本稳居全市前10。 (郁　南)

文化体育和旅游

【概况】 2020年,润州文体旅局坚持以习近平新时代中国特色社会主义思想为指导,全面贯彻落实区委区政府各项决策部署,以推进"国家公共文化服务体系示范区""国家全域旅游示范区"创建为抓手,以文旅融合发展为主线,全面提升公共文化服务水平,加强公共基础设施建设和文化遗产保护利用,加大市场监管力度,强化旅游宣传营销和消费,全力推动全区文体旅各项工作大发展大繁荣。

【民生实事项目】 与七里甸街道、和平路街道合作,在五里社区、新金江社区各新建1座笼式足球场,西口门足球公园投入使用。积极推动社区健身路径提档升级,新建8套,更新13套健身路径,配置"力博"图书馆管理系统,完备区图书馆与街道分馆通借通还功能。

【公共服务体系建设】 顺利通过国家公共文化服务体系示范区终期验收;开展文艺播种计划,建立近60人的文艺志愿辅导教师资源库,组织市、区两级30多名文艺志愿者,赴基层开展文艺辅导240余场,培训学员9000余人次。扎实开展"润心"系列文化惠民活动和"六进"系列艺术普及工作,疫情期间,两馆充分利用线上开展群众文化活动,前后开展了"爱国抗疫"美术书法作品展,线上润心云课堂完成7期线上课程;恢复开放后,线下全民艺术普及润心课堂开设舞蹈班8个、模特班2个、二胡班1个,完成课程308次。润心课堂开展艺术普及进机关、进校园、进军营活动,共开设艺术培训450余场;成功举办第六届润州区美术书法摄影大赛、文艺播种计划展演、"浓情中秋·喜迎国庆"等15场广场文化演出活动;"古琴斫制技艺"、"锡剧"等6项区级非遗名录和"金山灯彩"等2项扩展非遗名录成功入选第六批市非物质文化遗产名录;结合6月12日自然与文化遗产日,开展《激活非遗基因 舞起幸福花灯》非遗保护创作研讨会;推进文物建筑智慧消防建设,确定14家有条件的省、市级文保单位先期建设。加强文艺精品创作。疫情期间,先后创作抗疫诗歌7首,三句半2段,快板词1段、创作歌曲1首,其中,7首诗歌作品被润州电台录成有声作品与抗疫歌曲《美丽眼睛》一起在润州发布上发表,并推送至"学习强国"江苏平台发表。

【全面健身推进】 积极推动社区健身路径提档升级,新建健身路径8套,更新健身路径13套,新建笼式足球场2块,西口门滨江体育公园已建成投入使用。全年,润州区共建设体育健身小公园10个、健身路径213套、室外乒乓球台152套、室外篮球场62块、笼式足球场17块。公共体育设施总面积为116.9万平方米,人均体育场地面积达3.81平方米。积极做好疫情防控常态背景下的社会体育服务工作,4万余人参与线上"云锻炼";代表镇江市参加全省网络健身气功比赛,获一等奖,润州区陈峰获市第一名。全年,共组织较大规模的文体展示活动20余场,约有3.5万人次参加;举办区健身气功进机关系列活动 20余次,约有3000人次参与;区各健身站点深入社区、养老院等开展各类体育技能展示活动16次;积极开展科学健身知识讲座和送国民体质监测进社区活动,全年,体质监测人数达3000多人。成功举办2020年润州区老年人气排球大赛、广场舞大赛、职工乒乓球比赛、职工羽毛球比赛,积极组队参加2020年镇江城市业余联赛——镇江市篮球赛、乒乓球赛、市羽毛球赛等,广场舞大赛获全市第二名。认真开展体育场地普查工作,加强对辖区内公共体育设施的规范化管理,积极开展科学健身知识讲座和送国民体质监测进社区活动。区老年人体育协会气排球运动2020取得了突破性进展,润州区荣获第四批"全国老年气排球之乡"称号。

【全域旅游建设】 持续打好文化旅游市场复苏"组合拳","六稳六保"工作取得阶段性成效。为企业申请各类补助和纾困资金180余万元,暂退旅行社质保金404万元,下发各类奖励200余万元,申请稳岗补助30余万元。组织了"镇江人游镇江""工会润州行""中国旅游日宣传"等活动,配合开展"润州请您来吃饭""润州请您来读书"活动,发放消费券近300万元;赴北京举办"随心游润州"旅游推介会;积极打造"润州明月夜"夜经济品牌;成功举办"高骊山文化旅游节""镇江人游镇江""南山第十五届长寿节"等活动。西津渡历史文化街区被省文旅厅评为“首批夜间文旅消费集聚区”；先后制作《水墨南山》宣传片、“江河交汇、缘至润州”主题文创产品、旅游手绘地图、“随心游 去润州”系列旅游手册等推介润州优质旅游资源。招隐景区提升工程已重新立项，正抓紧开展；环金山片区金山东街夜游项目已完成80%招商率，人气逐渐聚集，旅游业迅速回暖，全年旅游人次达420.5万人，旅游总收入为48.8亿元。

【安全生产部署】 先后开展了安全生产集中宣讲、危化品专项整治、九小场所安全生产专项整治、旅游景区防雷、景区火灾防范、中小学秋游专项检查等安全生产专项检查，认真抓实行业领域“八项行动”，先后出动检查人员近300人次，发现并整改隐患29处。

【党建工作】 组织全体党员参加抗“疫”故事分享会。党组织先后开展“党旗飘扬·抗疫有我”“‘美丽润州·清洁村庄’先锋行动”“润州跑起来·党员加速度”等形式多样的主题党日活动，积极开展庆祝建党99周年“六心”系列活动。全年，开展主题党日活动12次。

（李　前　韦文胜　黄富忠　徐　冲）

【区文化馆】 2020年，润州区文化馆继续履行公共文化服务职责，深入推进文艺普及、文化惠民工作。全年，高质量完成17场大型文艺活动，其中，包括12场广场文化演出、2场竞赛。开展进机关艺术培训超过100课次，并下派专业老师进驻全区七个街道文化馆分馆，排练各分馆的特色节目，并在9月份进行展演评比。“润心书场”开展扬州评话《前三国》《武松》、弹词《玉蜻蜓》67场。“润心系列——全民艺术普及项目”获评2020年镇江市全民艺术普及优秀项目。在市第32届少儿故事创作表演比赛中，选送的选手分获表演奖一等奖1名、三等奖1名、优秀奖1名、创作类三等奖2名，1位教师获优秀辅导奖，区文化馆获优秀组织奖。镇江女声合唱团演出的节目获第三届镇江金山合唱节合唱比赛银奖。文创作品《〈润州明月夜〉旅游概念及周边》获得2020年十佳“最镇江”文创设计奖。“家门口的书场——润心书场”获得镇江市增强人民群众公共文化服务获得感优秀创新案例。文化馆两名工作人员获“江苏省群众文化‘百千万’工程优秀文艺骨干”称号。

（陶静源）

【区图书馆】 2020年，润州区图书馆深入推进政府主导下公共图书馆服务体系建设，购买“力博”图书管理系统，全区所有分馆统一使用“力博”系统，统一培训图书管理员，优化服务功能，进一步提升公共服务水平。

以“润心”读书节系列活动为抓手，坚持文化惠民，共举办各类阅读推广活动百余场：红领巾读书征文比赛、亲子共读、艺术普及进校园、图书漂流跳蚤市场、“阳光父母”学堂助力家庭教育，挖掘老年读者阅读需求组织智能手机培训等活动精彩纷呈，让广大市民充分享受文化阅读带来的多元乐趣，充分享受公共文化惠民服务带来的幸福感。

（陈　洁）

2020年润州区获市级以上各类艺术比赛奖情况表

表19

活动主题	主办单位	奖次	内容	获奖单位
镇江市第九届青少年美术书法大赛	镇江市文化广电和旅游局	优秀组织奖	镇江市第九届青少年美术书法大赛	润州区文化体育和旅游局
2020年镇江市红领巾读书征文评选活动	镇江市文化广电和旅游局 镇江市教育局	优秀组织奖	2020年镇江市红领巾读书征文评选活动	润州区图书馆
镇江市全民阅读活动	镇江市全民阅读活动领导小组	先进集体	2020年全民阅读活动	润州区图书馆
第三届镇江金山合唱节合唱比赛	市委宣传部、市精神文明建设指导委员会办公室、市教育局、市总工会、市文联	银奖	镇江女声合唱团	润州区文化馆
镇江市第32届少儿故事创作演讲比赛	镇江市委宣传部、镇江市文化广电和旅游局、镇江市教育局	优秀组织奖	选送优秀少儿故事作品	润州区文化馆
2020年镇江市全民艺术普及优秀项目	镇江市文化广电和旅游局	优秀项目	“润心”系列——全民艺术普及项目	润州区文化馆

（陈　洁）

2020年润州区个人获市级以上各类艺术比赛奖情况表

表20

时间	活动主题	主办单位	奖次	作品名称	作者（表演者）	单位
10月	江苏省群众文化“百千万”工程	省委宣传部、省文明办、省文化和旅游厅、省文联	优秀文艺骨干		张晓波	润州区文化馆
			优秀文艺骨干		孙秋霞	区教育局
11月	镇江市第六届金山文化创意设计大赛	市委宣传部、市文明办、市文化广电和旅游局、市住建局、市商务局、市市场监督管理局、市文联	十佳“最镇江”文创设计奖	《〈润州明月夜〉旅游概念及周边》	乔　治 张晨光	润州区文化馆
11月	镇江市第32届少儿故事创作演讲比赛	市委宣传部、市文化广电和旅游局、市教育局	表演一等奖	《三只小猪奇遇记》	孟子云	镇江实验学校魅力之城分校
			表演三等奖	《在没有大人的世界里》	袁　梦	镇江实验学校
			创作三等奖	《回到过去卖沙拉》	陈　睿	润州区实验小学
			创作三等奖	《神奇的乌鸦嘴》	李靖宇	朱方路小学
			表演优秀奖	《回到过去卖沙拉》	倪千雅	润州区实验小学
			优秀辅导奖	《三只小猪奇遇记》	严彩云	镇江实验学校魅力之城分校

（区文体旅局）

2020年润州区获市级以上各类体育竞赛奖一览表

表21

时间	活动主题	主办单位	获奖项目（组别）	名次	获奖单位
10月	乒乓球	镇江市教育局 镇江市体育局	总团体	第1名	镇江实验学校
11月	足球		初中男子	第2名	镇江实验学校
			初中女子	第7名	魅力之城分校
			小学男子乙组	第8名	魅力之城分校
			小学女子乙组	第7名	金山小学
	篮球		初中男子	第3名	镇江实验学校
			初中女子	第3名	
			初中男子	第8名	魅力之城分校
			初中女子	第4名	
			小学男子	第6名	
			小学男子	第7名	润州实小
			小学女子	第7名	穆源民族学校
5月	镇江市健身气功比赛	镇江市体育局	八段锦	优胜奖	润州区代表队
9月	江苏省第八届全民健身运动会	江苏省体育局	八段锦集体赛	优胜奖	润州区代表队
				道德风尚奖	润州区代表队
10月	2020年全国第六届柔力球柔乐球网络视频比赛	江苏省老年人体育协会	柔力球中级组	一等奖	润州区代表队
11月	2020年镇江城市业余联赛·助力镇江加速跑“中信银行杯”健身舞蹈（广场舞）大赛	镇江市委老干部局 镇江市体育局 镇江市文广旅局 镇江市体育总会 中信银行股份有限公司镇江分行	广场舞	二等奖	润州区教育局代表队
				三等奖	润州区官塘桥代表队
				优胜奖	润州区依依翩翩舞蹈队
				优胜奖	润州区万科红飘带舞蹈队

（区文体旅局）

民 政

【概况】 2020年，区民政局紧扣区委区政府工作部署，聚焦主责主业，积极担当作为，推进民政事业驶入“快车道”，跑出“加速度”。

【城乡低保】 一是落实低保动态管理。2020年，润州区新增城乡低保80户，共89人，停发城乡低保197户，共450人。截至2020年年末，全区共有城市低保2593户，共4190人，农村低保231户，共377人。二是做好低保提标和保障金发放。2020年7月，按照《关于做好城乡低保提标工作的通知》要求，城乡低保月保障标准由750元/人提高至790元/人，全年，共发放城乡低保金3321万元。为应对新冠疫情及物价上涨，累计为全区城乡低保户发放物价补贴550万元。三是开展城乡低保节日慰问。在2020年春节来临前，对2941户，共4923名城乡低保对象按照一人户400元、二人户600元、三人及以上户800元，分别发放了春节普惠制慰问金和市区特殊困难群众春节专项补助金，共计300万元。

【特困群体救助】 2020年，共救助困难群众598人次，救助资金总额43.18万元。截至2020年年末，全区共有特困供养人员51人，其中，城市特困43人，发放生活补助经费83.1177万元；农村特困8人，发放生活补助经费9.624万元。

【养老服务】 一是扩大养老服务设施建设力度。出台《镇江市润州区居家和社区养老服务改革试点实施方案》，通过改革试点工作，全面建成“居家为基础、社区为依托、医养相结合、信息为辅助”的居家和社区养老服务体系。建成标准化及以上居家养老服务中心41个，城乡覆盖率分别达到83.3%和100%。加快推进全区养老护理型床位建设，占比75.15%，位于全省前列。二是开展不同形式的消防食品安全检查和疫情防控检查20余次，排查整改率100%，全区养老机构未发生安全事故，机构服务对象和工作人员新冠肺炎零感染。全年，发放养老机构运行补贴9102人次，合计金额105.652万元。三是落实各项惠老政策。为全区9628名高龄老人发放敬老金合计金额709.465万元。为303户60周岁以上失能半失能困难老年人对象家庭进行适老化改造工程。为3724户60周岁以上困难老人和80周岁以上老年人家庭提供居家养老上门服务。

【社会事务】 一是儿童福利工作。实施市区散居孤儿、事实无人抚养儿童“2+2”结对帮扶工作，关注儿童的监护、生活、学习、心理、行为等需求，整合资源力量，引入专业社会组织和高校志愿者团队。全区困境儿童58人，均建立档案台账，明确了责任人。加强基层关爱服务体系建设，开展儿童督导员和儿童主任培训，提升业务能力和关爱水平，保障农村留守儿童、困境儿童的基本生活。积极开展关爱活动，疫情期间为困境儿童发放儿童大礼包。二是婚姻登记工作。规范婚姻服务行为，提高婚姻管理质量，2020年，结婚1527对、离婚937对、补结362对、补离75对，登记合格率100%。三是殡葬改革工作。贯彻落实“属地管理、包干负责”的原则，根据“两沿”范围内散坟分布情况，制定整治工作具体方案，牵头推进违建墓地专项整治成果巩固提升行动。

【社区(村)工作者职业体系建设】 按照社区(村)工作者职业体系“1+5”文件要求,进一步提高全区社区(村)工作者的岗位业务技能,全面提升社区(村)工作者队伍的整体素质和服务水平。一是组织培训。指导各街道组织人员进行“双全社工培训考试软件平台”网上练习;二是组织考核。全年分两期共组织57名社区(村)工作人员参加“双全”社工考试,全区有345人纳入职业体系,有382人取得“双全”社工证书;三是组织竞赛。与区总工会、德仁民生社会组织合作开展“非同凡响——润州区社区(村)工作者岗位技能大练兵活动”,通过以赛代训的方式提高社区(村)工作者服务群众的能力;四是开设专栏。与镇江日报社合作开设“情满润州——我的社工故事”专栏,选树社工典型,弘扬正能量,进一步提升社区(村)工作者的身份认同,调动广大社区(村)工作者的工作积极性;五是编印书籍。与区作家协会合作,组织收集24名社区工作者感人故事,编印润州区《情满润州——我的社工故事》图册。

【社区治理推进】 一是指导社区(村)自治试点。为更好地深化农村社区“一规五制”和城市社区参与式治理,选定金江村、黑桥社区、银山门社区、三茅宫第二社区、天桥路社区开展参与式治理,组织居民自治,开展社区协商,打造熟人社区。采取区级指导和外请市民政局业务处长和专家指导相结合的方式进行跟踪指导,已经梳理总结出经验做法,为全区推广做好准备。二是指导“双全”社工下沉网格。指导社区“双全”社工轮岗值班、其他社工下沉网格先行工作。三是巩固“政社互动”模式。巩固“政社互动”全覆盖成果,提升基层政府和群众组织依法履职能力、互动合作水平,严格社区工作准入制度,加强督促检查,为社区“瘦身”减负。

【社区(村)服务范围优化调整】 2020年8月,润州区委常委会第14次会议通过了社区(村)服务范围优化调整方案。此次优化调整涉及七里甸街道、宝塔路街道、和平路街道、金山街道和南山街道5个街道。调整前共60个社区(村),其中,8个村,13个涉农社区,39个城市社区;调整后共52个社区(村),其中,4个村,15个涉农社区,33个城市社区。

【社会组织】 2020年,润州区社会组织数量稳步增长,共成立社会组织15家,累计登记社会组织411家。城市社区社会组织319家(登记117家,备案202家),平均拥有10.6个社区社会组织;农村社区社会组织111家(登记73家,备案38家),平均拥有5.8个社区社会组织。开展行业协会商会脱钩专项清理工作,规范行业协会行为,6家纳入脱钩范围的行业协会商会均做到脱钩分离。开展社会组织抽查审计工作,委托第三方专业会计师事务所抽查20家社会组织。成立润州区社会组织联合党支部,推进社会组织党的组织和工作的覆盖。（区民政局）

民族·宗教

【概况】 2020年,区民宗局坚持以习近平新时代中国特色社会主义思想为指导,聚焦高质量发展目标,着力推进民族团结进步创建,加强宗教活动场所安全整治和疫情防控,取得了一定成绩。

2020年,区民宗局在市级以上网站刊登民宗工作信息50余条,圆满完成市民宗局下达的全年信息上报任务。区民宗局再获全市民宗系统信息工作先进单位和先进个人称号。

【组织领导】 一是根据人事安排,及时调整区民族宗教管理工作领导小组成员,做到人员明确,职能清楚,协调工作机制运行顺畅。根据工作需要,适时召开工作领导小组会议,通报情况,研究重点、难点问题解决方案,部署落实相关工作措施,推进多部联动合力,提升监督管理成效。二是加强区、街道、社区(村)“三级网络、两级责任”监管机制建设,配备必要人员,健全制度措施,促进属地进一步增强民宗工作的主动性和责任意识,有力夯实了全区民宗工作基础,壮大了民族团结、宣传教育、综合整治的工作力度。三是召开了各街道统战委员和民宗助理会,进一步强化街道属地管理责任,明确工作内容,细化目标任务,规范工作要求,设定治理成效,把管理触角延伸到各个基层终端,并将管理目标完成情况纳入各地统战工作考核内容,提升推进力度。四是明确体现宗教活动场所在安全与稳定管理上的主体责任。年初,区民宗局与区管各宗教活动场所、区级宗教团体签订了年度工作目标责任书和去商业化承诺书,就相关工作在其组织管理、责任目标和量化标准上进行了逐一明晰,在提升可操作性的同时也在一定程度上规范场所行为。

【民族工作】 一是开展民族团结宣传教育活动。根据润州特点,结合民族团结进步创建工作,大力开展民族理论、民族政策、民族法律法规和民族基本常识的宣传教育,借助各类媒体、平台,灵活多样地进行常态化宣传。2020年,已是连续第六年在三巷广场举办全市民族团结进步宣传月启动仪式,区民宗局积极配合市民宗局通过多层次、多形式展现少数民族文化,提供民族政策、法律咨询和民俗体验，增强民众的直观感受，促进民族团结。二是开展社会和谐宣传引导工作。扎实开展民宗工作先进人物评选，积极宣传为民族团结进步事业做出突出贡献的先进人物与事迹，注重民宗领域善行义举、典型人物、感人故事的讲述报道，以激发正能量，弘扬社会主义核心价值观，促进民族宗教与社会和谐发展。以宗教团体为依托，倡议开展慈善活动，力所能及地帮扶困难对象，体现宗教行善本源、民族团结和社会主义大家庭温暖，为和谐社会建设贡献力量。三是开展凝心聚力服务管理工作。坚持做好少数民族信息统计工作，依法开展少数民族居民登记、属地户籍迁入迁出和民族身份转变统计工作，及时掌握人员信息，做好清真饮食补贴和清真食品标志审批发放工作。注重民族团结进步示范社区，少数民族学校等基层单位建设，使其更好地在宣传教育、工作创新、活动交流、关爱互助、统战引领方面发挥桥梁纽带与阵地作用。

【宗教工作】 严抓新冠肺炎疫情防控。一是快速应对。根据上级部署，于春节前研究落实各宗教活动场所“两暂停、一延迟”措施，全区所有宗教活动场所暂停举办集体宗教活动，暂停接待信教群众和游客，同时深入宗教活动场所开展排查，登记人员基本信息，建立疫情“日报告”“零报告”制度，加强防控，确保场所及人员安全。在疫情应急防控和常态化防控期间，区委统战部领导多次带队现场检查指导，有力促进了工作开展。二是突出重点。多方筹集防疫物资加强宗教活动场所内部人员防护，利用微信等网络平台开展防疫知识学习，提升场所疫情防控和信息报送能力。加强信众劝导，利用微信群、QQ群等渠道适时转发政府疫情通报和要求，引导广大信众顺应政府决策安排，为全社会共同抗疫凝聚合力。同时，指导有条件的场所探索开展网络代祭祈福，在特殊时期给信众以慰藉，增加抗疫信心与力量。加强监督值守，及时监测和报告各活动场所动态并做好问题研判与处理。三是合力共为。区民宗部门积极发挥区佛教协会和各场所的主动性，在抓好自身防疫同时，量力而行，积极开社会服务。为支持一线基层抗疫工作，圆通寺将社会爱心人士捐助的600只一次性口罩无偿捐献给当地社区，各场所还积极配合当地社区开展出入路口管控，区佛教协会向社会发出倡议并带头捐款10000元，汇聚力量，共克时艰。区民宗局坚持加强疫情应急值守安排，严肃工作纪律，并抽调人员全力支持社区疫情防控工作。

狠抓安全生产专项整治。为切实做好宗教活动场所安全生产整治工作，区民宗局按照市民宗局、区委统战部的统一部署，第一时成立了局领导、科室负责人、街道分管领导和各宗教活动场所负责人组成的专项整治领导小组，并制定下发了专项整治实施方案，切实组织、指导、推进全区宗教活动场所的安全治理工作。一是围绕要求抓学习。认真组织学习党中央、国务院的相关工作要求，学习习近平总书记在全国宗教工作会议上的重要讲话精神，总书记关于安全生产的重要论述和指示、批示，以及省市关于安生产专项整治方案的指导思想、内容要求和目标任务，明白为什么干、为谁干、怎么干、干成什么样，做到心中有目标、行动有方向。二是摸清底数抓排查。按照场所主体责任，属地管理责任，部门监督责任安排，严格对照市民宗局十大项、七十九条排查清单，分层分次开展安全生产隐患大排查。为保证排查工作到边到底，区民宗局联合区住建、消防、卫生、街道、社区等单位相关人员多次至各宗教活动场所开展检查指导，督促场所落实措施，整改问题，推进工作。三是紧盯隐患抓整改。在起底摸排的同时，各场所根据要求，对排查出的问题，能立即整改的做到即知即改、边查边改；不能立即整改的，切实制定整改措施，在规定期限内整改到位；对一时无法实施彻底整改的问题隐患，先采取管控措施，确保安全的同时研究制定分步整改方案加以实施。全年，各宗教活动场所共排查用电、用气和消防方面各项安全隐患63处，现已全部整改。部分建筑安全正在按计划整改之中。四是针对难点抓协调。在问题排查整改中，部分宗教活动场所由于产权不明晰、资金紧张、管理力量弱等因素，加之有些问题成因复杂，整改难度大，导致畏难思想突出。对此，管理部门在加强督促尽责的同时，也是积极协调相关部门帮助场所分析研判问题，协助制定切实可行、快速节约的整改方案。在具体整改工作上，只要在政策范围内，都积极支持。

勤抓日常业务监督管理。一是落实平日常规巡查，重大活动督查，重要时间点排查措施，促使各宗教活动场所提高安全意识和管理自觉性，及时发现问题，解决问题，不断完善措施和办法，提升场所日常管理水平。二是推进民间信仰规范化管理。以街道为单位对辖区民间信仰点按规范标准进行进排查甄别，分类纳入宗教登记管理或社会治安综合治理。三是联合公安、宣传、文体、属地等单位协同治理，不断净化民宗领域文化环境、治安环境和意识形态环境。加强日常巡查和信息收集，及时发现并取缔宗教非法集会活动，引导信众至合法场所参加宗教活动，维护宗教活动秩序。

（区民宗局）

润州区慈善总会

【概况】 2020年，区慈善总会按照《中华人民共和国慈善法》的有关规定，认真履行慈善职能，认真贯彻习近平总书记关于脱贫攻坚的系列重要指示批示精神，按照“帮特困、扶贫弱、助急难”的工作目标，充分展现慈善力量，提高政治站位，动员全社会力量，汇聚爱心资源，拓展帮扶领域，浓厚社会氛围，持续推进精准慈善、联合慈善、规范慈善，各项工作取得了新的成效。2020年，区本级共募集资金605万元，全区实施救助支出400万元，救助6300人次。

【慈善募捐】 受年初疫情等诸多因素影响，2020年慈善资金募集工作面临着从未有过的压力。面对疫情对此带来的新问题、新挑战，区慈善总会迎难而上，秉持稳中快进的工作思路，有序应对，强力推进，实现了资金募集的新突破。一是有序推进“慈善一日捐”，保持资金募集的持续性和稳定性，不断维护和激发常规募集的生命力。在区四套班子”慈善一日捐“活动正式启动后，区内多部门快速跟进。全区67个单位都积极主动参与了“慈善一日捐”活动。与此同时，还积极拓展区内金融企业，并已取得明显的成效。二是谋划实施“企业专向捐”。在区委、区政府的协调帮助下，5月，由镇江建工建设集团有限公司捐赠90万元“企业专向捐”，面向全区义务教育阶段的中小学生发放读书券，以应对疫情对消费的冲击。此项活动受到了社会的广泛好评。截至2020年年末，一日捐捐款237万元，企业认捐105万元，其他捐款125万元，利息收入124万元，总收入591万元。

【慈善帮扶】 2020年，区慈善总会始终坚持把好事做好，把善事做实的帮扶思路，精准帮扶帮弱，努力贴近贫困人群的实际，目标聚焦、方式灵活，既为困难群众雪中送炭，缓解燃眉之急，也弘扬了慈善爱民的慈善精神，取得了良好的社会效果，较好地扩大了润州慈善的社会感召力。全年，共发放救助款400万元，救助人员6300人次。

推进“温暖行动”。结合情暖江苏活动的开展，在全区多形式推进“温暖行动”，切实把党的温暖落到实处，把党的关怀送到每一个贫困家庭的心中，使他们过上一个幸福、欢乐、祥和的春节。一是专题部署，组织推进。为有序推进全区“温暖行动”，及时把党和政府的关怀传递到困难群体，根据上级的情暖江苏活动的总体要求，在岁末年初，集中精力，严格按照全市慈善总会系统精准助力脱贫攻坚若干实施意见细则，并根据各街道实际情况认真组织推进，确保“温暖行动”救助资金及时发放到位。二是活动先行，情暖万家。开展“迎新春敬老爱老送温暖扶贫济困”爱心志愿者服务活动。组织志愿者去养老院为五保老人送爱心服务，送慰问演出。与兼爱失独家庭服务中心共同走进九久养老院，送上了精彩的“迎新春爱心慰问演出”，提前为老人们送去新春的祝福。组织义工队伍走访慰问特困群体。慰问肝移植病人、看望慰问残疾儿童、走访特困群体，慰问金山街道风车山社区的两户困难家庭。为生活困难群众圆梦春节微心愿，倾听困难群体的新年愿望，为10名困难群体送去电饭煲、暖风机、烘干机等家用电器，为低保边缘家庭送去米、油等生活用品共计价值10000元。举办“粽情端午，善满润州”——关爱失独、孤寡、残疾老人活动，精心准备节日礼物，为百名老人送上节日的祝福，让老人过上了一个愉快的节日。与区民政局联合开展“夏日送清凉”活动，为区内特困老人和孤儿以及养老机构送上夏日防暑用品。重阳节前夕，举办“大爱润州、温暖重阳”主题活动，大力弘扬重阳节孝亲敬老的优良传统，充分展现润州区慈善关爱、幸福助老的精神风貌。

聚焦特殊群体。在疫情防控期间，重点加强对街道社区困难群体关爱力度，及时了解困难群众身体状况和生活状况，做到早介入、早发现、早救助。认真落实特困人员救助制度，简化优化救助申办程序，启动应急救助快速通道，充分发挥临时应急救助的关怀作用，通过发放临时救助金、配送防疫用品等方式，加大救助和服务力度。按照“从速、从简、从快、从宽”四原则，对金山街道患有白血病的卞先生和患有精神二级残疾“90后”女孩宁宁家庭快速开启应急救助通道，及时给予救助。强化困难群众基本生活保障，以实际行动服务好疫情防控大局。7月份，与区民政局合作，投入3万元为区内300名65岁以上低保老人办理意外险。与区民政局、区七里甸街道办事处、金山街道办事处、七里甸社区卫生服务中心、金山街道迎江路社区慈善驿站共同开展主题为“敬老为善、助老为乐”的居家养老上门服务启动及项目护航行动。在金山街道琴园巷社区协助建设老年日照中心，服务老年群体。主动关爱弱势群体老人，积极化解社会矛盾，为金山老年公寓危房维修改造提供扶助资金。在润州区韦岗街道便民服务站召开全区慈善助老座谈会，研究探索结合本区特色的助老新路子，真正把慈善关爱落到实处。

【疫情防控】 快速反应，主动作为。年初，武汉市新型冠状病毒感染的肺炎疫情期间，区慈善总会闻风而动，快速反应，迅速启动新型冠状病毒感染的肺炎防控专项募捐，实施“助力打赢疫情阻击战，慈善专项捐赠”行动，制定“抗击疫情，我们在行动”活动方案。1月28日，全面接受社会各界的爱心捐赠，倡议社会各界、爱心企事业单位和爱心人士，为助力打赢疫情防控阻击战奉献爱心，踊跃捐款，用涓涓细流汇成大海。所募捐款项，严格按照《中华人民共和国慈善法》规定和捐赠者的意愿，全部用于新型冠状病毒感染的肺炎疫情防控相关工作。同时，呼吁有条件的单位和个人帮助筹集、捐赠用于疫情防控的物资。

支援一线，做好保障。抗疫期间，总会人员坚守岗位，积极参与抗“疫”活动，全力支持一线，做好后方保障工作，充分展现了全会的战斗力和凝聚力。为及时处理防控过程中各项事务，区慈善总会及时安排人员值班，紧盯疫情防控，组织爱心捐赠行动的深入推进，每日通报社会各界捐赠情况。区慈善总会全体人员主动开展“万众一心，加油武汉”个人捐款活动，为抗击疫情防控阻击战献上一份爱心，贡献自己的绵薄之力。2月初，携手区民政局为10家养老机构送去一批医用口罩和消毒液，现场进行室内消毒，为润州区养老机构供养人员的疫情防控助力。在全区养老机构全面实行封闭式管理，各养老机构面临口罩、酒精等物资短缺的状况下，区慈善总会和区民政局立即向社会募集物资，及时为6家养老机构送去价值6100元的消毒液并组织室内消毒，为10家养老机构送去医用口罩600只，测温计20只。为支持民生保障的企业日常防控工作，严格执行体温检测，疫情防控和复工生产两不误，在口罩、测温仪极其难寻的特殊时期，总会及时查找防疫物品企业信息，反复核实企业资质，联系商家，购买了测温仪，并送往企业。同时与当地体检中心联系，为两家复工复产企业重点岗位人员进行专项体检，有效地保障了这些企业的顺利开工。

爱心接力，同心抗“疫”。在全国人民齐心协力抗击疫情的关键时刻，区慈善总会在全区开展“支援前方、爱心接力”活动，区内广大爱心企业和爱心人士纷纷伸出援手，用爱心为打好这场防控战、阻击战做好后勤。在大灾大难面前，全区广大党员、退役军人以及居民表现了极大的“抗役”热情，纷纷慷慨解囊，用爱心接力为一线加油。大灾大难面前，爱心企业和爱心人士用自己的实际行动为疫情防控工作尽了一份微薄之力。为表达对爱心人士、爱心企业的感激，区慈善总会还逐一登门向捐赠企业和个人送去感谢信和捐赠证书，赢得了社会的广泛好评。

加强宣传，回应关切。区慈善总会通过各类媒体及时对此加以宣传报道，多篇有热度的新闻在今日头条、《镇江日报》、镇江电视台、镇江广播电台以及镇江相关网站刊发，引起社会的强烈反响，进一步激发了全区上下的抗“疫”斗志。同时加强与主流媒体多层合作，形成宣传合力，充分发挥自身优势，采取多种方式，加强政策宣传、解读，报道润州区及各社区慈善组织全力以赴为疫区募集善款善物的新闻，以及全区慈善工作者在抗击疫情中的有效做法、有益经验和感人事迹以及全区战“役”爱心榜，为党和政府带领人民坚决打赢疫情防控阻击战提供舆论支持。同时做好受捐赠款物及拨付情况公示，主动公布捐赠款物接收分配情况，建立疫情防控期间捐赠数据统计和信息报送制度，及时主动发布，回应社会关切。

【慈善宣传】 2020年，区慈善总会在强化慈善宣传引导的同时，注重宣传的不断创新。一是编发慈善读本，凸显人文精神。2019年年末，区慈善总会组织专人编写“善满润州”小城大爱慈善读本。2020年年初，读本编印后及时发放至区机关各部门、各街道社区、爱心人士、爱心企业以及区内教育系统，受到了社会各界的普遍欢迎，取得了良好效果。二是发挥媒体优势，汇聚爱心力量。充分发挥当地主流媒体传播主体的作用，借助各类慈善活动牵引，广泛引导人心向善、慈善为民的理念。全年，区慈善总会本级通过各类媒体刊发新闻稿共205篇，集中宣传全区送温暖、献爱心、解贫困活动的成果，受到了社会的广泛认可和好评。三是用好自建平台，增强慈善意识。借助自建平台，不断丰富慈善宣传内容，传播慈善文化。通过总会网站、公众号筑牢宣传阵地。围绕慈善典型、品牌项目、慈善活动、慈善人物等及时进行简讯编发、微信推送、网站更新、宣传慈善工作，展示慈善成果。这项工作走在了全市的前列，受到了市慈善总会的高度赞扬。同时，结合当前宣传需要，加强慈善园地建设，更新总会本部慈善宣传走廊，开辟慈善人物、慈善故事、慈善项目等多个专栏，营造更加浓厚的慈善氛围。

【队伍建设】 一是开展学习教育活动。制定全年学习教育活动方案，把学习政治理论放在首位，在此基础上，深入学习业务知识，全面了解慈善建设方面的重要法规性文件、规章制度、管理理论、基础知识等，不断提高研究新情况、解决新问题的能力和水平。进一步强化实践锻炼，切实加强慈善为民的实践体验，组织全会人员前往丹阳如意慈善以及当地护理院参观学习交流。开展“远学英雄、近学榜样”活动。9月中旬，区慈善总会根据上级要求，组织全区各街道民政办主任、公益组织负责人，爱心人士赴深圳第八届慈展会现场学习观摩。二是培养尽职守职能力。从进一步加强本会自身建设，培养尽职守职能力入手，对内设机构进行了必要的调整，对现有慈善制度进行完善和汇编，健全用制度管人、按规矩办事的工作机制，修订完善了各部门工作职责、内部管理规定和修订信访接待规则，在此基础上，对每个工作人员定岗定责，明确职权。同时，进一步严实工作作风，完善月度工作计划，落实跟踪督查机制。三是树牢慈善为民理念。2020年，区慈善总会加大力度支持区内多个慈善志愿服务队伍建设，积极指导区内公益组织开展形式多样的慈善活动。为保证这些活动的顺利开展，区慈善总会精心策划，强化指导，做好保障，全方位给予支持。9月，在市文明办、市民政局和市慈善总会举办的江苏省镇江市纪念第五个“中华慈善日”暨“镇江慈善文化园”开园的活动中，区慈善总会荣获“最佳慈善志愿者服务组织支持单位”的称号，是全市唯一一家获此殊荣的区级社会团体。 （区慈善总会）

润州区见义勇为基金会

【概况】 2020年，区见义勇为基金会根据省、市基金会的工作部署和要求，按照年初的工作计划，认真学习和贯彻落实《江苏省奖励和保护见义勇为人员条例》（以下简称《条例》），积极开展见义勇为各项工作并取得了一些成绩。

【见义勇为宣传】 区见义勇为基金会利用多种形式开展见义勇为宣传活动，借助不同层面的媒体平台，广泛宣传见义勇为人员先进事迹和见义勇为工作情况。一是做好日常的社会面宣传。每年都定制一定数量的宣传品，供基层工作站和派出所设点宣传时发放给群众。同时，还有机结合全区综治宣传、法制宣传和平安建设宣传活动，大力开展见义勇为宣传教育活动。10月24日，和平路街道见义勇为工作站联合派出所在金汇文化体育公园开展见义勇为平安创建宣传活动。二是争取区委宣传部对见义勇为工作的大力支持。基金会和区委宣传部、文明办一起，共同研谋见义勇为宣传工作。利用主题系列活动，有重点地进行《条例》的宣传学习活动，每季度的“润州好人榜”，对新涌现的见义勇为人员及时发布；积极组织志愿者，参与群防群治、助人为乐等奉献社会的志愿活动；10月20日，金山街道在三巷广场开展见义勇为人员志愿者服务、帮助老百姓理发、发放宣传品等。三是主动联系媒体，加强宣传报道。通过报纸、电台、电视台和网络，及时宣传报道全区见义勇为人员的先进事迹，努力扩大影响。2020年，全区见义勇为工作中报送信息被省见义勇为基金会网页录用20篇；在央广网今日头条、人民网、人民日报社经济网、《扬子晚报》《现代快报》、江苏城市频道、《镇江日报》《京江晚报》《镇江壹周》、镇江电视台新闻频道、镇江新闻综合广播《新闻早报》和“润州发布”微信公众号及区政府门户网站等国家级、省级和市级各媒体中报道69篇，其中，国家级5篇、省级14篇。

【见义勇为表彰】 及时褒奖先进是基金会工作的重要环节。本着及时奖励的原则，区见义勇为基金会对辖区涌现出的见义勇为人员，发现一个奖励一个，不重不漏。2020年，全区共表彰、奖励见义勇为人员41名，颁发奖励金3.47万元，其中，区政府表彰5人、省级表彰1人；抓获违法犯罪嫌疑人27人、破获案件25起、案值5.6万余元金额、抢险救灾2人次。召开8场各种形式的奖励会。在抗击疫情工作中，区见义勇为基金会重视抗疫，组织抗疫、支持抗疫、宣传抗疫，在市见义勇为基金会发出捐款支援疫区的号召的时候，许多人积极响应，捐款表达爱心。2月底，区见义勇为基金会还专程走访看望了在武汉一线抗疫的黎明社区卫生服务中心党支部书记、主任栾立敏的家属，和公安润州分局一起，及时看望、慰问奋战在抗疫一线的公安民警。8月份，根据《条例》的精神，区政府召开了全区见义勇为先进分子表彰大会。会议隆重表彰近年来涌现出的5名见义勇为先进个人。区委区政府分管领导到会，并作重要讲话。充分肯定了全区见义勇为工作成绩，号召全区要向受表彰的见义勇为先进分子学习，让见义勇为精神在润州进一步发扬光大。受表彰的先进个人张维萍，因事迹突出，经层层推荐上报，参加省级见义勇为先进个人评选表彰活动，经评审、公示，成为省见义勇为先进模范，受到省政府表彰。

【权益保护】 在工作中，区见义勇为基金会除坚持做好已出台的一些举措外，还着重抓好两方面工作。一是定期走访，全面了解。利用每年进行的慰问和节日走访等时机，对受到区政府以上表彰先进进行走访、交谈，了解他们的现况，关注他们的工作和生活，发现情况，能及时解决的及时解决。5月份，召开专题座谈会，互动交流。通报一年来见义勇为基金会在奖励、宣传和权益保护等方面所做的工作，让他们感受到各级组织对他们的关爱。同时，让他们在会上即席发言，谈自己的感受，谈对见义勇为工作的意见和建议。二是引导志愿者更好地开展活动。要求志愿者，坚持从实际出发，本着主动、热情的态度，开展志愿服务。见义勇为基金会的街道工作站积极为见义勇为人员服务，为辖区内受市以上表彰的先进人员发放免费服务卡，提供洗浴、理发、车辆修理、法律咨询等便民服务，收到了很好的社会效果。2020年，区见义勇为基金会上门慰问11次，发放慰问金、困补金3.1万元。清明时节，还专程上门看望费维忠烈士的父母。

【队伍建设】 一是完善各项制度。按照《见义勇为人员奖励和保障条例》精神，区见义勇为基金会和公安润州分局一起，报请区委区政府，由区委办和区政府办分别转发了《关于贯彻落实〈江苏省奖励和保护见义勇为人员条例〉的意见》。按照市政府下发的《镇江市见义勇为称号评定实施办法》，结合润州工作的实际，拟定了《润州区见义勇为称号评定实施办法》的文件，并报请政府，由政府常务会议审议批准。二是结合每年的慰问，专门召开会议。对受表彰、慰问的见义勇为先进分子进行正面教育，要求他们珍惜荣誉，保持先进。专门建立了见义勇为人员微信群，加强联系，掌握思想动态，防止不良倾向。三是切实加强基金的管理。为适应社会发展和见义勇为工作的需要，区见义勇为基金会和公安润州分局一起向区政府汇报，并由政府常务会议研究决定，将区见义勇为的存量基金由区城投代管，按照一定的年利息拨付给基金会，同时，由区国资管理中心负责监管，确保基金的安全。在基金会内部，明确财务管理人员的职责，及时开展见义勇为各项工作和资金使用情况的审计审核，按时报省民政厅年检。四是适时开展培训，提高业务水平。2020年，重点开展了新闻报道这方面的培训。专门请文广集团《镇江壹周》总编来为基金会和各工作站全体工作人员以及派出所内勤授课。平时对各地涌现出的好做法、好经验，区慈善总会及时组织基金会人员学习，努力提升自己。

（区见义勇为基金会）

社会保障

【概况】 2020年，完成城镇居民人均可支配收入53723.4元，城镇居民可支配收入增幅达3.4%；城镇新增就业数6639人，城镇登记失业率1.51%；城乡居民基本养老保险保障水平每人每月206元，高于目标值每人每月170元。

【社会保障工作】 以让群众获得更可靠的保障为目标，织密扎牢民生保障网，持续增强群众获得感幸福感。一是退捕转产赋动能。围绕退捕渔民就业安置建立“三项机制”，制定帮扶清单，针对需求开展专场招聘会和技能培训，服务200余人次，实现退捕渔民参保率、就业率双百目标，对全市退捕渔民转产转业安置保障工作发挥了重要带动作用，受到省禁捕退捕工作第四巡查组、国务院长江流域重点水域禁捕退捕第三督查组高度肯定，并被央视《新闻联播》关注报道。二是社保扶贫稳民生。将低保、优抚对象等“六类”扶贫对象的社会保障扩面覆盖，精准推进以养老、医疗为主的社会保险救助工作。以“三个100%”全力落实好为贫困人口代缴保费和享受待遇政策，确保“应保尽保，应享尽享”，全年，共有6258人次贫困人员纳入保障范围，高质量打赢社保扶贫攻坚战。三是社保服务谱新篇。贯彻落实阶段性降低社会保险费率政策，对养老、失业、工伤三项社会保险中单位缴费部分实施“免、减、缓”三项措施，减免总计1.536亿元，维持城乡基本社会保险覆盖率98%。作为镇江市“首个”职业年金发放试点区，率先发放职业年金，累计发放394人、247.56万元。 （区人社局）

退役军人事务

【概况】 2020年，区退役军人事务局深入贯彻落实中央、省、市、区关于退役军人事务工作的决策部署，高标准推进退役军人服务保障体系建设，认真履行退役军人服务管理工作职责。

【服务保障体系建设】 区退役军人事务局围绕3项18条建设内容和“三个进一步”工作目标，经过多次走访调研，结合全区退役军人服务中心（站）建设实际情况，查找出短板弱项，明确了工作重点，划分了工作时限，明确了“硬件资源复合使用、服务体系嵌入运行”的建设思路。稳步推进各项工作的有序落实。已有5站1中心上报参与示范型服务中心（站）评选。全区所有退役军人服务中心（站）建设全面符合“五有”标准，进而全面提升润州区退役军人服务保障水平。

【就业安置】 2020年是润州区自行负责转业士官安置的第一年。除了通过多次及时向市退役军人事务局报告学习，确保安置工作全流程、各环节都符合操作规范外，区退役军人事务局还突出“细节”意识，注重体现安置工作“有温度”。选岗前，召开用人单位和转业士官见面会，为士官们更好地选岗提供充分的岗位信息支撑；选岗时，全程进行录像，确保每个环节规范、公正、透明；选岗后，由局领导分批把士官们“送上”新岗位，并再次向用人单位宣传退役士兵安置政策，确保退役士兵权益得到维护。

【拥褒优工作】 2020年“两节”，走访慰问12家驻军部队；“八一”期间，到武警镇江支队，组织了一次送文艺进军营活动；老兵退役前，到部队组织了一次送政策进军营活动。开设军人子女入学入园“绿色通道”，全年，共解决23名军人子女的入学入园问题；落实为驻军办实事工作，协助润州区人武部升级改造装备物资仓库，工程已全部结束，并已投入使用；慰问困难退役军人36人次；及时精准地完成了本次抗美援朝纪念章的发放工作。

【社保接续工作】 成立了社保接续工作专班，建立“一门受理、协同办理”的经办机制。先后开展了业务培训、政策宣传、申请登记、身份核查、断缴核算、费用补缴等工作。逐人核对补缴金额，由税务将补缴费用落实到个人社保账户。 （区退役军人事务局）

人力资源管理

【概况】 2020年，区人社局紧紧围绕高质量发展大局，全面高效扎实推进就业创业、社会保障、人事人才、维权维稳等各项重点工作，全区人力资源和社会保障事业取得了明显成效。2020年，每万人劳动力高技能人才947人，高于上一年928人水平。

【就业创业工作】 区人社局紧扣全年目标任务，全力贯彻落实后疫情时期稳就业保用工政策举措。一是援企稳岗，帮办企业“零距离”。坚持把稳就业保民生作为重大政治责任和首要任务，全力应对疫情冲击，帮助企业渡过难关。深入开展“四送四解”活动，深入全区重点企业开展送政策解疑、送用工解困、送培训解难、送服务解忧，精准把控企业实际困难，针对困难与需求切实做到一企一策。加大援企稳岗力度，积极落实批发零售、住宿餐饮、物流运输、文化旅游四类服务业企业应急稳岗返还，采取“大数据比对、无形认证、直接发放”方式，让企业全程“免填表”“免申报”“免跑腿”，为全区164家企业核发应急稳岗补贴407.73万元，涉及职工2637人，切实减轻企业负担，稳定就业形势。二是创新举措，便民服务“零跑腿”。着力实施用工保障、技能培训、援企稳岗、创业富民、就业援助、精准扶贫、服务便民等举措，帮助企业减负增效、纾困发展。加大政策宣传，不断提高政策知晓度，共向企业和群众发放《就业创业政策一本通》和援企稳岗“双十条”等资料4000余份。深入开展职业技能提升攻坚行动，全年，以工代训职工2013人，拨付企业资金补贴192.48万元，充分释放专账资金支持“六稳”“六保”效能。三是聚焦重点，帮困消除“零就业”。全年，举办“春风行动”“金秋招聘月”“退役军人就业”“高校毕业生就业”“退捕渔民就业”“再就业援助月”等系列活动32场次，提供岗位6500余个，新增各类就业15662人。加强区、街道、社区三级人社平台联动，广泛开展调查摸底、就业创业政策宣传、就业岗位深度挖掘工作。加强工会、残联、民政、农业农村等部门协作，摸清重点群体基本情况，针对就业困难人员，做好就业帮扶、跟踪服务工作，确保“零就业家庭”动态清零。

【人才队伍建设】 牢固树立“争”“抢”意识，重点结合全区以城市经济发展为主的产业特点，扎实推进人才引育工作。一是狠抓落实，激励企业引才用才。强化人才队伍建设，组织招聘活动18场，参与企业90余家，提供岗位400余个，人才需求1900余人，达成就业意向280余人。对引进人才的企业，鼓励并协助申报各类优惠政策，积极做好与市人社局的对接，确保政策福利能够落到实处。全年，发放“人才五项”补贴共计223.11万元。全年，共引进本科以上毕业生1581人，其中，硕士以上150人；新增6家市级大学生就业见习基地，企业新开发就业见习岗位290个。二是紧扣重点，助力乡村振兴发展。积极响应号召，以乡土人才培养工作为重点，广泛联系辖区街道对有“一技之长”的乡土人才进行摸排，宣传乡土人才相关政策。开展乡土人才培养对象的遴选工作。全年，申报省级“三带”乡土人才7人，1人获“三带”能手称号、5人获“三带”新秀称号；申报市级乡土人才14人，最终获市级第一、第二、第三层次乡土人才分别为3人、1人、9人。三是主动作为，致力高端人才培养。高度重视专家工作，积极组织开展各类人才项目申报工作。采取“点对点”的对接模式，将人才政策、申报流程直接送至企业，提高企业的认识程度、提升人才计划的申报成功率，促进智力资源向生产力转化。2020年，成功入选省有突出贡献中青年专家1人；申报2020年镇江市有突出贡献中青年专家13人，入选2人；江苏镇江建筑科学研究院集团股份有限公司的“钛石膏资源化利用关键技术及产品评价研究”项目成功入选2020年博士后科研资助计划A类资助。

【劳动关系持续和谐稳定】 坚持监察、仲裁联合联动，共同促进全区劳动关系和谐稳定。一是加强宣传勤普法。以“走进企业、情系民工”主题活动为载体，采取“点线面”相结合的方式进行普法宣传，开展《保障农民工工资支付条例》现场宣传5场次，并设立咨询台、户外悬挂固定宣传标语，向农民工免费发放《条例一本通》《一封信》《劳动法律法规选编》，接待用工单位和农民工咨询300人次，发放宣传品1000份，营造了浓厚的普法氛围。二是积极检查严执法。落实“谁执法谁普法”责任制的要求，部署开展清理整顿人力资源市场秩序、娱乐业劳动用工、“护薪2020”冬季攻坚等专项行动，积极开展“双随机”、书面审查、劳动合同等专项执法检查，切实维护劳动者的合法权益。全年，共对28家人力资源公司进行检查，涉及职工4505人，“双随机”抽查单位81家，涉及劳动者5898人，补签劳动合同215份。三是主动解忧强服务。为保障劳动者和用人单位合法权益，维护社会和谐稳定，牵头召开根治欠薪部门联席会议，部署开展了四个“专项行动”、四个“专项检查”和“四送四解”活动，加强源头治理，有效杜绝了拖欠、克扣农民工工资支付问题，确保了“两个清零”和“两个不发生”。全年，共办结全国根治欠薪线索反映平台5起案件，受理劳动监察案件57件、仲裁案件302件，结案率均100%，多途径追发劳动者工资等待遇67万余元，挽回经济损失491.3万元。

【人事管理工作】 严格按照相关政策要求，坚持激励约束保障并举，不断提升人事管理服务水平。一是综合服务有效实施。积极为疫情防控中表现优秀的4名工作人员优先办理岗位晋升，并做好及时性奖励工作，对润州区疾病预防控制中心这一集体进行嘉奖奖励，积极解决有证无岗、比例受限等岗位聘用问题，拓宽事业人员的晋升渠道，办理岗位晋升及转岗等260人。二是公开招聘有序推进。2020年，公开招聘村(社区)党务工作者、社区工作者29名，其他事业单位公开招聘18名工作人员，教育系统公开招聘24名中小学、幼儿园教师，卫健系统公开招聘9名专业技术人员，其他事业第二批公开招聘15名工作人员。三是编外用工规范管理。建立健全区编外用工管理机制，对全区2503名编外用工进行全面摸排、统计分析人员数量、类别、薪酬体系等方面用工信息，积极开发润州区机关事业单位编外用工实名制管理系统，实现编外用工人事管理工作规范化实施。 (区人社局)

春色 (田 冰 摄)

街道·场圃

栏目编校:孙 伟 薄开鹏

七里甸街道

【概况】 七里甸街道位于润州区西南侧,是镇江市新行政中心和润州区政府所在地,润扬长江公路大桥、城际铁路、扬溧高速、312国道等在境内均有接口,坐拥南徐新城“首善资源”,区位优势独特。辖区面积7.8平方千米,下辖10个社区,总人口6.5万人。2020年是“十三五”的收官之年,是全面建成小康社会的决胜之年,同时也是七里甸转型升级、跨越发展的关键之年。面对宏观形势复杂多变、困难挑战不断增多的不利形势,在区委区政府的坚强领导下,街道上下团结和依靠辖区人民,学习新思想、践行新理念,开拓进取、砥砺前行,扎实推进街道各项事业向前发展,较好完成了各项重点工作。

【经济指标完成情况】 完成一般公共预算2.52亿元;完成社会固定资产投资20.98亿元,同比增长27.44%;完成现代服务业产业投资3.77亿元,同比增长104.29%;完成产业投资占固定资产投资比重为77.63%,较上一年同期提升18个百分点;新增规上企业15家,完成年度目标的125%;高新技术企业申报数量全区第一,完成净增2家的指标;完成R&D投入5000万元任务。

【项目建设推进情况】 外出招商11次,签约项目22个,落地18个。重点项目主要有银城汇、慧灵精密机械、建华全球研究院中心。其中银城汇已升为市重点产业项目;建华全球研究院项目作为官塘创新社区“8+1”项目参与了集中,签约,总投资约7.5亿元。人才招引成绩显著。4人入选“金山英才”,3人入选“润州英才”,占全区人数三分之一,排名第一;省双创3人面试,2人入选,数量、质量和成绩均位列全区第一。

【持续加强自身建设】 按照“1+4”的改革要求,组建“两办四局两中心”,整合审批、服务和执法力量。在全区首个推行“星期六社区”,新建综合行政执法局、为民服务中心、集成管理中心,实现职能整合、人员调整、物理场所“三到位”,成为全区唯一成功通过省委编办考核验收的街道。严格落实党中央八项规定精神,持之以恒纠正“四风”。年初,根据市委第二巡查组要求,形成整改清单和进展清单,市委巡查组反馈的7大类18项问题中,已有11项完成整改,7项取得明显成效。强化依法行政意识,健全科学民主决策制度,自觉接受街道人大依法监督,全年,街道人大开展实地督查2次。推行街道议政会制度,全年召开2次议政会,保障居民群众的知情权、参与权和监督权,有效解决街道在新体制下进行人大监督、民意反映、民主决策等问题。

【区域环境提升工程】 全年,累计修复破损道路2230平方米,改造低洼积水路面360平方米,清除违章路障接坡50米,更换或修补破旧垃圾桶(箱、房)320只,清理卫生死角和杂草、乱堆乱放等426.4吨,出新街巷墙体2800平方米,清除小广告2568处,修复出新破损店招字牌18块,拆除违章广告340平方米,绿化补栽9200平方米,整治规范车辆停放572起,整治占道经营和店面外溢672起,整治规范菜市场周边环境83起。街道将辖区内主次干道划分为六个大网格,明确各网格的网格长,配备协管员,落实网格长责任,集中进行路段整治。2020年,共进行了7次联合集中整治,取缔流动摊点15起,共暂扣物品132起。

【民生社会事业建设】 全面落实惠民政策。街道党政领导走访慰问困难群众和党员30人，发放慰问金15000元。精准扶贫对象37户，精准退贫对象14人。有序开展低保入户调查，清退31户58人。举办“最美残疾人”颁奖活动1次，举办残疾人预防日宣传活动1次，开展慈善一日捐累计捐款26万元。慈善救助、助学30余人，共发放救助金、助学金等近11万元。加大推进就业创业力度。按序时完成各项指标任务，完成街道城镇失业人员再就业人数1053人；困难人员实现再就业139人；小额担保贷款发放17笔；扶持创业185人。带动就业925人。依托市、区、街道人社服务平台发布招聘信息，参加并举办招聘会3场，提供就业岗位300个。在各社区举办《农民工工资支付条例》宣传活动，对劳资投诉采取第一时间介入、妥善解决、尽快回复的工作原则，全年共调处简单劳资纠纷3起，劳动关系三色预警2家。

【疫情防控】 街道从2020年除夕开始，155名一线工作人员、220名志愿者，在66个居民小区、76个防疫值守点上连续奋战60天。取得了阶段性胜利，全面筑牢疫情防控的“首道防线”。街道第一时间成立“复工护航先锋队”，确保复工、防疫两不误。积极响应区政府的政策，认真指导引导企业参与消费券和读书券发放活动，丰富了老百姓的生活，刺激了经济活力。

2020年七里甸街道各社区基本情况表

表22

村、社区名称	面积（平方千米）	总户数（户）	总人口（人）	村、社区党支部（总支）书记	办公电话
光华社区	2	551	2225	唐家义	85626013
金星社区	1.7	3340	7961	杨永全	80316601
四圩社区	1.2	950	2600	张国平	85597366
五里社区	1	560	2200	沈　杰	80861076
南徐社区	4.2	843	1883	季秀平	85625019
二道巷社区	0.4	1560	4680	王　婧	85607517
七里甸社区	0.4	1628	3900	严　皓	85607811
天和星城社区	1.2	2334	6328	殷　骥	82231902
万科社区	1.5	5830	15600	曾泰然	85625608
新城社区	1	5600	13500	陈　靖	85635708

（七里甸街道）

官塘桥街道

【概况】 官塘桥街道位于镇江市南郊，于2011年7月20日由原蒋乔镇拆镇设街，是官塘新城开发建设的主阵地，街道办事处驻官驸路6号。2020年，街道行政区域面积12.26平方千米，总户数4304户，总户籍人口1万余人，下辖官塘桥、平山、秀山三个村和宝平、远洋两个社区。街道东邻镇江新区丁卯，南接丹徒新区，西北紧依南山风景区，辖区有338省道、京沪高速铁路和沪宁城际铁路等交通干线。辖区内有九年制义务教育学校2所、幼儿园1所、社区卫生服务中心1所。

【疫情防控与经济发展】 面对突如其来的疫情冲击，街道紧紧团结依靠广大干部群众，身先士卒，冲在一线，通过组织联盟严值守、村社联动深摸排、干群联手广宣传、重点联防建机制、服务联做助隔离，全面筑牢疫情“防护墙”，圆满实现了疫情防控阶段性目标，也有力保障了农批市场对市民“菜篮子”保供任务。在疫情防控进入常态化阶段后，坚持一手抓防控一手抓发展，以“八步工作法”等为抓手，全面推动企业恢复正常秩序，想方设法解决企业生产经营困难，全力加快街道经济建设进入常态。经过努力，街道主要经济指标都较好实现了全年目标，其中，一般公共预算收入7560万元，增长14.9%；新认定国家高企2家，增长100%，省高企2家，占全区40%。GDP评估6项指标，5项实现增长，其中，增幅达55.6%；固定资产投资18.5亿元，同比增长1.04%，占年计划107.6%；新增“四上”企业5家，超年计划150%。

【官塘创新社区建设】 市政府设立官塘创新社区管委会，街道坚决服从大局，坚决服从安排，坚决抓好各项任务。对照全年招商签约20个、落地10个目标，完成签约项目26个，其中，10亿元以上重大产业项目6个、3亿元以上项目2个、科技人才类12个、建筑类4个、商务类2个；落地项目11个。东南大学与镇江校地合作重要成果落户官塘，一区、一园、一站、一中心正式签约，首批5家高新技术企业签约入驻。1200平方米远洋创新创业产业园投入使用。新获批金山英才2名、润州英才1名，3名2021年省双创申报人才正在培育，硅智信息全年实现销售92.43万元。

【生态环境提升建设】 精心谋划、周密安排、聚力攻坚、协调各方、妥处矛盾，完成了谷阳路拓宽工程39户车库搬迁，保证了顺利施工，实现了谷阳桥顺利竣工，按时完成了苏州外国语、宜城大道等地块交地工作。投入约30万元，推进居民小区垃圾分类和垃圾回收智能化，南山一品和远洋一期为省级达标小区。多措并举推动“河长制”全面落地，持续加强建筑工地扬尘治理和环境管理，通过江苏省生态文明建设示范街道验收。持续深化环境整治，树文明、倡新风，圆满完成全国文明城市复审测评。投入约37万元完成东风河三期整治。全力做好森林防火和秸秆禁烧巡查工作，坚持全覆盖、无缝隙、零焚烧。严格执行防汛防台领导带班制、24小时值班制和定期巡查制度，及时消除地质灾害等各类安全隐患。

【民生保障建设】 以“小康路上一个都不能少”为目标，创新实施困难帮扶“八项制度”，发放各类民生保障资金350余万元。推进居家和社区养老服务改革，为192名老年人每月开展上门服务，对25户困难户家庭实施适老化改造。投资30余万元建设宝平社区居家养老服务中心，实现标准化社区养老服务设施覆盖率100%。提升“农耕文化”品牌魅力值，拓展市级非遗“秀山号子”和“太平花灯”传承度，继续举办农民春晚、农民运动会等大型文化惠民活动，并邀请区级机关单位参与其中，不断提升官塘农耕乡土情怀的传播力，增强官塘文化影响力；将“凤栖苑”诗社与茶文化紧密结合，通过诗词创作提升茶文化内涵，不断提升官塘茶文化的承载力。持续关注就业困难群体，“一人一策”开展精准化帮扶。深入企业开展就业、创业优惠政策和法律法规宣传，对企业用工需求进行深入调查，并组织线上、线下招聘会等精准服务活动，全年，实现创业就业人数1000余人。扎实推进安全生产“飓风行动”，全面排查危化品存储和销售等重点区域安全隐患300余处；对辖区内23家使用液化气瓶的单位进行排查整治，排查安全隐患44处，安全隐患全部整改到位。常态化推进信访积案化解，全年，受理信访事项163件，阳光信访平台及时受理率等8个指标均为100%，网上信访占比88.24%，全区排名第一。

【从严治党建设】 强化一个基础——基层组织建设。以“大党建·微治理”为主线，在16个网格设置36个网格党组织，创新推出“一网三服务”。以“五项机制”为抓手，推动“拆迁村党建”向“社区党建”转型，村社共建共享红色阵地22个，14项村行政事务可由社区代办。全年，新增党建观摩点2个，4个基层党组织被区委表彰。指导8家村企党组织开展联建，联建签约项目3个，总金额7000余万元，农批市场党员先锋队全年帮销农产品8100余吨，秀山村“党建引领助推‘菜篮子’工程提升”获评区“十佳书记项目”。深化在建项目派干部、重点企业“解难题”“三个一线”助稳企行动，组建21人红色队伍，深入46家企业帮助解决融资贷款等难题；配备“两新”党建指导员5人，指导2家规上企业成立党支部。高质量完成五个村（社区）“两委”换届，足额当选率100%，实现书记、主任“一肩挑”，村（社区）“两委”平均年龄下降3.74岁，大专以上学历占比91.67%。压实“两个责任”——主体责任和监督责任。党工委会议专题研究全面从严治党工作6次，专题听取纪工委工作汇报20余次。持续落实“强责工程”，制定并下发“两个责任”清单，明确“三张清单”37项任务，完成上一年度“两个责任”落实情况考核。街道党政班子做好履责纪实工作，全年累计598条。党工委班子成员积极主动履行“一岗双责”，形成一级抓一级，层层抓落实的工作格局，从而不断完善街道、村（社区）责任体系聚焦三个重点——民生福祉、作风效能和巡察整改。对各村（社区）残疾人帮扶、城市居民生活安全和城乡居民低保清退等民生政策落实情况开展专项督查。深入落实“三治理一挂牌”专项行动，全面梳理为民服务专项资金使用情况，进一步规范专项资金使用，对村集体“三资”管理和社区财务强化监督，深化落实村级“小微权力”清单。对疫情防控、安全生产、污染防治攻坚、民生实事等重点工作落实情况开展监督检查，印发督查通报3期，发出工作提醒函1件。紧盯年节、“毕业季”等时间节点，抓住关键环节，进行作风效能建设专项督查，对街道机关中层干部、村(社区)两委会人员操办婚丧喜庆事宜落实常态化审查报告，进一步强化监督。动真碰硬推进市区两级巡察整改，街道问题全部按期整改完成。针对巡察反馈的问题，严肃实施问责。对街道及4个村(社区)巡察整改情况持续开展指导推进、交叉互查，印发通报1期，对整改过程中的疑点难点紧盯不放，对暴露出的问题及时建章立制，不断巩固整改成果。注重抓早抓小、防微杜渐，有效运用监督执纪“四种形态”，全年第一种形态占比88.2%。高度关注可能存在廉政风险的关键事、关键人、关键时点、关键领域，扎实履行日常谈话提醒制度，坚持党工委书记对班子成员、部门负责人进行廉政谈话，纪工委书记对重点人员进行谈话，“管住大多数”成为常态。及时传达学习上级纪委有关文件会议精神，定期组织党员干部观看警示教育片，开展党风廉政建设教育活动，积极正向引导党员干部。

【意识形态工作】 街道党工委严格贯彻落实意识形态工作责任制，坚持党管意识形态不动摇，唱响主旋律，弘扬正能量，打造文化品牌彰显文化自信。召开党工委扩大会议，通报上一年意识形态工作报告、分析研判意识形态领域情况；制定《2020年度落实意识形态工作责任制党组织主体责任清单》。开展中心组学习11次，其中交流研讨9次，意识形态专题学习1次；开展“今天我主讲”等创意组织生活30余场；开展《习近平谈治国理政》第三卷、十九届五中全会精神等专题辅导3次。用好“红帆领航”党建共享阵地、宝平社区党校、“学习强国” 等线上线下平台，打造功能完备的综合平台。“学习强国”平台用稿11.5篇，完成率达128%；推送公众号“微党课”“微课堂”专栏27期。深化文明润心，打造远洋社区新时代文明实践站，创成4个文明示范楼道，“志愿江苏” 注册志愿者占比居全区前列；聚焦精神惠民，深耕“农耕文化”品牌，市级非遗项目《秀山号子》在全区文艺播种计划展演中获评一等奖；讲好官塘故事，制定《官塘桥街道2020年新闻宣传工作考核办法》，在各级媒体刊登稿件近300篇。

【官塘桥街道“五心级”服务凝聚民众抗疫“向心力”】 保持恒心，坚持撤卡不撤防。坚持撤卡不撤心理防线、不降工作力度、不减工作措施，持续加强各类小区、居住区的疫情防控各项工作。严格细心，“三个梯度”有序复工。以企业性质为基准，实行“三个梯度”复工模式，即：民生重点企业优先复工，生活服务性企业有序复工、其他企业逐步复工。在市农批市场复工期间，秀山村党总支建立了一支26人的党员先锋服务队，24小时严密排查复工情况，为市民的“菜篮子”全力保驾护航。聚力贴心，助力小微企业发展。迅速组织出动企业复工防控、巾帼突击、党员志愿服务三支先锋队伍，开启助力小微企业、商铺复工模式，为小微企业提供复工申请指导、防控物资保障、政策推送等“一对一”“心贴心”帮扶。确保安心，智慧“管家”“码”上行动。通过“网格群云推广，网格点指导办”模式，加快推进镇江“健康码”的注册和使用，积极抓实企业、工地、商铺、农批市场等行业主体责任，确保群众生产生活有秩序、有保障。汇力暖心，服务到家保障安全。针对居家隔离住户、困难家庭、独居老人等特殊群体，提供日常生活物资采购服务和防疫用品捐赠，使社区的“最后一公里”成为“最安全一公里”。

【官塘桥街道党建引领为幸福生活“加码”】 建强乡村振兴堡垒。以“五项机制”为抓手助推“拆迁村党建”向“社区党建”转型，实施基层党组织党建水平全域提升行动，以党建活力驱动改革发展“强引擎”。村党组织通过走“资产—资金—资产”的发展之路，购买、置换商铺、写字楼，充分盘活村集体资产，大力发展楼宇经济，每年为村集体增加收入近200万元，同时也带动了20多位村民就业。畅通基层治理“末梢”。全面深化网格治理，选优配强网格员队伍，将街道56名机关支部党员、42名村社区干部全部下到网格，变群众上门为干部下沉，同时积极吸纳党建联盟、物业企业等单位党员成为兼职网格员，共同把服务送到群众身边。精准回应群众需求。从群众需求出发，不断丰富服务载体，拓宽服务领域。在拆迁安置社区便民服务大厅设立 “全科窗口”“一窗受理”便捷居民办事；开放农耕文化展示馆等 “共享阵地”，丰富百姓生活。

【官塘桥街道“四联四促”焕发村企联建新动能】 秀山村党总支与农批市场党支部通过组织联建、人才联育、资源联享、民生联动的“四联四促”工作法，探索出了一条“以村带企、以企促村”的村企共赢路径。一是组织联建，促动能提升。建立党组织联席议事制度，每月定期召开联席会议商讨村企联建重点任务，2020年以来累计联合开展主题党日活动9次、党务干部培训3期。二是人才联育，促创新创业。探索“1+1>2”的双向融合培育路径，推行村企党组织班子交叉任职，为盘活村集体资产出谋划策。三是资源联享，促双向成长。农批市场党支部采取“公司+农户”形式，面向秀山村村民组织开展就业技能培训会、招聘会20余次，为30多位村民提供了工作岗位，通过省级创业孵化基地成功孵化企业9家。四是民生联动，促扶贫助农。积极构建“村企联建N次方”，帮助丹徒荣炳村、曲阳村等204个经济薄弱村销售农产品7700余吨，共与本省苏北地区以及山东、江西、新疆等13个省建立38个产销对接基地，与1560个专业合作社签订产销对接协议。

【官塘桥街道全力打造产城融合示范区】 一是强化规划引领。确立科学规划理念，进一步提高产业比重，实现产业地产一比一发展。通过地产地块增收，形成产业与地产齐头并进发展。对秀山产业楼、连镇铁路三角地块、秀山美苑以东等7个地块积极争取规划调整，调出集体经济发展空间。二是推进融合发展。主动对接融入沪宁产业创新带，拓展上下游产业链，带动区域经济发展。按照“先基础设施和产业、后居住、再配套”的开发模式，进一步推动产业、居住、配套合理布局。三是加大产业招引。强化市、区级层面招商联动机制，建立项目评估专家机制，加强对项目信息评估，进一步提高招商针对性、实效性。积极开展乡贤招商、亲情招商，推动顾问招商、网络招商。鼓励村、社区或农村股份制合作社积极参与产业落地，切实提升产城融合的质与量。四是优化营商环境。做好项目建设前、建设中和建成后全方位、“一站式”服务，持续开展企业走访活动，切实帮助企业解决实际困难。探索“总产业+科技+人才+外资”模式，注重招商与招才并举，积极争取有利于产业人才集聚的相关配套政策，以配套完善的建设吸引人才落户。

官塘桥街道各村(社区)情况一览表

表 23

村、居名称	面积（平方千米）	村民户数（户）	总人口（人）	农民人均收入（元）	党总支书记	主任	办公电话
平山村	6.7	1168	3183	29000	雷志高	雷志高	84522586
秀山村	5.5	765	2650	28000	朱明辉	朱明辉	85968270
官塘桥村	3	621	1445	26000	朱荣平	朱荣平	84510985
宝平社区	0.22	1527	3782	—	鲍丽娇		84523580
远洋社区	0.64	2084	6720	—	朱　军		80316055
合　计	16.06	6165	17780	—			

（王　倩）

宝塔路街道

【概况】 宝塔路街道地处镇江市润州主城区，东至古运河及丁卯桥路，南至天桥路、南山路、北府路，西至檀山路、黄山北路，北至中山西路及京口闸，总面积7.63平方千米。2020年，街道“两办四局两中心”挂牌成立，完成社区区划调整，下辖12个社区居委会。街道年末总人口71634人，总户数45065户，是全区城市经济核心区，项目建设的主阵地，是集商贸服务、餐饮娱乐、文化旅游于一体的镇江商业新中心所在地。2020年，街道深入学习贯彻习近平新时代中国特色社会主义思想和中共十九届四中、五中全会、中央经济工作会议和习近平总书记视察江苏重要讲话指示精神，紧扣全市“三高一争”加速跑起来的奋斗目标，认真落实区委工作部署要求，巩固拓展疫情防控常态化成效，统筹抓好经济社会发展各项工作，高质量发展取得新进展。

【疫情防控持续发力】 在市、区两级防控指挥部统一部署下，街道严格落实疫情防控要求，班子成员靠前指挥，以社区为疫情防控作战指挥部，将临时党支部建在一线，强化宣传引导，通过微信公众号、朋友圈、张贴倡议书等多种方式，宣传防疫知识、政府公告和网格化管控等内容，营造防控氛围。街道始终坚持人民至上、生命至上的原则，在不同阶段实时调整防疫措施，保障居民生命健康。争分夺秒推进复工复产，经济发展平稳运行。

【经济发展提质增效】 指标数字方面：全年，完成一般公共预算收入3.63亿元，完成总量全区第一；服务业应税营业收入57.2亿元；完成新增规上企业13家，新增市场主体5195家，完成总量全区第一；完成固定资产投资27.3亿元；完成现代服务业产业投资3.36亿元，同比增长70.28%。“双招双引”方面：发挥全区城市经济核心区、项目建设主阵地优势，注重引进高质量项目、高素质人才，完成“金山英才”申报7人、“润州英才”入选1人。完成华泰证券、百斯特医疗器械、浙商银行、名品设计创意园、合兴外资等在内的18个项目集中签约，推动“以商招商”模式。项目推进方面：围绕中海、恒大、鸿鑫商业广场、南京银行等在建项目，以及数码港改造、浙商银行等在谈项目，全面做好企业的跟踪服务，确保每个项目无障碍施工，完美落户，助力形成更多的固定资产投资，为创业创收贡献力量。

【城市管理更趋精细】 进一步巩固卫生城市、文明城市创建成果，完成大城管考核交办案件4900余件，总体整改率90%以上，共拆除违建7786.3平方米，深入推进大气污染管控、铁路沿线安全隐患整治；投入210余万元进行老旧小区物业全覆盖；投入82万余元，实现垃圾分类覆盖率100%，积极开展“垃圾分类”入户宣传活动，共计派发宣传手册2500余份，每季度多次开展宣传活动，引导居民积极参与垃圾分类，完成紫园、国信宜和等6个省级达标小区的垃圾分类配套建设；全力打好打赢污染防治攻坚战，划设非机动车线25435米；清理楼道小广告49423处，深化开展“美丽家园”行动，建设美丽宜居新宝塔；加快老旧小区改造，完成全市首部投入使用的老旧小区加装电梯项目；共投资1743万完成车站西一村、中石化华东石油局、中交二航三公司29栋楼4.7万平方米“三供一业”分离移交维修改造工程；推进平安稳定建设，深入开展扫黑除恶专项斗争、反邪教工作、“无毒社区”创建，完善网格化管理，“三官一律”进网格到位，街道信访平台共受理信访件230件，接待群众来访28件，按期结案率为100%，办结满意率100%。

【组织政治功能显著增强】 围绕“大党建·微治理”主题，以善治为目标，切实抓好街道书记项目和基层网格党组织建设，区、街道、社区三级书记项目按序时逐步完成。建立“街道大工委+社区大党委+网格党支部+党员责任岗”的组织架构，实现“红色网格”全覆盖，党员干部下沉社区，帮扶群众解决困难1000余次；推进党建工作与企业发展融合，采用“330”模式，打出精准有效的管理服务“组合拳”，组建“红色先锋队”，打造楼宇内红色阵地，为企业发展解决问题50余件。构建“1+N+X”街道网格化治理体系，整合党建、综治、城管等网格资源，划分自然网格73个，专属网格12个，形成“一网统揽”的工作格局。坚持以党建为引领，以群众需求为导向，联合“两新”党组织、物业企业、联系点单位、驻区单位，打造政协“有事好商量”的议事平台，用更快捷、更方便的途径知民意、集民智、解民忧；实现百分百“两新”组织党组织单独组建率和应建尽建率，积极做好党支部星级评定工作，新增5个“四星”党支部；严把发展党员准入关，优化党员比例结构，做好先进典型上报与宣传工作；新冠疫情专项捐款共计13.92万元；探索组织生活新形式，创新开展“云端”主题党日活动，探索不同领域党组织“党日同过、党课同上”，激励广大党员提升责任意识、肩负使命担当，汇聚力量助力润州发展加速度。

【群众幸福指数不断提升】 坚持新发展理念，着眼“六稳”“六保”目标任务，稳就业保民生，街道全年新增城镇就业人数1349人，完成指标106%，排名全区第一；帮扶自主创业228人，完成指标114%；受理困难群众临时救助106人次，共计66300元；发放城市低保金1050.96万元，保障人口1500余人；共有低保户839户、1523人，新增24户、31人，清退52户、102人，发放低保、物贴、重残、三小车、尊老金共计1537余万元。全面推进居家养老，严格对照《润州区政府居家和社区养老服务改革试点实施方案》文件要求，推进居家和社区养老服务“六化”（社会化、便利化、融合化、标准化、信息化、专业化）建设为重点内容的养老服务体系。完成居家养老服务中心80%覆盖率目标。通过日间照料、老年兴趣班、康复理疗、居家上门服务助餐等服务项目，满足辖区老年人日益增长的康、护、养、娱等多层次养老需求。

【组织机构建设更趋优化】 机构改革全面落实，扎实完成街道三整合工作，成立的“两办四局两中心”分别为：党政办、党建办、政法和社会事务局、经济发展和建设局、财政和资产管理局、综合行政执法局、为民服务中心、集成管理指挥中心，办公场所、人员配备等均已全部到位。扎实推进社区区划调整工作，其中，李家大山社区更名为北府路社区，撤销电力路社区，新成立林隐社区、庄泉社区。社区“两委”换届圆满完成，成立新的“两委”班子，平均年龄在38岁左右，平均学历大专以上，为社区注入新鲜血液，成为组织建设的中坚力量。

2020年宝塔路街道各社区基本情况表

表24

社区名称	总户数(户)	总人口(人)	党总支(党委、党支部)书记	主任	办公电话
黎明社区	5476	16575	崔正雪	崔正雪	85238837
庄泉社区	2666	5362	李　实	李　实	85278928
黄山社区	2910	7126	朱　晶	朱　晶	87056566
运河社区	2209	5229	蔡春娟	蔡春娟	84496005
车站社区	1916	4593	于　敏	于　敏	85917058
凤鸣新村社区	2156	5841	陆金玉	陆金玉	85212983
润州花园社区	2351	6886	薛顶雨	薛顶雨	85210226
金桥社区	1639	5668	巫晓静	巫晓静	84419081
北府路社区	630	1600	时　敏	时　敏	88082514
广东山庄社区	1015	2029	黄　飞	黄　飞	85219608
同德里社区	3750	7854	聂　娟	聂　娟	85288433
林隐社区	2837	6593	钱　森	钱　森	85278928

（宝塔路街道）

和平路街道

【概况】 和平路街道环抱金山，滨水而居，现辖4个涉农社区和7个城市社区，陆域50平方千米，水域220平方千米，长江岸线93.56千米，常住人口6.8万人。2020年，和平路街道以习近平新时代中国特色社会主义思想为指引，在区委、区政府的坚强领导下，在区各部门的关心指导下，以建设强富美高新和平为目标，以服务项目、保障民生为抓手，开拓创新，真抓实干，努力开创经济和社会事业新局面。

【经济发展工作平稳】 2020年，完成一般公共预算收入1.13亿元；完成固定资产投资21亿元；完成服务产业投资2.57亿元；完成规上工业总产值3.4亿元；完成限上批发业销售总额2.4亿元；完成限上零售业销售总额10.3亿元；完成限上住宿业营业总额465万元；完成限上餐饮业营业总额9647万元；完成房地产销售面积10.6万平方米；完成建筑业产值3.19亿元；完成规上服务业营业收入5.18亿元；完成社会消费品零售总额目标任务。

【重点项目推进及招引】 魔幻海洋世界项目的基础设施配套，如道路、管网、水系、绿化及商业街均基本完工，综合服务调度中心投入使用。原一泉宾馆改扩建已对外试营业。春天里·时光里特色文化街区子项目希岸酒店、前季酒店、亚朵酒店已开业运营，江山樾33栋封顶，金山铭著37栋封顶，封顶楼栋已完成内外装修，两个项目已各交付9栋。

【基层党建】 坚持党建引领基层社会治理这一核心主线，牢牢把握“深化提升”的主基调，不断夯实基层党组织工作基础，围绕全域党建，落实三级书记项目。系统运用“六统十八联”工作法，深耕从“相加”变“相融”的全域党建融合发展模式，积极打造“滨江示范片区”，探索建立“红色物业”管理模式，实现“入网”联动，先后吸纳4个驻地单位、9家商户、3家企业中150余名党员和负责人共同参与社区治理，统筹力量为居民做好事、解难事、办实事。顺利推进换届选举工作。实现了一次性、高票、足额选举完成换届选举工作。

【民生事业建设】 稳步推进桃园老小区改造及朱方路98号、102号宜居小区创建工作，按时完成朱方路102号的绿化及二层楼活动中心装修工程；集中力量强势完成金山村太平圩剩余非居搬迁扫尾工作，取得显著成效；高效完成朱方路92号2、3、4幢89户的危房解危搬迁工作；基本完成辖区内的物业全覆盖；完成6个AA级社区居家养老服务中心及2个AAA级社区居家养老服务中心标准化建设。

【社会保障体系建设】 全面推进居民各项保险、救助及就业保障工作，切实提高了基本养老金发放到位率和群众的参保率。全年，农村养老保险全年待遇及退保发放共计61120.2元，办理居民医疗保险10205人。强化就业帮扶，支持成功各类创业246人，完成创业培训65人，助力城镇失业人员、就业困难人员再就业1140人，完成目标比例的100%。继续做好退役军人社保接续工作。退捕渔民安置共涉及渔民746人，帮扶就业331人，对有劳动能力、就业意愿还未就业的，建立帮扶名册，实行动态跟踪管理。2020年7月，举办了退捕渔民转产转业专场招聘会。

【社会稳定新局面开创】 街道集中力量，抓住机遇，建成街道集成管理指挥中心和网格化服务管理中心，极力打造符合社会治理创新要求的现代化服务型社会治理格局。持续深入开展“扫黑除恶”专项斗争。累计处理群众来信来访77件次。成功处理东方伟业业主、朱方路92号居民、长江村谏壁组村民、航运新村居民等群访事件4批次。成功化解重点信访案件3件、信访积案2件。

【城乡环境提升工程】 围绕2020年润州区河湖“两违三乱”整改清单，宣传、协调运粮河金山桥口铁皮棚户主自行拆除铁皮棚，集中清理了润湖河河道沿岸违章种植，联合区水利局共同对金山湖路河沿岸违章种植进行集中清理。扎实完成了西口门综合环境治理及绿化造林工程,新建的笼式足球场，已投入使用。深化“网格化”管理，加大整改力度，结合桃园老旧小区改造，拆除各类违建3012平方米；全年，开展各类市容整治活动，清理各类无主垃圾100余吨，通过整治执法与管理长效的有机结合，极大提升市容市貌；积极稳妥推进垃圾分类工作，完成辖区内58个小区的垃圾分类改造，覆盖率达到100%。

【基层法制建设】 街道党工委、办事处在决策过程中充分发扬民主集中制，召开党工委会前收集汇总会议议题，集体研究决策；街道高度重视法治学习，先后组织学习了《民法典》《中国共产党纪律处分条例》《中国共产党党员领导干部廉洁从政若干准则》等相关法律法规。将法治建设纳入全街道发展总体规划，加强对班子、街道机关各部门、村居的法治宣传教育，全年，开展法治集中学习8场、专题讲座12场，促使机关法治建设各项工作有章可循、目标明晰、责任到位，促使机关法治建设工作高效、稳健向前推进。

2020年和平路街道各村、社区基本情况表

表25

村、社区名称	面积（平方千米）	总户数（户）	总人口（人）	村、社区党支部（总支）书记	村、社区主任	办公电话
金泉社区	0.4	2966	6074	金 涛	金 涛	85516592
金湖社区	0.85	3576	9618	倪彦勇	张玉忠	87057089
征润州社区	3.5	834	2136	陈 锋	陈 锋	85510867
新金江社区	9	1234	3392	常春平	常春平	85520703
三茅一社区	0.6	3769	11755	丁 力	丁 力	85617516
三茅二社区	0.75	5228	14456	吴 晨	吴 晨	85609968
金山社区	0.9	1334	3092	姜 丹	姜 丹	85520016
桃园社区	1.15	3276	8946	郭露敏	郭露敏	85529680
一泉社区	1.2	1867	5579	郭 亮	郭 亮	85529191
琴园巷社区	0.6	1775	5011	耿晓波	耿晓波	85627970
牌湾社区	0.9	2382	5869	王 琪	王 琪	88968308

（和平路街道）

金山街道

【概况】 金山街道位于市区西部，辖区范围东起黄山北路，南沿中山西路，西接中山北路，北临长江。街道辖区总面积5.16平方千米，下辖8个社区，总人口近4万人。境内街巷古老，文化底蕴深厚，坐拥千年“文脉”西津渡古街、中外友好使者赛珍珠故居以及AAAA级风景旅游景区镇江博物馆等人文景观，是镇江全市文物遗存最集中、人文资源最丰富、文化氛围最浓厚的街区。2020年，金山街道以习近平新时代中国特色社会主义思想为指导，学习贯彻中共十九大和十九届四中、五中全会精神，落实中央和省市区委重大决策部署，团结带领党员干部和基层群众树立新发展理念、构建新发展格局，推动街道经济社会各项事业高质量发展。

【基层党建】 2020年，在疫情防控、防汛抗灾等重大考验中，金山街道组织党员志愿者下沉一线值守巡查、应急抢险，筑牢守护群众生命安全的“红色防线”；组织红色帮办员等队伍，促进复工复产，并成立“点亮夜经济”行动支部，为西津渡夜经济发展提供“红色护航”。街道和社区与90余家单位结对共建，其中新增省、市级机关

各1家，通过认领党建服务项目，解决山巷底积水、化粪池外溢等民生痛点50余件，有效践行了为民宗旨。围绕“大党建·微治理”主题，以善治为目标，抓好街道书记项目和基层网格党组织建设，其中，银山门社区“古韵新风·红色治理一条街”成为区委书记项目现场会观摩点；在西津渡景区同步推进新时代文明实践站和统战特色示范街区建设，成为展现镇江文明形象和统战品牌的阵地窗口。全年新增市级“五星支部”1家，3名社区书记荣获区级以上“两优一先”表彰，1名社区书记提拔为街道副科职，在全区基层党建“双十佳”表彰中荣获4项荣誉；辖区1人被评为镇江市“不忘初心、牢记使命”正能量先锋、2人被评为“润州好人”，分别有1户、6户和8户家庭荣获省、市、区“最美家庭”称号，新增2个善行义举榜。

【经济发展】 2020年，金山街道完成公共财政预算收入1.43亿元，同比2019年增长3.65%；完成固定资产投资8.19亿元、服务业产业投资0.5亿元，新增入库企业12家，均超额完成全年指标；建筑业总产值、房地产销售面积分别比2019年提升24.60%、67.65%，批零住餐等行业逐步走出疫情影响，回暖迹象明显。市级重点项目大西路商业文化中心提前竣工，区级重点项目假日酒店完成内部装修，阿里和润数字产业园等一批新兴重点项目落户；全年，协同西津渡文旅、协信商圈等共签约项目26个、落户15个，其余正在办理落户手续。全年共通过“金山英才”及“润州英才”评审各1名，同时1个人才项目备战申报省“双创”计划。先后举办企业家座谈会、早餐会和政策宣讲会4场，认真倾听企业诉求，帮助解决实际困难，推进惠企政策落实，全年共帮助商户申请免息贷款680余万元，发放消费券2000余张，带货直播3次，各类帮办服务200余次。

【城市管理】 2020年，金山街道以文明城市创建为抓手，以绣花功夫推进城市环境和秩序精细化管理，月度测评在全市常年保持中前位；提升卫生保洁水平，对辖区卫生死角、乱停乱放等现象开展整治和清理，全年投入城管经费300余万元，清理卫生死角3500多处，清理各类垃圾2500多吨，楼道粉刷出新2000余平方米，新增设垃圾分类亭13个。以河长制为抓手，加强辖区4条河道等水面管护，全年，街道河长共巡河约165人次，协调解决入河垃圾和岸边垃圾清理等一系列问题，实现河清岸绿；推进节水载体建设，成功创成2个区级节水型社区和1个省级节水型社区。对辖区内老旧危房全面排摸建档，开展安全隐患大排查大整治，排查各类隐患65处，均已整改到位；汛期组织专门力量，对宝盖山等地质灾害点开展值班巡守，并划拨专项经费对宝盖路266号严重开裂的石坝岸进行抢修；全年，实现安全事故零目标。推进征收扫尾，完成签约交房17户，其中，太古山二期5户、小街12户。

【社会民生】 2020年，金山街道通过开展“春风行动”“暖企惠民”招聘会，组织参加创业大赛等广泛推动就业创业政策落实。城镇失业人员实现再就业1004人、扶持创业128人、创业带动就业654人，帮助办理创业担保贷款623万元，办理初始创业补贴7.2万元。全面推进居家养老，建成7家社区标准化居家养老服务中心，街道1家AAA级和7家AA级居家养老服务中心全部投入使用，其中银山门社区居家养老服务登上央视新闻联播。实施精准扶贫，185户精准扶贫对象全部实现脱贫；共清退82户不符合条件的原低保户，现有低保1049户、保障人口1564人；做好困难帮扶，对慈善助医22人发放救助金11万余元，对临时救助227人发放救助金12万余元，对计生困难家庭62户发放救助公益金2.48万元。深入开展扫黑除恶专项斗争、反邪教工作、“无毒社区”创建，提高公众安全感。

【精细化要素式治理模式】 2020年，金山街道根据辖区老街巷特点，结合组织、人、地、事、物等要素，探索发挥党建引领作用新方式。金山街道银山门社区通过优化网格组织设置、强化队伍力量保障、深化服务理念创新，探索实施“一张网九张图”精细化要素式的治理模式。同时，融合街巷特色，打造“古韵新风·红色治理一条街”，设置“红·和·乐”三个主题，集中展示社区“居民自治、多元共治、精准施治”的“三治融合”。

【基层“三整合”改革】 2020年，金山街道贯彻落实中央、省、市、区关于基层“三整合”改革的各项要求，围绕以构建“全面加强党的领导，推进审批服务一窗口、综合执法一队伍、基层治理一网格、指挥调度一中心”的基层治理新模式为中心，助推“三整合”改革落实见效。改革后，街道综合设置8个职能机构，将街道所属事业单位整合设置为街道综合服务中心，原有机构和牌子不再保留。街道职能机构整合设置、三定方案印发及揭牌仪式于当年9月底完成。

【村（社区）“两委”换届】 2020年，金山街道紧扣“一稳三好”总体目标，严把选人关、程序关、监督关，聚焦事前事中事后各环节，推进社区“两委”换届工作。8个社区党组织全部换届结束，新班子平均年龄下降11.6岁，大专以上学历占比89.4 %，并有2名90后新书记当选，“两委”成员呈现年轻化、高学历、专业素质强的特点，班子得到进一步优化。（金培鑫）

2020年金山街道各社区基本情况表

表26

单位＼类别	总人数（人）	总户数（户）	党总支（党委、党支部）书记	主 任	电 话
迎江路中心社区	8888	2431	宋国琴	宋国琴	85291392
西津古渡社区	5118	2558	史梅玲	史梅玲	87052685
杨家门社区	6628	2848	邱　君	邱　君	86100098
风车山社区	5275	2444	何永慧	何永慧	86107055
红光（太古山）社区	4906	2133	戴永能		88081195
银山门社区	6078	2106	蒋菊花	蒋菊花	86100061
润州山路社区	2900	1370	张亚芳	张亚芳	88081191
京畿路社区	5700	2031	邵　城	邵　城	88081181

（金培鑫）

韦岗街道

【概况】 韦岗街道成立于2011年8月，位于润州区西南部、高骊山东麓，是润州区的一块飞地，处于镇江市西南片区的中心位置，是G312产业创新走廊的重要节点。街道总面积10.52平方千米，下辖一个村、即韦岗村（含17个村民小组），共有农户834户、农业人口1911人，常住人口3261人。街道山水资源丰富。高骊山海拔425.5米，被驴友誉为华东地区最值得攀爬的高山。矿产资源丰富，主要有石灰石矿、硫铁矿等，并有优质温泉资源，温泉常年出水地面保持50℃，含有31种对人体有益的微量元素，属于医疗热矿泉。街道红色文化资源丰富。1938年韦岗伏击战是新四军挺进江南敌后抗击日本侵略者的第一仗，揭开创建以茅山为中心的苏南抗日游击根据地的序幕。街道非遗资源丰富，拥有山歌和燕子窝狮舞等2项市级非物质文化遗产。2020年以来，韦岗街道把握“以高质量党建推动高质量发展”发展理念，激发党建引领乡村振兴活力，积聚力量发掘本土特色，形成党建促产业、产业富经济、经济惠民生的良性循环，在高质量发展征程上跑出韦岗“加速度”。

【基层党建】 2020年，韦岗街道注重发扬韦岗战斗精神，提升基层党建“精气神”。发挥初心主题园红色教育实境课堂作用，运用“党性课堂＋教育基地＋实践体验”的教学模式，丰富党性教育内涵。以新时代文明实践站建设为契机，依托村级志愿服务站、高骊山下红色小木屋等活动场地，打造“红色村”，开展红色文化教育等特色活动，弘扬“首战必胜、探索进取、担当创新”的韦岗精神，加强区域发展凝聚力。发挥基层党组织引领作用，以三级“书记项目”建设推动基层党建与农村基层治理融合，建立“4+1”红色微网格，完善农村网格议事机制，组织党员干部和结对共建单位深入村民小组与村民议事，收集民情民意，召开村民议事会，有效畅通村民提事、议事、办事渠道，突出“党建+”联动服务机制建设，建立党建联盟联席会议制度，打造共建共治共享的农村基层治理新格局。

【经济发展】 2020年，韦岗街道以统筹特色资源、创新招商方式、优化营商环境等为路径，让本土资源发挥最大产业效应，点燃发展动力引擎。实现全年完成一般公共预算收入1.34亿元，固定资产投资1.21亿元，开创街道自成立以来首次财税破亿、固投破亿新佳绩。盯紧盯牢船山集团、长山环境在手项目，推进市级重点产业项目——船山矿节能环保项目，韦岗温泉改造提升项目年内投资200万完成管网改造。注重转变招商思路，以服务好在街道片区内从事生产经营活动的主体为方向，扩充招商路径，提前完成年度招商任务。做好与“多规合一”空间利用规划的有效衔接，把握G312产业创新走廊建设重大机遇，与镇江高校园区融合连接，更好承接、整合创新资源、人才资源、产业延伸，推动经济转型升级。

【乡村振兴】 2020年，韦岗街道将抓党建与农业发展、民生建设、环境整治等重点工作结合，推动基层党建与乡村振兴战略融合。韦岗村党委带领村民瞄准绿色种植产业方向，充分发挥与区农业农村局“结亲”优势，多次组织“党员走出去、专家请进来”系列活动，依托“乡村振兴”实境课堂，农技专家们耐心讲解蔬果培植技术，带领村民实地参观蔬菜培育成果，提升种植技术。在“万企联万村 共走振兴路”行动中，村党委与镇江长山环境有限公司党支部找准双方利益结合点、实际需求点，共同推进韦岗片区温泉生态康养项目，发挥山水资源优势，拉动地域经济增长，也为本地村民带来更多的就业机遇。围绕农村环境“净起来、绿起来、美起来”目标，联合“党建联盟”成员单位共同推进农村人居环境整治，组织志愿者清理垃圾、疏浚沟渠、种植树木，在全市率先完成17个自然村组的整改销号任务，全面完成户厕改造806户，提升村民生活品质。

【网格治理“五事工作法”】 2020年，韦岗街道将基层组织建设与网格化社会治理有机结合，推行以“党员入户问事、村民恳谈提事、代表专题议事、联盟共建办事、党群考核评事”为内容的“五事工作法”，聚焦群众关切，坚持靶向发力，彰显农村基层治理“民生温度”。根据村民小组地理分布和人口规模，将辖区优化划分为“4+1”个网格，坚持“支部建在网格上”，设立网格党支部4个、网格党小组16个，200余名党员志愿者全部“入网进格”，打造沉底盖边的“组织网络”。推行“小板凳工作法”，网格员、党员志愿者分片包区，走家串户，将议事场所从会议室搬到农村院落、田间地头，让一页页《民情日记》成为及时掌握社情民意的“晴雨表”。根据群众议事结果，街道精心谋划民生项目实施“路线图”，先后完成养老助残综合服务中心规范化运行、菜市场疏导点配套建设、河道疏浚清淤、船山矿家属区物业提升改造工程等一批民生实事。

（张润芝）

南山街道

【概况】 南山街道管辖范围东至沪宁铁路线，转谷阳路、官塘桥路、环山路，南与丹徒区接壤，西到九华山路，北接南徐大道，转至南山路、林隐路，总面积约16.28平方千米。下辖五凤口社区、鹤林社区、檀山（白龙湖）社区、回龙社区、朝阳社区和回龙山水库管理所。辖区内户籍人口8313人，居住人口约1.26万人。2020年，南山街道紧盯高质量考核目标，接续发力、加压奋进，保持加速奔跑状态，基层党建、经济建设、民生工作等方面取得新成绩。

【基层党建】 2020年，南山街道着力将党组织资源转化为发展资源，巩固提升基层组织，落实管党责任，释放基层活力。定期召开专项会议，研究解决换届选举问题，成立调研考评考察组，开展谈心谈话50余人次。根据区划调整方案，优化部分社区党组织设置，街道党工委下属党组织由1个党总支、14个党支部调整为3个党委、17个党支部。定期开展“金牌社工”技能大比武，五凤口社区在润州区社区（村）工作者职业技能大练兵活动中荣获集体二等奖。根据街道机构改革需要，调整10名中层干部职务。全年，召开意识形态专题研究工作会议2次，开展理论中心组学习10次，举办各类理论宣讲3次，积极开展对外宣传，全年，累计发表正面报道450余篇，其中，“学习强国”录用稿件11.95篇，其他省级媒体刊登稿件60余篇，市级媒体刊登稿件130余篇。注重廉政教育，推进“强责工程”，定期通报履责纪实，2020年监督履责累计纪实66条，班子成员累计纪实272条；针对防汛晚间值班、违规吃喝“四风”问题、重点节假日作风建设、文明城市创建、疫情防控工作等领域开展日常督查16次。推进污染防治攻坚行动及河湖长制工作、安全生产、户厕改造等专项监督28次，发现问题85个，推动问题整改81个。

【经济发展】 2020年，面对突如其来的新冠疫情和较为严峻的经济下行压力，南山街道多措并举稳定“基本盘”，增强“新引擎”，努力完成各项目标任务，实现经济平稳较快增长。一般公共预算收入、房地产销售面积等指标按序时推进，新增规上企业单位数完成年度任务。全面摸排固定资产投资项目，有望入库项目2个，为四明河治理工程和镇江市公安局智慧警务平台项目，四明河治理工程拿到立项报告，智慧警务项目持续对接。瑞祥集团办公楼项目列入区级重点产业项目，基本完成全部投资。街道主动协调市、区两级自规部门，帮助鹏龙星徽拓展业务范围，扩大经营面积，争取形成新的税收增长点。加强与企业的沟通协调，加大与文旅集团和交通产业集团的沟通力度，努力实现信息共享，加快项目建设和招商引资，凝聚政企合力。掌握经济考核指标发展走势，帮助企业解决实际问题，全面掌握实时数据情况，做到统计数据应报尽报。

【项目招引】 2020年，南山街道围绕打造南山经济升级版，推动项目融合互动、协调发展，加快形成“重点带动、多点支撑”的经济格局。紧盯张家湾东入口地块，利用已有养老资源、自然资源和文化资源等优势招引康养文化产业。当年接待蓝城集团、上海现代服务业联合会、上海合兴实业投资集团等多批客商考察张家湾地块，拟通过休闲度假养生、文化养生等文化发展模式，强化产业链上下游的延伸和关联，积极招引健康养生、体验式文化创意、参与式休闲旅游等产业项目。抓住回龙南入口地块，一方面，把农业生产融入生态建设和保护的整体思路，积极推进农业创意产业园建设；另一方面，在尊重、保护和融入当地历史文化的基础上打造构建民宿文旅民宿新坐标，当年接待寒舍（国际）度假酒店、东方经典集团、旭航网络科技有限公司等企业考察周边天然的旅游资源和现存的村落元素。利用万科南地块，对接新城地产、红星美凯龙、蓝城集团、东方经典等企业，拟在万科南地块打造商业综合体，提升产业规模和商业品质，通过不断优化配置，产生更大的经济效益、社会效益。

【"品质南山"建设】 2020年，南山街道围绕城市规划、建设和管理，不断改善人居环境，不断提升服务品质。2020年，街道两次作为市级乡村振兴现场观摩会现场点，得到市领导好评；文明城市创建全市5次模检中4次取得前3好成绩。把村庄环境整治作为实施乡村振兴战略的重要内容，坚持以"四清一治一改"为切入点，以实现全域长效管护为落脚点，脚踏实地、真抓实干，实现六个村组"零垃圾"全覆盖。全年，共清运陈年生活垃圾3115立方米，新建垃圾投放点9个，修复破损路面3050平方米，拓宽马路及新建路崖1500米。绿化裸露土地875平方米，种植花木755平方米，墙体出新1.38万平方米，清淤四个河塘共计0.94公顷，新建和疏通排水渠631米。广泛发动群众参与美丽乡村保卫战，全力推进户厕改造，改造236户（含新建、修缮），其中，回龙社区120户，五凤口社区116户。全年，共发放优抚、补贴、慈善救助等民生资金约216万元，发放80岁以上老人尊老金共计13.365万元；对接养老机构，及时为2名"五保"、1名"三无"老人做好供养工作；协助第三方服务机构，为108名80岁以上老人、12名60岁以上低保老人提供上门服务。推进退役军人服务保障体系和社区居家养老服务中心达标建设，完善街道社区两级退役军人服务软硬件建设，完成五凤口社区AAA级、檀山（白龙湖）社区、回龙社区、鹤林社区AA级居家养老服务中心建设。（李　洋）

2020年南山街道各村、社区基本情况表

表27

村、社区名称	面积（平方千米）	总户数（户）	总人口（人）	社区党支部（总支）书记	社区主任
五凤口社区	5.78	217	618	孙正斌	孙正斌
檀山（白龙湖）社区	3.42	1175	4094	吴秋明	吴秋明
鹤林社区	2.51	996	2113	周玉宝	周玉宝
回龙社区	3.43	133	333	王陈明	张云森
朝阳社区	1.12	2410	5540	严　扬	严　扬

（李　洋）

镇江市黄山园艺场

【概况】 镇江市黄山园艺场又名镇江市金黄实业总公司，位于镇江市南山路33号。2020年，黄山园艺场以习近平新时代中国特色社会主义思想和中共十九大精神为指导，学习中共十九届五中全会精神，提升政治能力、锤炼政治本领、强化制度意识。按照中央、省市区委关于"不忘初心、牢记使命"的主题教育部署，建立健全学习新思想、领办解难题、常态化检视整改、联系服务群众等长效机制，拓展主题教育的成果。

【重点业务】 2020年，黄山园艺场执行企业"三重一大"决策制度，配合区场圃深化改革工作领导小组做好企业资产和人员的摸排及审计工作。采取租赁和合作方式，着力盘活三角地块和南山路临时菜场闲置资产。加强信访工作，切实维护群众利益，推动和谐社会建设。坚持领导干部接访和下访制度，认真做好“大接访”和群体性信访事件预警工作。加强对与群众利益密切相关的信访问题的督查督办，帮助群众解决实际问题。协作化解因劳动关系引发的信访矛盾，并对长期存在的事改企信访隐患问题保持关注，发现苗头，及时处置化解，全年年未，发生进京上访事件，未发生去市集访事件。

【党风廉政建设】 2020年，黄山园艺场党委制定和下发《纪检监察工作意见》《党风廉政建设责任分解》等文件，层层传导压力，筑牢责任体系。围绕党风廉政建设和反腐败工作推进，紧盯领导干部，失责必问、问责必严。围绕“三重一大”事项决策，全程介入，加强督查。紧盯党的纪律执行，紧盯“四风”问题，把查办案件作为最基础、最根本的职责，深化正风肃纪专项治理。自觉纠正在“四风”方面存在的问题，自觉遵守各项规章制度。（赵庆华）

镇江市水产养殖试验场

【概况】 镇江市水产养殖试验场位于镇江市南山路9号，与江苏省镇江中学相邻，下辖4家企业，其中国有全资公司1家，改制民营企业3家。2020年，水产养殖场坚持以习近平新时代中国特色社会主义思想为指导，围绕区委区政府提出的总体目标和要求，坚持疫情防控、资产经营两手抓，各项工作取得成效。

【重点业务】 2020年，水产养殖场按照区深化场圃企业改革领导小组要求，协助各职能小组，做好人事资料收集整理、企业资产清理核查、费用开支情况等工作，为下一步深化场圃企业改革发展做好准备。围绕资产经营和债权清收两大主题，年内完成老办公大楼租金等收入60万元任务，完成长江厂合作经营收入60万元任务，完成外欠资金清收50万元任务，完成“江南茗苑”车库销售等收入11万余元。针对退休职工、协保内退人员、部分在岗职工要求发放提租补贴、恢复事业身份等问题，本着坚持政策、正向引导为原则。针对其他信访个案，在弄清原委的基础上，耐心做好说服解释工作，妥善加以化解。（桑绍彪）

润州茶场

【概况】 2020年，在区委区政府的领导下，润州茶场走访和倾听职工的诉求，化解相关矛盾，定期召集职工座谈会听取职工心声。针对茶场作为老国营场圃，历史遗留问题比较多的实际，研究各种方针政策，对分包出去的茶田进行部分收回，重拾茶场传统产业和优秀品牌，打造茶场新经济增长点。做好场圃改革前期准备工作，对茶场档案进行整理归类并移交区档案馆，配合审计部门财务审计，做好历史遗留问题梳理汇总。

【职工服务】 2020年，茶场做好职工的后勤服务工作，提前帮助职工预定茶叶包装，定期指导职工治茶、管理茶叶工作，帮助茶叶销售有实际困难的职工进行茶叶销售。做好职工信访工作，将职工反映的问题集中分类，梳理清晰，耐心细致做工作，逐个予以解答，做到变上访为下访，上访不出场。对茶场职工住户开展大走访和精准扶贫活动，共收集职工意见和建议40余条。

【征收拆迁】 配合官塘新城和官塘创新社区建设工作，由区政府抽调七里甸街道、区农业农村局、区水利局三家单位人员及茶场成立搬迁扫尾工作组，对茶场范围内剩余户数开展搬迁扫尾工作。在推进非居清租搬迁工作的同时，顺利完成对苏州外国语学校用地范围内的青苗补偿工作，确保市重点工程顺利推进。

【环境整治】 茶场投入专门资金对环境卫生死角进行集中整治，全年共集中清理卫生死角6处，清理废弃垃圾4车。配合上级管理部门进行农村环境卫生长效管理考核，明确职责分工，通过发放“致全场职工的一封信”和悬挂宣传标语等形式，提高茶场居民的环卫意识。在居民生活区和办公区域设置垃圾分类收集点位，指导职工将垃圾分类有序投放。指定专人每天对场境内环境卫生状况进行巡查，对搬迁后拆除地块偷倒垃圾行为进行严查。将防违工作作为重点工作，制定一系列措施，由专人每天进行防违巡察，同时加大防违宣传力度，全年，无一起新增违建发生。（谢平亮）

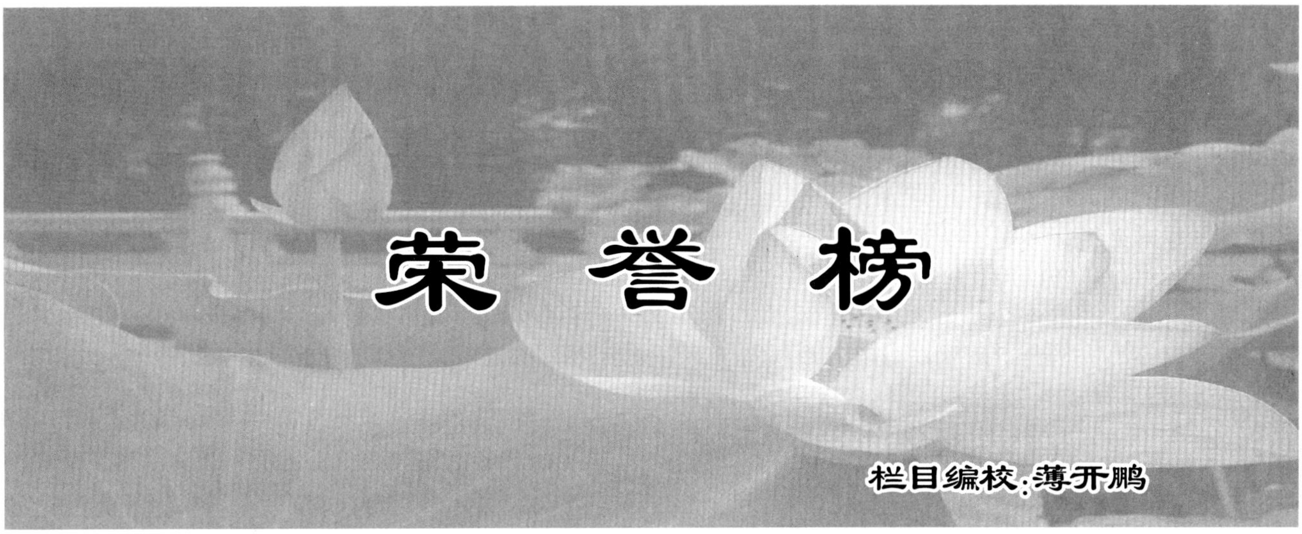

市级以上先进集体名录

2020 年润州区获市和市级以上表彰的先进集体一览表

表 28

先进单位	荣誉名称	授予单位
润州区	标准化居家养老服务中心建设荣获 2020 民生示范工程	中国民生发展论坛组委会
润州区	江苏省土地执法模范县(市、区)	省自然资源厅
润州区卫健委	全省抗击新冠肺炎疫情先进集体	省委、省政府
润州区商务金融服务集聚区	省级生产性服务业集聚示范区	省发展改革委
江苏恒信建设工程造价咨询有限公司	江苏省生产性服务业领军企业	省发展改革委
江苏瑞联贸易有限公司	江苏省互联网平台经济“百千万”工程重点企业	省发展改革委
易沃客创意空间、联想星云镇江创新中心	省级众创空间	省科技厅
西津渡历史文化街区	省级夜间文旅消费集聚区	省文旅厅
润州区水利局	全省水利系统先进集体	省人社厅、省水利厅
润州区市场监管局三分局	全省市场监管系统先进集体	省人社厅、省市场监管局
迎江路中心社区人民调解委员会家事调解工作室	江苏省标准化家事调解社区工作室	省妇联、省司法厅
润州区税务局办税服务厅	江苏省巾帼文明岗	省妇联

市级以上先进个人名录

2020 年润州区获市和市级以上表彰的先进个人一览表

表 29

姓名	性别	荣誉名称	授予单位
袁界荣	男	全省市场监管系统先进个人	省人社厅、省市场监管局
杨恒奎	男	江苏省疫情防控先进志愿者	省文明办
栾立敏	男	镇江市人民奖章	市人大常委会
贺设平	男	镇江市人民奖章	市人大常委会
孙学斌	男	镇江市优秀共产党员	市委党建工作领导小组
蒋菊花	女	镇江市优秀共产党员	市委党建工作领导小组
唐家义	男	镇江市优秀共产党员	市委党建工作领导小组
徐建春	男	镇江市劳动模范	市政府
熊保刚	男	镇江市劳动模范	市政府
史梅玲	女	镇江市劳动模范	市政府
庄炳锁	男	镇江市劳动模范	市政府
魏　森	男	镇江市劳动模范	市政府
董春永	男	镇江市劳动模范	市政府

区委、区政府表彰名录

2019 年度“三聚三提五创”活动荣誉名单

镇润发〔2020〕2 号

一、忠诚团结创新担当好班子

七里甸街道

宝塔路街道

区财政局

区商务局(招商中心)

区经济发展局

区教育局

区水利局

区检察院

二、发展富民好搭档

戴克祥　和平路街道党工委书记

陆振兴　和平路街道党工委副书记、办事处主任

三、服务基层好班长

江　琳　区委区级机关工委书记

江金保　区科技局党组书记、局长

石光亚　区统计局党组书记、局长

三、从严治党好书记

纪宁军　金山街道党工委书记
贺永欣　区卫生健康委员会党委书记、主任、四级调研员
孙　晶　区市场监管局党委书记、局长、知识产权局局长

四、勇于担当好助手

（一）街道

袁　颖　南山街道党工委副书记
耿长旭　官塘桥街道党工委副书记
钱　进　宝塔路街道党工委委员、人大工委主任
戴永能　金山街道党工委副书记、二级主任科员
常耀中　和平路街道党工委副书记、二级主任科员
刘　欢　七里甸街道党工委组织、统战委员
甘文茂　韦岗街道党工委副书记、四级调研员

（二）区级机关部门、区属企事业单位

向　绯　区文体旅游局党组成员、副局长
郭海燕　区科技局副局长
欧阳国良　区水利局党组副书记、副局长、二级主任科员
徐海萍　区委编办副主任、二级主任科员
马　力　区法院党组副书记、副院长
李　俊　区城管局党委副书记、副局长、二级主办
胡志中　区人社局党委副书记、副局长、二级主任科员
曹学卫　区检察院党组副书记、副检察长
张云凯　区农业农村局党委委员、副局长、二级主任科员
王志华　区退役军人事务局党组成员、副局长、四级调研员
张涵宇　区统计局党组成员、副局长
张　晋　区委区级机关工委副书记
杨海莲　区经济发展局党组成员、副局长

润州区新冠肺炎疫情防控工作先进个人名单

镇润发〔2020〕6 号

夏　峰　区卫健委党委委员、金山社区卫生服务中心主任、区疫情防控指挥部医疗救治组副组长
佘上官　润州工业园区社区卫生服务中心护士

“润州区城市经济发展贡献奖”和“润州区城市经济发展促进奖”名单

镇润发〔2020〕8 号

一、润州区城市经济发展贡献奖（优秀企业）名单

江苏银行股份有限公司镇江分行
江苏船山集团有限责任公司
中信银行股份有限公司镇江分行
镇江万达广场投资有限公司
中国农业银行股份有限公司镇江分行
兴业银行股份有限公司镇江分行
中国邮政储蓄银行股份有限公司镇江市分行
镇江市华建工程劳务有限公司
中国光大银行股份有限公司镇江分行
华夏银行股份有限公司镇江分行
镇江华润燃气有限公司
镇江大照集团有限公司
中国电信股份有限公司镇江分公司
镇江建工建设集团有限公司
镇江市润州金山包装厂
江苏瑞祥科技集团有限公司
镇江长申商贸有限公司
江苏南徐中天物业管理有限公司
镇江市星云科技有限公司
镇江市润州区明润农村小额贷款有限公司
镇江城市建设产业集团有限公司
镇江文化旅游产业集团有限责任公司
镇江交通产业集团有限公司
镇江国有投资控股集团有限公司

二、润州区城市经济发展贡献奖（优秀企业家）名单

周元明　江苏银行股份有限公司镇江分行行长
徐加平　江苏船山集团有限责任公司总经理

汤效勇　中信银行股份有限公司镇江分行行长
李　卓　镇江万达广场投资有限公司(镇江万达广场商业管理有限公司)总经理
李　松　中国农业银行股份有限公司镇江分行党委书记、行长
李贵标　兴业银行股份有限公司镇江分行行长
曹锦生　中国邮政储蓄银行股份有限公司镇江市分行行长
朱益群　镇江市华建工程劳务有限公司董事长
刘　俊　中国光大银行股份有限公司镇江分行行长
朱希庭　华夏银行股份有限公司镇江分行行长
林海鹏　镇江鹏龙星徽汽车销售服务有限公司总经理
施善新　中国铁路上海局集团有限公司镇江站站长
王　程　镇江市水上过驳管理服务有限公司总经理
伊　立　江苏镇江建筑科学研究院集团股份有限公司董事长、党委书记、院长
范建芳　中国农业发展银行镇江市分行行长
陈　逵　中国移动通信集团江苏有限公司镇江分公司总经理
徐　勇　镇江和谐建筑劳务有限公司法人代表
胡继增　镇江平安建筑劳务有限公司董事长
孙　康　镇江大润发商业有限公司总经理
徐　波　镇江华江油气工程技术服务有限公司总经理

三、润州区城市经济发展促进奖(先进集体)名单

七里甸街道
宝塔路街道
和平路街道
区委组织部(区人才办)
区财政局
区经济发展局
区商务局
区市场监管局
区科技局
区教育局

四、润州区城市经济发展促进奖(先进个人)名单

郭芷榕　七里甸街道
丁春霞　官塘桥街道
许文珺　宝塔路街道
张　宇　和平路街道
朱俊香　金山街道
孟国曦　韦岗街道
赵　鸣　南山街道
于彬彬　区委办公室
杨　飚　区人大常委会机关
刘　亮　区政府办公室
陆庆宏　区政协机关
孙建民　区纪委监委
徐文军　区委组织部
束志祥　区委宣传部
高　飞　区委政法委
刘秀明　区人民检察院
赵　江　区人民法院
陈伟林　区经发局
张志荣　区司法局
吴建春　区财政局
张国荣　区人社局
欧阳国良　区水利局
向　绯　区文体旅游局
卢惠平　区行政审批局
孙　晶　区市场监管局
张涵宇　区统计局
彭仁发　润州税务局
姜亚东　公安润州分局
钟　灵　市自然资源和规划局润州分局
陈志强　润州区房地产开发有限公司

全区优秀共产党员、优秀党务工作者、先进基层党组织、示范党小组表彰名单

镇润发〔2020〕15号

一、优秀共产党员

汤庆林　七里甸街道曙光村党总支副书记、村委会主任
黄　飞　宝塔路街道同德里社区党委书记、居委会主任
丁　力　和平路街道三茅宫第二社区党委书记
郦玲花　金山街道京畿路社区党支部书记、居委会主任
李　俊　区人民检察院检察官助理
倪　莉　官塘中学德育主任

崔　静　区疾病预防控制中心办公室主任、工会主席
赵庆世　公安润州分局情报指挥中心主任
张　薇　区财政结算中心科员
臧　镇　区房屋征收和拆迁安置中心主任

二、优秀党务工作者

杨　光　七里甸街道万科社区党总支副书记
郭露敏　和平路街道桃园第二社区党委书记
宋国琴　金山街道黑桥社区党总支书记、居委会主任
刘　玥　韦岗街道党工委组织、宣传、统战委员
姜　俊　南山街道回龙社区党支部副书记
左朝芹　区人民法院机关党委副书记、政治处副主任
夏建平　区教育局党委委员、镇江实验学校党总支书记、校长
吕　菁　区市场监管局办公室科员
彭仁发　区税务局党委书记、局长
陈　璐　区人社局办公室主任

三、先进基层党组织

七里甸街道新城社区党总支
官塘桥街道官塘桥村党总支
宝塔路街道黄山社区党委
和平路街道三茅宫第一社区党委
区科技局党支部
南徐小学党支部
区城管局机关党支部
宝塔路社区卫生服务中心党支部
区市场监管局第三分局党支部
公安润州分局竹林路派出所党支部

四、示范党小组

七里甸街道机关第二党支部复工护航党小组
官塘桥街道平山村第二党支部第三党小组
金山街道迎江路中心社区康乃馨党支部第一党小组
韦岗街道机关党支部巾帼党小组
南山街道檀山社区党支部第一党小组
区交通运输局党支部第三党小组
区农业农村局机关党支部第一党小组
工业园区社区卫生服务中心党支部临床党小组
区房地产开发有限公司党支部财务党小组
区税务局第一党支部第三党小组

2018—2020 年度区级文明系列单位名单

镇润发〔2020〕19 号

一、文明行业

镇江市润州区公安系统
镇江市润州区自然资源和规划系统
镇江市润州区市场监督管理系统
镇江市润州区教育系统

二、文明单位

镇江市公安局润州分局
镇江市润州区人民法院
镇江市润州区人民检察院
镇江市公安局交警支队润州大队
镇江市支队润州区消防救援大队
镇江市润州生态环境局
国家税务总局镇江市润州区税务局
镇江市润州区水利局
镇江市润州区人力资源和社会保障局
镇江市润州区审计局
镇江市润州区统计局
镇江市润州区商务局
镇江市润州区科学技术局
镇江市公安局润州分局宝塔路派出所
镇江市自然资源和规划局润州分局蒋乔中心所
镇江市自然资源和规划局润州分局城西中心所
镇江市七里供销合作社
镇江市润州区黎明社区卫生服务中心
镇江市润州区妇幼保健计划生育服务中心
镇江市润州区七里甸街道社区卫生服务中心
镇江市润州区宝塔路社区卫生服务中心
镇江市润州区金山街道社区卫生服务中心
镇江市润州区市场监督管理局第一分局
镇江市润州区市场监督管理局第二分局
镇江市润州区市场监督管理局第三分局
镇江市润州区市场监督管理局第四分局
镇江市润州区市场监督管理局第五分局
镇江市消防救援支队润州区大队南山路消防救援站
镇江市中山西路幼儿园

镇江市润州区金山水城幼儿园
镇江市九华山庄幼儿园
镇江市润州区南徐新城幼儿园
镇江市润扬幼儿园
镇江金莲食品有限公司
中国农业银行股份有限公司镇江润州支行
江苏佬土火锅餐饮管理有限公司
镇江市永盛环卫服务有限公司
太平保险(镇江)支公司
江苏瑞祥科技集团有限公司

三、文明社区

七里甸街道四圩社区
七里甸街道新城社区
七里甸街道五里社区
七里甸街道万科社区
七里甸街道光华(朱方路)社区
七里甸街道天和星城社区
七里甸街道七里甸社区
七里甸街道金星社区
七里甸街道南徐(曙光)社区
官塘桥街道宝平社区
官塘桥街道远洋社区
宝塔路街道黎明社区
宝塔路街道金桥社区
宝塔路街道同德里社区
宝塔路街道广东山庄社区
宝塔路街道车站社区
宝塔路街道润州花园社区
宝塔路街道黄山社区
宝塔路街道运河社区
宝塔路街道凤鸣新村社区
宝塔路街道庄泉社区
和平路街道桃园社区
和平路街道金山社区
和平路街道三茅宫第一社区
和平路街道金泉社区
和平路街道金湖(金山水城)社区
金山街道银山门社区
金山街道红光(太古山)社区
金山街道杨家门社区
金山街道西津古渡社区
金山街道迎江路中心社区
金山街道京畿路社区
金山街道风车山社区
金山街道润州山路社区
南山街道回龙社区
南山街道檀山社区
南山街道五凤口社区

四、文明校园

江苏省润州中等专业学校
镇江实验学校
镇江市润州区实验小学
镇江市宝塔路小学
镇江实验学校魅力之城分校
镇江市金山实验学校
镇江市润州区南徐小学
镇江市孔家巷小学
镇江市桃园中心小学
镇江市朱方路小学
镇江市官塘桥中心小学
镇江市官塘中学
镇江市穆源民族学校
镇江市中华路小学
镇江市金山小学
镇江市蒋乔中心小学
镇江市韦岗小学

五、文明村

官塘桥街道秀山村
官塘桥街道平山村
官塘桥街道官塘桥村

润州区见义勇为先进个人名单

镇润政〔2020〕21号

张维萍	镇江市排水管理处员工
匡洪生	镇江江天集团有限公司员工
谷玉和	江苏瑞祥科技集团技术部员工
张明东	镇江市润州区官塘绿苑居民
沈小保	韦岗伏击战纪念馆讲解员

新任区领导

梁 亮

2020年11月任润州区委常委、组织部部长。

1978年12月生，汉族，江苏镇江人，在职大学学历，1999年2月加入中国共产党，1997年9月参加工作。

1997年6月在镇江电子工业学校模具设计与制造中专毕业；1997年9月在镇江通讯广播设备厂工作；1997年12月在部队服役；1999年12月在江苏赛博电子公司物流中心工作（其间：2002年7月江苏省高教自考经济管理大专毕业）；2003年6月在句容市政府办公室工作，历任科员、财贸科副科长、科长（其间：2004年12月江苏省高教自考新闻学本科毕业）；2008年11月任句容市政府办公室副主任；2013年4月任句容市下蜀镇党委副书记、镇长，临港工业集中区管委会常务副主任；2014年10月任句容市下蜀镇党委副书记、镇长；2015年9月任句容市宝华镇党委书记、宝华山管委会主任；2017年12月任句容茅山湖旅游度假区管理办公室主任；2019年8月任镇江市党员干部现代远程教育中心（市党员电化教育中心）主任；2020年11月任区委常委、组织部部长；2020年12月任区委常委、组织部部长、党校校长、区行政学院院长。

周向群

2020年01月任区人大常委会党组成员、副主任。

1966年10月出生，汉族，江苏句容人，在职大学学历，1992年11月加入中国共产党，1984年10月参加工作。1984年10月句容下蜀工商所工作；1990年12月润州区监察局工作；1993年02月区纪委纪检监察员；1996年8月区纪委纪检监察室主任（副局级）（其间：1997年06月江苏高教（南大）自考法律大专毕业）；1998年11月区检察院党组成员、副检察长（正局级）（其间：2001年12月中央党校法律大学毕业）；2002年12月区纪委常委、监察局副局长（正局级）（其间：2005年03月东南大学（远程教育）法律大学毕业）；2010年1月区纪委副书记、监察局局长；2017年8月区纪委副书记、监察局局长、区委巡察工作办公室主任；2018年1月区纪委副书记、监察委员会副主任、区委巡察工作办公室主任；2019年6月套转为四级调研员；2020年1月区人大常委会党组成员、副主任。

赖忠民

2020年8月任区政府党组成员、副区长。

汉族,江西赣州人,1978年1月生,2003年04月参加工作,1999年1月加入中国共产党,研究生学历、工学博士。1996.09—2000.07华东船舶工业学院材料学院材料加工工程专业本科学习;2000.09—2003.03华东船舶工业学院材料学院材料加工工程专业研究生学习;2003.04—2007.11江苏科技大学材料学院教师;2007.11—2011.04江苏科技大学人事处教师科科长(其间:2007.03-2011.03南京航空航天大学材料加工工程专业博士研究生学习);2011.04—2011.05江苏科技大学人文社科学院党总支副书记;2011.05—2012.05江苏科技大学马克思主义学院党总支副书记;2012.05—2014.07江苏科技大学马克思主义学院党委副书记(其间:2012.10-2014.10挂任响水县人民政府副县长);2014.10—2016.06江苏科技大学科技处副处长(其间:2015.07-2015.08挂任镇江市科技局副局长);2015.08—2020.08镇江市科技局副局长(其间:2018.01-2019.01挂任镇江高新区管委会副主任);2020.08—至今镇江市润州区人民政府副区长。

刘向华

2020年1月任润州区政协副主席。

1972年4月生,汉族,江苏镇江人,在职研究生学历,农工党党员,1993年7月参加工作。

1990年7月—1993年7月份镇江市高等专科学校中文秘书专业学习;1993年7月—1998年11月镇江市地质矿产局办公室科员;1996年7月—1999年7月江苏大学会计学专业(本科)学习;1998年11月—2004年9月镇江市地质矿产研究所副所长(副科级);2004年9月—2005年9月润州区教育局审计中心科员;2005年9月—2006年9月润州区教育局审计中心主任;2007年7月—2010年7月江苏省委党校国民经济专业(研究生)学习;2006年9月—2008年12月润州区教育局计财科科长兼结算中心主任;2006年9月—2008年9月和平路街道一泉村主任助理(挂职锻炼);2008年12月—2016年10月润州区监察局副局长;2016年10月—2019年2月润州区政协办公室主任;2019年2月—2020年1月润州区文化体育和旅游局局长;2020年1月—2021年3月润州区政协副主席,兼区文化体育和旅游局局长;2021年3月—润州区政协副主席,兼区商务局局长。

重要文件选录

中共镇江市润州区委 镇江市润州区人民政府
关于印发《润州区关于加快推进产业发展的政策意见(修订版)》的通知

镇润发〔2020〕9号

各街道党工委、办事处,各场圃,区各部委办局,各人民团体,各直属单位:

《润州区关于加快推进产业发展的政策意见(修订版)》已经区委全面深化改革委员会会议研究同意,现印发给你们,请认真抓好贯彻落实。

中共镇江市润州区委员会　　镇江市润州区人民政府

2020年3月30日

润州区关于加快推进产业发展的政策意见(修订版)

为加快构建城市经济产业体系，推动经济高质量发展，结合我区实际，特制定如下政策意见：

一、支持项目投资

1.支持重大项目引进。对新引进总投资1亿元以上的先进制造业项目和战略性新兴产业项目，总投资5000万元以上的现代服务业项目，总投资1000万元以上的科技创新项目和农旅结合项目进行重点扶持，综合考虑项目实际投资额、项目技术水平及预期产出等因素，按实际投资额的1%给予奖励，最高不超过1000万元。根据建设周期，按开工、竣工、投产三个节点4：4：2的比例进行兑现，其中开工阶段奖励须在完成计划总投资30%以后兑现，最长不超过3年。

2.支持工业企业技改投入。对列入区重点产业项目投资计划，年度新增技术和设备投资额在1000万元以上的工业技改项目，其中设备投资不低于600万元。项目竣工后，按新增技术和设备投资的5%给予奖励，最高不超过150万元。项目周期不超过2年。

3.鼓励生产性服务业投入。优先发展研发设计、信息技术服务、节能环保服务、检验检测认证、电子商务、商务服务等生产性服务业，经备案的企业，项目设备、研发投入等实际投资达到200万元以上，项目周期不超过1年，在项目竣工验收后按实际投资额的5%给予奖励，最高不超过50万元。

4.支持生活性服务业提升。对新引进或改造提升的健康养老、文化体育产业、社区服务等方面的项目，设备、研发等实际投资额达到500万元以上的，项目周期不超过1年，在项目竣工验收后按实际投资额的3%给予奖励，最高不超过50万元。

5.支持企业信息化建设。

(1)鼓励发展“互联网+社区商业”，依托互联网平台，在我区内品牌连锁总部当年新开设10家门店以上的，给予区内单个门店1万元奖励，单个企业累计不超过20万元；

(2)鼓励“企业上云”，对企业采购云服务的，按其实际投入金额的20%给予一次性奖励，最高不超过20万元。

6.鼓励外商投资。对新引进的外商投资企业，或现有企业的增资扩股，根据其到位外资额度给予一定比例的奖励。其中，对于战略性新兴产业、生产性服务业、生活性服务业等企业，经认定后，按实到外资额的2%给予奖励，同一企业当年奖励额度最高不超过200万元人民币；金融等其他产业，经认定后，按实到外资额的1%给予奖励,同一企业当年奖励额度最高不超过200万元人民币。

二、支持特色产业发展

7.鼓励发展总部经济。新引进或新设立的总部企业，经认定后给予以下扶持政策：

(1)落户奖励。按企业实际到位注册资本的1%给予补贴，分5年兑现，每年20%，总额累计最高不超过500万元。

(2)办公用房补贴。在本区新建或购买办公用房的，按购建费的3%给予补贴，自取得产权证后分3年兑现，最高不超过400万元。在本区租赁办公用房的，3年内按同地段租金市场指导价20%给予补贴，最高不超过100万元。

(3)经营贡献奖励。自税务注册登记年度起，按区级经济贡献前2年60%、后3年40%的标准给予奖励。

(4)高管奖励。5年内对企业高管(每家不超过5人)予以奖励，奖励标准为年度个人区级经济贡献的100%。

区内现有企业职能归并提升为服务业总部企业的，以第一次认定的上年度综合经济贡献为基数(不足500万元的，以500万元计)，按区级经济贡献新增部分前2年80%、后3年50%的标准给予奖励。

(总部企业认定标准另订)

8.加快发展现代金融业。

——鼓励新引进银行(保险)金融机构，给予以下扶持政策：

(1)办公用房补贴。在本区新建或购买办公用房的，按购建费的3%给予补贴，自取得产权证后分3年兑现，最高不超过400万元。在本区租赁办公用房的，3年内按同地段租金市场指导价20%给予补贴，最高不超过100万元。

(2)高管奖励。企业年度综合经济贡献达到1000万元及以上的，5年内对企业高管(每家不超过5人)予以奖励，奖励标准为年度个人区级经济贡献的100%。

——鼓励新引进各类股权投资公司、股权投资基金及管理企业，给予以下扶持政策：

(1)落户奖励。注册资本1亿元以上的，按实际投资我区项目资金额的1%予以补贴，最高不超过300万元，分5年兑现。

(2)办公用房补贴。按其管理基金规模，给予不超过100万元的购租房补贴(具体由落户协议明确)。

(3)项目退出奖励。股权投资机构在本区实现投资项目退出的，退出后按其年度区级经济贡献的60%给予奖励。

(4)高管奖励。5年内对企业高管(每家不超过5人)予以奖励，奖励标准为年度个人区级经济贡献的

100%。

9.鼓励打造特色产业楼宇。对认定为特色产业楼宇的(不含软件和信息技术服务业专业楼宇),当年度楼宇内所有企业综合经济贡献首次达到1000万元、2000万元、3000万元、5000万元、1亿元的分别给予楼宇运营管理机构20万元、30万元、40万元、50万元、100万元的一次性奖励。

(特色产业楼宇认定标准另订)

10.支持产业链整合。对当年新引进的区重点项目,该项目落户后其关联企业转入我区纳税的,经认定,关联企业区级经济贡献按前2年60%,后3年40%的标准给予奖励。

11.支持软件与信息服务业发展。具体参照《关于促进软件和信息技术服务业加快发展的若干政策》(镇润政办〔2019〕36号)执行。

12.加快现代旅游业发展。具体参照《润州区鼓励支持旅游业发展的若干政策》执行。

13.支持服务外包发展。对于年度服务外包实际执行总额1000万元以上,且年度区级经济贡献总额30万元以上的企业,按照区级经济贡献增量部分的40%给予奖励。

三、支持科技创新和载体建设

14.鼓励创建高新技术企业。对列入省高新技术企业培育库的企业奖励5万元。对首次认定的国家高新技术企业奖励10万元,对获得重新认定的国家高新技术企业奖励5万元。省级以上(含省级)孵化器(众创空间)每孵化一家国家高新技术企业给予运营主体3万元奖励。

15.鼓励企业产学研合作。企业与高校院所开展产学研合作项目,有正式技术合同并实施,按照当年度企业实际支付合作经费的10%予以扶持,单个企业不超过10万元。

16.实施专利资助。国内发明专利授权后,每件给予3000元资助;实用新型专利授权后,每件给予1000元资助;外观设计专利授权后,每件给予500元资助。资助标准不高于缴纳的官方规定费用和实际发生的专利代理服务费总额。申请并受理的国际专利(PCT)按实际缴费额的50%给予补贴,最高不超过10万元。

17.支持企业研发机构建设。对新认定的企业工程(研究)中心、企业技术中心以及工程技术研究中心,国家级的奖励50万元、省级的奖励20万元。对被认定为省级企业院士工作站的奖励20万元。

18.支持公共服务平台建设。经认定为公共技术平台、公共服务平台以及科技企业孵化器(加速器)和众创空间的,国家级的奖励50万元、省级的奖励20万元。对新获批的市级公共服务平台奖励10万元。

四、支持企业创先争优

19.对新获"省长质量奖"称号的企业奖励25万元、"市长质量奖"称号的企业奖励10万元。

20.对新获国际标准、国家标准、行业标准、地方标准的第一起草单位和第二起草单位分别奖励15万元、10万元、3万元、3万元。

21.支持企业"两业融合"发展。鼓励先进制造业和现代服务业融合发展的新技术、新产业、新业态、新模式,对新认定省级"两业深度融合"企业试点或示范的,给予10万元一次性奖励。

22.对国家级"单项冠军"企业奖励20万元。对认定为"专精特新小巨人"的企业,国家级的奖励20万元、省级的奖励10万元。

23.鼓励建筑类企业资质晋级。对当年新晋升为建筑工程施工总承包二级资质、一级资质、特级资质的企业, 分别给予10万元、30万元、50万元的一次性奖励。

五、支持人才和产业融合发展

24.对新入选的被评为"金山英才"和"润州英才"计划的人才给予一定额度的资金补助。对入选市级以上人才工程超5年、近3年应税销售均超2000万的人才创业企业,给予不超过50万元一次性创业奖励。具体政策分别参照《关于印发镇江"金山英才"计划的通知》和《关于实施"润州英才"计划的意见》《关于进一步优化人才发展环境的实施意见》《关于进一步加强"双招双引"工作的实施办法》执行。

六、支持企业做大做强

25.鼓励企业提高经济贡献。对年度综合经济贡献突出的企业班子成员予以奖励,其中法人代表不低于奖励总额的50%。

(1)对年度综合经济贡献全区排名前十的企业(房地产业除外),第1名给予20万元奖励,第2~5名给予15万元奖励,第6~10名给予10万元奖励。

(2)对年度综合经济贡献在500万元以上且增幅在全区排名前十的企业(房地产业除外),第一名给予15万元奖励,第2~5名给予10万元奖励,第6–10名给予5万元奖励。

26. 对获得区委、区政府评定的优秀企业颁发奖牌,优秀企业家颁发奖章。

27.鼓励企业上市。对企业在境内证券交易所首发上市的,分阶段予以奖励,奖励总额300万元。对企业在新三板挂牌的,分阶段予以奖励,奖励总额最高100万元。具体参照《关于扶持企业上市工作的实施意见》(镇润政发〔2015〕41号)执行。

七、配套政策

28.设立产业发展专项资金。年度资金规模拟定为5000万元,由区财政每年安排预算,专项用于本政策的奖励兑现、补贴、"双招双引"工作经费等。

29.设立产业引导基金。基金规模首期拟定为1亿元,由区财政和社会募集资本设立,作为母基金,通过参股设立产业子基金，引导社会资本发展本区先进制造业和现代服务业。

八、实施要求

1.成立区产业发展政策服务工作领导小组，区政府主要领导任组长、分管领导任副组长，成员单位由区经发局、财政局（金融办）、商务局、科技局、人才办、统计局、市场监管局、住建局、文体旅局等部门组成，领导小组办公室设在区经发局。

2.建立相应的联席会议制度，由区领导小组办公室牵头负责实施细则的制定、解释、宣传和落实兑现工作。

3.在评审年度扶持资金时，除新引进、新设立的外，要考虑企业当年经济贡献情况，原则上奖补总额不高于年度区级经济贡献额度。本意见中同一项目、同一事项不得多头申报，按"就高不就低、不重复享受"原则确定资金扶持额度。奖补对象不包含房地产项目和政府性投资项目。

4. 对符合本区产业发展方向的重大产业项目，可按"一事一议"给予扶持。

5.对出现严重安全生产事故、环保违法、偷税漏税等失信行为以及其他违法行为的，实行一票否决。

6.享受本政策扶持的企业，须承诺5年内注册地不迁离本区，不改变在本区的纳税义务，不减少注册资本。若被扶持企业违背承诺，将追回已经发放的扶持资金。

7.除项目开工奖外，其他项目集中申报时间为每年12月26日—次年1月31日。

8.本意见自发布之日起施行。原《润州区关于加快推进产业发展政策意见（试行）》（镇润发〔2018〕12号）废止。

关于印发镇江市润州区长江禁捕退捕工作实施方案的通知

镇润政〔2020〕24 号

各街道办事处，各场圃，区各委办局，各直属单位：

《镇江市润州区长江禁捕退捕工作实施方案》已经区政府同意，现予印发，请认真组织实施。

镇江市润州区人民政府

2020 年 8 月 10 日

镇江市润州区长江禁捕退捕工作实施方案

为深入贯彻落实习近平总书记等中央领导关于长江禁捕工作的重要指示批示精神，进一步落实党中央、国务院和省委、省政府有关部署要求，切实保护长江水生生物资源，持续改善长江生态环境，制定本实施方案。

一、总体要求

以习近平新时代中国特色社会主义思想为指导，深入学习贯彻习近平生态文明思想，全面落实习近平总书记关于长江"共抓大保护、不搞大开发"的重要指示批示精神，按照党中央、国务院和省委、省政府决策部署，把修复长江生态环境摆在压倒性位置，把长江禁捕作为重要的政治任务，全面推进长江镇江段禁捕退捕工作，严厉打击违法犯罪，维护退捕渔民合法权益，坚决打赢长江禁捕退捕攻坚战。

二、基本原则

（一）全覆盖自查。全面对标对表国家和省要求，在已经全面退捕的基础上，切实开展"回头看"工作，完善渔民退捕建档立卡和培训就业工作，确保退得彻底稳妥。

（二）全方位禁捕。在规定的禁捕范围、禁捕时间内，任何单位和个人未经批准不得从事捕捞；严禁收购、运输、销售、经营长江非法渔获物。

（三）全链条执法。提升执法能力，加大执法力度，强化联合执法监管，以"零容忍"态度坚决打击，斩断非法捕捞、运输、销售、餐饮等地下产业链，形成强力威慑。

（四）全过程监管。在开展专项行动、集中攻坚的同时，完善常态化、长效化监管机制，实现退捕渔民转产安置、生计保障全覆盖。

三、目标任务

按照"禁得住、退得出、稳得住、管得好"的要求，国家级、省级水生生物保护区实行常年禁捕，长江干流镇江段（含入江河流口上溯1千米,1千米范围内有闸的以闸为界)实行暂定10年禁捕,禁捕期内生产性捕捞和娱乐性垂钓全面禁止,做到无捕捞渔船、无捕捞网具、无捕捞渔民、无捕捞生产,实现清船、清网、清江、清湖,确保水生生物资源得到有效保护。对有劳动能力的退捕渔民实现就业帮扶全覆盖,符合条件的退捕渔民实现养老保险、医疗保险、低保、困难救助、上岸定居等全覆盖,确保退捕渔民生计得到保障。

四、重点工作

（一）广泛宣传禁捕要求。按规定发布禁捕通告,明确禁捕时间、禁捕范围、禁止事项、违禁处罚等内容,在沿江重点地段、重点地区竖立警示牌,发挥警醒警示作用。采取电视、报纸、广播等多种载体,利用典型案例等形式进行现场释法、以案说法;建立举报机制,设立举报电话、公布举报信箱,强化舆论监督和社会监督,拓宽监督渠道,形成群众广泛参与、部门联合监管的良好氛围。

（二）组织开展退捕“回头看”。对已退捕渔民进行全面核查,重点查“船网证”是否处置到位、就业社保是否落实到位、补偿资金是否发放到位等,确保做到每船必核、每户必验、每人必查。确保退捕渔民所有建档立卡信息全部录入农业农村部长江流域退捕鱼船管理信息系统。

（三）严厉打击违法捕捞行为。采取联合检查与专业执法、全江段与分片区检查、水上巡航与陆上排查、白天巡查与夜间伏击、日常巡查与突击检查相结合等方式,迅速开展打击非法捕捞专项整治行动,严厉打击违法犯罪行为,形成严打高压态势,坚决遏制非法捕捞。依法严厉打击“电毒炸“绝户网”等使用禁用工具或禁用方法的非法捕捞行为。

（四）坚决斩断非法产业链。深挖细查非法捕捞案件,追查历次作业情况、非法渔具来源和渔获物去向,坚决打掉职业化、团伙化的非法捕捞违法犯罪网络,实现全流程溯源、全链条打击。聚焦退捕渔民、“三无”船舶、水产市场、餐饮行业等重点,通过入户走访、数据比对筛查、情报研判导侦、在侦案件扩线等途径,深入排摸梳理各类案件线索,及时开展核查处置。聚焦生产厂家、电商平台、渔具销售店铺等市场主体,依法严厉打击制造和销售“电毒炸”工具、非法网具、禁用渔具以及发布非法广告信息等违法行为。聚焦水产品交易市场、涉渔餐饮场所等市场主体,依法严厉打击收购、加工、销售、利用非法渔获物等违法交易行为,禁止非法渔获物上市交易消费;加大对打着长江野生旗号的餐饮场所检查监督力度,追溯来源渠道,对违法的进行严厉追责。聚焦“三无”船舶专项整治,设立集中扣船点,依法进行没收、拆解、处置,并追查非法建(改)造的市场主体,通报船舶制造业行业管理部门。

（五）完善多维惩戒机制。强化公安、渔政、交通、水利、市场监管等部门协同联动,推动建立完善联合执法、联合办案、异地协查机制,建立有奖举报制度,健全非法渔获物、禁用的工具和方法等违法犯罪证据鉴定体系。建立健全涉渔行政执法与刑事司法“两法衔接”长效机制,完善信息共享、情报互通等制度,完善涉渔犯罪案件移送标准、案卷规格和程序要求,统一涉渔犯罪案件追诉标准、证据规格和裁判指引,建立疑难案件会商研究机制。依法从重从快处理一批典型案件。

（六）加强执法能力建设。加强渔政执法队伍建设,在退捕渔民中聘用符合条件的“护渔员”,变“捕渔”为“护渔”,协助开展全江段巡查管护工作,建立群管群防体系。以数据大整合、高共享、深应用为着力点,推广应用现代化、信息化、智能化管理手段,充分利用公安、海事、水利等涉水部门监控平台设备,在长江沿线重点部位布设高清探头,消除监控盲区,努力构建全水域、全时段监控网络。

（七）切实保障退捕渔民生活。聚焦“应转尽转、应帮尽帮”,对有劳动能力的退捕渔民,加强职业技能培训和职业介绍服务,支持自主创业并按规定给予创业补贴、带动就业补贴、富民创业担保贷款及贴息政策;通过政府购买服务方式,按程序开展公益岗位定向招聘,做好退捕渔民转产就业工作。聚焦“应保尽保、应补尽补”,确保符合参保条件的退捕渔民“参保登记、参保缴费、社保待遇”全覆盖、全到位。聚焦“应救尽救、应助尽助”,围绕失业登记、临时生活补助、临时救助、最低生活保障、特困人员救助供养、医疗救助、住房保障等方面,依法依规、分类施策做好退捕渔民生计保障工作。

（八）抓好水产品稳产保供。稳定淡水水产养殖面积,多措并举抓好渔业生产,积极发展特色渔业和特种水产品生态养殖。推广设施渔业,引导和扶持发展引进江水养殖,把资源优势转化为特色水产品的产业优势，扶持以地域特征为标志的产地品牌和企业品牌,满足广大消费者对优质水产品日益增长的消费需求。

五、实施步骤

（一）攻坚行动阶段(2020年7月31日前)。重点开展打击非法捕捞、监管涉渔交易市场、监督涉渔经营消费等联合执法,宣传、公安、市场监管、海事、交通、商务、农业农村等部门要按照职责分工,开展以“专项执法为主,联合执法相结合”的执法行动,严格落实长江水生生物资源全产业链监管责任。牵头单位及各相关部门执法行动每周不少于2次， 全区综合执法每月不少于3次。

（二）规范提升阶段(2020年8月1日至12月31日)。牵头单位及各相关部门执法行动每周不少于1次,全区综合执法检查每月不少于1次。总结落实有效的禁捕管理制度和监督措施，加强后续管理，巩固禁捕成果，做好禁捕期间阶段性工作总结；由区禁捕工作领导小组对各部门禁捕工作进行督导检查。

（三）长效监管阶段（2021年1月起）。不断健全工作制度、创新执法方式、加强监督举报，建立属地主体、区域协作、部门联动、社会群防群治的长江禁捕长效管理机制。每年由区禁捕工作领导小组对各部门禁捕工作进行考核评估。

六、保障措施

（一）强化组织领导。成立镇江市润州区长江禁捕退捕工作领导小组，由区政府主要领导担任组长，领导小组下设办公室和退捕推进、社会保障、执法整治、市场监管、宣传引导、督导督查六个专项组。各街道要严格落实属地责任，办事处主要负责人担任领导小组组长，建立健全领导机构和推进机制，负责本辖区内的长江禁捕、渔民生计保障和禁捕执法管理等各项工作。相关部门各尽其责、密切协作、协调联动，共同把禁捕工作落到实处。

（二）完善工作机制。各成员单位明确1名分管领导和1名联络员，负责协调联动、定期协商、信息互通等工作。加强和改善执法监督，强化舆论监督和社会监督，有效推进禁捕工作落到实处。

（三）优化绩效考核。将长江禁捕工作纳入区相关部门、各街道高质量发展考核和河长制等目标任务考核体系。区禁捕工作领导小组各成员单位要做到目标明确、责任落实、定期通报、考核到位。各街道要进一步落实好目标责任，确保完成年度考核任务。

（四）落实工作保障。区级财政加大长江禁捕工作经费保障力度，各有关部门要加大执法管理投入力度，加强执法人员和装备配备，加快执法基地建设，加大渔民就业培训投入，引导渔民转产就业，维护渔区稳定。

（五）强化督查问效。将督查与问效、问责贯穿禁捕工作全过程，及时发现薄弱环节和突出问题，督促即知即改、立行立改；对禁捕退捕工作不力、责任落实不到位等进行约谈、通报，对造成严重后果、出现冲击社会道德底线事件、群体性事件的要追责问责，对违法违纪行为依法依规坚决查处。

附件（略）

中共镇江市润州区委办公室关于实施城市基层“大党建·微治理”的意见

镇润办发〔2020〕31 号

各街道、场圃党（工）委，区委各部委办局，区各委办局党组（党委），各人民团体，各直属单位：

为深入贯彻落实党的十九届四中全会精神，全面加强全域党建引领基层善治，推动基层党建和基层治理紧密结合，着力打造共建共治共享的社会治理格局，现就在全区开展“大党建·微治理”，制定如下意见。

一、总体目标

在全域党建的基础上，聚焦基层治理重难点问题，全面推行“333”工作法实现“三创三提”：整合“3 种力量”，即组织力量、社会力量、居民力量；推动“3 个下沉”，即治理重心下沉、资源下沉、服务下沉；做到“3 个转变”，即组织引领由“封闭型”向“全域型”转变、网格治理由“管理型”向“服务型”转变、服务能力由“单一型”向“复合型”转变，最终实现“组织创强提效、网格创优提质、队伍创活提能”，用党的资源来撬动社会资源，切实把“大党建”的合力转化为“微治理”的成效，形成“民有所呼，我有所应”的治理格局。

二、主要内容

（一）组织创强提效，引领多元协作，重点解决组织覆盖“形多于质”的问题。

1. 建强网格组织。结合社区（村）实际，采取设立党支部、党小组或行动支部等形式建强网格党组织，积极推动网格党组织负责人、网格长“一肩挑”。非公企业、商务楼宇、重大产业项目等专属网格党组织应建尽建，2020 年底，网格党组织覆盖率达 100%。网格党组织每月至少召开 1 次例会，向每户发放连心服务卡，公开党员联系方式和服务事项，实现居民有需求、组织有反应、党员在行动。切实发挥党建引领作用，在城市经济、城市建设、城市民生、城市治理四个方面展现新作为。

2. 优化共建载体。强化街道“大工委”、社区“大党委”标准化建设，切实发挥在“微治理”中的重要作用。调优更新“大工委”“大党委”成员，吸纳共建单位、物业服务企业等党员负责人担任“兼职委员”，由街道党工委统一扎口，上报区级“指导委”备案。每季度开展联席会议，明确“实事共办、大事共议、要事共决、急事共商、难事共解”基本原则。在基层治理中，涉及责任主体多头、影响范围广泛等重难点问题，应及时会商会办。将街道“大工委”、社区“大党委”运转实效纳入全区综合考核指标体系。

3. 吸纳多元主体。深化全域党建,用好用活资源、需求、项目“三个清单”,实行双向联系、双向服务、双向认领“三个双向”机制,整合推动各领域党建力量向基层下沉、在基层聚集。深化居民点单、党组织下单、党员接单“三单式”工作模式,积极吸纳“两新”、法律、文化等专业队伍广泛参与,提升基层治理的精准性和多样性。

(二)网格创优提质,缩微治理单元,重点解决治理服务“虚多于实”的问题。

4. 夯实网格基础。立足社区(村)实际,优化调整现有网格,提高网格设置科学性。清单化明确网格工作职责,确保责任到人,严格落实“日走访、周分析、月汇总”,网格走访年入户率达100%。做实网格内人口、房屋、党员、党组织等基础信息数据采集,细化数据分类、定期更新维护,2020年底前实现网格信息准确率动态保持95%以上。

5. 丰富议事机制。建立健全党组织引领下的居民代表议事制度、“网格党组织、业委会、物业”三方议事机制、“两代表一委员”联系社区(村)机制。规范“六步议事”工作法,普遍开展民生实事需求征集,聚焦居民日常“小事”治理,依据“空间相近、规模适度、意愿趋同、利益共享”原则,实现协商合作、达成共识、集体行动,每年至少解决1~2项基层群众热切希望解决的难点问题。

6. 提升运行质效。推动“多网合一”、网格警格融合,赋予网格员解决问题的合理权限。网格员做好“网格工作日志”记录,按照分级分类处置原则,及时通过“全要素网格通”APP反映、协调群众利益诉求。能够处理的事项及时处理;不能处理的,及时上报社区(村)或街道协调处理;需要区级职能部门处理的,通过街道上报至区级平台分流交办,实现网格治理“信息收集、事件处理、结果反馈”的闭环运作。

(三)队伍创活提能,建强干事梯队,重点解决服务能力“需多于供”的问题

7. 抓好书记队伍。选优配强基层党组织带头人,全面推行社区(村)党组织书记“一肩挑”。社区(村)党组织书记要认真落实“三知三会”要求,走遍所有村(居)民户,与所有党员开展一次谈心谈话,确保提户知人、提人知事、提事知情、提情知策。对社区(村)党组织书记实施一人一档、县乡共管,常态化开展“政治体检”。分层次抓实社区(村)党组织书记集中轮训,围绕党建引领基层治理,确保每人每年至少参加1次培训,时间3~5天;适时举办书记专题沙龙,针对基层治理的难点痛点堵点,开展经验交流与成果分享。

8. 激活社工力量。严格落实“六办六不办”双增双减、“双全”社工轮岗值班,力戒社区工作者机关化倾向,保障所有社工有精力有能力下沉网格聚焦治理服务。社工每月下沉网格时间不低于50小时,及时公开工作轨迹和工作内容,接受居民监督。打造“社工学院”,系统强化社区工作者知识储备、实务技能,提高应急应变、沟通协作等能力。各街道党工委要科学制定社工个人考核评价实施细则,确保网格服务测评占比不低于30%,对排名末20%的社工进行提醒约谈,并报区委组织部、区民政局备案。

9. 配强网格骨干。各街道充实配强各类型网格骨干力量,积极鼓励辖区物业、党员志愿者、热心群众参与网格治理。“三结三定”机关单位下沉结对社区网格,把机关单位党组织负责人编入网格指导员队伍,把机关在职党员编入网格员队伍。明确网格指导员协同处置、网格巡查、资源链接、业务指导等4项职责,明确网格员信息上报、政策咨询、矛盾化解、事件处置、民情收集、代办服务等6项职责。每名机关在职党员确保每月网格服务时间不少于2小时、每月走访户数不少于5户,年内每个“三结三定”单位走遍网格内重点户。将机关在职党员在基层治理中的作用发挥,作为年底评优评先重要参考、“双报到”“双评价”主要内容、机关部门“三结三定”成效评价主要标准。建立激励机制,每季度评选“网格之星”,每年评选“十佳网格员”“网格十大事件”,将网格考核指标完成率作为年度考核和评先评优的重要依据。

三、工作要求

(一)强化组织领导。由区委、区政府分管领导牵头召集,组建区委基层党建“书记项目”联席会议,每月开展一次专题会商,着力解决“一个部门抓不了、多个部门抓不好”的问题。下设工作专班分类分项制定任务清单,分层分级落实到机关部门和街道社区(村),建立月调度、季督导工作推进机制,确保工作落细落地、见效见实。

(二)强化责任落实。将“大党建·微治理”实施情况列入全区年度综合考核和各级党组织书记抓基层党建述职评议考核,并作为机关作风效能建设和党支部评星定级的参考依据。各职能部门要加强日常督查指导,定期查找和通报存在的问题,提出指导意见,督促整改完善。

(三)强化宣传引导。坚持分类指导,典型示范引领,及时培育选树一批先进典型,总结推广基层有效经验和创新做法,将务实管用经验固化为制度成果,切实增强“大党建·微治理”影响力和渗透力,营造全社会普遍关心、共同参与基层治理的浓厚氛围。

附件(略)

中共镇江市润州区委办公室

2020年6月29日

区委办公室　区政府办公室
关于印发润州区推进基层整合审批服务执法力量实施方案的通知

镇润办发〔2020〕33 号

各街道党工委、办事处,各场圃,区各部委办局,各人民团体,各直属单位:

《润州区推进基层整合审批服务执法力量实施方案》已经区委常委会会议研究同意,现印发给你们,请结合实际,认真抓好贯彻落实。

中共镇江市润州区委办公室　　镇江市润州区人民政府办公室

2020 年 7 月 22 日

润州区推进基层整合审批服务执法力量实施方案

为深入贯彻落实《省委办公厅省政府办公厅印发〈关于推进基层整合审批服务执法力量的实施方案〉的通知》(苏办发〔2020〕1号)和《市委办公室市政府办公室印发〈关于推进基层整合审批服务执法力量的实施方案〉的通知》(镇办发〔2020〕17号)精神,结合实际,制定我区推进基层整合审批服务执法力量的实施方案。

一、总体要求

以习近平新时代中国特色社会主义思想为指导,全面贯彻党的十九大和十九届二中、三中、四中全会精神,坚持和加强党的全面领导,践行以人民为中心的发展思想,以构建简约高效的基层管理体制,推进基层治理体系和治理能力现代化为目标,复制推广经济发达镇“加强党的全面领导,审批服务一窗口、综合执法一队伍、基层治理一网格、指挥调度一中心”的“1+4”改革经验,加强党的基层组织建设,改革和完善基层管理体制,推进相关审批服务执法力量向街道集中,确保基层有人有物有权办事,为推动高质量发展走在前列、加快建设“强富美高”新润州提供坚强有力的体制机制保障。

二、主要任务

(一)加强党的全面领导

强化基层全面从严治党,严格落实党建责任,推动基层党建创新发展,真正把基层党建放在心上、扛在肩上、抓在手上,一级抓一级、层层抓落实。

1. 围绕党建引领乡村振兴和助推产业强市,建强党的组织体系,深化基层党建共驻共建,将党支部或党小组建在网格上。通过在街道设立党建工作办公室,配备组织员,增强党务力量。抓好村书记队伍建设,选优配强支部书记、党小组组长,实现党的组织全覆盖、党的工作全覆盖、党的监督全覆盖。(责任部门:区委组织部、区委编办)

2. 完善街道党工委运行机制,规范议事规则和决策程序。完善党建责任清单,推动抓乡促村、整体提升。制定治理结构、服务群众和工作职责等基本规范,推动基层党组织和党员干部群众在基层治理中更好地发挥作用。(责任部门:区委组织部、各街道)

3. 突出政治功能,推动基层党(工)委、支部、党员和群众四个主体联动共进,积极构建“党委抓牢支部、支部严管党员、党员带动群众”机制。以基层党建引领基层治理创新,实现基层党建与基层治理深度融合。(责任部门:区委组织部、各街道)

(二)审批服务一窗口

全面推行“一站式服务”“一门式办理”,充分发挥综合便民服务作用,服务群众,保障民生。坚持将“点多面广、基层管理迫切需要且能有效承接”的权限赋予基层,确保“放得下,接得住,管得好”。

4. 整合基层行政审批和公共服务职责,加快街道为民服务机构建设,完善“线上线下、虚实一体”便民服务平台。整合街道内部决策、管理、监督、服务职责和工作力量、数据信息等,为审批服务等工作提供支持保障。加强为民服务机构与其他职能机构之间的信息交流与协调配合,实现信息公开、数据共享。(责任部门:区行政审批局、区委编办、各街道)

5. 区级部门设在街道的服务窗口进驻街道为民服务机构,纳入统一管理。建立和完善适应基层实际的办事指南和工作规程,实现“一口受理、一窗通办、集成服务”。积极推进“不见面审批(服务)”改革,力争做到“网上办、集中办、联合审、区域评、代办制、不见面”。建立健全街道、村(社区)两级联动的便民服务网络,推进村级便民服务点和网上服务站点全覆盖,直接受理人社、卫健、民政、残联等与百姓息息相关的民生服务事项，积极开展代办帮办代缴代理等便民服务，打通为民服务“最后一公里”。（责任部门：区行政审批局、公安润州分局、区民政局、区人社局、自然资源和规划润州分局、区住建局、区城管局、区卫健委、区市场监管局、区残联、各街道等）

（三）综合执法一队伍

推进行政执法权限和力量向基层延伸和下沉，整合执法资源，“五指抱拳”出击，建立“第一时间发现，第一时间处理，第一时间解决”的行政执法体系。

6. 以城市管理等为重点，整合现有站所、分局执法力量和资源，组建综合行政执法机构，按照有关法律规定相对集中行使行政处罚权以及与行政处罚权相关的行政强制措施和监督检查权，以街道名义开展执法工作，实现“一支队伍管执法”。加强街道综合行政执法机构能力建设，通过资源下沉，确保每个街道配备不少于6名具有行政执法资格人员及相应执法装备，并配备一定数量的执法辅助人员。整合进街道的城市管理执法队员除人员编制关系保持原管理体制不变外，工作关系、组织关系、日常考核等由街道统一管理、统一调配。（责任部门：区委编办、区司法局、区城管局、各街道等）

7. 区级部门要加强对街道综合行政执法机构、执法人员的业务指导、培训监督和沟通协调，做到“谁移交，谁指导”“谁主管，谁监管”，街道要协调配合区级相关执法机构在街道范围内开展联合执法。建立健全街道与区级部门行政执法案件移送及协调协作机制。完善“依据权责清单追责”“双随机一公开抽查”“企业信用承诺、联合惩戒”“重大风险监测防控”“绩效评估”等相关制度，健全事前事中事后综合监管体系。全面落实行政执法公示制度、执法全过程记录制度、重大执法决定法制审核制度。（责任部门：区司法局、区城管局、区人社局、润州生态环境局、区交通运输局、区农业农村局、区文体旅局、区应急管理局、区市场监管局、各街道等）

（四）基层治理一网格

充分发挥“全时空布局、全要素汇集、全方位保障、全过程覆盖”的网格化管理优势，打造共建共治共享的社会治理新格局，提高社会治理社会化、法治化、智能化、专业化水平。

8. 规范设置综合网格。根据人口规模适度、服务管理方便、资源配置有效、功能相对齐全的原则，统一划分设置综合网格，将党的建设、社会保障、平安稳定、应急管理、安全生产、生态环境、城市管理、社会救助等工作纳入网格化服务管理工作范围，实现“多网合一、一网管理”。网格划分后作为村（社区）以下的管理服务单元固定下来，其他任何单位不得另行划分网格。（责任部门：区委政法委、区委组织部、区民政局、区人社局、润州生态环境局、区城管局、区应急管理局、区退役军人事务局、各街道等）

9. 积极推进网格化服务管理标准化建设，合理确定网格公共安全、公共服务、公共管理等职责，科学配置网格力量。配套制定网格管理考核办法，实行定人、定岗、定责，确保网格设置规范、人员配置精干、制度规则完备、责任落实到位、经费保障有力。健全网格化责任落实机制，建立网格工作事项清单和网格工作事项准入机制，通过清单管理、定位管理、节点管理和绩效管理等方法，对网格运行进行全程动态监管，切实提高网格管理规范化精细化水平。加强专兼职网格员队伍建设，每个城市网格配备1名以上专职网格员，鼓励有条件的涉农村（社区）率先配备专职网格员，不断提高专职网格员比例，强化网格员队伍的业务指导和能力建设。（责任部门：区委政法委、区委组织部、区人社局、各街道）

（五）指挥调度一中心

利用现有大数据系统资源，打造一体化综合性指挥平台，实现“一个终端采集、一个中心共享、一个平台联动、一张地图指挥、一个后台管理”。

10. 建立综合指挥平台。全面规范整合各部门专网，以互联网为基础，以综合网格为依托，将网格治理理念与网络信息技术深度融合，坚持建用统一，建立上下贯通、左右衔接的一体化信息系统和综合指挥平台。充分整合街道区域内的人口、企业、地理等各项基础信息，接入“12345”、数字城管、社会治安、安全生产、环境保护、水利等各类信息化管理端口，实现部门端口互联、信息数据共享，建立实时监控、信息归集、研判预警、协调联动、督查考核于一体的综合指挥平台。（责任部门：区委政法委、区委编办、区政府办（区大数据管理局）、公安润州分局、润州生态环境局、区城管局、区应急管理局、区水利局、区行政审批局、各街道等）

11. 强化综合指挥平台与综合行政执法互联互动，实现事件处置迅速、执法精准高效。通过移动终端和执法仪对案件和事件的处理进行全面监控，确保网格管理精准有效，执法行为公开公平公正。加大对网格上报问题的协调调度，加强对政务平台、执法平台、部门数据的分析研判和对区域交通、水电、企业工况的实时监测，为街道运行和应急事件管理提供决策辅助，构建事前事中事后日常监管新模式。（责任部门：区委政法委、区政府办（区大数据管理局）、区行政审批局、各街道）

（六）构建运行高效的机构职能体系

12. 根据精简统一效能、分类统筹优化的原则综合设置7~8个职能机构，严格控制挂牌机构设置。

韦岗街道、南山街道综合设置7个职能机构：1.党政办公室（集成管理指挥中心、网格化服务管理中心）；2.党建办公室（组织员办公室）；3.政法和社会事业局(退役军人服务站);4.经济发展和建设局(农业农村局);5.财政和资产管理局;6.综合行政执法局(综合行政执法管理办公室、安全生产监督管理办公室);7.为民服务中心。

七里甸街道、宝塔路街道、和平路街道、金山街道、官塘桥街道综合设置8个职能机构:1.党政办公室;2.党建办公室(组织员办公室);3.政法和社会事业局(退役军人服务站);4.经济发展和建设局(农业农村局);5.财政和资产管理局;6.综合行政执法局(综合行政执法管理办公室、安全生产监督管理办公室);7.为民服务中心;8.集成管理指挥中心(网格化服务管理中心)。其中七里甸街道、官塘桥街道财政和资产管理局挂"财政分局"牌子,金山街道经济发展和建设局不挂"农业农村局"牌子。

改革成效明显的街道经评估验收合格并按相关程序报批后,为民服务、综合执法和指挥调度机构主要负责人可明确为副科职级。大力推进事业单位改革,将街道所属事业单位整合设置为一个公益一类全额拨款事业单位,原有机构和牌子不再保留。(责任部门:区委编办、区委组织部、各街道)

13. 建立健全街道机构"一对多""多对一"的制度机制,明确政策标准和工作流程,加强督促检查,健全监督体系,规范基层管理行为。除党中央明确要求实行派驻体制的机构外,区级部门设在街道的机构原则上实行属地管理,党组织接受街道党工委领导。继续实行派驻体制的,要制定文件,明确将派驻机构纳入街道统一指挥协调体系,建立健全"基层吹哨,部门报到"的工作机制,日常工作由街道统一考核,其主要负责人任免必须事先征求所在街道党工委意见。(责任部门:区各有关部门、各街道)

(七)推动管理服务重心下沉

14. 根据省赋权清单,由区人民政府制定街道权力清单、责任清单和服务清单,坚持成熟一批、赋予一批,并依法按程序实行动态调整。涉及的行政执法类事项,呈市政府审核后,依法定程序集中报省政府同意。(责任部门:区司法局、区委编办、区行政审批局、各街道)

15. 推进编制资源向街道倾斜,按照"编随事走"原则从上往下跨层级调剂行政编制和全额拨款事业编制给街道。加大人员调配和干部交流力度,将区级部门相关人员充实到街道综合行政执法、为民服务等职能机构。推动街道各类编制资源统筹使用,工作统一管理,进一步盘活街道编制存量,赋予其更加灵活的用人自主权。整合条线辅助人员,由街道统筹指挥调配。根据基层人才需求,按编制数及时补充人员,制定用编用人计划优先保障空编的街道。(责任部门:区委编办)

16. 建立事权和支出责任相适应的财政管理体制,加强人才、技术、资金、网络端口等方面保障。区级政府对下放给街道的事权,要给予相应的财力支持。充分发挥市场机制作用,推动公共服务提供主体和提供方式多元化,建立政府主导、社会参与、公办民办并举的公共服务供给模式。(责任部门:区财政局、各街道)

(八)深化干部人事制度改革

17. 落实机关公务员职务与职级并行制度和事业单位管理岗位职员等级晋升制度,打通街道事业人员晋升壁垒。街道机关事业单位年度考核优秀等次比例可按有关规定适当提高。街道事业人员按实际岗位纳入年终目标考核体系,扩大街道绩效考核分配权,进一步调动基层干部队伍积极性。健全鼓励激励、容错纠错、能上能下"三项机制",激励基层干部担当作为、干事创业。(责任部门:区委组织部、区人社局、各街道)

(九)推进基层减负增效

18. 依法依规建立街道职责准入制度,区级职能部门将职责范围内的行政事务委托或交由街道承担的,须由区委区政府严格审核把关,并充分听取基层意见。全面清理区级与街道签订的各类"责任状"和考核评比等事项,统一规范针对街道的创建达标、评比表彰等活动,切实减轻基层负担。除中央和省委明确要求外,各部门不得以任何形式对街道设置"一票否决"事项。健全与街道职责相适应的考评体系,对街道的检查考核原则上由区委区政府统筹安排,充分发挥考核评价的导向、激励和约束作用。(责任部门:区委办公室、区政府办公室、区纪委监委机关、区委组织部、区人社局)

19. 区级机关一般不得借调街道工作人员,因工作特殊需要短期借调的,在征得街道党工委同意后,须报区委组织部批准并明确借调时间,借调时间原则上每年不超过3个月。(责任部门:区委组织部、各街道)

20. 根据改革发展需要,统筹推动街道行政区划调整,进一步优化区域管理和资源配置。(责任部门:区民政局、区委编办)

三、组织实施

(一)加强组织领导。区机构改革领导小组负责改革的统一领导工作,区机构改革领导小组办公室承担改革的统筹协调工作。各街道党工委承担改革主体责任,要认真研究部署,制定改革方案,统筹推动基层党建、乡村振兴、精准脱贫、新型城镇化等重点工作的配套衔接。要围绕改革难点、工作重点强力推进,落实各项改革任务。区各有关部门要加强协调配合和指导服务,及时研究改革中遇到的困难和问题,形成工作合力,增强改革整体效应。

(二)稳妥有序推进。2020年4月至7月,按照积极稳妥、有序推进的原则,推进全区各项改革任务落实。8月,开展改革评估,全面总结改革经验做法,巩固提升改革成果。要加强舆论宣传,注重典型引路,引导基层党员干部群众理解、支持和参与改革,营造良好改革氛围。

(三)落实工作责任。各街道、各部门对上级明确的改革任务要坚决落实到位,不讲条件、不打折扣、不搞变通、不开口子。要加强对基层整合审批服务执法力量工作落实情况的督导检查,严格执行政治纪律、组织纪律、机构编制纪律、干部人事纪律、财经纪律、保密纪律。要将工作实施情况纳入区委区政府重要决策部署督查任务和巡察范围,强化监督和执纪问责,确保高质量完成改革任务。

(注:原则上责任部门中排第一位的为牵头部门。责任部门只列与该事项直接相关的区级机关部门。)

文件题录

区委

表30

序号	文号	标题
1	镇润发〔2020〕1号	关于印发《〈市委第二巡察组关于巡察润州区5个村(社区)党组织的反馈意见〉整改工作方案》的通知
2	镇润发〔2020〕2号	关于授予七里甸街道等8个领导班子、戴克祥等28名同志2019年度“三聚三提五创”活动荣誉称号的决定
3	镇润发〔2020〕4号	关于深入贯彻落实习近平总书记重要指示精神切实加强党的领导坚决打赢疫情防控阻击战的通知
4	镇润发〔2020〕5号	关于调整区委常委、副区长挂钩基层联系点的通知
5	镇润发〔2020〕6号	关于表彰新冠肺炎疫情防控工作先进个人的决定
6	镇润发〔2020〕7号	关于印发《中共镇江市润州区委常委会2020年工作要点》的通知
7	镇润发〔2020〕8号	关于颁发“润州区经济发展贡献奖”和“润州区城市经济发展促进奖”的决定
8	镇润发〔2020〕9号	关于印发《润州区关于加快推进产业发展的政策意见(修订版)》的通知
9	镇润发〔2020〕10号	关于印发《润州区争先创一流展现新作为推动高质量发展行动方案》的通知
10	镇润发〔2020〕11号	关于调整区委政法委员会组成人员的通知
11	镇润发〔2020〕12号	关于进一步加强全区党管武装工作的实施意见
12	镇润发〔2020〕14号	关于印发《润州区关爱激励干部担当作为六项举措》的通知
13	镇润发〔2020〕15号	关于全区优秀共产党员、优秀党务工作者、先进基层党组织、示范党小组的表彰决定
14	镇润发〔2020〕16号	关于印发《润州区区管领导班子和领导干部年度考核工作实施办法》的通知

续表 30

序号	文　号	标　　　　题
15	镇润发〔2020〕18 号	关于成立区委平安润州(社会治理现代化)建设领导小组的通知
16	镇润发〔2020〕19 号	关于命名 2018—2020 年度润州区文明行业、文明单位、文明社区、文明校园、文明村的决定
17	镇润办发〔2020〕2 号	关于 2019 年度各街道和区级机关部门综合考核情况的通报
18	镇润办发〔2020〕3 号	印发《关于引导党员干部疫情防控一线显担当的“五项关爱”“五重激励”细则》的通知
19	镇润办发〔2020〕4 号	关于印发《润州区安全生产巡查工作方案(试行)》的通知
20	镇润办发〔2020〕5 号	关于做好 2020 年镇江市劳动模范推荐评选工作的通知
21	镇润办发〔2020〕6 号	关于印发《润州区关于应对新冠肺炎疫情支持企业共渡难关保障经济平稳运行的补充措施》的通知
22	镇润办发〔2020〕7 号	关于印发《2020 年度全区党委信息工作考核办法》的通知
23	镇润办发〔2020〕8 号	关于转发《润州区政协 2020 年工作意见》的通知
24	镇润办发〔2020〕11 号	关于做好区委文件审核工作的意见
25	镇润办发〔2020〕15 号	关于印发《中共镇江市润州区委全面深化改革委员会 2020 年工作要点》的通知
26	镇润办发〔2020〕16 号	关于开展行政事业单位往来款项清理的通知
27	镇润办发〔2020〕17 号	关于印发《润州区关工委 2020 年工作意见》的通知
28	镇润办发〔2020〕19 号	关于印发《2020 年全区机关作风效能建设工作要点》的通知
29	镇润办发〔2020〕20 号	关于印发《2020 年度落实全面从严治党党委(党组)主体责任、纪委监督责任的清单》的通知
30	镇润办发〔2020〕21 号	关于印发《2020 年全区督查检查工作计划》的通知
31	镇润办发〔2020〕22 号	关于成立全区国土空间总体规划编制工作领导小组的通知
32	镇润办发〔2020〕23 号	关于印发《关于建立与市级投资平台联动招商机制的实施方案》的通知
33	镇润办发〔2020〕24 号	关于调整润州区机关作风效能建设领导小组组成人员的通知
34	镇润办发〔2020〕28 号	关于印发《润州区 2020 年度诗教工作要点》的通知
35	镇润办发〔2020〕30 号	关于在区级机关开展“五抓五促提效能、全力夺取“双胜利”专项行动的实施方案的通知
36	镇润办发〔2020〕31 号	关于实施城市基层“大党建·微治理”的意见
37	镇润办发〔2020〕32 号	关于深入解决形式主义突出问题持续为基层减负共若干措施的通知
38	镇润办发〔2020〕33 号	关于推进基层整合审批服务执法力量实施方案的通知

续表 30

序号	文　号	标　　题
39	镇润办发〔2020〕34 号	润州区贯彻落实国家统计督察江苏反馈意见整改方案
40	镇润办发〔2020〕35 号	关于印发《润州区落实高质量发展综合考核和监测评价年度指标任务工作方案》的通知
41	镇润办发〔2020〕37 号	关于印发《关于领导干部外出请示报备工作的实施方案》的通知
42	镇润办发〔2020〕38 号	关于成立全区村(社区)“两委”换届工作领导小组的通知
43	镇润办发〔2020〕39 号	关于印发《镇江市润州区七里甸街道职能配置、机构设置和人员编制规定》的通知
44	镇润办发〔2020〕40 号	关于印发《镇江市润州区官塘桥街道职能配置、机构设置和人员编制规定》的通知
45	镇润办发〔2020〕41 号	关于印发《镇江市润州区宝塔路街道职能配置、机构设置和人员编制规定》的通知
46	镇润办发〔2020〕42 号	关于印发《镇江市润州区和平路街道职能配置、机构设置和人员编制规定》的通知
47	镇润办发〔2020〕43 号	关于印发《镇江市润州区金山街道职能配置、机构设置和人员编制规定》的通知
48	镇润办发〔2020〕44 号	关于印发《镇江市润州区韦岗街道职能配置、机构设置和人员编制规定》的通知
49	镇润办发〔2020〕45 号	关于印发《镇江市润州区南山街道职能配置、机构设置和人员编制规定》的通知
50	镇润办发〔2020〕47 号	关于印发《润州区属地管理主体责任和配合责任清单动态管理办法(试行) 润州区区级部门向街道交办事项准入制度(试行)》的通知
51	镇润办发〔2020〕48 号	关于印发《润州区重点文艺创作项目扶持管理办法》的通知
52	镇润办发〔2020〕49 号	关于印发《润州区安全生产专项整治三年行动工作方案》的通知
53	镇润办发〔2020〕50 号	关于印发《各街道党工委、办事处和区安委会成员单位履行安全生产工作责任考核评价指标》的通知
54	镇润办发〔2020〕51 号	关于印发《润州区义务教育学校教师“县管校聘”管理改革的实施意见》的通知
55	镇润办发〔2020〕52 号	关于成立区“十四五”规划编制工作领导小组的通知
56	镇润办发〔2020〕54 号	区委办公室 区政府办公室印发《润州区关于落实“六保”任务自查情况及突出问题整改工作方案》的通知
57	镇润办发〔2020〕55 号	关于印发《润州区残疾人联合会改革实施方案》的通知
58	镇润办发〔2020〕59 号	关于做好 2021 年元旦春节期间有关工作的通知
59	镇润办发〔2020〕60 号	关于印发《镇江市润州区科协系统深化改革实施方案》的通知

区人大常委会

表 31

序号	文　号	标　　题
1	镇润人〔2020〕1 号	关于镇江市润州区第九届人大常委会主任会议成员工作分工的通知
2	镇润人〔2020〕2 号	关于公布 2019 年效能建设测评结果的通知
3	镇润人〔2020〕3 号	关于表彰 2019 年度机关效能建设优秀单位的通知
4	镇润人〔2020〕4 号	关于命名 2017—2019 年度机关效能建设人民满意优秀单位
5	镇润人〔2020〕5 号	关于提请恢复林伟庆同志代表职务的议案
6	镇润人〔2020〕6 号	关于表彰 2019 年度基层人大百分考核先进单位的决定
7	镇润人〔2020〕7 号	关于印发《润州区人大常委会 2020 年工作要点》的通知
8	镇润人〔2020〕8 号	关于石光亚同志免职的通知
9	镇润人〔2020〕9 号	关于周向群同志免职的通知
10	镇润人〔2020〕10 号	关于赵江等同志职务任免的通知
11	镇润人〔2020〕11 号	关于章晖等同志免职的通知
12	镇润人〔2020〕12 号	关于陈赞群等同志职务任免的通知
13	镇润人〔2020〕13 号	关于余波等同志职务任免的通知
14	镇润人〔2020〕14 号	关于刘秀明等同志职务任免的通知
15	镇润人〔2020〕15 号	关于严竹波辞职的决定
16	镇润人〔2020〕16 号	关于许可对人大代表李震采取强制措施的决定
17	镇润人〔2020〕17 号	关于陆振兴同志任职的通知
18	镇润人〔2020〕18 号	关于提请王娟同志任职的报告
19	镇润人〔2020〕19 号	关于赖忠民等同志任职的通知
20	镇润人〔2020〕20 号	关于王娟同志任职的通知
21	镇润人〔2020〕21 号	关于暂停王健代表职务的决定
22	镇润人〔2020〕22 号	关于常耀中等同志职务任免的通知
23	镇润人〔2020〕23 号	关于提请王娟同志任职的报告
24	镇润人〔2020〕24 号	关于王娟等同志职务任免的通知
25	镇润人〔2020〕25 号	关于印发镇江市润州区人大常委会关于区人大代表履职档案管理办法的通知
26	镇润人〔2020〕26 号	关于提请张东生同志任职的报告
27	镇润人〔2020〕27 号	关于张东生同志任职的通知

续表 31

序号	文　号	标　　　　题
28	镇润人〔2020〕28 号	关于张东生同志任职的通知
29	镇润人〔2020〕29 号	关于提请补选巩海滨等同志为市人大代表的议案
30	镇润人〔2020〕30 号	关于提请费荣海等同志职务任免的报告
31	镇润人〔2020〕31 号	关于补选巩海滨等同志为镇江市第八届人民代表大会代表的报告
32	镇润人〔2020〕32 号	关于费荣海等同志职务任免的通知
33	镇润人〔2020〕33 号	关于袁其中等同志职务任免的通知
34	镇润人〔2020〕34 号	关于刘忠明等同志职务任免的通知
35	镇润人〔2020〕35 号	关于开展建立街道议政会制度工作的意见
36	镇润人〔2020〕36 号	关于 2019—2020 年区人大代表“三评”的通报
37	镇润人办〔2020〕1 号	区九届人大常委会主任会议成员定点联系单位安排
38	镇润人办〔2020〕2 号	关于召开区九届人大常委会第 26 次会议的通知
39	镇润人办〔2020〕3 号	关于加强区人大代表各组与被测评单位对口联系的通知
40	镇润人办〔2020〕4 号	关于召开区九届人大常委会第八十五次主任会议的通知
41	镇润人办〔2020〕5 号	关于镇江市润州区第九届人民代表大会第四次会议代表建议、批评和意见的交办意见
42	镇润人办〔2020〕6 号	关于召开区人大常委会财政经济工作委员会对口部门工作会议的通知
43	镇润人办〔2020〕7 号	关于做好区人大代表联系监督 2020 年区政府民生实事票决项目的通知
44	镇润人办〔2020〕8 号	2020 年润州区街道人大工作百分考核细则
45	镇润人办〔2020〕9 号	2020 年区人大代表小组开展活动的意见
46	镇润人办〔2020〕10 号	关于李鸿梅等同志述职评议情况的通报
47	镇润人办〔2020〕11 号	关于黄昕同志述职评议情况的通报
48	镇润人办〔2020〕12 号	关于刘寒松等同志述职评议情况的通报
49	镇润人办〔2020〕13 号	关于贺永欣等同志述职评议情况的通报
50	镇润人办〔2020〕14 号	关于做好区人大常委会组成人员与区人大代表联系工作的通知
51	镇润人办〔2020〕15 号	关于在全区各级人大代表中开展“我为省市区‘十四五’规划献良策”活动的通知
52	镇润人办〔2020〕16 号	关于涉法涉诉信访事项办理反馈和工作协调机制
53	镇润人办〔2020〕17 号	镇江市润州区人民代表大会常务委员会关于赴平顶山市卫东区学习考察的函
54	镇润人办〔2020〕18 号	关于做好 2020 年重点办理代表建议工作的通知
55	镇润人办〔2020〕19 号	关于预算联网监督系统建设经费的请示
56	镇润人办〔2020〕20 号	关于评选区人大代表活动先进小组、优秀区人大代表的通知

区政府

表 32

序号	文 号	标 题
1	镇润政〔2020〕1 号	关于区长副区长工作分工的通知
2	镇润政〔2020〕2 号	关于钱勇建同志任职的通知
3	镇润政〔2020〕4 号	关于认真做好润州区第七次全国人口普查工作的通知
4	镇润政〔2020〕5 号	关于提请免去石光亚同志职务的报告
5	镇润政〔2020〕6 号	关于郑奇斌等同志职务任免的通知
6	镇润政〔2020〕7 号	关于吴友友同志任职的通知
7	镇润政〔2020〕8 号	镇江市润州区人民政府国有土地上房屋征收补偿决定书
8	镇润政〔2020〕9 号	镇江市润州区人民政府国有土地上房屋征收补偿决定书
9	镇润政〔2020〕10 号	关于印发润州区人民政府 2020 年度百项工作目标责任分解表的通知
10	镇润政〔2020〕11 号	关于提请陈赞群等同志职务任免的报告
11	镇润政〔2020〕12 号	关于石荣贺等同志职务任免的通知
12	镇润政〔2020〕13 号	关于孟春等同志试用任职的通知
13	镇润政〔2020〕14 号	关于陆军等同志任职的通知
14	镇润政〔2020〕17 号	关于孙俊涛同志任职的通知
15	镇润政〔2020〕18 号	谷阳路(润州段)拓宽改造项目搬迁公告
16	镇润政〔2020〕20 号	镇江市第一人民医院医疗综合大楼(综合救治基地)项目搬迁公告
17	镇润政〔2020〕21 号	关于表彰润州区见义勇为先进个人的决定
18	镇润政〔2020〕23 号	关于武杰等同志任职的通知
19	镇润政〔2020〕24 号	镇江市润州区长江禁捕退捕工作实施方案
20	镇润政〔2020〕25 号	关于徐燕同志任职的通知
21	镇润政〔2020〕26 号	关于卢春生等同志职务任免的通知
22	镇润政〔2020〕27 号	关于吴卫琴等同志试用任职的通知
23	镇润政〔2020〕28 号	关于卜平等同志试用任职的通知
24	镇润政〔2020〕29 号	关于提请赖忠民等同志任职的报告
25	镇润政〔2020〕30 号	关于区长副区长工作分工的通知
26	镇润政〔2020〕32 号	关于范海进等同志职务任免的通知
27	镇润政〔2020〕33 号	关于陈柏羽同志任职的通知
28	镇润政〔2020〕34 号	关于殷婷婷同志试用任职的通知

续表 32

序号	文　号	标　　题
29	镇润政〔2020〕35 号	关于提请常耀中等同志职务任免的报告
30	镇润政〔2020〕39 号	关于提请次旺多杰同志任职的报告
31	镇润政〔2020〕40 号	朱方路 211 号危房解危决定
32	镇润政〔2020〕41 号	朱方路 92 号 2、3、4 幢危房解危决定
33	镇润政〔2020〕43 号	润州区 2016—2020 年耕地保护责任目标自查工作报告
34	镇润政〔2020〕44 号	关于区长副区长工作分工的通知
35	镇润政〔2020〕45 号	关于梁亮等同志职务任免的通知
36	镇润政〔2020〕47 号	关于拟请袁其中等同志职务任免的报告
37	镇润政〔2020〕48 号	关于陈璐等同志试用任职的通知
38	镇润政〔2020〕49 号	关于李雍等同志职务任免的通知
39	镇润政〔2020〕50 号	关于提请孙祥波同志免职的报告
40	镇润政办〔2020〕2 号	关于成立新型冠状病毒感染的肺炎疫情防控工作领导小组的通知
41	镇润政办〔2020〕3 号	关于成立镇江市润州区新型冠状病毒感染的肺炎疫情防控指挥部的通知
42	镇润政办〔2020〕4 号	关于优化调整润州区畜禽养殖禁养区划定方案的通知
43	镇润政办〔2020〕5 号	关于调整充实镇江市润州区新型冠状病毒感染的肺炎疫情防控指挥部的通知
44	镇润政办〔2020〕6 号	关于印发《润州区 2019 年耕地保护督察整改工作方案》的通知
45	镇润政办〔2020〕7 号	关于印发《镇江市润州区森林火灾应急预案》的通知
46	镇润政办〔2020〕8 号	关于下达润州区 2020 年度松林线虫病防治工作方案的通知
47	镇润政办〔2020〕9 号	关于印发《2020 年“3·15”国际消费者权益日主题活动暨消费维权全年重点工作方案》的通知
48	镇润政办〔2020〕12 号	镇江市润州区居家和社区养老服务改革试点实施方案
49	镇润政办〔2020〕13 号	关于调整润州区创建国家公共文化服务体系示范区实施方案(2018—2020 年)牵头单位、责任单位的通知
50	镇润政办〔2020〕14 号	关于印发《润州区鼓励支持旅游业发展的若干政策》的通知
51	镇润政办〔2020〕17 号	关于印发《镇江市润州区 2020 年度省级服务业综合改革试点实施计划》的通知
52	镇润政办〔2020〕18 号	关于调整润州区创建国家公共文化服务体系示范区工作领导小组的通知
53	镇润政办〔2020〕20 号	关于印发《润州区 2020 年度地质灾害防治方案》的通知
54	镇润政办〔2020〕21 号	关于下达全区国民经济和社会发展主要指标 2020 年度指标的通知

续表 32

序号	文 号	标 题
55	镇润政办〔2020〕22 号	关于调整润州区创建“土地执法模范区”工作领导小组的通知
56	镇润政办〔2020〕23 号	关于开展创建“2020 年度江苏省土地执法模范区”活动的实施意见
57	镇润政办〔2020〕24 号	关于调整润州区全面推进依法行政工作领导小组组成人员的通知
58	镇润政办〔2020〕25 号	关于调整润州全面推进法治政府建设工作领导小组组成人员的通知
59	镇润政办〔2020〕26 号	关于印发《润州区工程渣土处置领域防范黑恶势力的实施意见》的通知
60	镇润政办〔2020〕27 号	关于印发《润州区房屋征收拆迁领域防范黑恶势力的实施意见》的通知
61	镇润政办〔2020〕28 号	关于印发《镇江市润州区突发地质灾害应急预案》的通知
62	镇润政办〔2020〕29 号	关于印发《润州区市场领域打击欺行霸市黑恶势力的实施意见》的通知
63	镇润政办〔2020〕31 号	关于印发《在基层开展行政审批服务工作意见》的通知
64	镇润政办〔2020〕33 号	印发《关于在市场监管领域全面推行部门联合“双随机、一公开”监管实施办法》的通知
65	镇润政办〔2020〕35 号	关于区政府办公室领导班子成员工作分工的通知
66	镇润政办〔2020〕36 号	关于印发《在基层开展相对集中行政处罚权工作意见》的通知
67	镇润政办〔2020〕37 号	镇江市润州区红十字会改革实施方案

区政协

表 33

序号	文 号	标 题
1	镇润政协〔2020〕1 号	关于调整区政协第六届委员会主席、副主席工作分工的通知
2	镇润政协〔2020〕2 号	关于调整区六届政协各专门委员会组成人员的通知
3	镇润政协〔2020〕3 号	关于调整区六届政协委员界别活动组成员的通知
4	镇润政协〔2020〕4 号	关于调整区政协领导和机关委办分工联系各界别活动组、基层联络委的通知
5	镇润政协〔2020〕5 号	关于开展“我为‘十四五’发展规划建言献策”主题活动的意见
6	镇润政协〔2020〕6 号	关于大力提升居家和社区养老服务水平的建议案
7	镇润政协〔2020〕7 号	关于陆庆宏同志免职的通知

续表 32

序号	文　号	标　　题
8	镇润政协〔2020〕8 号	关于周恒祥等同志职务任免的通知
9	镇润政协〔2020〕9 号	关于调整区六届政协委员界别活动组成员的通知
10	镇润政协〔2020〕10 号	关于沈明安等同志职务任免的通知
11	镇润政协〔2020〕11 号	关于加快推进生产性服务业集聚区建设的建议案
12	镇润政协〔2020〕12 号	关于召开政协镇江市润州区第六届委员会第五次会议的决定
13	镇润政协〔2020〕13 号	关于杨贤锋同志任职的通知
14	镇润政协〔2020〕14 号	关于陈璐等同志职务任免的通知
15	镇润政协办〔2020〕1 号	关于征集区政协六届三次理论研讨会论文的通知
16	镇润政协办〔2020〕2 号	关于开展“垃圾分类从我做起——政协委员在行动”各项活动的通知
17	镇润政协办〔2020〕3 号	关于赴金山湖人民法庭开展视察活动的通知
18	镇润政协办〔2020〕4 号	关于成立国家安全人民防线建设小组的通知
19	镇润政协办〔2020〕5 号	关于成立润州区“有事好商量”协商议事室建设推进工作小组的通知
20	镇润政协办〔2020〕6 号	关于开展“我为‘十四五’发展规划建言献策”活动的通知
21	镇润政协办〔2020〕7 号	关于申请拨付润州区诗词楹联协会换届工作经费的请示
22	镇润政协办〔2020〕8 号	关于认真扎实推进“有事好商量”协商议事室建设的通知
23	镇润政协办〔2020〕9 号	关于视察城市精细化管理工作的通知
24	镇润政协办〔2020〕10 号	关于视察棚户区、城中村以及老旧小区改造工作的通知
25	镇润政协办〔2020〕11 号	关于申请拨付援藏扶贫经费的请示
26	镇润政协办〔2020〕12 号	关于开展 2020 年度区领导督办重点提案工作的通知
27	镇润政协办〔2020〕13 号	区政协机关关于区委第二巡察组巡察反馈意见的整改落实方案
28	镇润政协办〔2020〕14 号	关于开展区政协委员述职活动的通知
29	镇润政协办〔2020〕15 号	关于开展先进界别活动组、优秀政协委员、优秀提案评选的通知
30	镇润政协办〔2020〕16 号	关于视察魔幻海洋世界项目的通知
31	镇润政协办〔2020〕17 号	关于做好区政协六届五次全体会议提案征集工作的通知

统 计 公 报

2020年润州区国民经济和社会发展统计公报

润州区统计局

二〇二〇年八月十八日

2020年是"十三五"规划的收官之年，一年来，全区上下坚持以习近平新时代中国特色社会主义思想为指导，深入贯彻市委、市政府和区委、区政府各项决策部署，团结依靠全区人民，坚持稳中求进工作总基调，疫情防控取得重大战略成果，经济社会发展取得高质量发展。

一、综合

2020年，全区实现地区生产总值245.23亿元，按可比价格计算，比上年增长3.3%，其中：第一产业增加值0.5亿元，下降26.6%；第二产业增加值38.37亿元，增长2.2%；第三产业增加值206.36亿元，增长3.5%。

经济结构进一步优化，服务业增加值占地区生产总值比重进一步提高，三次产业比例为0.2:15.6:84.2。

2020年，完成财政总收入23.63亿元，下降3.64%；其中，一般公共预算收入13.94亿元，增长0.9%；一般公共预算收入中各项税收收入11.72亿元,下降3.93%。全年，完成财政总支出30.23亿元，增长38.8%；其中，一般公共预算支出21.6亿元，增长32.6%。

二、农业

全区农林牧渔业总产值（现价）8303万元，按可比价计算，同比下降25.8%；农林牧渔业增加值5366万元，按可比价计算，同比下降24.0%。粮食总产量955吨，同比增长3.8%；水产品产量195吨，同比下降45.4%；蔬菜12775吨，同比增长16.0%。

全年，农作物播种面积744.33公顷，同比增长15.2%；其中：粮食播种面积110公顷，同比持平；蔬菜播种面积571公顷，同比增长19.7%。

全年，化肥施用量（折纯）401吨，农村用电量3165万千瓦时。

2020年，润州区农田水利基本建设完成投资约1100万元。完成土方约5万方，疏浚县乡河道2条，疏浚长度约3千米；改善灌溉面积133.33公顷；改善除涝面积0.2万亩；长效保洁河道约13千米。

三、工业和建筑业

年末拥有规模以上工业企业13家。全年，规模以上工业企业完成总产值30.53亿元，同比增长0.9%。分轻重工业看，轻工业3.13亿元，同比下降10.01%；重工业27.40亿元，同比下降9.08%。分行业门类看，采矿业5.96亿元，同比增长54.85%；制造业8.77亿元，同比下降25.02%；燃气生产和供应业15.80亿元，同比下降12.54%。在总计中，股份制企业11.98亿元，同比下降3.47%；外商及港澳台商投资企业15.80亿元，同比下降12.56%；其他经济类型企业2.75亿元，同比下降12.23%。在总计中，民营工业14.73亿元，同比下降5.23%，其中，私营企业5.75亿元，同比下降17.06%。在总计中，大中型工业企业22.87亿元，同比下降7.54%。

全年，规模以上工业企业实现营业收入33.66亿元，同比下降7.96%；利税5.41亿元，同比增长3.84%；利润4.03亿元，同比下降4.73%。规模以上工业企业总资产贡献率、业务收入利润率和成本费用利润率分别为15.05%、11.97%和13.88%，产品销售率为104.15%。规模以上工业企业主要产品产量见表34。

主要工业产品产量

表 34

产品名称	计量单位	累计	同比 +-%
石灰石	吨	11162697	5.62
鲜、冷藏肉	吨	640.89	-31.75
商品混凝土	立方米	273013	-23.14
石墨及碳素制品	吨	84200	-1.06
滚动轴承	万套	372.28	34.83

2020年,在库的具有资质等级的建筑业企业72家,从事建筑业活动的平均人数为18459人。签订合同额113.95亿元,同比增长5.3%,其中,本年新签合同额61.83亿元,同比增长30.9%。建筑业房屋施工面积487.74万平方米,同比下降0.4%。全年,实现建筑业总产值68.86亿元,同比增长9.3%。竣工产值50.02亿元,同比增长9.7%。

四、固定资产投资

全年,完成固定资产投资93.60亿元,同比增长0.1%。其中:二产投资完成0.60亿元,同比增长433.5%;三产投资完成92.92亿元,同比下降16.5%;高技术产业投资完成5.79亿元,同比增长55.8%;民间投资59.09亿元,同比下降12.6%。

2020年,在库从事房地产开发经营业企业27家,完成房地产投资61.91亿元,同比下降23.4%。房屋施工面积277.62万平方米,同比增长1.3%;房屋竣工面积31.06万平方米,同比增长20.1%。本年商品房销售面积55.29万平方米,同比增长16.1%,其中,住宅销售面积52.84万平方米,同比增长15.9%。本年商品房销售额完成62.79亿元,同比增长16.3%。待售面积20.69万平方米,同比增长30.2%。

五、国内贸易和开放型经济

2020年,实现社会消费品零售总额114.65亿元,下降1.5%。限额以上单位中,批发业实现零售额11.94亿元,同比下降18.96%;零售业实现零售额30.56亿元,同比增长4.35%;住宿业实现零售额0.22亿元,同比下降29.2%;餐饮业实现零售额2.53亿元,同比下降14.77%。

全年,限额以上批发和零售业消费品中,石油及制品类实现零售额19.96亿元,比上一年下降17.33%;服装、鞋帽、针纺织品类实现零售额0.3亿元,比上一年下降16%;家用电器和音像器材类实现零售额0.62亿元,比上年下降37.93%;日用品类实现零售额5.38亿元,比上年增长57.15%;粮油食品类实现零售额3.88亿元,比上年增长20.71%中西药品类实现零售额0.55亿元,比上年增长30.01%。

2020年,拥有亿元贸易市场 2个,分别是:镇江九州国际装饰家居广场有限公司、镇江农副产品批发市场有限公司,实现成交额25.43亿元。

2020年,完成进出口总额19.1亿人民币,同比增长10.3%,其中,出口总额17.46亿人民币,同比增长8.4%;进口总额1.64亿人民币,同比增长36%。全年全区实际利用外资2019万美元,占市计划的101%。

六、科学技术和卫生

2020年,新认定的国家级高新技术企业6家,年末拥有国家高新技术企业数17家。成功为区内2家企业申请苏科贷700万元。2个科技项目获市以上立项,为企业争取扶持资金162.5万元。2家省级众创空间获备案。

2020年,拥有医疗卫生机构17个、床位762张;有卫生技术人员588人,其中:执业医师238人、注册护士301人、药剂人员49人。城乡居民合作医疗同步实施,卫生服务体系健全率100%。(卫生部分含高新区)

七、教育、体育和文化

2020年,全区拥有小学13所、初中1所、九年一贯制学校4所(含一所民办镇江苏州外国语学校);现有在校小学生13570人,初中生4341人。九年义务教育对象入学率100%;小学、初中在校生巩固率均达100%;初中升高中段的比例达到100%。职业教育、成人教育继续发展,现有中等职业类学校1所,在校学生656人。年内向普通高校输送新生253人。(教育部分含高新区)

2020年,先后举办区中小学生篮球联赛、区长杯校园足球联赛、区小学生毽绳比赛。镇江实验学校、南徐小学、中华路小学分别创建成2017—2019年省级体育特色学校、官塘中学创建成国家级"校园足球"特色学校,2020年镇江市区中考体育考试中润州区再次获得均分市区第一。全区学生体质健康抽测平均合格率95%以上,优秀率10%以上。润州区积极参加市组织的各类体育竞赛,并获得优异成绩。(此部分含高新区)

全区拥有街道文化站7个,各村(社区)综合文化服务实现全覆盖,立足"力博"图书管理系统建设,全力打造领先的社区阅览新模式,实现街道、社区图书与市、区图书馆通借通还。群众性文化活动蓬勃开展,全年,举办区级演出15场、开展文艺播种进社区志愿辅导242场、开展全民艺术普及"润心课堂"培训308次、"润心书场"扬州评话演出67场、全民艺术普及进机关课程112次,艺术普及进校园培训50余场、全民艺术普及展览90场、组织各类读书活动140余场。区文体旅系统在市级以上获奖作品7件,在书画、美术、舞台文艺等方面发表作品30余件。全区已建成体育健身路径点167个。目前,社会体育指导员2579人。

八、生态环境

2020年,润州区全年总监测天数366天,环境良好天数292天,空气质量优良天数达标率为79.8%,较2019年上升15.1个百分点;PM2.5浓度为38微克/立方米,同比下降17.3%。2020年润州区省考以上断面运粮河的新河桥断面水质为Ⅲ类,达到省考核目标。全区集中式饮用水水质达标率100%。

2020年,全区共完成成片造林8.62公顷;林木覆盖率为32.84%。

九、人民生活和社会保障

2020年,润州区城镇常住居民人均可支配收入为53723元,同比增加1766元,增长3.4%。从收入来源看,工资性收入、经营净收入、财产净收入和转移净收入分别为31318元、6291元、6192元和9922元,分别同比增长0.5%、0.3%、7.7%和13.1%。城镇常住居民人均消费支出29973元,同比减少706元,下降2.3%。受新冠疫情影响,八大类消费支出呈现"两增六减"态势。其中食品烟酒、居住支出增加，分别增长2.7%、6.9%；衣着、生活用品及服务、交通通信、教育文化娱乐、医疗保健、其他用品及服务支出不同程度降低，分别下降5.9%、6.6%、7.3%、11.1%、8.2%、12.4%。从消费比重上看，食品烟酒、居住和教育文化娱乐支出位居前三位，比重分别为28.6%、22.9%和14.9%。

2020年，全区新增城镇就业人员6637人，帮助下岗失业人员再就业6258人，实现农村劳动力转移173人，2020年末城镇登记失业率1.51%。（此部分含高新区）

2020年，全区城乡基本社会保险覆盖率达98%，共有6074名城乡老年居民享受到政府养老补贴，城乡居民医疗保险覆盖率100%。（此部分含高新区）

注：1.公报中各项统计数据均为初步统计数，正式数据以《润州统计年鉴2020》为准；本公报中部门统计数据分别来自区财政局、区农业农村局、区水利局、区商务局、区科技局、区卫健委、区教育局、区文体旅局、区生态环境局、区人社局、市自规润州分局等相关部门。

2.地区生产总值、各产业增加值绝对数按当年价格计算，增长速度按可比价格计算。

3.除标注含高新区外，其余段落部分的数据均不含高新区。

（区统计局）

统 计 数 据

基本概况

表35

指标名称	计量单位	2020年实绩
行政概况		
街道	个	7
村民委员会	个	4
居民委员会	个	48
全区总面积	平方千米	113

注：全区总面积取自区民政局。

国民经济与社会发展主要指标

表 36

指标名称	计量单位	2020 年实绩	比上年 ± %
国民经济核算			
地区生产总值	亿元	245.23	3.3
#第一产业	亿元	0.50	–26.6
第二产业	亿元	38.37	2.2
#工业	亿元	13.86	2.4
第三产业	亿元	206.36	3.5
农业			
农林牧渔总产值	万元	8303	–22.4
#农业	万元	6631	1.6
林业	万元	161	228.6
牧业	万元		
渔业	万元	868	–75.4
农林牧渔服务业	万元	643	8.8
工业			
规模以上工业总产值	亿元	30.53	0.9
规模以上工业增加值	亿元	10.93	4.5
规模以上工业营业收入	亿元	33.66	–8.0
规模以上工业利税总额	亿元	5.41	3.8
规模以上工业利润总额	亿元	4.03	–4.7
国内贸易			
社会消费品零售总额	亿元	114.65	–1.5

续表 36

指标名称	计量单位	2020 年实绩	比上年 ± %
对外经济			
实际利用外资	万美元	2019.00	—
进出口总额	亿元	19.10	10.3
进口	亿元	17.46	8.4
出口	亿元	1.64	36.0
固定资产投资			
固定资产投资	亿元	93.60	0.1
#第二产业	亿元	0.60	433.5
第三产业	亿元	92.92	–16.5
#房地产	亿元	61.91	–23.4
财政收支			
一般公共预算收入	亿元	13.94	0.9
# 税收收入	亿元	11.72	–3.9
一般公共预算支出	亿元	21.61	32.7
人民生活			
在岗职工平均工资	元	114454	
城镇常住居民人均可支配收入	元	53723	3.4
教育卫生			
在校学生数	人	26356	–0.8
医院床位数	张	742	–2.6
卫生技术人员	人	567	–12.2
# 护士	人	269	–24.4

规模以上工业(分街道)

表 37　　　　单位:亿元、个、万人

单位名称	工业总产值	营业收入	利税	利润总额	资产总计	负债合计	企业个数	平均用工人数
合计	30.53	33.66	5.41	4.03	35.94	13.36	13	0.28
七里甸街道	16.41	16.46	2.63	2.16	17.29	7.29	2	0.09
官塘桥街道	0.87	0.88	0.05	0.02	0.55	0.48	1	0.00
宝塔路街道	—	—	—	—	—	—	—	—
和平路街道	3.38	3.57	0.15	0.08	3.84	3.31	4	0.04
金山街道	—	—	—	—	—	—	—	—
韦岗街道	7.84	10.28	2.49	1.73	11.48	1.47	5	0.10
南山街道	2.03	2.47	0.09	0.04	2.78	0.81	1	0.05

建筑业主要指标

表 38

指标名称	计量单位	2020 年实绩	比上年 ± %
企业个数	个	72	—
签定的合同额	亿元	113.95	5.3
建筑业总产值	亿元	68.86	9.3
竣工产值	亿元	50.02	9.7
房屋建筑施工面积	万平方米	487.74	-0.4
#新开工面积	万平方米	47.32	-71.9
从事建筑业活动的平均人数	人	18459	-3.9
建筑业企业期末人数	人	14425	-11.6

注:本表建筑业企业均为具有资质等级的总承包和专业承包建筑业企业(不含劳务分包建筑业企业)

固定资产投资

表 39

指标名称	计量单位	2020 年实绩	比上年 ± %
固定资产投资	亿元	93.60	0.1
其中:工业投资	亿元	0.60	433.5
其中:制造业投资	亿元	—	—
其中:工业技改投资	亿元	0.31	178.7
服务业投资	亿元	92.92	–16.5
# 房地产	亿元	61.91	–23.4
其中:产业投资	亿元	10.95	–30.8
其中:高技术产业投资	亿元	5.79	55.8
其中:民间投资	亿元	59.09	–12.6

房地产开发投资

表 40

指标名称	计量单位	2020 年实绩	比上年 ± %
房地产开发投资完成额	亿元	61.91	–23.4
房屋施工面积	万平方米	277.62	1.3
房屋竣工面积	万平方米	31.06	20.1
商品房销售面积	万平方米	55.29	16.1
#住宅	万平方米	52.84	15.9
商品房销售额	亿元	62.79	16.3
#住宅	亿元	61.61	17.5
商品房平均售价	元	11354.70	2.7
#住宅	元	11660.15	1.4
待售面积	万平方米	20.69	30.2

城镇非私营单位从业人员和劳动报酬

表 41

指标名称	计量单位	2020 年实绩
全部从业人员	人	44602
在岗职工	人	37621
其他从业人员	人	2768
劳务派遣人员	人	4213
女性	人	16683
全部从业人员劳动报酬	万元	484826
在岗职工	万元	435537
其他从业人员	万元	16858
劳务派遣人员	万元	32431
在岗职工平均工资	元	114454

社会消费品零售总额(分街道)

表 42

指标名称	计量单位	2020 年实绩	比上年 ± %
润州区	万元	1146493.6	-1.5
七里甸街道	万元	120480.0	-1.3
官塘桥街道	万元	35721.3	-1.2
宝塔路街道	万元	512256.5	-1.4
和平路街道	万元	253384.7	-1.7
金山街道	万元	93507.7	-1.6
韦岗街道	万元	11490.3	-1.8
南山街道	万元	119653.1	-1.5

利用外资（分街道）

表 43

指标名称	实际利用外资（万美元）
合计	2019.00
七里甸街道	347.00
官塘桥街道	345.00
宝塔路街道	350.00
和平路街道	110.00
金山街道	110.00
韦岗街道	140.00
南山街道	140.00

一般公共预算收入

表 44

指标名称	2020 年实绩	比上年 ± %
一般公共预算收入（万元）	139448	0.9
税收收入	117233	–3.9
增值税	63356	–4.8
企业所得税	14051	–25.6
个人所得税	8120	2.9
资源税	1429	590.3
城市维护建设税	4	100.0
房产税	6676	–5.2
印花税	2569	–11.1
城镇土地使用税	2016	–11.9
土地增值税	17276	14.1
耕地占用税	1764	63.2
其他税收收入	–28	–333.3
非税收入	22215	37.3
专项收入	6204	–4.2
行政事业性收费收入	8039	59.0
罚没收入	3753	189.4
国有资源(资产)有偿使用收入	4219	26.0

一般公共预算支出

表 45

指标名称	2020 年实绩	比上年 ± %
一般公共预算支出(万元)	216082	32.7
一般公共服务	26049	14.3
国防支出	197	18.7
公共安全支出	9540	6.3
教育支出	36487	–6.3
科学技术支出	2483	–19.9
文化旅游体育与传媒支出	1130	65.4
社会保障和就业支出	35788	57.0
卫生健康支出	5085	–5.4
节能环保支出	1924	31.2
城乡社区支出	10452	17.0
农林水支出	4579	31.9
交通运输支出	540	–79.7
资源勘探工业信息等支出	1428	–38.9
商业服务业等支出	2034	105.0
金融支出	101	188.6
援助其他地区支出	739	11.6
自然资源海洋气象等支出	31	–90.4
住房保障支出	57922	60.0
灾害防治及应急管理支出	469	25.1
债务付息及发行费支出	19104	855.2

教育

表 46

指标名称	2020 年实绩	比上年 ± %
全区学校总数(所)	55	3.6
1、九年一贯制	4	2.5
2、初中	1	0.0
3、职中	1	0.0
4、小学	13	0.0
5、幼儿园	36	2.8
全区学生总数(人)	26356	-0.8
1、初中	4341	-6.1
2、职中	657	-81.1
3、小学	13570	1.9
4、幼儿园	7788	4.4
全区班级总数(个)	771	1.0
1、初中	104	0.0
2、职中	18	83.3
3、小学	357	1.4
4、幼儿园	292	6.2
全区当年毕业生数(人)	6622	2.2
1、初中	1589	11.6
2、职中	526	10.5
3、小学	2172	3.8
4、幼儿园	2335	-7.5
全区当年招生数(人)	6240	-2.9
1、初中	1358	-11.4
2、职中	0	-22.6
3、小学	2304	-0.7
4、幼儿园	2578	8.4

续表 46

指标名称	2020 年实绩	比上年 ± %
全区教职员工总数(人)	2591	5.0
1、初中	650	50.9
2、职中	98	-9.2
3、小学	598	-46.5
4、幼儿园	1245	6.8
中学专任教师职称人数(人)	304	3.3
1、高级教师(副高级)	108	0.9
2、一级教师(中级)	158	11.4
3、二级教师(助理级)	38	-18.4
小学专任教师职称人数(人)	829	-1.0
1、高级教师(副高级)	96	3.1
2、一级教师(中级)	636	-0.8
3、二级教师(助理级)	97	-6.2
职中专任教师职称人数(人)	98	2.0
1、高级教师(副高级)	54	1.9
2、一级教师(中级)	35	8.6
3、二级教师(初级)	9	0.0

注:专任教师数不含工人。

医疗机构

表 47　　单位:个、张、人

分组名称	机构数	床位数	卫生技术人员	其中		
				执业医师	注册护士	药剂人员
总计	18	742	567	247	269	51
医院	7	230	119	57	52	10
综合医院	7	230	119	57	52	10
社区卫生服务中心	8	512	427	172	215	40
妇幼保健所	1	—	11	8	2	1
疾病预防控制中心	1	—	10	10	—	—
卫生监督所	1	—	—	—	—	—

(区统计局)

索 引

栏目编校:田 崇

说 明

一、本索引采用主题分析索引方法编制,按索引词第一个字的汉语拼音字母顺序排列(同音按声调),音、调相同按第二个字音序排列,依次类推。

二、索引词后的阿拉伯数字表示内容所在的页码,数字后的拉丁字母a、b、c表示该页码从左到右的栏位。

三、凡空二字起排,为二级索引,是一级索引词的"附见"。

四、特载、专记、大事记等内容不作索引。

B

C

H

J

K

L

M

N

Q

R

S

宝塔路街道黎明社区

社区党委换届选举

被评为江苏省文明社区

与区教育局共同开展庆祝建党99周年深化“三结三定“主题共建暨疫路同行感恩有你主题文艺汇演

组织社区党员参观镇江市党风廉政警示教育基地

疫情期间多部门共同抗疫值守小区

整治后的连淮扬镇铁路沿线环境

和平路街道新金江社区

社区党员集体照

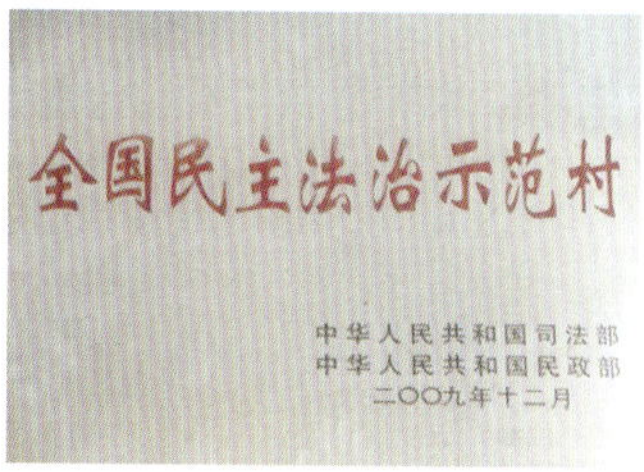

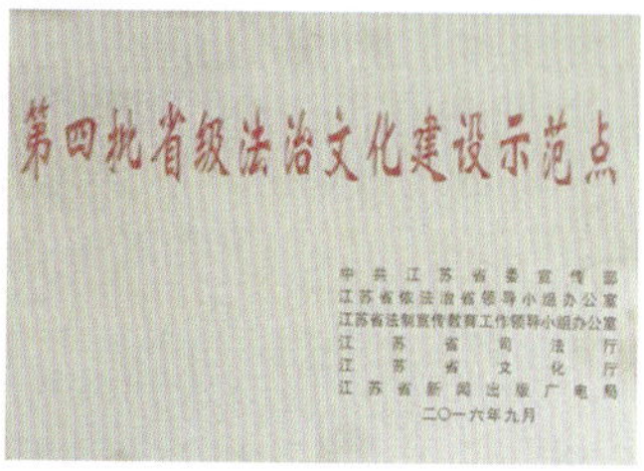

和平路街道新金江社区

文化体育公园

新时代文明实践站

新金江渔文化科普馆

社区党员讲述老渔民文必才的故事

参观亚夫事迹馆

勤政亭里学党史

新金江社区服务中心

南山街道檀山白龙湖社区

党课学习

重温入党誓词

参观红色教育基地

抗美援朝老党员上微党课

南山街道檀山白龙湖社区

儿童友好社区启动仪式

感受中国传统文化，浓情共话端午

浓浓亲子情，悠悠采橘心

社区党群服务中心

官塘桥街道官塘桥村

参加“万企联万村 共走振兴路”村企合作项集中签约

官塘桥街道议政会选民代表视察民生实事项目

开展新春工地送福字活动

春茶开采

举办青少年趣味运动会

官塘桥街道平山村

“平平”联动队启动仪式

3月8日给奋战在一线的女志愿者送手工花

举办失地农民化妆技能培训班

重阳节慰问高龄老人

举办亲子运动会

组织党员赴韦岗战斗纪念碑开展主题党日活动

官塘桥街道秀山村

秀山产业楼

蔬菜安全检测服务上门

返乡大学生开办小候鸟暑期课堂

秀山太平花灯在西津渡民俗会上演出

秀山打钱叉在润州广场演出

官塘桥街道远洋社区

寻文化之源 品茶韵之美

防范金融诈骗讲座

党员双报到“一网三服务”

党员志愿者参与疫情防控

露天电影进小区

官塘桥街道宝平社区

与平山村组建“平平”联动志愿服务队

“零距离”触摸高科技

“三官一律”进社区

垃圾分类，从我做起

阳光亲子运动会

韦岗街道韦岗村

区领导送第一驻村书记

村党委组织党员到初心主题园开展主题教育活动

老兵讲堂

村境内的燕子窝水库

镇江华润燃气有限公司

江苏省副省长费高云（右二）莅临五峰山加气站开展节前安全检查

镇江市委常委、常务副市长郭建（左三）调研冬季保供情况

镇江华润燃气有限公司成立于2006年，属于华润燃气集团A类企业。近年来，公司始终秉承华润燃气“专业、高效、亲切”的服务宗旨，从事管道天然气、车用气等业务，并致力于综合能源、综合服务、充电桩等新业务的推广和发展。目前已基本建成覆盖全市的燃气管网供气网络，清洁能源走进千家万户，幸福着百姓生活。

稳健经营，持续增长。合资以来，公司实现了从小到大、由弱到强的跨越式发展，到2020年底，建成天然气门站2座、LNG应急调峰储配站一座，各类燃气管网达3500余千米，形成了布局合理、功能完善的城市燃气输配系统。建成CNG加气站5座、充电桩9座、客户服务中心5座，服务居民用户近60万户，年供气规模5.5亿立方米，天然气清洁能源在更多领域得到广泛推广和应用，城镇燃气气化率不断提升。

创新发展，追求卓越。近年来，公司以体系建设为基石，以学标杆为抓手，形成了以OHSAS体系、客户服务管理体系为基础的管理平台，努力打造智能高效和精益化运营模式。构建多气源保障格局，形成了以“西气”“川气”管道气为主、液化天然气为辅的供应模式，气源保障能力显著增强。打造本质安全，取得ISO45001安全管理体系认证，持续推进安全文化传播、隐患治理等多项安全管理工作。建成智慧燃气，构建城市燃气大脑中枢，形成了智慧调度、智慧管网、智慧客服为核心的智慧运营体系。坚持以客户为中心，实行“一站式”报装、个性化安装及保姆式安检服务，以专业、高效、亲切的服务满足城市发展和客户日益增长的用气需求。

战略转型，继续前行。“十四五”期间，公司坚持华润“诚实守信、业绩导向、以人为本、创新发展”理念，在做大做强传统业务的同时，将积极向城市综合能源服务商转型，努力达到国内燃气行业同等规模城市中排名前列，成为受人尊敬、同行称赞的优秀燃气企业。

多年来，公司先后获得“全国工人先锋号”“江苏省诚信单位”“江苏省燃气行业优质服务明星企业”“镇江市十佳服务明星企业”“华润集团先进基层党组织”等荣誉称号。公司也将带着这些荣誉，继续以华润“引领商业进步，共创美好生活”为使命，扎实走好高质量发展道路，为建设“强富美高”的新镇江做出更大贡献。

24小时服务热线 968898

大工业客户座谈会

廉洁教育月活动

润州年鉴
RUNZHOU YEARBOOK
美的|君兰悦 花园
实景洋房
洋房 少量销售中
实景现房
EXISTING HOUSE
君玺
建筑面积 138㎡
四房两厅两卫
设备平台
路市政路网，快速接入朱
干道，更有多路公交，快
三茅宫、七里甸等配套，
实景照片

镇江市农业产业化经营龙头企业

镇江市五峰茶场

开展创新产业链上学习教育活动

制茶车间

镇江市五峰茶场地处镇江市西郊、五洲山北麓，属宁镇丘陵地区。茶场创建于1986年2月，茶园面积62公顷，生态环境极佳，茶树优良品种率达90%以上，茶园方圆5千米内无工业“三废”排放企业。茶场年产各类绿茶23吨，品种包含：五峰黄金芽、五峰白茶、五峰翠箩、五峰迎春茶、金山翠芽茶、五峰香怡茶、五峰红茶;产销率高达100%，历年来呈现供不应求的趋势。镇江市五峰茶场是镇江市市级农业产业化经营龙头企业，中国茶叶学会首批命名的全国12家“茶叶科技示范基地”之一。茶场先后通过无公害农产品产地和产品认证、绿色食品认证，并在全省茶叶企业首批通过QS市场准入质量安全认证。2015年五峰茶场承担实施部级园艺标准园项目，顺利创建国家级茶叶标准示范园。2019年荣获省级文明单位称号。2020年五峰茶场着力生产线改造升级，打造成为农业现代化标准茶叶示范生产基地。

茶场拥有的“彭公”牌商标和“五峰迎春”牌商标双双被评为“江苏省著名商标”；“五峰迎春茶”同时被评为“江苏名牌农产品”。自主品牌“五峰香怡”“五峰迎春”茶在2019年北京世界园艺博览会荣获江苏“十佳名茶”。